从历史唯物主义到政治哲学

From Historical Materialism to
Political Philosophy

段忠桥 著

人民出版社

目　录

下编　政治哲学

前　言

　　光阴荏苒，不觉间我在高校从事哲学教学和科研工作已 40 余年，而且年近七十，很快就要从中国人民大学哲学院退休了。前段时间，不少学界的朋友以及我的一些学生建议我在 70 岁生日之前出一本自选集，将一些已经发表且具有代表性的论文汇集成书，以集中展现一下自己至今已取得的学术成果和已走过的学术之路。我觉得这是个不错的提议，于是就有了摆在读者面前的这本书。

　　这本书由 28 篇论文构成，它们是从我自 20 世纪 80 年代以来先后发表在《中国社会科学》《哲学研究》《马克思主义研究》《中国人民大学学报》《学术月刊》等学术刊物上的百余篇论文中精选出的。由于我的学术之路存在一个由历史唯物主义研究向政治哲学研究的转向，所以我将全书分为上、下两编，上编"历史唯物主义"，下编"政治哲学"，每编各收录 14 篇相关的论文。当然，这种划分只是相对的，因为我这里讲的转向，指的只是研究重心的转移，而不是研究内容的转换，此外，转向也不是一步到位的，而是经历了一个过程，因此，读者在上编中可以看到政治哲学研究的萌芽，在下编中可以看到历史唯物主义研究的继续。

　　我认为，凡被称为学术成果的东西都应具有一定的创新性，而所谓创新，无非是在前人研究的基础上提出了新的观点、提供了新的材料或做出了新的论证，并得到学术界的重视和认可。构成本书的 28 篇论文就是基于这一标准而被选入的。

　　上编的前四篇论文都是在 1995 年发表的，它们通过对马克思恩格斯本人相关论述的考察分析，对历史唯物主义的一些基本范畴和基本理论提出了与当时国内流行的历史唯物主义教科书①不同的理解。第 1 篇论文《对生产力、生产方式和生产关系概念的再考察》发表在《马克思主义研究》1995 年第 3 期，它针对流行的哲学教科书虽然强调生产力是人们从事物质生产的能力，但在说明生产力的构成时又把它解释为劳动过程的逻辑矛盾，论证了生产力指的是人们从事物质生产的能力，它是由劳动者的体力和智力构成的；针对它们把生产方式定义为生产力和生产关系的统一，论证了生产方式指的是从物质方面来看的特定的生产过程；针对它们将人们在共同劳动中的分工和协作都包括在生产关系中的解释，论证了并不是人们在生产过程中结成的所有关系都是生产关系，只有那些反映人们在生产过程中的社会属性的关系，即生产条件的所有者和直接生产者的关系，才是生产关系。第 2 篇论文《论经济基础的构成》发表在《哲学研究》1995 年第 2 期，它针对流行的哲学教科书把经济基础概念定义为不包括生产力在内的生产关系的总和，论证了经济基础指的是一定的生产方式以及与它相适应的生产关系，经济基础包括生产过程中人与自然的关系，社会整体结构由经济基础和上层建筑两个层次构成。第 3 篇论文《对马克思社会形态概念的再考察》发表在《教学与研究》1995 年第 2 期，它通过对马克思本人相关论述的历史考察，澄清了"社会形态"与"社会形式"、"社会形态"与"社会经济形态"的不同含义，论证了社会形态概念在马克思的著作中指的是处于一定历史发展阶段上的社会，是由一定的经济基础和上层建筑构成的社会整体。第 4 篇论文《马克思的三大社会形态理论》发表在《史学理论研究》1995 年第 4 期，它通过对马克思《〈政治经济学批判〉序言》和《经济学手稿(1857—1858 年)》中相关论述的逻辑分析，论证了马克思从未提出流行教科书中讲的"五种社会形态理论"，而只提出过"三大社会形态理论"。

这里我想再谈谈与第 4 篇论文相关的一些情况。这篇论文是由我的博士论文②，即后来由英国 Avebury Ashgate 出版公司 1995 年 1 月出版的英文著作

①　我这里说的流行的历史唯物主义教科书主要是指由肖前、李秀林、汪永祥主编的《历史唯物主义原理》(修订本)，人民出版社 1991 年出版，以及由赵家祥、李清昆、李士坤合著的《历史唯物主义原理》(新编本)，北京大学出版社 1992 年版。

②　1991 年我以公派访问学者的身份到英国埃塞克斯大学哲学系留学，后来转为读博士，1994 年获哲学博士学位。

《马克思的社会形态理论》(*Marx's Theory of the Social Formation*)中的一章改写而成。由于这一章提出的观点和所做的论证,被世界著名的马克思主义学者、英国肯特大学教授戴维·麦克莱伦视为"对马克思的历史分期做出原创性解释"①,而且我也自认为改写后的《马克思的三大社会形态理论》是我写得最得意的一篇论文,所以,我先把它投给了《中国社会科学》。不久,我就收到一位责任编辑的来信,她告诉我这篇稿子可以刊用,但主编对文中的一个提法有不同意见,并约我到编辑部面谈。在面谈的过程中,由于我坚持自己的提法而不同意修改,这篇稿子当场就被主编拒绝了。当时也在场但与我素不相识的老编审何祚榕先生第二天给我写了一封信,告诉我他认为这篇稿子很好,②愿意把它推荐给《史学理论研究》。这封信使我深受感动,后来这篇稿子就在《史学理论研究》发表了。不过,由于《史学理论研究》是一本历史学的杂志,我国做马克思主义哲学研究的学者很少有人关注它,因此,这篇论文发表后没有引起什么反响。为此,在 2004 年秋天,我决定重新改写这篇论文,使其更加凸显分析哲学的方法在历史唯物主义研究中的重要作用。改写后的论文题目变为"对'五种社会形态理论'一个主要依据的质疑——重释《〈政治经济学批判〉序言》的一段著名论述",此文后来发表在《南京大学学报》2005 年第2 期。这篇论文发表后立即引起很多学者的关注,并引发了一场学术争论。南京大学奚兆永教授在《教学与研究》2006 年第 2 期发表了一篇与我商榷的论文,题目是《关于五种社会形态理论的讨论——兼评〈对"五种社会形态理

<hr />

① David McLellan, *Karl Marx: A Biography*, Macmillan Press Ltd., 1995, p.441.

② 在广西人民出版社 1996 年版的《今日中国哲学》一书第 412—413 页,何祚榕先生还专门谈到我这篇文章:段忠桥先生在《马克思的三大社会形态理论》中"精辟地分析了《〈政治经济学批判〉序言》中那段著名论述,即'大体说来,亚细亚的、古代的、封建的和现代资产阶级的生产方式可以看做是社会经济形态演进的几个时代'的确切含义,决不是如流行所理解的那样五种社会形态的依次更替,……他认为:亚、古、封全都属于前资本主义生产方式,它们是在不同的自然环境和历史条件下分别形成的,(封建生产方式是起源于其前身日耳曼生产方式)相互间不存在依次更替的关系。如果把前资本主义经济形态视为一个整体,那亚、古、封的生产方式分别从逻辑上代表或象征着这一整体向资本主义经济形态演进过程的不同发展阶段。并且马克思研究的前资本主义生产方式中并不限于这三种较为典型的形式,还有斯拉夫生产方式等。我一下子被他说服了。原来解放初我们学习的社会发展史——五种生产方式依次更替的一般发展道路是无稽之谈"。

论"一个主要依据的质疑〉》，北京大学赵家祥教授在《北京大学学报》2006年第2期发表了一篇题为《对质疑"五种社会形态理论"的质疑——与段忠桥教授商榷》的论文。我对这两位教授的商榷分别做了回应，对前者的回应是发表在《教学与研究》2006年第6期的《马克思提出过"五种社会形态理论"吗？——答奚兆永教授》，对后者的回应是发表在《中国人民大学学报》2006年第5期《马克思从未提出过"五种社会形态理论"——答赵家祥教授》。

上编的第5—8篇论文发表在2008—2010年期间，前3篇是与已故的复旦大学俞吾金教授商榷的论文，①后1篇是与吉林大学教授孙正聿商榷的论文。第5篇论文《质疑俞吾金教授关于"实践唯物主义"的两个说法》发表在《马克思主义与现实》2008年第6期，我在文中指出，俞吾金的"实践唯物主义是马克思本人提出来的"的说法是对马克思和恩格斯在《德意志意识形态》中使用的"实践的唯物主义者"概念的曲解，此外，他把马克思恩格斯创立的历史唯物主义说成是一种形而上学或本体论哲学与马克思恩格斯本人有关历史唯物主义的论述明显冲突。第6篇论文《马克思的异化概念与历史唯物主义——与俞吾金教授商榷》发表在《江海学刊》2009年第2期，我在文中指出，马克思在其成熟时期的绝大部分重要著作中都没使用过异化概念，因而俞吾金说"马克思一生的都使用异化概念"不符合实际情况；俞吾金所说的异化概念实际上是青年马克思的异化劳动概念，由于成熟时期的马克思已经放弃这一概念，因而他所说的情况——在马克思异化概念的发展中存在着一个根本性的"视角转换"，实际上并不存在；俞吾金所说的异化（劳动）概念还不是历史唯物主义的概念，因而它在马克思的历史唯物主义理论中连象征性的、边缘性的地位都谈不上，更不要说实质性的、基础性的地位了。第7篇论文《历史

① 从2006年到2010年，我与俞吾金教授曾围绕马克思主义哲学是实践唯物主义还是历史唯物主义这一问题展开争论。除了这里讲到的3篇论文以外，我还发表了3篇论文，它们是发表在《学术月刊》2006年第4期的《对俞吾金教授"重新理解马克思"的三点质疑》、发表在《河北学刊》2007年第6期的《"广义的历史唯物主义"辨析——答俞吾金教授》和发表在《山东社会科学》2015年第2期的《实践唯物主义绝非历史唯物主义——质疑俞吾金的两个新论据》。俞吾金教授发表了2篇论文，即发表在《学术月刊》2006年第4期的《马克思哲学研究三题议——兼答段忠桥教授》，和发表在《学术月刊》2009年第10期的《历史唯物主义是哲学而不是实证科学——兼答段忠桥教授》。

唯物主义:"哲学"还是"真正的实证科学"——答俞吾金教授》发表在《学术月刊》2010 年第 2 期,我在文中指出,由于马克思恩格斯在《德意志意识形态》的相关论述中把哲学等同于以黑格尔哲学为代表的思辨的唯心主义哲学,因而他们认为历史唯物主义不是哲学而是真正的实证科学;至于我们现在能否认为历史唯物主义是哲学,这取决于我们对哲学概念本身的界定;以海德格尔对于哲学研究对象和实证科学研究对象的看法为依据,将历史唯物主义说成是一种形而上学或本体论哲学是对历史唯物主义的曲解,这种说法无论从文本依据上讲还是从逻辑上讲都是不能成立的。第 8 篇论文《什么是马克思恩格斯创建的历史唯物主义?——与孙正聿教授商榷》发表在《哲学研究》2008 年第 1 期,我在文中针对孙正聿的观点,即以"感性的人的活动"为立足点的"新世界观"就是马克思恩格斯创建的"以现实的人及其历史发展"为内容的"历史唯物主义",提出了四点不同意见:第一,对历史唯物主义的理解不能仅仅依据包含着新世界观的天才"萌芽"的《关于费尔巴哈的提纲》,而且还应依据《哲学的贫困》《共产党宣言》《〈政治经济学批判〉序言》《资本论》《反杜林论》《路德维希·费尔巴哈和德国古典哲学的终结》这些马克思恩格斯本人明确谈到的阐述已经成熟的历史唯物主义的论著;第二,从恩格斯对《提纲》的评价和《提纲》本身,推导不出以"感性的人的活动"为立足点的"新世界观"就是马克思恩格斯创建的"以现实的人及其历史发展"为内容的"历史唯物主义"的结论;第三,"以现实的人及其历史发展"为内容的"历史唯物主义",还不是马克思恩格斯创建的历史唯物主义;第四,历史唯物主义是把"历史"作为研究对象的"历史观",而不是以"历史"的解释原则构成的"世界观"。

概而言之,在上述 4 篇论文中,针对在国内学界流行多年的把马克思主义哲学视为"实践唯物主义"的主张,我明确提出马克思主义哲学的标志性成果不是"实践唯物主义",而是"历史唯物主义";针对一些学者将恩格斯排斥在马克思主义哲学之外的做法,我明确提出恩格斯是历史唯物主义的创立者之一和主要的阐发者;针对一些学者把马克思早期著作作为理解马克思主义哲学的文本依据,我明确指出对历史唯物主义的理解必须依据《〈政治经济学批判〉序言》等马克思和恩格斯的经典论著;第四,针对一些学者把马克思主义哲学说成是一种形而上学本体论的主张,我明确提出历史唯物主义不是"哲学"而是"真正的实证科学"。

上编的第 9—14 篇论文发表在 2000—2015 年期间,它们探讨的是在国内历史唯物主义研究中长期被忽略的公平、正义等问题。

随着我国由传统的计划经济向社会主义市场经济的转变,分配领域中的公平问题越来越引起人们的关注,并成为理论界的一个热点问题。然而,在以往的历史唯物主义研究中公平问题却一直无人问津。于是,我在《哲学研究》2000 年第 8 期发表了一篇题为《马克思和恩格斯的公平观》论文,从十个方面阐明了他们基于历史唯物主义的公平观:公平是人们对现实分配关系与他们自身利益关系的一种评价、公平总以某一尺度为依据、不同社会集团对公平持有不同的看法、公平是法权观念或道德观念的最抽象的表现、公平是对现存分配关系的保守方面或革命方面的神圣化、所谓永恒的公平是不存在的、资产阶级的公平观把等价交换视为公平的尺度、无产阶级的公平观是消灭阶级、坚决反对从公平出发而主张从历史发展的必然性出发去说明和批判现存的资本主义制度、坚决反对把争取分配上的公平作为无产阶级斗争的口号。这篇论文也就是上编的第 9 篇。

与分配公平问题相关的另一个问题,是如何看待在"三资企业"和私营经济中存在的剥削现象,这也是当时摆在我国理论界面前的一个既难以回答又不得不回答、既有重要理论意义又有重要现实意义的问题。为此,我在 2000 年写了一篇题为《马克思、恩格斯论剥削的"历史正当性"》的论文。① 我在文中基于马克思恩格斯关于历史唯物主义的论述,从三个方面论证了剥削的历史正当性:剥削的存在在人类社会发展一定历史阶段是不可避免的,剥削在一定历史时期起着推动人类社会发展的作用,人类社会的发展在一定时期要以

---

① 这篇论文投出后因题目敏感曾被几家杂志退稿。后来在一个朋友的建议下我把它投给了当时经常发表观点新颖的文章的《学术界》,得到的答复是他们愿意发表这篇论文,但由于种种原因目前还不能发,何时能发也确定不了。后来又一个朋友得知此事,表示愿将这篇论文推荐给中央党校的《党政干部论坛》。令人意想不到的是,《党政干部论坛》很快就在 2001 年第 11 期上发表了这篇论文(只是将题目改为"马、恩是如何看待剥削的'历史正当性的'"),更令人意想不到的是,几乎与此同时,《学术界》在 2001 年第 6 期也把这篇论文发表了(不知何故,他们将题目改为"论恩格斯的剥削的历史正当性观点")。

一部分人的牺牲为代价。这篇论文也就是上编的第 10 篇。

上编的第 11 篇论文是发表在《河北学刊》2006 年第 1 期的《道德公平与社会公平》。我在这篇论文中提出，在马克思恩格斯有关各种分配公平主张的论述中，他们谈论最多的，同时也最值得我们重视的，是他们对道德公平和社会公平这两种公平主张的看法；他们所说的道德公平，指的是依据一种道德原则提出的分配公平主张，他们所说的社会公平，指的是与经济发展规律相一致的分配公平主张；在他们来，无论是道德公平还是社会公平，都不能用于政治经济学的研究；道德公平虽是工人运动提出来的，但却不能用来指导无产阶级革命；社会公平虽是资产者断言的，但却具有历史的正当性。

上编的第 12 篇论文写于 2010 年夏天。在对马克思恩格斯讲的道德公平和社会公平做出区分之后，我开始进而研究马克思的分配正义观。通过大量阅读马克思、恩格斯的相关论述，我发现正义在他们的论述中只是一种价值判断，而不是事实判断，但这种认识却遇到一个障碍，即它与马克思《资本论》第三卷中的一段话明显矛盾："在这里，同吉尔巴特一起（见注）说什么自然正义，这是荒谬的。生产当事人之间进行的交易的正义性在于：这种交易是从生产关系中作为自然结果产生出来的。这种经济交易作为当事人的意志行为，作为他们的共同意志的表示，作为可以由国家强加给立约双方的契约，表现在法律形式上，这些法律形式作为单纯的形式，是不能决定这个内容本身的。这些形式只是表示这个内容。这个内容，只要与生产方式相适应相一致，就是正义的；只要与生产方式相矛盾，就是非正义的。在资本主义生产方式的基础上，奴隶制是非正义的；在商品质量上弄虚作假也是非正义的。"① 按照这段话，马克思显然认为正义是一种事实判断而不是价值判断。这是为什么？难道马克思的论述出现了自相矛盾的情况吗？为了弄清这一问题，我查阅了马克思那段论述的德文原文及其英译文，结果发现，不是马克思的论述自相矛盾，而是中央编译局的译文有误。于是，我就写了一篇题为《马克思认为"与生产方式相适应，相一致就是正义的"吗？——对中央编译局

① 《马克思恩格斯全集》第 25 卷，人民出版社 1974 年版，第 379 页。

〈资本论〉第三卷一段译文的质疑与重译》论文,文中依据马克思这段论述的德文原文并参照英译文,对中央编译局译文存在的问题逐一做出分析,并在此基础上重译了马克思的这段论述,从而表明它不能作为论证马克思将正义视为一种事实判断的依据。此文发表在《马克思主义与现实》2010年第6期。

上编的第13篇论文《马克思正义观的三个根本性问题》发表在《马克思主义与现实》2013年第5期,我在文中通过对马克思相关论述的分析,提出正义在马克思的论著中是价值判断而不是事实判断;马克思认为资本主义剥削是不正义的,因为资本家无偿占有了本应属于工人的剩余产品;马克思认为社会主义的按劳分配仍存在不正义,这表现在它的两个弊病上,即由偶然的天赋和负担的不同所导致的人们实际所得的不平等。此外,我在文中还澄清了四个问题:第一,马克思对正义问题没做过全面系统的阐释,而只有一些散见于不同时期论著、针对不同问题的相关论述,因此,我用"马克思的正义观"来泛指这些论述;第二,马克思恩格斯有关正义的论述大多与分配方式相关,因而,我们对马克思正义观的探讨,应集中在他的分配正义观上;第三,分配正义概念本身在马克思和恩格斯那里的含义也是"给每个人以其应得",尽管他们对"每个人应得什么"持有自己的看法;第四,马克思的分配正义观念,主要体现在他对资本主义剥削的谴责和对社会主义按劳分配的弊病的批评上。

上编的第14篇论文《历史唯物主义与马克思的正义观念》发表在《哲学研究》2015年第7期,我在本文中提出,历史唯物主义是一种实证性理论,马克思的正义观念是一种规范性见解,它们之间的关系表现在三个方面:第一,历史唯物主义不涉及马克思的正义观念,马克思的正义观念也不涉及历史唯物主义;第二,历史唯物主义不是源自马克思的正义观念,马克思的正义观念也不是源自历史唯物主义;第三,历史唯物主义并不否定马克思正义观念,马克思的正义观念也不否定历史唯物主义。

下编的第15—17篇论文涉及的是当代西方著名政治哲学家、牛津大学G.A.科恩教授的平等主义。从2010年起,我开始将研究的重心从历史唯物主义转向政治哲学,并将切入点定在国内学者尚未关注的科恩倡导的社会主义平等主义。第 15 篇论文《拯救平等：G.A.科恩对罗尔斯差别原则的两个批判》发表在《中国人民大学学报》2010 年第 1 期，我在文中表明，科恩从"在一个分配正义占优势的社会中，人们在物质方面可能得到的利益大致上是平等的"这一平等主义的命题出发，论证了罗尔斯的差别原则没有证明基于刺激的不平等是正义社会的特征，也没有确立被罗尔斯视为正义的不平等的正义性，因而罗尔斯的差别原则实际上在一定程度上容忍了某种形式的不正义。第 16 篇论文《基于社会主义立场对自由至上主义的批判——科恩对诺齐克"自我—所有权"命题的反驳》发表在《中国社会科学》2013 年第 11 期，我在文中表明，针对诺齐克的"自我—所有权"命题，科恩基于社会主义立场提出了针锋相对的反驳：首先，诺齐克无法证明不平等是"自我—所有权"原则的必然结果，因为他讲的外部世界初始占有条件不可能由"自我—所有权"派生而来；其次，诺齐克的外部世界最初是无主的假定是轻率的，因为如果"自我—所有权"原则与外部世界是人们联合所有的假定相结合，那他讲的广泛的状况不平等就可以避免；第三，否认诺齐克的"自我—所有权"并不意味着赞同奴隶制、取消人的自主性和把人作为手段而不是作为目的，而肯定"自我—所有权"则会威胁人的自主性。第 17 篇论文《社会主义优于资本主义在于它更平等——G.A.科恩对社会主义的道德辩护》发表在《学术月刊》2011 年第 5 期，我在文中表明，科恩认为社会主义的实现要基于人们的意愿，而社会主义优于资本主义的一个重要方面就在于它更平等，但这一点在传统的马克思主义中却少有论证，因此，当今的社会主义者应更多地从道德方面为社会主义辩护，以激励人们主动投身实现社会主义的事业。

下编的第 18—20 篇论文涉及的是国内政治哲学界关注的三个问题。第一个问题是如何理解分配正义概念。吉林大学姚大志教授在《哲学研究》2011 年第 3 期发表了一篇题为"分配正义：从弱势群体的观点看"文章。由于我不同意他在文中对分配正义的理解，于是就写了一篇题为《关于分配正义的三个问题——与姚大志教授商榷》的论文，提出了三点不同意见：分配正义只涉及如何在人们中间分配财富、机会和资源，而不涉及人们在福利上得到不断改善；正义的分配是平等主义的分配，不平等的分配不能被看作是正义的；分配正义原则是判断分配正义与否的原则，而不是确定平等与福利的平衡点的原则。① 此文发表在《中国人民大学学报》2012 年第 1 期,它也就是下编中的第 18 篇。第 19 篇《古典政治哲学与现代政治哲学》涉及的是政治哲学在当代中国的建构问题。我在文中指出,我国学者对何为政治哲学的理解主要受施特劳斯和罗尔斯的影响,前者讲的古典政治哲学与后者讲的现代政治哲学是两种不同的政治哲学;就政治哲学在我国的建构而言,我们应追随罗尔斯而不应追随施特劳斯;追随罗尔斯只是就其讲的政治哲学的问题框架而言,而不是就其对问题本身的回答而言;对于政治哲学所涉及的问题,我们应从当今中国社会面临的重大现实问题的特殊性出发,给出我们基于理性的创新性的回答。此文发表在《四川大学学报》2015 年第 4 期。第 20 篇《正义是社会的首要价值吗?》发表在《哲学动态》2015 年第 9 期,我在文中针对国内不少学者推崇罗尔斯在《正义论》中提出的"正义是社会制度的首要价值"这一论断,从三个方面表明它是不能成立的:正义与社会制度的关系并不像真理与理论体系的关系,因而把正义类比为真理在逻辑上不能成立;在实现正义的物质条件尚不具备时,正义不会成为社会制度的首要价值;在多种价值并存的情况下,正义并不总是社会制度的首要价值。

　　下编的第 21、22 篇论文涉及的是当前我国存在的"贫富差距"是否正义的问题。第 21 篇《当前中国的"贫富差距"为什么是不正义的?——基于马克思〈哥达纲领批判〉的相关论述》发表在《中国人民大学学报》2013 年第 1 期,我在文中指出,马克思在《哥达纲领批判》中关于按劳分配的论述,蕴含着一种不同于剥削不正义的正义观念,即由非选择的偶然因素导致的实际所得

---

　　① 我与姚大志之间曾围绕分配正义、平等主义的问题展开过多次争论,除了这里讲的这篇论文之外,还可参见我的《也谈分配正义、平等和应得——答姚大志教授》(《吉林大学学报》2013 年第 4 期)、《何为分配正义?——与姚大志教授商榷》(《哲学研究》2014 年第 7 期)、《优先论是一种比平等主义更合理的平等观念吗?——与姚大志教授商榷》(《中国人民大学学报》2015 年第 1 期),和姚大志的《再论分配正义——答段忠桥教授》(《哲学研究》2012 年第 5 期)、《三论分配正义——答段忠桥教授》(《吉林大学学报》2013 年第 4 期)。我们之间的主要分歧集中在两个问题上。一是"何为分配正义":我认为"分配正义"意指判断一种分配是否正义的原则,而姚大志教授将其理解为政府应当实行的正义的分配;二是如何认识优先论与平等主义的关系:我认为优先论是一种优先关注弱势群体的分配策略,平等主义是一种正义的分配原则,在它们之间不存在哪一个更合理的问题,而姚大志教授认为优先论是"另一种版本的平等主义",一种"比平等主义更合理的平等观念"。

的不平等是不正义的观念,这一观念有助于理解导致我国当前贫富差距的主要原因,即不同的身份等级、不同的生活环境和不同的天赋,从而为当前贫富差距之不正义提供一种新的论证。第 22 篇《关于当今中国贫富两极分化的两个问题——与陈学明教授商榷》发表在《江海学刊》2016 年第 4 期,我在文中对复旦大学陈学明教授在《江海学刊》2016 年第 2 期发表的一篇论文,即《论政治经济学在马克思主义中的地位》中关于当今中国贫富两极分化问题的两个见解提出质疑:他的第一个见解,即对贫富两极分化问题不能做政治哲学批判,而只能做政治经济学批判,既与马克思恩格斯的思想相悖,也不利于马克思主义研究在中国的发展;他的第二个见解,即当今中国的贫富两极分化主要是由于"强资本"对"弱劳动"的剥削造成的,因而要限制私营经济的发展,既不符合中国的实际情况,也不利于贫富两极分化的消除。

下编的第 23、24 篇论文涉及的是在我国马克思主义哲学界有很大影响"伍德命题",即美国印第安纳大学教授艾伦·伍德在 20 世纪七八十年代英美马克思主义者关于"马克思与正义"那场大讨论中提出的著名论断——"马克思并不认为资本主义是不正义的"。第 23 篇《对"伍德命题"文本依据的辨析与回应》发表在《中国社会科学》2017 年第 9 期,我在文中指出,伍德的论断实际上是基于三个理由:(1)在马克思的论述中,正义概念是从司法角度对社会事实的合理性的最高表示,(2)对马克思来说,一种经济交易或社会制度如果与生产方式相适应就是正义的,否则就是不正义的,(3)根据马克思的说法,资本占有剩余价值不包含不平等或不正义的交换;伍德的这三个理由是以马克思和恩格斯的三段论述为文本依据的,但他对这三段论述的解读都是错误的,因而他的三个理由都不能成立;如果他的三个理由都不能成立,那他那个论断自然也不能成立。伍德看到这篇论文以后很快写了一篇题为《马克思反对从正义出发批判资本主义——对段忠桥教授的回应》的论文,此文发表在《中国社会科学》2018 年第 6 期。不过,读完伍德的回应文章后我有些遗憾,因为他在文中只是通过偷换概念和转换论题来为他的论断做辩护,对我提出的质疑则没做出令人信服的回应。尽管如此,我觉得还是有必要对伍德的这篇文章做出回应,这不仅因为国内很多学者都有这样的期待,更因为这篇文章进而显露了伍德对马克思和恩格斯著作中的正义概念存在不少误解,而纠正这些误解对于深化我国学者对马克思正义思想的研究是十分必要的。于是,我就写了下编的第 24 篇论文《马克思和恩格斯对正义概念的两种用法——兼评伍德的两个误解》,此文发表在《中国社会科学》2020 年第 6 期。我在文中指出,马克思和恩格斯在其相关论述中对正义概念有两种用法,一是基于历史唯物主义的用法,在这一用法中,正义指的是人们对从属于生产关系的分配关系的道德评价;二是基于不同阶级或社会集团的分配诉求的用法,在这一用法中,正义指的是不同的阶级或社会集团提出的"给每个人以其应得"的分配诉求;伍德的论断之所以不能成立的一个重要原因,是他对马克思恩格斯著作中的正义概念存在两个误解,一是在基于历史唯物主义的用法中将正义阐释为"司法概念"而不是"道德概念",二是在基于不同阶级和社会集团的分配诉求的用法中认为马克思从未谴责资本主义的不正义。

下编的第 25—27 篇论文涉及的是西方政治哲学史中一个重要人物——霍布斯的"自然状态"理论。我写这 3 篇论文与我最近正在组织编写的一本政治哲学教材直接相关,因为教材中霍布斯的"自然状态"理论这一部分由我负责来写。在认真研读霍布斯本人的著作以及国内外学者研究他的著作时,我发现人们对霍布斯的理解存在一些失误,于是就写了这 3 篇论文。第 25 篇《霍布斯的"自然状态"是基于英国内战的一种思想实验假设——与陈建洪、姚大志二位教授商榷》发表在《世界哲学》2019 年第 9 期,我在文中通过对陈建洪的霍布斯认为自然状态是以美洲的原始部落为其"历史事实基础"的说法,和姚大志的霍布斯把国家产生之前的原始时代称为自然状态的说法的质疑,表明自然状态在霍布斯那里只是一种基于英国内战的思想实验假设。第 26 篇《质疑施特劳斯〈霍布斯的政治哲学〉中的三个见解》发表在《中国人民大学学报》2019 年第 6 期,我在文中指出,施特劳斯在《霍布斯的政治哲学》一书中提出三个主要见解,即霍布斯本人实际上确信"政治哲学本质上独立于自然科学"、霍布斯认为"虚荣自负"是每一个人针对每一个人的战争状态的唯一的和根本性的根源、霍布斯最终把国家的起源仅仅归因于人们害怕暴力造成的死亡,都是基于对霍布斯本人相关论述的断章取义,因而是难以成立的。根据霍布斯本人的论述,他的政治哲学与他接受的伽利略等自然科学家的观点密不可分;导致自然状态是战争状态的原因有三个,即竞争、猜疑和荣誉,而荣誉,即施特劳斯所讲的"虚荣自负"只是其中的一个原因,而且还是排在竞争和猜疑之后的第三位的原因;构成国家起源的根本原因有两个,一是人们得到安全保障的需要,二是人们得到满意生活的需要。第 27 篇《关于"自然状态是战争状态"的两个问题——与李猛教授商榷》发表在《南国学术》2020 年第 1 期,我在文中针对北京大学李猛在其《自然社会——自然法与现代道德世界的形成》①一书提出的两个观点,即霍布斯讲的自然状态,指的是在没有人为建立的共同权力的条件下自然人性的基本状况,和霍布斯认为"追求超出他人的荣誉,以求赢得对他人的支配"的自然激情是导致自然状态是战争状态的主要原因,提出了不同的看法。对于霍布斯讲的自然状态,我认为它指的是相对人在"公民社会"下的状态而言的一种状态,即一种假设的一旦在不存在国家时人的状态;对于霍布斯讲的导致自然状态是战争状态的原因,我认为原因有三个,第一位的原因是竞争,第二位的原因是猜疑,第三位的原因是荣誉。

第 28 篇《政治哲学、马克思政治哲学与唯物史观——与吴晓明教授商榷》是我最近完成的一篇论文,它发表在《社会科学辑刊》2020 年第 4 期。我在文中指出,复旦大学吴晓明教授在《马克思主义与现实》2020 年第 1 期发表的《论马克思政治哲学的唯物史观基础》一文中对当前我国做马克思政治哲学研究的学者提出的批评是不能成立的,因为他对何为政治哲学、何为马克思政治哲学和何为唯物史观的理解都是难以成立的。我还进而提出,政治哲学是一门试图确立国家应做什么的规则或理想标准的规范性学科,唯物史观是一种通过对社会结构和历史发展的考察以揭示人类社会发展一般规律的实证性的科学理论,因此,唯物史观并不包含与规范性政治哲学相关的内容;由于马克思以及恩格斯从未出提出和使用过政治哲学概念,更无专门论述政治哲学问题的文章或著作,因此,人们所谓的"马克思的政治哲学"实际上并不存在;马克思以及恩格斯在他们的一些著作中的确从规范意义上论述过公平、平等、正义等问题,尽管不多,但这些论述对于我们理解当代西方政治哲学中的一些问题,对于认识当前中国面临的一些现实问题,例如分配正义问题,具有

---

① 《自然社会——自然法与现代道德世界的形成》,生活·读书·新知三联书店 2015 年版。

重要的指导意义,因此,探讨马克思以及恩格斯的这些论述应是建构当代中国政治哲学的一个重要内容。

以上既是对我的学术成果的简要介绍,也是对我的学术之路的简要回顾。写到这里,我还想谈一下对我的学术人生有过重要影响的五位良师益友。一是原中国社会科学院哲学所历史唯物主义研究室副主任、中国历史唯物主义研究会首任会长王正萍研究员,是他在 1980 年把我从山西师范学院政史系借调到哲学所历史唯物主义研究室,并让我参与了由他主持的编辑《马克思、恩格斯、列宁、斯大林、毛泽东论历史唯物主义》的工作,我真正投身历史唯物主义研究可以说是从这时开始的。二是我的硕士生导师,中国人民大学哲学系的李秀林教授,是他在 1984 年把我招到门下,使我得以受到全面系统的哲学熏陶。三是我的博士生导师尼古拉斯·布宁,他也是在中国举办了多届的"中英暑期哲学学院"的英方主席,没有他的真诚帮助和悉心指导,我是无法在英国获得读博士的机会并顺利通过论文答辩的。四是世界著名的马克思主义学者,英国肯特大学教授戴维·麦克莱伦,他不但慷慨解囊资助我读博士的部分生活费用,而且对我的博士论文提出了宝贵意见,使它最终能在英国出版。最后是当代西方著名左翼政治哲学家、牛津大学 G.A.科恩教授,在他的积极鼓励和大力支持下,我得以在牛津大学万灵学院做了一年的客座研究员,并被引入政治哲学领域,从他那里,我既学到了分析哲学的方法,又学到了为追求真理而勇于争论的精神,我的很多成果在一定意义上都得益于他。

我的座右铭是"做自己愿做的事,做自己能做的事",在今后的学术之路上我还要这样走下去。

上　编
历史唯物主义

一、对生产力、生产方式和生产关系概念的再考察[①]

生产力、生产方式和生产关系是历史唯物主义的三个既相互联系又相互区别的基本概念。仔细研究一下就可以发现，马克思在他的著作中虽然大量使用这三个概念，但从来没有对它们下过明确的定义。在我国目前流行的历史唯物主义教科书中，生产力、生产方式和生产关系概念都被赋予明确的定义，但这些定义大都来自斯大林，而且在很大程度上不符合或不完全符合马克思本人的思想。马克思是历史唯物主义的主要创立者，对生产力、生产方式和生产关系这三个概念的定义当然应以马克思本人的论述为依据。为了使历史唯物主义理论体系更为严谨和更具有一贯性，我们有必要根据马克思本人的论述对这三个概念的含义做一重新考察。

1. 生产力

在目前我国流行的两本历史唯物主义教科书中，生产力概念或者被定义为"人们在劳动过程中形成的解决社会和自然之间矛盾的实际能力，是改造自然和影响自然并使之适应社会需要的客观物质力量"[②]；或者被定义为"人

---

① 本文发表于《马克思主义研究》1995 年第 3 期。
② 肖前、李秀林、汪永祥：《历史唯物主义原理》（修订本），人民出版社 1991 年版，第 98 页。

类利用自然、改造自然，从自然获取物质资料的能力"①。可以看出，以上两种定义都强调生产力是人们从事物质生产的"能力"。然而，在谈到生产力的构成时，这两本教科书又都认为生产力是由劳动者、劳动资料和劳动对象三者构成。这就出现了逻辑上的矛盾：如果说生产力是人们从事物质生产的能力，那这里的人们也就是劳动者，这里的能力也就是劳动者具有的从事物质生产的能力，这样就不能说劳动者是构成生产力的要素之一，因为劳动者的能力显然不能由劳动者构成；同时也不能说劳动资料和劳动对象是构成生产力的要素，因为劳动者具有的能力只能存在于劳动者体内，而不能存在于劳动者体外。我们知道，马克思在《资本论》中确实说过劳动过程由劳动本身、劳动资料和劳动对象构成，②但劳动过程无疑不能等同于生产力。可见，尽管上述定义强调生产力是人们从事物质生产的能力，但在说明生产力的构成时却又把它解释为劳动过程了。

马克思在其著作中对生产力概念的用法很多，如物质生产力、精神生产力、主观生产力、客观生产力、一般的生产力、直接的生产力、资本的生产力、劳动的生产力、社会生产力、个人生产力，等等。那作为历史唯物主义基本范畴的生产力概念的含义是什么？对此马克思有这样一段论述："生产力当然始终是有用的具体的劳动的生产力，它事实上只决定有目的的生产活动在一定时间内的效率。"③将这段论述同他有关生产力的其他大量论述结合起来理解，我们可以认为，生产力概念指的是人们从事物质生产的能力。

生产力是由什么构成的？马克思说过，"我们把劳动力或劳动能力，理解为人的身体即活的人体中存在的、每当他生产某种使用价值时就运用的体力和智力的总和。"④由此可以认为，生产力由劳动者的体力和智力构成。也许有人会说，马克思在这里说的只是劳动力或劳动的能力，而不是生产力。但我认为这里所说的劳动力或劳动能力也就是生产力，因为劳动和生产、劳动力和

---

① 赵家祥、李清昆、李士坤：《历史唯物主义原理》（新编本），北京大学出版社 1992 年版，第 102 页。

② 参见《资本论》第一卷，人民出版社 1975 年版，第 202 页。

③ 《资本论》第一卷，人民出版社 1975 年版，第 59 页。

④ 《资本论》第一卷，人民出版社 1975 年版，第 190 页。

生产力在马克思的著作中常常是交替使用的。我的这种理解还来自他的这样一段论述:"如果整个过程从其结果的角度,从产品的角度加以考察,那末劳动资料和劳动对象二者表现为生产资料,劳动本身则表现为生产劳动。"①

生产力概念在马克思的著作中有时指个人的生产力,更多的时候指人们的生产力,即劳动者集体的生产力。作为历史唯物主义基本范畴的生产力无疑指的是后者。马克思认为,生产活动在任何时候都是社会性的活动,他说:"孤立的一个人在社会之外进行生产——这是罕见的事……"②既然生产活动是社会性的活动,它就只能是以协作形式进行的劳动者集体的活动。而协作,作为集体劳动的一种基本形式,总会创造出一种包括个人的生产力在内但是又不等于个人生产力的简单相加的集体的生产力。对此,马克思是这样说明的:"一个骑兵连的进攻力量或一个步兵团的抵抗力量,与每个骑兵分散展开的进攻力量的总和或每个步兵分散展开的抵抗力量的总和有本质的差别,同样,单个劳动者的力量的机械总和,与许多人手同时共同完成同一不可分割的操作(例如举起重物、转绞车、清除道路上的障碍物等)所发挥的社会力量有本质的差别。在这里,结合劳动的效果要么是个人劳动根本不可能达到的,要么只能在长得多的时间内,或者只能在很小的规模上达到。这里的问题不仅是通过协作提高了个人生产力,而且是创造了一种生产力,这种生产力本身必然是集体力。"③这种来自协作的生产力在马克思的著作中常常被称为"劳动的社会生产力"或"社会的劳动生产力"。

生产力是人们从事物质生产的能力,这种能力是人们通过使用劳动工具作用于劳动对象的活动发挥和体现出来的。劳动资料是劳动者置于自己和劳动对象之间用来把自己的活动传导到劳动对象上去的物或物的综合体。这样,所谓生产力,实际上也就是劳动者使用劳动资料作用于劳动对象的能力。劳动者使用什么样的劳动资料,取决于他们有什么样的劳动能力。反过来说,他们有什么样的劳动能力,又是通过他们使用什么样的劳动资料体现出来。正因为如此,马克思说,"人的劳动能力的发展特别表现在**劳动资料**或者说**生**

---

① 《资本论》第一卷,人民出版社1975年版,第205页。
② 《马克思恩格斯选集》第2卷,人民出版社1972年版,第87页。
③ 《资本论》第一卷,人民出版社1975年版,第362页。

产工具的发展上"①,并把劳动资料称为"人类劳动力发展的测量器"。②

由于劳动资料是生产力的具体表现,所以,当马克思论证生产力决定生产方式时,常常也使用生产资料决定生产方式这样的表述。例如,他在《资本论》中有这样一段论述:"在纸张的生产上,我们可以详细而有益地研究以不同生产资料为基础的不同生产方式之间的区别,以及社会生产关系同这些生产方式之间的联系,因为德国旧造纸业为我们提供了这一部门的手工业生产的典型,17世纪荷兰和18世纪法国提供了真正工场手工业的典型,而现代英国提供了自动生产的典型,此外在中国和印度,直到现在还存在着这种工业的两种不同的古亚细亚的形式。"③在这段论述中,生产资料就是作为生产力的同义语来使用的。

2. 生产方式

生产方式概念在目前流行的历史唯物主义教科书中被定义为"生产力和生产关系的统一体"。④ 这一定义在马克思的有关论述中是找不到根据的。我们知道,生产方式也是在马克思的著作中大量出现的概念。在不同的场合,针对不同的问题,马克思曾赋予这一概念以不同的含义。但仔细考察一下就可以发现,在马克思所有涉及生产方式概念的论述中,没有任何论述表明生产方式概念的含义是生产力和生产关系的统一体。

把生产方式定义为生产力和生产关系的统一体不但在马克思那里找不到根据,而且还同他的一些著名论断相冲突。例如,马克思在《资本论》第一卷中有这样一段论述:"一定的生产方式以及与它相适应的生产关系,简言之,

---

① 《马克思恩格斯全集》第47卷,人民出版社1979年版,第57页。
② 《资本论》第一卷,人民出版社1975年版,第204页。
③ 《资本论》第一卷,人民出版社1975年版,第418—419页。
④ 肖前、李秀林、汪永祥:《历史唯物主义原理》(修订本),人民出版社1991年版,第89页。并参见赵家祥、李清昆、李士坤:《历史唯物主义原理》(新编),北京大学出版社1992年版,第125—127页。

'社会的经济结构,是有法律的和政治的上层建筑竖立其上并有一定的社会意识形式与之相适应的现实基础'……"①如果把生产方式定义为生产力和生产关系的统一,这段论述就变得不可理解了。

在马克思的著作中,生产方式概念的含义是什么? 这里需要指出,生产方式在马克思的著作中是个多义的概念。我们在这里所要考察的不是马克思赋予生产方式概念的各种含义,而是考察当他把生产方式作为与生产力和生产关系并列的历史唯物主义的基本范畴时,赋予生产方式概念以什么含义。让我们先来看看他的一段有关论述:

> 对资本主义生产方式的科学分析却证明:资本主义生产方式是一种特殊的、具有独特历史规定性的生产方式;它和任何其他一定的生产方式一样,把社会生产力及其发展形式的一个既定的阶段作为自己的历史条件,而这个条件又是一个先行过程的历史结果和产物,并且是新的生产方式由以产生的既定基础;同这种独特地、历史地规定的生产方式相适应的生产关系,——即人们在他们的社会生活过程中、在他们的社会生活的生产中所处的各种关系,——具有一种独特的、历史的和暂时的性质。②

这段论述表明,生产方式是与生产力和生产关系并列的、具有自己独特含义的历史唯物主义的范畴。生产方式不同于生产力,因为它以生产力为基础;生产方式也不同于生产关系,因为生产关系是同它相适应的。那生产方式概念本身的含义又是什么呢?

我认为,马克思在《经济学手稿(1861—1863年)》中的一段论述可以作为我们理解生产方式概念含义的依据。这段论述是:"首先,资本的生产过程,——从它的物质方面,即从生产使用价值方面来考察,——是一般**劳动过程**,并且作为这种劳动过程,它显示出这一过程本身在各种极不相同的社会生产形式下所固有的一般因素。也就是说,这些因素是由作为劳动的劳动性质所决定的。事实上在历史上是这样的:资本在它开始形成的时候不仅控制了一般劳动过程(使劳动过程从属于自己),而且还控制了特殊的实际劳动过

---

① 《资本论》第一卷,人民出版社 1975 年版,第 99 页。

② 《资本论》第三卷,人民出版社 1975 年版,第 993 页。

程,这些劳动过程在工艺上处于资本找到它们时的状况,并且是在非资本主义生产关系基础上发展起来的。资本找到实际的生产过程,即特定的生产方式,最初只是在**形式上**使它从属于自己,丝毫也不改变它在工艺上的规定性。资本只有在自己的发展过程中才不仅在形式上使劳动过程从属于自己,而且改变了这个过程,赋予生产方式本身以新的形式,从而第一次创造出它所特有的生产方式。但是,不管这种生产方式的已经改变了的形式如何,这种形式作为一般劳动过程,即作为抽掉了历史规定性的劳动过程,总是具有一般劳动过程的一般要素。"①出现在这段论述中的生产方式,就是我们所要考察的生产方式概念。从这段论述我们可以推断生产方式概念具有以下三层含义:

第一,生产方式指的是实际的生产过程。这就使它与生产力概念区别开来。作为实际的生产过程,生产方式是由劳动者、劳动资料和劳动对象三者构成的;而作为人们从事物质生产的能力的生产力,则是由劳动者的体力和智力构成。作为实际的生产过程,生产方式是劳动者从事具有一定目的的活动的过程,是他的劳动能力即智力和体力既发生作用,又被支出和消耗的运动……②而生产力则是劳动者的能力,即劳动者的智力和体力本身。生产力是生产方式的基础,有什么样的生产力,就会有什么样的生产方式;生产方式则是生产力的实现和体现,说到生产力,总是指存在于一定生产方式中的生产力。

第二,生产方式指的是从物质方面,即从生产使用价值方面来看的生产过程。这意味着,生产方式概念涉及的只是生产过程中人与自然的关系,而不涉及生产过程中人与人的社会关系。这里需要指出,作为标志实际生产过程的概念,生产方式也包含人与人关系的内容。因为孤立的个人是形不成实际的生产过程的,为了进行生产,人们必须结成一定的关系,只有结成一定的关系,才会有他们对自然的关系,才会有生产。然而,这里所说的人,指的是已被抽象掉其社会属性的劳动者;这里所说的人与人的关系,指的是从物质方面,即从生产使用价值方面来看的人与人的关系,例如,体现生产过程中劳动者的协

① 《马克思恩格斯全集》第47卷,人民出版社1979年版,第99—100页。
② 《马克思恩格斯全集》第47卷,人民出版社1979年版,第60页。

作关系的劳动组织形式,而不是指生产过程中人与人之间的社会关系,例如,所有制关系。(对于这个问题,我们将在考察生产关系概念时做进一步的说明。)当然,在实际的生产过程中,人与自然的关系是不能脱离人与人的社会关系而独立存在的,但它们毕竟是两种不同的关系。当生产方式概念被定义为从物质方面来看的生产过程时,它也就同生产关系概念区别开来,因为前者体现的只是生产过程中人与自然的关系,而后者体现的则是生产过程中人与人的社会关系。

第三,生产方式指的是特定的生产过程。生产方式是从物质方面来看的生产过程,但这里所说的生产过程不是指那种一般的、抽象意义上的生产过程,而是指特定的生产过程,即处于一定历史发展阶段,由特定的劳动者、劳动资料和劳动对象及特定的劳动组织形式构成的生产过程。每一特定的生产过程就是一种生产方式。各种生产方式依次更替,构成了整个人类社会物质生产的发展史。

那如何区分各种生产方式呢?根据马克思的论述,各种生产方式之间的区别主要表现在两个方面,即劳动资料的不同和劳动组织形式的不同。在谈到资本主义生产方式在初期的发展时,马克思有这样一段论述:"它必须变革劳动过程的技术条件和社会条件,从而变革生产方式本身,以提高劳动生产力……"①这里所说的技术条件,指的是劳动者使用何种生产资料进行生产;这里所说的社会条件,指的是劳动者在何种组织形式下进行生产。

各种生产方式的不同首先就在于劳动者所使用的生产资料的不同。马克思明确指出:"各种经济时代的区别,不在于生产什么,而在于怎样生产,用什么劳动资料生产。"②例如,封建生产方式同资本主义生产方式的一个重要区别就在于,前者以手工工具为主,后者以机器为主。

各种生产方式的不同还在于劳动组织的不同。前边指出,生产过程在任何时候都是社会性的活动,都是通过一定的劳动组织形式进行的。马克思认为,不同的劳动组织形式也是区分不同生产方式的一个方面。对这个问题,他

---

① 《资本论》第一卷,人民出版社1975年版,第350页。
② 《资本论》第一卷,人民出版社1975年版,第204页。

在谈到劳动由对资本的形式上的从属到对资本的实际上的从属时曾有大量的论述。

马克思指出,在劳动还只是在形式上从属于资本的时候,资本所占有的劳动过程还只是历史上遗留下来的劳动过程。他一再强调,"劳动过程的一般性质并不因为工人是为资本家劳动而不是为自己劳动就发生变化。制靴或纺纱的特定方式和方法起初也不会因资本家的插手就发生变化。起初,资本家在市场上找到什么样的劳动力就得使用什么样的劳动力,因而劳动在还没有资本家的时期是怎样的,资本家就得采用怎样的劳动。由劳动从属于资本而引起的生产方式本身的变化,以后才能发生……"①这表明,在那时,就劳动过程的技术条件来看,此时的生产方式同先前的生产方式没有什么不同。然而,马克思同时又认为,工场手工业和行会手工业是两种不同的生产方式。他指出:"人数较多的工人在同一时间、同一空间(或者说同一劳动场所),为了生产同种商品,在同一资本家的指挥下工作,这在历史上和概念上都是资本主义生产的起点。"②这种看法似乎是同他前边的看法相矛盾的。不过,仔细研究一下就可以发现,他的前一种看法是就生产方式的技术条件而言,他的后一种看法是就生产方式的社会条件即劳动组织形式而言。由于工场手工业从一开始在规模上就比行会手工业大,因而就形成了其特有的劳动协作形式,即其特有的劳动组织形式。正因为如此,马克思把它视为与行会手工业不同的生产方式。

生产方式的技术条件和社会条件是密切相连的。无论劳动者使用什么样的生产资料,他们的生产过程都必须通过一定的劳动组织来进行;无论生产过程以什么样的劳动组织来进行,它都必须以劳动者使用一定的生产资料为基础。因此,当谈到生产方式时,马克思总是指由这二者构成的统一体。

生产方式和生产力是密切相连的。前边表明,生产力指的是人们从事物质生产的能力,这种能力只有通过现实的生产过程,即通过一定的生产方式才能发挥和体现出来,因此,说到生产力,总是指以一定生产方式表现出来的生

---

① 《资本论》第一卷,人民出版社1975年版,第209页。
② 《资本论》第一卷,人民出版社1975年版,第358页。

产力。而任何生产方式,即特定的生产过程,又都必须以一定的生产力为基础,有什么样的生产力,就会有什么样的生产方式,因此,说到生产方式,总是指体现着一定生产力水平的生产方式。从这种意义上讲,生产力的发展,也就是生产方式的发展,生产方式的发展,也就是生产力的发展。由此我们才可以解释,为什么马克思在其著作中有时说生产力决定生产方式,生产方式再决定生产关系;有时则只说生产力决定生产关系,而不提生产方式。以下是他的四段相关论述:

(1)社会关系和生产力密切相连。随着新生产力的获得,人们改变自己的生产方式,随着生产方式即保证自己生活的方式的改变,人们也就会改变自己的一切社会关系。①

(2)这难道不是说,生产方式、生产力在其中发展的那些关系并不是永恒的规律,而是同人们及其生产力发展的一定水平相适应的东西,人们生产力的一切变化必然引起他们的生产关系的变化吗?②(同上)

(3)随着新的生产力的获得,人们便改变自己的生产方式,而随着生产方式的改变,他们便改变所有不过是这一特定生产方式的必然关系的经济关系。③

(4)人们在发展其生产力时,即在生活时,也发展着一定的相互关系;这些关系的性质必然随着这些生产力的改变和发展而改变。④

以上四段论述前两段出自《哲学的贫困》,后两段出自"致巴·瓦·安年柯夫"的信。可以看出,这四段论述谈的是同一问题,但表达方式却是两种。在(1)和(3)的论述中,马克思说的是生产力的变化引起生产方式的变化,生产方式的变化再引起生产关系的变化。在(2)和(4)的论述中,他说的则是生产力的变化引起生产关系的变化,而没有提及生产方式。马克思为什么在同一著作中对同一问题会有两种不同的表述?对此的唯一合理的解释就是,在(1)和(3)中,马克思所说的生产力是本来意义上的生产力,即人们从事物质

① 《马克思恩格斯选集》第1卷,人民出版社1972年版,第108页。
② 《马克思恩格斯选集》第1卷,人民出版社1972年版,第119页。
③ 《马克思恩格斯选集》第4卷,人民出版社1972年版,第322页。
④ 《马克思恩格斯选集》第4卷,人民出版社1972年版,第325页。

生产的能力;在(2)和(4)中,他所说的是生产力则是体现在生产方式中的生产力,这里所说的生产力的变化,实际上既指本来意义上的生产力的变化,也指体现生产力变化的生产方式的变化。

3. 生产关系

马克思对生产关系概念的使用也很灵活,有时指广义的生产关系,即生产过程中人与自然的关系和人与人的社会关系的总和;有时指狭义的生产关系,即仅指生产过程中的人与人的社会关系。① 我们在这里所要考察的是后者。

在肖前、李秀林、汪永祥主编的《历史唯物主义原理》(修订本)中,生产关系概念是这样界定的:"劳动一开始就具有社会性,是在社会中进行的。面对人与自然的矛盾以及个人的软弱无力,人们必须联合起来,结成一定的关系共同劳动,用群体力量弥补个体力量的不足,才能不断地解决人与自然之间的矛盾。人们在物质生产活动中结成的社会关系就是生产关系。"②这显然是从人与自然的矛盾出发去说明什么是生产关系,并认为人们在共同劳动中"结成的一定关系"就是人们在物质生产中结成的"社会关系"。这样说来,劳动者之间的分工、协作关系自然也都属于生产关系了。在赵家祥、李清昆、李士坤主编的《历史唯物主义原理》(新编本)中,"劳动者在生产过程中为了共同完成某一产品而进行的分工和协作",③也被列入生产关系。毫无疑问,人们只有结成一定的关系共同劳动才能形成现实的生产活动,但人们在生产活动中结成的关系是否都是生产关系呢? 在回答这个问题之前,让我们先来看看马克思的一些相关论述。

协作是人们在生产过程中结成的一种关系。但马克思却说,"简单协作,以及它的进一步发展的形式——总之,提高劳动生产力的一切手段——属于

---

① 参见拙作《论经济基础的构成》,《哲学研究》1995 年第 2 期。

② 肖前、李秀林、汪永祥:《历史唯物主义原理》(修订本),人民出版社 1991 年版,第 114 页。

③ 赵家祥、李清昆、李士坤:《历史唯物主义原理》(新编本),北京大学出版社 1992 年版,第 117 页。

劳动过程,而不属于**价值增殖**过程"。① 这就是说,虽然协作是人们在生产过程中结成的一种关系,但由于这里所说的人们指的是被抽象掉其社会属性的劳动者,这里所说的劳动过程指的是被抽象掉其社会形式的劳动过程,因而协作关系体现的就只是人与自然的关系,而不是人与人的社会关系。由此说来,协作关系就属于生产方式,而不属于生产关系。

管理也是人们在生产过程中结成的一种关系。在谈到资本主义生产过程中的管理时,马克思指出:"资本家的管理不仅是一种由社会劳动过程的性质产生并属于社会劳动过程的特殊职能,它同时也是剥削社会劳动过程的职能……"②由此可以看出,马克思认为资本主义的管理具有二重性。一方面,就它是劳动过程的一种特殊职能而言,它体现的是被抽象掉社会属性的劳动者之间的关系,因为管理在这里只是劳动过程的社会性的产物。一切较大规模的共同劳动都或多或少地需要指挥,以协调个人的活动,这就如同一个单独的提琴手是自己指挥自己,一个乐队就需要一个乐队指挥。仅从劳动过程来看,作为管理者的资本家与作为被管理者的工人之间的关系只是少数肩负特殊管理职能的劳动者同大多数一般劳动者的关系。从这种意义上讲,管理关系属于生产方式。另一方面,就它是剥削社会劳动过程的职能而言,它体现的是资本家剥削工人的关系。因为管理者是资本家,被管理者是工人。资本家之所以成为管理者因为他占有全部生产资料,而工人之所以是被管理者是因为他不占有任何生产资料和生活资料,因而不得不向资本家出卖自己的劳动力。这样说来,管理的职能也就是资本家指挥和监督工人劳动以获取工人创造的剩余价值的职能。从这种意义上讲,管理关系属于生产关系。

以上表明,并不是人们在生产过程中结成的所有关系都是生产关系,只有那些反映人们在生产过程中的社会属性的关系,才属于生产关系。

那生产关系的含义到底是什么?从马克思的相关论述来看,它指的是生产条件的所有者和直接生产者的关系。马克思说:"不论生产的社会的形式如何,劳动者和生产资料始终是生产的因素。但是,二者在彼此分离的情况下

---

① 《马克思恩格斯全集》第47卷,人民出版社1979年版,第296页。
② 《资本论》第一卷,人民出版社1975年版,第368页。

只在可能性上是生产因素。凡要进行生产,它们就必须结合起来。实行这种结合的特殊方式和方法,使社会结构区分为各个不同的经济时期。"①这里说的劳动者和生产资料的结合,不是指从人与自然关系上讲的那种结合,而是从人与人的社会关系上讲的那种结合。马克思认为,劳动者同生产资料的结合不是无条件的,具体说来就是:或者他使用的是自己的生产资料,在这种情况下,他既是直接的生产者同时又是生产资料的所有者;或者他使用的是别人的生产资料,在这种情况下,他必须同生产资料的所有者结成一定的关系。这样说来,劳动者同生产资料的结合实际上也就是劳动者同生产资料所有者的结合。关于生产条件的所有者和直接生产者的关系就是生产关系,马克思曾有一段明确的论述:"任何时候,我们总是要在生产条件的所有者同直接生产者的直接关系——这种关系的任何形式总是自然地同劳动方式和劳动社会生产力的一定发展阶段相适应——当中,为整个社会结构,从而也为主权和依附关系的政治形式,总之,为任何当时的独特的国家形式,找出最深的秘密,找出隐蔽的基础。"②这里所说的同劳动方式和劳动社会生产力的一定发展阶段相适应的生产条件的所有者同直接生产者的关系,就是生产关系。

生产关系不是一成不变的,而是发展变化的。那如何区分不同的生产关系?目前流行的历史唯物主义教科书以生产资料归谁所有、由谁支配为依据,将生产关系划分为五种类型,即原始社会所有制、奴隶占有制、封建主占有制、资本家占有制和社会主义公有制。③ 这种做法也不符合马克思本人的思想。

前边表明,生产关系在马克思的著作中指的是直接生产者与生产资料所有者的关系。那马克思又是如何划分不同生产关系的呢? 从他的有关论述来看,他是以直接生产者和生产资料所有者的不同结合方式为依据划分生产关系的,并据此将生产关系划分为三大类型:

(1)前资本主义生产关系。其特征是直接生产者本身是生产资料的所有

---

① 《资本论》第一卷,人民出版社 1975 年版,第 44 页。

② 《资本论》第三卷,人民出版社 1975 年版,第 891—892 页。

③ 参见肖前、李秀林、汪永祥:《历史唯物主义原理》(修订本),人民出版社 1991 年版,第123—125 页;以及赵家祥、李清昆、李士坤:《历史唯物主义原理》(新编本),北京大学出版社 1992 年版,第 421—422 页。

者,生产资料所有者本身也是直接生产者,生产者和生产资料所有者的结合表现为集二者于一身。马克思还进而分析了前资本主义生产关系的三种具体形式。

第一种是以亚细亚的、斯拉夫的、古代的和日耳曼的所有制形式为代表的部落所有制。在这种所有制形式下,部落成员既是直接的生产者,同时又是生产资料的所有者。用马克思的话来讲就是:"**财产**最初(在它的亚细亚的、斯拉夫的、古代的、日耳曼的形式中)意味着,劳动的(进行生产的)主体(或再生产自身的主体)把自己的生产或再生产的条件看作是自己的东西这样一种关系。"①当然,这种集生产者和生产资料所有者于一身的部落所有制在历史发展的不同起点有不同的表现形式。例如,在亚细亚所有制形式下,财产仅仅作为公社的财产而存在,在那里,"单个成员本身只是一块特定土地的**占有者**,或是继承的,或不是继承的,因为财产的每一小部分都不属于任何单独的成员,而属于作为公社的直接成员的人,也就是说,属于同公社直接统一而不是同公社有别的人。因此,这种单个的人只是占有者。"②在古代的所有制形式下,"公社财产——作为国有财产——公有地,在这里是和私有财产分开的。"③即一部分土地作为公有地由公社成员共同占有,另一部分土地则分别属于公社的每一家庭。日耳曼的所有制形式与前两者都不同。在那里,土地基本上属于每一家庭。固然,在日耳曼公社也有一些不同于个人财产的公有地,如猎场、牧场、采樵地等等,但这些公有地仅仅表现为个人财产的补充,或者说,表现为个人所有的公共财产。在日耳曼公社,"个人土地财产既不表现为同公社土地财产相对立的形式,也不表现为以公社为中介,而是相反,公社只存在于这些个人土地所有者本身的相互关系中。公社财产本身只表现为各个个人的部落住地和所占有土地的公共附属物。"④但无论在哪种部落所有制形式下,直接生产者同时都是生产资料的所有者,生产资料的所有者同时也都是直接的生产者。

---

① 《马克思恩格斯全集》第 46 卷上,人民出版社 1979 年版,第 496 页。
② 《马克思恩格斯全集》第 46 卷上,人民出版社 1979 年版,第 478 页。
③ 《马克思恩格斯全集》第 46 卷上,人民出版社 1979 年版,第 475 页。
④ 《马克思恩格斯全集》第 46 卷上,人民出版社 1979 年版,第 482 页。

第二种是由部落所有制发展而来的奴隶制和农奴制。马克思指出:"以部落体(共同体最初就归结为部落体)为基础的财产的基本条件就是:必须是部落的一个成员。这就使被这个部落所征服或制服的其他部落**丧失财产**,而且使它沦为这个部落的再生产的**无机条件**之一,共同体把这些条件看做是自己的东西。所以奴隶制和农奴制只是这种以部落体为基础的财产的继续发展。"①奴隶制和农奴制的出现自然会使原来的部落所有制发生改变,但它们却没有导致部落体成员同其劳动的客观条件的分离。马克思说:"在奴隶制关系和农奴制依附关系中,没有这种分离;而是社会的一部分被社会的另一部分简单地当作自身再生产的**无机自然**条件来对待。奴隶同自身劳动的客观条件没有任何关系;而**劳动**本身,无论采取的是奴隶的形态,还是农奴的形态,都是作为生产的**无机条件**与其他自然物同属一类的,是与牲畜并列的,或者是土地的附属物。"②这里所说的"没有这种分离"的含义是:一方面,从部落体成员的角度来看,他们同其生产的客观条件的关系并没有因为奴隶和农奴的出现而发生改变,所不同的只是,归部落体成员所有的生产的客观条件现在不仅包括无机的生产资料,如土地、工具等等,而且还包括被当作生产的无机条件对待的奴隶和农奴;另一方面,从奴隶和农奴的角度来看,也不存在生产者同其生产的客观条件的分离问题,因为他们现在从社会关系的意义上看已不再是独立自由的生产者,而是为他人所有的、同其他生产的客观条件并列的活的生产资料。他们使用生产资料就如同马拉车,牛耕地一样。当然,由于生产的客观条件现在包括了作为活劳动力的奴隶和农奴,先前的部落体成员有很多人就不再从事直接的生产了,这样,"财产就已经不是什么亲身劳动的个人对客观的劳动条件的关系了。"③

第三种是由部落所有制发展而来的行会所有制和自耕农的小土地所有制。前者表现为生产者同时也是生产工具的所有者,后者表现为生产者同时也是小块土地及少量生产资料的所有者。

(2)资本主义生产关系。其特征是直接生产者同生产资料相分离,即直

---

① 《马克思恩格斯全集》第46卷上,人民出版社1979年版,第492页。
② 《马克思恩格斯全集》第46卷上,人民出版社1979年版,第488页。
③ 《马克思恩格斯全集》第46卷上,人民出版社1979年版,第496页。

接生产者本身不是生产资料的所有者,生产资料的所有者本身不是直接生产者。生产者同生产资料所有者的结合是通过工人向资本家出卖自己的劳动力,资本家剥削工人创造的剩余价值实现的。

资本主义生产关系由对立的两极构成。一极是占有全部生产资料的资本家,另一极是除了自身的劳动力以外一无所有的工人。他们之间的关系表现为后者向前者出卖自己的劳动力并在前者的监督下为前者生产剩余价值。这里需要指出,工人同资本家的关系与奴隶和农奴同其所有者的关系有本质的不同。这表现在,"在奴隶制关系下,劳动者属于**个别的特殊**所有者,是这种所有者的工作机。劳动者作为力的表现的总体,作为劳动能力,是属于他人的物,因而劳动者不是作为主体同自己的力的特殊表现即自己的活的劳动发生关系。在农奴依附关系下,劳动者表现为土地财产本身的要素,完全和役畜一样是土地的附属品。在奴隶制关系下,劳动者只不过是活的工作机,因而它对别人来说具有价值,或者更确切地说,它是价值。对于自由工人来说,他的总体上的劳动能力本身表现为他的财产,表现为他的要素之一,他作为主体掌握着这个要素,通过让渡它而保存它。"①这也就是说,由于工人是自由的劳动者,是自己的劳动力的所有者,因而从社会关系的角度来看,他和生产资料所有者即资本家之间的关系是一种人与人的关系;而奴隶和农奴同其所有者之间的关系从社会关系的角度来看却是"物"与人的关系,因为奴隶和农奴本身就是"物",是属于他人的活的生产资料。这里还需指出,作为生产资料所有者的资本家有时也参加生产活动,但却不能因此把资本家也视为生产者,因为他的劳动与工人的劳动有本质的不同。马克思指出:"在一切社会制度中,占统治地位的阶级(或一些阶级)总是占有劳动的物的条件的阶级,因此,这些条件的承担者,即使在他们劳动的场合,他们也不是作为劳动者,而是作为所有者从事劳动……"②这就是说,即使资本家参加了某种生产活动,但这并不改变他的资本家的身份,也不改变他同工人的关系。

资本主义生产关系是由前资本主义生产关系发展而来的。马克思说:

---

① 《马克思恩格斯全集》第 46 卷上,人民出版社 1979 年版,第 462—463 页。
② 《马克思恩格斯全集》第 47 卷,人民出版社 1979 年版,第 146—147 页。

"自然界不是一方面造成货币所有者或商品所有者,而另一方面造成只是自己劳动力的所有者。这种关系既不是自然史上的关系,也不是一切历史时期所共有的社会关系。"①前边表明,前资本主义生产关系的本质特征就在于集生产者和生产资料所有者于一身。由此我们就能比较容易地理解,为什么马克思一再强调,"创造资本关系的过程,只能是劳动者和他的劳动条件的所有权分离的过程,这个过程一方面使社会的生活资料和生产资料转化为资本,另一方面使直接生产者转化为雇佣工人。"②因为资本主义生产关系形成的过程同时也就是前资本主义生产关系解体的过程。

(3)共产主义生产关系。其特征是在高度发达的生产力基础上重新实现的直接生产者和生产资料的所有者二者的统一。

马克思认为,资本主义生产关系既不是从来就有的,也不会永远存在下去,它将被共产主义生产关系所取代。共产主义生产关系又是怎样一种情况呢?对此马克思没有做详细的论述,而只是大体上勾画出了它的一般特征。他说:"从资本主义生产方式产生的资本主义占有方式,从而资本主义的私有制,是对个人的、以自己劳动为基础的私有制的第一个否定。但资本主义生产由于自然过程的必然性,造成了对自身的否定。这是否定的否定。这种否定不是重新建立私有制,而是在资本主义时代的成就的基础上,也就是说,在协作和对土地及靠劳动本身生产的生产资料的共同占有的基础上,重新建立个人所有制。"③这表明,未来的共产主义生产关系将会重新实现直接生产者和生产资料所有者的统一,当然是在更高的生产力基础上的重新统一。

根据马克思本人的相关论述,我认为,生产力概念应定义为由人的体力和智力构成的人们从事物质生产的能力,生产方式概念应定义为从人与自然的关系来看的特定的生产过程,而生产关系概念应定义为同一定的生产方式相适应的生产条件的所有者同直接生产者的关系。

---

① 《资本论》第一卷,人民出版社 1975 年版,第 192 页。
② 《资本论》第一卷,人民出版社 1975 年版,第 782—783 页。
③ 《资本论》第一卷,人民出版社 1975 年版,第 832 页。

二、论经济基础的构成[①]

在马克思和恩格斯创立的历史唯物主义中,经济基础既是一个十分重要的概念,也是一个引起颇多争议的概念。从新中国成立以来有关经济基础问题的讨论来看,人们的争论大多是围绕着经济基础的构成这一问题展开的。在当前流行的历史唯物主义教科书中,经济基础这一概念大多被定义为不包括生产力在内的生产关系的总和。笔者认为,这一定义不符合马克思和恩格斯的原意,因此有必要对这一问题做一重新探讨。

1. 经济基础指的是一定的生产方式以及与它相适应的生产关系

经济基础这一概念指的是什么? 在当前流行的历史唯物主义教科书中有两种不同的观点,一种认为它指的是一定社会各种生产关系的总和[②];另一种认为它指的是一个社会中占统治地位的生产关系各个方面的总和[③]。但这两种观点又有一致的方面,即都认为经济基础不包括生产力。这两种观点依据的都是马克思在《〈政治经济学批判〉序言》(以下简称《序言》)中的那段著名

[①] 本文发表在《哲学研究》1995 年第 2 期。

[②] 参见肖前、李秀林、汪永祥:《历史唯物主义原理》(修订本),人民出版社 1991 年版,第 147—149 页。

[③] 参见赵家祥、李清昆、李士坤:《历史唯物主义原理》(新编),北京大学出版社 1992 年版,第 186—191 页。

论述:"人们在自己生活的社会生产中发生一定的、必然的、不以他们的意志为转移的关系,即同他们的物质生产力的一定发展阶段相适合的生产关系。这些生产关系的总和构成社会的经济结构,即有法律的和政治的上层建筑竖立其上并有一定的社会意识形式与之相适应的现实基础。"①在这段论述中马克思确实说了"这些生产关系的总和"构成社会的经济基础,但没有表明"这些生产关系的总和"的含义是什么。这是导致人们对经济基础的构成产生种种不同理解的一个原因。那这里所说的"这些生产关系的总和"的确切含义是什么?我认为,仅从这段论述本身是无法对这一问题做出正确回答的。唯一可行的方法是看看马克思在其他著作中对这一问题的相关论述,进而从这些相关论述中把握他在《序言》中所说的"这些生产关系的总和"的确切含义。以下是他的五段相关论述:

(1)劳动主体所组成的共同体,以及以此共同体为基础的所有制,归根到底归结为劳动主体的生产力发展的一定阶段,而和该阶段相适应的是劳动主体相互间的一定关系和他们对自然的一定关系。②

(2)一定的生产方式以及与它相适应的生产关系,简言之,"社会的经济结构,是有法律的和政治的上层建筑竖立其上并有一定的社会意识形式与之相适应的现实基础"……③

(3)一定的生产方式以及从这种生产方式中产生的社会关系,简言之,社会的经济结构,是有法律的和政治的上层建筑竖立其上的现实基础……④

(4)这种生产的承担者对自然的关系以及他们互相之间的关系,他们借以进行生产的各种关系的总和,就是从社会经济结构方面来看的社会。⑤

(5)对资本主义生产方式的科学分析却证明:资本主义生产方式是

① 《马克思恩格斯选集》第2卷,人民出版社1972年版,第82页。
② 《马克思恩格斯全集》第46卷上,人民出版社1979年版,第495—496页。
③ 《资本论》第一卷,人民出版社1975年版,第99页。
④ 《资本论》第一卷,法文版中译本,中国社会科学出版社1983年版,第61页。
⑤ 《资本论》第三卷,人民出版社1975年版,第925页。

一种特殊的、具有独特历史规定性的生产方式;它和任何其他一定的生产方式一样,把社会生产力及其发展形式的一个既定的阶段作为自己的历史条件,而这个条件又是一个先行过程的历史结果和产物,并且是新的生产方式由以产生的既定基础;同这种独特的、历史规定的生产方式相适应的生产关系,——即人们在他们的社会生活过程中、在他们的社会生活的生产中所处的各种关系,——具有一种独特的、历史的和暂时的性质。①

马克思的这五段论述都出自其成熟时期的著作,都直接或间接地涉及经济基础的构成问题。现在让我们来对它们做一分析。

首先可以肯定,分别出现在第(2)、(3)、(4)段论述中的"社会经济结构",与出现在《序言》中的"社会经济结构"是同一概念,因为第(2)、(3)段论述本身就是对《序言》中那段话的重述,而第(4)段论述则可视为对《序言》中所说的"社会的经济结构"的进一步的说明。这是我们分析的出发点。

第(4)段论述表明,社会经济结构是由两种关系构成,即生产者对自然的关系以及他们互相之间的关系,是这两种关系构成了社会经济结构。由此我们可以进而推出:既然第(2)、(3)段论述中的社会经济结构与第(4)段论述中的社会经济结构是同一概念,那末,在第(2)段和第(3)段论述中出现的"一定的生产方式"指的就是生产者对自然的关系,而在这两段中出现的与一定的生产方式相适应的"生产关系"和从一定的生产方式中产生的"社会关系"指的就是生产者之间的关系。尽管在第(2)、(3)段论述中都没有出现"总和"这样的字眼,但这两段论述实际上都把社会经济结构视为生产者对自然的关系以及他们相互之间关系的总和。

马克思在《序言》中把社会的经济结构,即经济基础,表述为"生产关系的总和",但在第(2)、(3)、(4)段论述中却把它分别表述为"一定的生产方式以及与它相适应的生产关系","一定的生产方式以及从这种生产方式中产生的社会关系"和"生产的承担者对自然的关系以及他们互相之间的关系"。从他对经济基础概念的这四种不同表述可以推出,在谈到经济基础时,生产关系概念在马克思那里有两种用法:一种可称为"广义的生产关系",它指的是生产

---

① 《资本论》第三卷,人民出版社1975年版,第993页。

者借以进行生产的各种关系,既指生产过程中生产者对自然的关系,也指生产者相互之间的关系;另一种可称为"狭义的生产关系",它仅指生产过程中生产者之间的关系。可以肯定,马克思在《序言》对经济基础的表述同他在第(2)、(3)、(4)段论述对经济基础的表述在本质上是一致的。这样,出现在《序言》中的"生产关系"就只能理解为广义的生产关系,与此相应,"生产关系的总和"就只能理解为生产者对自然的关系和他们相互之间关系的总和。而出现在第(2)、(3)、(4)段论述中的与一定的生产方式相适应的"生产关系",从一定的生产方式中产生的"社会关系"和生产者"互相之间的关系",则只能理解为狭义的生产关系。否则,《序言》中那段话与第(2)、(3)、(4)段论述之间就会出现明显的逻辑矛盾。

然而,以上理解又会带来另一个问题。因为马克思在《序言》中讲得很清楚,这些生产关系的总和是同人们的"物质生产力的一定发展阶段相适合的"。人们会问,这里所说的人们的物质生产力的一定发展阶段难道不是指生产者对自然的关系吗?如果是的话,那把《序言》中所说的"生产关系的总和"理解为广义的生产关系就讲不通了,因为广义的生产关系本身已经包括了人与自然的关系。如何对这一问题作出合理的说明呢?让我们再来看看第(1)和第(5)段论述。

第(1)段论述表明,与劳动主体生产力发展的一定阶段相适应的既包括劳动主体相互间的一定关系,也包括他们对自然界的一定关系。由此可以推出,生产力指的并不就是劳动者对自然的关系,而是存在于劳动主体即劳动者身体之中的进行物质生产的能力。这种能力一方面决定劳动者对自然的关系并进而决定他们相互间的关系,另一方面又只有通过劳动者对自然的现实的关系即生产活动才能体现出来。第(5)段论述表明,一定的社会生产力及其发展形式是新的生产方式以及与这种新的生产方式相适应的生产关系得以产生的条件。根据对第(1)段以及对(2)、(3)、(4)段论述的分析,这里所说的生产方式指的是生产者对自然的关系;与此相应,这里所说的生产关系指的是生产者之间的关系。既然一定的社会生产力是新的生产方式得以产生的条件,而生产关系又是同这种生产方式相适应的,那这里所说的社会生产力就只能理解为包括生产者对自然的关系和他们之间的关系在内的广义的生产关系得以产生的条件,即生产者从事物质生产的能力。由此去理解马克思在《序言》中所说的这些生产关系的总和是"同物质生产力的一定发展阶段相适合的",我们就可以得出,他所说的物质生产力指的只是生产者进行物质生产的能力,而不是生产者对自然的关系;他所说的生产关系的总和指的则是包括生产方式和狭义的生产关系在内的,即包括生产者对自然的关系和生产者之间关系在内的广义的生产关系的总和。这样一来,前边所说的那种矛盾也就不存在了。

以上表明,我们在前边提到的那两种观点都误解了马克思本人的原意。经济基础在马克思那里指的既不是一定社会各种生产关系(狭义的)的总和,也不是一定社会占统治地位的生产关系(狭义的)各个方面的总和,而是指生产过程中生产者同自然的关系以及他们互相之间关系的总和,即一定的生产方式以及与它相适应的生产关系。

2. 经济基础包括生产过程中人与自然的关系

既然马克思在其著作中明确表示过经济基础由一定的生产方式和与它相适应的生产关系构成,那持上述两种观点的同志为什么还要把生产方式排除在外呢?从他们给出的理由来看,根本的原因是直接决定上层建筑性质的是生产关系(狭义的)。这也就是说,在他们看来,由于生产方式(即他们所说的生产力)不能直接决定上层建筑的性质,因此不能包括在经济基础之中。从马克思和恩格斯的有关论述来看,这一理由是不能成立的。

首先,经济基础对上层建筑的决定作用是多方面的,不仅表现为决定其性质,而且还表现为决定其存在和发展。恩格斯指出:"人们首先必须吃、喝、住、穿,然后才能从事政治、科学、艺术、宗教等等;所以,直接的物质的生活资料的生产,从而一个民族或一个时代的一定的经济发展阶段,便构成基础,人们的国家设施、法的观点、艺术以至宗教观念,就是从这个基础上发展起来的,因而,也必须由这个基础来解释,而不是像过去那样做得相反。"①这表明,上

---

① 《马克思恩格斯选集》第3卷,人民出版社1972年版,第574页。

层建筑的存在和发展都是由经济基础所决定的。物质生产活动是人类从事其他一切活动的前提。人们只有先解决了衣食住行这些基本的生活需要,然后才有可能去从事政治、宗教、哲学、艺术等活动;只有随着生产的发展和剩余产品的不断增多,上层建筑才能得到相应的发展。因此,无论在任何时候,满足人们生活需要的生产活动都是政治法律制度和各种意识形式赖以存在和发展的基础。而物质生产活动,即恩格斯所说的"直接的物质的生活资料的生产"自然既包括生产过程中人与人的关系,也包括人与自然的关系。这样,仅以是否能直接决定上层建筑的性质为依据来确定经济基础的构成,将人与自然的关系排除在经济基础之外的做法,显然就缩小了经济基础概念的内涵,缩小了经济基础对上层建筑的决定作用的范围。把人与自然的关系排除在经济基础之外,是无法对上层建筑的存在和发展做出科学的说明的。

其次,经济基础中的人与自然的关系同样直接决定上层建筑的性质。仔细考察一下就可以发现,在马克思和恩格斯的著作中,有不少明显肯定生产方式对上层建筑起直接的决定作用的论述。例如,马克思指出:"从物质生产的一定形式产生:第一,一定的社会结构;第二,人对自然的一定关系。人们的国家制度和人们的观念由这两者决定,人们的精神生产的方式也由这两者决定。"①这表明,上层建筑的性质是由物质生产决定的,而物质生产既包括人与人的关系,也包括人对自然的一定关系。既然马克思认为上层建筑是由这两者决定的,那就表明人对自然的关系同人与人的关系一样,也对上层建筑直接起决定作用。恩格斯说:"我们视之为社会历史的决定性基础的经济关系,是指一定社会的人们生产生活资料和彼此交换产品(在有分工的条件下)的方式。因此,这里包括生产和运输的全部技术装备。这种技术装备,照我们的观点看来,也决定着产品的交换方式以及分配方式,从而在氏族社会解体后也决定着阶级的划分,决定着统治关系和奴役关系,决定着国家、政治、法等等。"②这里所说的生产和运输的**全部技术装备**,也就是生产资料。这表明作为生产方式组成部分的生产资料也直接决定上层建筑,而无须经过生产关系这个

---

① 《马克思恩格斯全集》第 26 卷 I,人民出版社 1972 年版,第 296 页。
② 《马克思恩格斯选集》第 4 卷,人民出版社 1972 年版,第 505 页。

"中介"。当然,在马克思和恩格斯的著作中,也有不少生产关系直接决定上层建筑的论述。为什么在他们的著作中会出现两种不同的说法呢?我认为,这并不是因为他们在思想上或表述上的混乱,而是因为在他们看来,经济基础是由生产过程中人与自然的关系和人与人的关系这两者构成的统一体,因此经济基础对上层建筑的作用就不仅仅是生产方式的作用或仅仅是生产关系的作用,而是这两者的作用。这里需要指出,作为经济基础组成部分的生产方式和生产关系都不是孤立存在的,而是相互依存的。生产方式是生产关系的物质内容,生产关系是生产方式的社会形式。没有脱离生产方式孤立存在的生产关系,说到生产关系,总是指以一定的生产方式为其物质内容的生产关系;同样,也没有脱离生产关系而孤立存在的生产方式,说到生产方式,总是指以一定的生产关系为其社会形式的生产方式。正因为如此,在马克思和恩格斯有关经济基础决定上层建筑的论述中,虽然他们有时只提生产关系决定上层建筑,而没提生产方式,有时只提生产方式决定上层建筑,而没有提生产关系,但无论在哪种情况下,他们所指的都不是孤立存在的生产关系的作用或孤立存在的生产方式的作用,而是指以一定的生产方式为其物质内容的生产关系的作用,或以一定的生产关系为其社会形式的生产方式的作用。这样,当他们说生产关系对上层建筑起决定作用时就内存地包含着生产方式对上层建筑的决定作用。同样,当他们说生产方式对上层建筑起决定作用时也内在地包含着生产关系对上层建筑的决定作用。例如,马克思曾说过:"任何时候,我们总是要在生产条件的所有者同直接生产者的直接关系——这种关系的任何当时的形式必然总是同劳动方式和劳动社会生产力的一定的发展阶段相适应——当中,为整个社会结构,从而也为主权关系和依附关系的政治形式,总之,为任何当时的独特的国家形式,发现最隐蔽的秘密,发现隐藏着的基础。"①在这里,马克思虽然强调要以生产条件的所有者同直接生产者的直接关系,即生产关系,去说明上层建筑,但他同时立即指出,这种生产关系的任何形式总是自然地同劳动方式和劳动的社会生产力的一定发展阶段相适应的。再如,马克思还说过:"物质生活的生产方式制约着整个社会生活、政治生活

---

① 《资本论》第三卷,人民出版社 1975 年版,第 891—892 页。

和精神生活的过程。"①这里所说的物质生活的生产方式,显然就不能理解为仅仅是生产过程中人与自然的关系,而应理解为以一定的生产关系为其社会形式的人与自然的关系。当然,在马克思和恩格斯有关经济基础决定上层建筑的论述中,他们更多的时候是提生产方式和生产关系两者。例如,马克思指出:"在不同的所有制形式上,在生存的社会条件上,耸立着由各种不同感情、幻想思想方式和世界观构成的整个上层建筑。整个阶级在它的物质条件和相应的社会关系的基础上创造和构成这一切。"②在这里,经济基础就被表述为物质条件和相应的社会关系。恩格斯也指出:"每一历史时代主要的经济生产方式和交换方式以及必然由此产生的社会结构,是该时代政治的和精神的历史所赖以确立的基础,并且只有从这一基础出发,这一历史才能得到说明……"③这里所说的经济生产方式和交换方式以及必然由此产生的社会结构,当然既包括生产过程中人与自然的关系,也包括人与人的关系。总之,由于经济基础是由相互依存的生产方式和生产关系构成的统一体,因此,作为这一统一体组成部分的生产方式和生产关系都同时对上层建筑起直接的决定作用。所谓生产关系直接决定上层建筑,生产方式则只有通过生产关系的中介才能间接决定上层建筑的情况,在马克思和恩格斯的论述中是找不到的。

第三,上层建筑的内容同样包含对经济基础中人与自然关系的反映。上层建筑就其内容而言,是对经济基础的反映。经济基础中是否包括人与自然的关系,还可以从上层建筑是否包含反映这一关系的内容而得到验证。

国家属于上层建筑。国家反映的只是生产过程中人与人的关系吗?让我们看看马克思的一段论述。在谈到东方国家时,他指出:"在亚洲,从远古的时候起一般说来就只有三个政府部门:财政部门,对内进行掠夺的部门;财政部门,对外进行掠夺的部门;最后是公共工程部门。气候和土地条件,特别是从撒哈拉经过阿拉伯、波斯、印度和鞑靼区直至最高的亚洲高原的一片广大的沙漠地带,使利用水渠和水利工程的人工灌溉设施成了东方农业的基础。无

---

① 《马克思恩格斯选集》第2卷,人民出版社1972年版,第82页。
② 《马克思恩格斯选集》第1卷,人民出版社1972年版,第629页。
③ 《马克思恩格斯选集》第1卷,人民出版社1972年版,第237页。

论在埃及和印度,或是在美索不达米亚、波斯以及其他地区,都利用河水的泛滥来肥田,利用河流的涨水来充注灌溉水渠。节省用水和共同用水是基本的要求,这种要求,在西方,例如在佛兰德和意大利,曾促使私人企业家结成自愿的联合;但是在东方,由于文明程度太低,幅员太大,不能产生自愿的联合,因而需要中央集权的政府进行干预。所以亚洲的一切政府都不能不执行一种经济职能,即举办公共工程的职能。"①这段论述中所说的政府的"经济职能",显然是对生产过程中的人与自然关系的反映。

宗教是一种意识形态,属于上层建筑。宗教所反映的只是生产过程中人与人的相互关系吗?当谈到古代宗教时,马克思指出:"这些古老的社会生产有机体比资产阶级的社会生产有机体简单明了得多,但它们或者以个人尚未成熟,尚未脱掉同其他人的自然血缘联系的脐带为基础,或者以直接的统治和服从的关系为基础。它们存在的条件是:劳动生产力处于低级发展阶段,与此相应,人们在物质生活生产过程内部的关系,即他们彼此之间以及他们同自然之间的关系是很狭隘的。这种实际的狭隘性,观念地反映在古代的自然宗教和民间宗教中。"②这段论述清楚地表明,在马克思看来,古代宗教既是对生产过程中人与人关系的反映,同时也是对生产过程中人与自然关系的反映。正因为如此,马克思说:"只有当实际日常生活的关系,在人们面前表现为人与人之间和人与自然之间极明白而合理的关系的时候,现实世界的宗教反映才会消失。"③

艺术和哲学同样也不仅仅是对人与人的关系的反映。在谈到古希腊艺术时,马克思指出:"任何神话都是用想象和借助想象以征服自然力,支配自然力,把自然加以形象化;因而,随着这些自然力实际上被支配,神话也就消失了。在印刷所广场旁边,法玛还成什么?希腊艺术的前提是希腊神话,也就是已经通过人民的幻想用一种不自觉的艺术方式加工过的自然和社会形式本身。"④同艺术相比,哲学是一种更抽象更远离经济基础的意识形式。但其内

① 《马克思恩格斯选集》第1卷,人民出版社1972年版,第64页。
② 《资本论》第一卷,人民出版社1975年版,第96页。
③ 《资本论》第一卷,人民出版社1975年版,第96—97页。
④ 《马克思恩格斯选集》第2卷,人民出版社1972年版,第113页。

容也同样既包括对人与人的关系的反映,也包括对人与自然关系的反映。例如,在谈到辩证法时,恩格斯说:"而辩证法不过是关于自然,人类社会和思维的运动和发展的普遍规律的科学。"①既然上层建筑中包含着反映人与自然关系的内容,那就从反面证明经济基础包含人与自然的关系。

3. 社会整体结构由经济基础和
上层建筑两个层次构成

从生产力不能直接决定上层建筑出发,坚持将生产力排除在经济基础之外的同志又进而认为:历史唯物主义的科学范畴要从不同方面来把握社会有机体,把社会的物质基础即生产力(这里指的是生产过程中人与自然的关系,而不是人们从事物质生产的能力)与经济基础(这里指的是狭义的生产关系)区别开来,有利于精确地揭示社会的不同方面和社会要素的复杂结构和关系。具体说来就是,第一,假如经济基础包括生产力在内,那它在内涵和外延上就与生产方式概念(在这里,生产方式指的是生产过程中人与自然的关系和人与人的关系这两种关系的统一体)完全重合,因而就失去了其存在的必要性;第二,生产力只能直接说明生产关系而不能直接说明上层建筑,因此社会整体结构应划分为生产力,生产关系和上层建筑三个基本层次。

上面所说的第一个理由是不能成立的,因为将生产过程中人与自然的关系包括在经济基础之内并不会使它同生产方式概念重合。我们知道,生产方式在马克思和恩格斯的著作中是一个多义的概念,它有时指生产过程中人与自然的关系,有时指生产过程之人与人的社会关系,有时则指这二者的统一体。不过,在他们谈到作为经济基础的组成部分的生产方式时,其含义是确定的,即指的是生产过程中人与自然的关系。对此,我们在前边已做过说明。经济基础指的是生产过程中人与自然的关系和人与人的关系的总和,生产方式指的只是经济基础的一个组成部分,即生产过程中人与自然的关系,这里并不

---

① 《马克思恩格斯选集》第3卷,人民出版社1972年版,第181页。

存在经济基础概念和生产方式概念重合的问题。反之,如果将人与自然的关系排除在经济基础之外,那倒会出现经济基础与生产关系(狭义的)的完全重合的问题。

上面所说的第二个理由也是不能成立的。对于生产力是否可以直接说明上层建筑我们在前边也做了说明,这里就不再重复了。我们在这里所要说明的是由此引出的另一个理论问题,即马克思和恩格斯是将社会整体结构划分为两个基本层次,还是三个基本层次。

仔细考察一下马克思恩格斯有关社会结构的论述就可以发现,他们只提出过"基础"和"上层建筑"这两个用以标志社会基本结构的概念。他们认为,社会结构虽然复杂,但说到底是由两大类关系构成的。一类是人们在生产过程中结成的关系,另一类是人们在政治法律和意识形态领域结成的关系。在他们看来,社会结构就像一座建筑,是由这两种关系构成的一个整体。他们把第一类关系称为基础、把第二类关系称为上层建筑是为了表明,这是两类性质不同的关系,它们在整个社会结构中所处的地位和所起的作用是不同的,社会整体结构是由这两层关系构成的。当然,作为构成社会整体两大要素的经济基础和上层建筑又分别由若干要素构成,前者由生产方式和与其相适应的生产关系构成,后者由政治法律制度和各种意识形态构成。但由此我们不能得出社会整体是由这些因素构成的结论,因为它们只是构成经济基础和上层建筑的要素,而不是构成社会整体的要素,只有由它们构成的经济基础和上层建筑才是构成社会整体的要素。这样,作为经济基础组成部分的生产过程中人与自然的关系就不能单独构成社会整体结构的一个层次,只有由它与生产过程中人与人的关系共同构成的经济基础才能构成社会整体结构的一个层次。

如果认为社会结构是由生产力、经济基础和上层建筑三个层次构成,即认为社会是由物质基础(生产过程中人与自然的关系)、经济基础(生产过程中人与人的关系)和上层建筑三个层次构成,那就会彻底改变马克思和恩格斯有关社会整体结构的思想,从而带来一系列难以克服的矛盾。

首先,马克思恩格斯之所以把生产过程中人与自然的关系和人与人的关系称为经济"基础",是因为他们认为这两种关系构成了社会的底层结构。如果认为经济基础只是由生产过程中人与人的关系构成,在经济基础之下还有一层由生产过程中人与自然的关系构成的物质基础,那经济基础也就不再是社会的底层结构。如果这样,那还有什么理由把它称为社会的经济"基础"呢? 也许有人会说,经济基础是相对于上层建筑而言,是上层建筑的基础。但这会带来另一个矛盾,即如果说经济基础是相对于上层建筑而言,那作为经济基础的基础的物质基础又是相对于什么而言呢? 能说经济基础是物质基础的上层建筑吗? 将社会结构划分为三个层次必然会导致社会结构是由两个基础(生产力是生产关系的基础,生产关系是政治法律制度和意识形态的基础)和两个上层建筑(生产关系是生产力的上层建筑,政治法律制度和意识形态是生产关系的上层建筑)构成这样一种情况,这显然是讲不通的。

其次,马克思和恩格斯认为社会是由经济基础和上层建筑构成的一个整体,他们把这一整体称作社会形态。如果将生产过程中人与自然的关系排除在经济基础之外并使之单独构成更深一层的社会结构,那社会整体也就不再由经济基础和上层建筑二者构成,而是由"物质基础""经济基础""上层建筑"三者构成。这样一来,社会形态概念也就不再是标志着社会整体的概念,因而在历史唯物主义理论体系中也就缺少了一个标志社会整体结构的概念。坚持将社会整体结构划分为三个层次的同志也看到了这一问题,于是他们提出马克思曾把社会称为"社会机体",因而可以把"社会有机体"看作是标志社会整体结构的概念。这也是不能成立的。就我所知,"社会机体"的提法在马克思的著作中出现过两次。一次是在《哲学的贫困》,马克思在与蒲鲁东论战时说:"谁用政治经济学的范畴构筑某种意识形态体系的大厦,谁就是把社会体系的各个环节割裂开来,就是把社会的各个环节变成同等数量的依次出现的单个社会。其实,单凭运动、顺序和时间的唯一逻辑公式怎能向我们说明一切关系在其中同时存在而又互相依存的社会机体呢?"①另一次是在《资本论》,原话是"现在的社会不是坚实的结晶体,而是一个能够变化并且经常处于变化过程中的有机体。"②仔细研究一下这两段话就可以发现,马克思的意思根本不是说存在着一个由三个层次构成的包容社会诸要素在内的社会有机

---

① 《马克思恩格斯选集》第 1 卷,人民出版社 1972 年版,第 109 页。
② 《资本论》第一卷,人民出版社 1975 年版,第 12 页。

体。他的前一段话是说社会就如同有机体一样,其构成要素是相互联系和相互作用的;他的后一段话是说社会就如同有机体一样,不是一成不变,而是发展变化的。可见,把"社会有机体"视为标志社会整体结构的概念是不符合马克思的原意的。

第三,马克思和恩格斯之所以将社会结构划分为两个层次而不是三个层次,是为了表明上层建筑是由生产方式和生产关系两者决定的,因此,对上层建筑就应从生产方式和生产关系两个方面去说明。生产方式和生产关系是相互依存不可分割的,这一内在的同一性决定了它们对上层建筑的说明不仅不是相互对立的,而且是相互补充的。经济基础包括生产方式并不影响生产关系对上层建筑性质的说明,反而有助于对上层建筑性质的说明。如果认为社会结构由三个层次构成,即认为只能用生产关系去说明上层建筑,那就无法解释为什么马克思和恩格斯常常从生产方式和生产关系两个方面说明上层建筑,例如他们对宗教的说明。将社会结构划分为三个层次实际上是否定了生产方式对上层建筑的决定作用。尽管坚持这种观点的同志一再强调,生产关系又是由生产力所决定的,因而生产力最终也对上层建筑也起决定作用。但这种解释是难以自圆其说的,因为当这些同志提出上层建筑只能由生产关系来解释时就已经排除了以生产力说明上层建筑的可能性,这样,所谓生产力的最终决定作用就仍是对生产关系的作用,而不是对上层建筑的作用。

总之,根据马克思和恩格斯的有关论述,经济基础是由一定的生产方式和与它相适合的生产关系构成。那为什么在我国哲学界却长期流行将生产方式排除在经济基础之外的观点呢?我认为,这里除了缺少对马克思和恩格斯的著作的深入研究和受斯大林以来苏联哲学的影响以外,还同我国进行社会主义革命和社会主义建设的历史背景有关。解放前的旧中国资本主义还不很发达,生产方式还比较落后。我国的社会主义制度就是在这样的基础上建成的。既然生产方式还比较落后,那就应当承认我们不可能一下子就建成马克思和恩格斯所描述的那种社会主义,即经过资本主义充分发展的社会主义。然而,我们的一些同志却不愿承认这一现实。他们自认为我们建立的社会主义已是马克思和恩格斯所描述的社会主义,而要论证这一点,就得首先将生产方式排除的经济基础之外,然后再从生产关系和上层建筑方面对我国的社会主义进行说明。这样,将生产方式排除在经济基础之外的观点得以流行就是很自然的了。回顾一下新中国成立以来的历史就不难发现,我们在社会主义革命和社会主义建设方面的失误是同这种观点有很大的关系的。改革开放以来,人们越来越清醒地认识到,我们建立的社会主义制度同马克思和恩格斯所描述的社会主义还有一定的距离,因此,我们应当重新认识我国的国情,重新认识我国当前所处的历史发展阶段。而要做到这一点,我们就有必要纠正那种还在流行的将生产方式排除在经济基础之外的观点,重新研究马克思和恩格斯有关经济基础的构成的论述,为重新认识我国的国情,重新认识我国所处的历史发展阶段提供正确的理论指导。

三、对马克思社会形态概念的再考察①

在马克思的著作中,社会形态概念的含义是什么？对于这个问题,人们有种种不同的理解。我认为,弄清这一概念含义的关键在于区分开马克思著作中"社会形态"与"社会形式"两个概念的不同含义,以及"社会形态"与"社会经济形态"两个概念的不同含义。

1. 社会形态与社会形式

在马克思著作的德文版中,社会形态概念是以 Gesellschaftsformation 来表示的,社会形式则是以 Gesellschaftsform 来表示的。（在马克思著作的中译本中,Gesellschaftsformation 通常译为社会形态,Gesellschaftsform 有时译为社会形式,有时译为社会形态。）社会形态和社会形式是同一概念,还是两个不同的概念？为了弄清这一问题,让我们来考察一下马克思是如何提出和使用这两个概念的。

只要仔细翻阅一下马克思的有关著作,我们就可以发现,社会形式概念的出现先于社会形态概念。

马克思是 1845 年在与恩格斯合著的《德意志意识形态》中首次使用社会形式概念的。他说:"每一个力图取得统治的阶级,即便它的统治要求消灭整个旧的社会形式和一切统治,都必须首先夺取政权,以便把自己的利益又说成

① 本文发表在《教学与研究》1995 年第 2 期。

是普遍的利益,而这是它在初期不得不如此做的。"①(按照德文原文,这段话中的"社会形态"应译为"社会形式")②这里他没对社会形式概念本身做任何解释,不过从上下文中我们可以断定,它指的是"特定的社会类型"或"特定的社会"。因为他所说的旧的社会形式,指的就是将为新的社会所取代的现存的社会。

第二年,在致巴·瓦·安年科夫的信中,马克思再次使用了社会形式概念。他说道:"社会——不管其形式如何——是什么呢? 是人们交互活动的产物。人们能否自由选择某一社会形式呢? 决不能。在人们的生产力发展的一定状况下,就会有一定的交换[commerce]和消费形式。在生产、交换和消费发展的一定阶段上,就会有相应的社会制度、相应的家庭、等级或阶级组织,一句话,就会有一定的市民社会。有相应的市民社会,就会有不过是市民社会的正式表现的相应的政治国家。"③同《德意志意识形态》中的那段话相比,这里马克思对社会形式概念做了进一步的说明。他首先指出,社会是人们交互作用的产物。然后他进而谈到社会形式。在他看来,社会是通过不同的社会形式体现出来的,某一社会形式,也就是某一特定的社会。抽象地讲,每一社会形式都是人们交互作用的产物。但由于在不同时期人们交互作用的不同,因而每一社会形式又都各不相同。人们交互作用的不同具体表现在不同的生产力,不同的生产、交换和消费形式,不同的家庭、等级或阶级组织,不同的市民社会,不同的政治国家等等。正是人们交互作用的不同,决定了各种社会形式的不同,由此可以看出,马克思所说的社会形式,其含义就是"特定的社会类型"或"特定的社会"。

在后来的《雇佣劳动与资本》一书中,马克思又谈到社会这一概念。他说:"各个人借以进行生产的社会关系,即**社会生产关系**,是随着物质生产资料、生产力的变化和发展而变化和改变的。生产关系总合起来就构成所谓**社会关系**,构成所谓**社会**,并且是构成一个处于**一定历史发展阶段**上的社会,具

---

① 《马克思恩格斯选集》第1卷,人民出版社1972年版,第38页。

② 在我写作本文时,《马克思恩格斯选集》第2版,即1995年版还没有出版。在后来的1995年版的《马克思恩格斯选集》中,这段话中的"社会形态"已改译为"社会形式"。

③ 《马克思恩格斯选集》第4卷,人民出版社1972年版,第320—321页。

有独特的特征的社会。古典古代社会、封建社会和资产阶级社会都是这样的生产关系的总和,而其中每一个生产关系的总和同时又标志着人类历史发展中的一个特殊阶段。"①把他的这段论述同前边那段论述加以对照,就可以发现,他在这里所说的具有独特特征的社会,如古代社会、封建社会和资产阶级社会,也就是他此前说的社会形式。所不同的是,他在这里强调指出,具有独特特征的社会同时也是处于一定历史发展阶段上的社会,每一具有独特特征的社会都标志着人类历史发展的一个特殊阶段,人类的历史就是由处于不同的历史发展阶段上的社会构成的。可以看出,他在这里不仅表明各种社会形式之间的不同,而且还进而指出它们之间的不同在于它们处于不同的历史发展阶段,这意味着,在它们之间存在着一种历史的联系。

马克思第一次使用社会形态概念是在 1851 年写的《路易·波拿巴的雾月十八日》。它出现在这样一段论述中:"但是,新的社会形态一形成,远古的巨人连同一切复活的罗马古董——所有这些布鲁土斯、格拉古、普卜利科拉、护民官、元老以及凯撒本人就都消失不见。冷静务实的资产阶级社会把萨伊、库辛、鲁瓦埃-科拉尔、本扎曼·孔斯旦和基佐当作自己真正的解释者和代言人;它的真正统帅坐在营业所的办公桌后面,它的政治首领是肥头大耳的路易十八。"②马克思在这里没有对社会形态概念本身做任何解释。不过我们也可以从上下文中看出,新的社会形态在这里指的是与刚刚被推翻的封建社会不同的资产阶级社会。那么,社会形态概念本身的含义又是什么呢?它同前边所说的社会形式概念有什么不同? 显然,仅从这段话中是无法得出令人满意的回答。我认为,要想对这一问题做出令人满意的回答,我们有必要先来看看马克思为什么要使用这一概念以及他是如何提出这一概念的。

从上面那段论述可以看出,马克思之所以使用社会形态概念是为了表明,资产阶级社会同原来的封建社会相比,处于更新的历史发展阶段。由此我们可以推出社会形态概念本身的含义是历史发展的特定阶段,或处于特定历史发展阶段的社会。当然,这还仅仅是一种逻辑推论,为了证实这一推论,我们

---

① 《马克思恩格斯选集》第 1 卷,人民出版社 1972 年版,第 363 页。
② 《马克思恩格斯选集》第 1 卷,人民出版社 1972 年版,第 604 页。

还得看看马克思是如何提出这一概念的。

马克思是从哪里获得"形态"这一用语的？如果我们考察一下马克思写作《路易·波拿巴的雾月十八日》的历史背景，就可以发现，《路易·波拿巴的雾月十八日》写于1851年12月—1852年3月，在这之前的1851年4月，马克思曾阅读过英国农业化学家J.F.W.约翰斯顿的《农业化学和地质学讲义》。①在《伦敦笔记》第13册中，他摘录了有关地质学的知识："沉积岩的分类。地壳最下面的岩层是最古老的。关于相对应的年代，沉积岩划分为第一纪、第二纪、第三纪（这是最新的岩层，而且，它位于第一纪和第二纪之上）。岩层的这三个层系下再划分为系；然后，系的下面再划分为称为形态的小单位……"②马克思的这一摘录正好是在他第一次提出社会形态概念前不久，因此，只要我们还没有发现他是从其他地方获得形态这一用语的，那就大体上可以断定，他提出社会形态概念是借用了当时地质学对形态概念的用法。这种理解可以由这样一个事实得到部分的证实，即在马克思后来的著作中曾数次出现将社会形态与地质层系联系起来的用法。例如，在《经济学手稿（1861—1863年）》中有这样一段话："正像各种不同的地质层系相继更迭一样，在各种不同的经济社会形态的形成上，不应该相信各个时期是突然出现的，相互截然分开的。"③

以上表明，马克思提出社会形态概念是为了表示，就如同地壳的历史是由相继更迭的不同的地质形态构成一样，人类社会的历史是由依次更替的不同的社会形态构成的。这些社会形态既相互区别，又相互联系，共同构成整个人类社会的历史。对照他在《雇佣劳动与资本》有关社会的论述，我们可以认为，他在那里所说的"处于一定历史发展阶段上的社会"，也就是这里所说的"社会形态"，"社会形态"是对"处于一定历史发展阶段上的社会"的更为精练更为形象的表述。

---

① 参见《历史唯物主义论丛》第5期，清华大学出版社1984年版，第292—293页。

② 《马克思恩格斯全集》德文MEGA版，第4卷第9册，第292页。

③ 《马克思恩格斯全集》第47卷，人民出版社1979年版，第472页。在我的英文专著《马克思的社会形态理论》的第一章中还有这样一段作为例证的引文："地球的太古结构或原生结构是由一系列不同年代的叠复的地层组成的。古代社会形态也是这样，表现为一系列不同的、标志着依次更迭的时代的类型。"（《马克思恩格斯全集》第19卷，人民出版社1963年版，第444页。）

从以上分析可以看出,"社会形式"与"社会形态"的含义在马克思的著作中是既有联系又有不同的。前者指的是不同的社会,后者指的是处于不同历史发展阶段上的社会。这样,后者就不但有各个社会是各不相同的含义,而且还有另一层含义,即各个社会之所以不同是由于它们处于不同的历史发展阶段,因而在它们之间存在着一种依次更替的历史联系。

社会形态和社会形式这两个概念的差别表明,只要在社会形式概念前置以一定的标明历史发展阶段的定语,社会形式概念就可以作为社会形态概念的同义语来使用。正因为如此,马克思在提出社会形态概念后,在一些场合仍然使用社会形式概念。例如,在《政治经济学批判(1857—1858年草稿)》中有这样一段话,"人的依赖关系(起初完全是自然发生的),是最初的社会形态,在这种形态下,人的生产能力只是在狭窄的范围内和孤立的地点上发展着。以**物的**依赖性为基础的人的独立性,是第二大形态,在这种形态下,才形成普遍的社会物质变换,全面的关系,多方面的需求以及全面的能力的体系。建立在个人全面发展和他们共同的社会生产能力成为他们的社会财富这一基础上的自由个性,是第三个阶段。"①(依照德文原文,这里的社会形态也应译为社会形式)马克思在这里虽然使用的是社会形式概念,但由于他在这一概念前置以了"最初的"和"第二大"这样的定语,因此他所说这三大社会形式,也就是历史上依次发展的三种不同的社会形式,即三大社会形态。

2. 社会形态与社会经济形态

人类社会发展的特定阶段是社会形态概念的首要含义,但不是它的全部含义。它的另一重要含义是处于特定历史阶段的社会的整体结构。为了说明这一含义,我们再来考察一下马克思著作中"社会形态"与"社会经济形态"这两个概念的区别与联系。

在提出社会形态概念以后,马克思又提出了社会经济形态概念。他首次

---

① 《马克思恩格斯全集》第46卷上,人民出版社1979年版,第104页。

使用社会经济形态概念是在 1859 年写《〈政治经济学批判〉序言》。他说道："无论哪一个社会形态,在它所能容纳的全部生产力发挥出来以前,是决不会灭亡的;而新的更高的生产关系,在它的物质存在条件在旧社会的胎胞里成熟以前,是决不会出现的。所以人类始终只提出自己能够解决的任务,因为只要仔细考察就可以发现,任务本身,只有在解决它的物质条件已经存在或者至少是在生成过程中的时候,才会产生。大体说来,亚细亚的、古代的、封建的和现代资产阶级的生产方式可以看做是经济的社会形态演进的几个时代。资产阶级的生产关系是社会生产过程的最后一个对抗形式,这里所说的对抗,不是指个人的对抗,而是指从个人的社会生活条件中生长出来的对抗;但是,在资产阶级社会的胎胞里发展的生产力,同时又创造着解决这种对抗的物质条件。因此,人类社会的史前时期就以这种社会形态而告终。"[1]在这段论述中,马克思使用了两次社会形态概念,一次社会经济形态概念。这两个概念各自的含义又是什么呢?

社会经济形态概念的含义比较明确,它指的是由不同生产方式构成的社会经济发展的不同阶段,因为马克思在这里把亚细亚的、古代的、封建的和现代资产阶级的生产方式视为社会经济形态演进的几个时代。生产方式概念在马克思的著作中通常有三种用法,一是指现实的生产力,二是指特定的生产关系,三是指由前两者构成的统一体。在这里,马克思是从第三种意义上使用生产方式概念的。这种意义上的生产方式放到社会整体结构中来看,就是社会的经济结构,即经济基础。生产方式不同,社会经济结构就不同,不同的经济结构从历史发展的角度来看,就是不同的社会经济形态。

社会形态概念的含义在这里虽然没有社会经济形态概念的含义那样明确,但从这段论述中我们也可把握到它的确切含义,即处于特定发展阶段的社会。因为马克思在这段论述的结尾讲得很清楚,"在资产阶级社会的胎胞里发展的生产力,同时又创造着解决这种对抗的物质条件。因此,人类社会的史前时期就以这种社会形态而告终"。显然,"这种社会形态"指的就是资产阶级社会。

---

① 《马克思恩格斯选集》第 2 卷,人民出版社 1972 年版,第 83 页。

然而,仔细研究一下还可以发现,在马克思的这段论述中,社会形态和社会经济形态这两个概念除上述含义以外还有一层含义,这就是,社会形态是指处于特定历史发展阶段的社会的整体结构,而社会经济形态则指这一整体结构的一个组成部分。

以上理解的根据首先来自《〈政治经济学批判〉序言》。马克思指出:"人们在自己生活的社会生产中发生一定的、必然的、不以他们的意志为转移的关系,即同他们的物质生产力的一定发展阶段相适合的生产关系。这些生产关系的总和构成社会的经济结构,即有法律的和政治的上层建筑竖立其上并有一定的社会意识形式与之相适应的现实基础。"①这段话表明,社会是由经济基础和上层建筑两大部分构成。这里所说的社会,自然不是指一般意义上的社会,而是指处于特定历史发展阶段的社会,即社会形态,因为构成经济基础的生产关系不是一般意义上的生产关系,而是同物质生产力的一定发展阶段相适合的生产关系。由此可以推出,社会形态是指由经济基础和上层建筑两大部分构成的社会的整体结构。前边已经表明,社会经济形态在《〈政治经济学批判〉序言》中是指由生产方式构成的社会经济发展的特定阶段,即从历史发展角度来看的社会经济结构或经济基础。由此可以认为,社会经济形态只是社会形态的一个组成部分。

这种理解的根据还来自马克思在其他著作中的有关论述。我们先来看看他有关社会形态的论述。

在《政治经济学批判(1857—1858年草稿)》中,马克思有这样一段话:"以私人交换为基础的生产制度,最初就是这种原始共产主义在历史上解体的结果。不过,又有整整一系列的经济制度存在于交换价值控制了生产的全部深度和广度的现代世界和这样一些社会形态之间,这些社会形态的基础是这样一种公有制……"②这里讲得很清楚,社会形态的基础是所有制,而所有制这一概念在马克思的著作中通常是指生产关系。既然社会形态是以生产关系为基础,那就表明它不但包括生产关系,而且还包括建立在生产关系基础之

---

① 《马克思恩格斯选集》第2卷,人民出版社1972年版,第82页。
② 《马克思恩格斯全集》第46卷(下),人民出版社1980年版,第412页。

上的上层建筑。

在《剩余价值理论》中，马克思再次谈到社会形态。他说："因为施托尔希不是**历史地**考察物质生产本身，他把物质生产当作一般的物质财富的生产来考察，而不是当作这种生产的一定的、历史地发展的和特殊的形式来考察，所以他就抽去了自己立足的基础，而只有在这种基础上，才能够既理解统治阶级的意识形态组成部分，也理解这种一定社会形态的自由的精神生产。"①这段话表明，社会形态从其构成来讲既包括精神生产、意识形态，也包括作为理解它们的基础的处于一定的历史发展阶段的物质生产本身。

在《资本论》第三卷中，马克思指出，"但资本不是物，而是一定的、社会的、属于一定历史社会形态的生产关系"②，这里讲的一定历史社会形态，无疑是指资本主义社会。这段话表明，在生产关系和社会形态之间存在着一种从属的关系。既然生产关系从属于社会形态，那也就是说，除了生产关系以外，社会形态必定还包括其他组成部分。

我们再来看看马克思有关社会经济形态的论述。

在《资本论》第一卷中有这样一段话："整个社会内的分工，不论是否以商品交换为中介，是各种经济的社会形态所共有的，而工场手工业分工却完全是资本主义生产方式的独特创造。"③社会经济形态在这里是当做生产方式的同义语来使用的。各种社会经济形态也就是各种生产方式。社会经济形态在这里的用法是同在《〈政治经济学批判〉序言》中的用法一致的。

在《资本论》第三卷中，马克思说："生息资本或高利贷资本（我们可以把古老形式的生息资本叫作高利贷资本），和它的孪生兄弟商人资本一样，是洪水期前的形式，它在资本主义生产方式以前很早已经产生，并且出现在极不相同的经济社会形态中。"④在这里，社会经济形态也是被当作生产方式的同义语来使用的。

从以上分析可以看出，社会形态与社会经济形态在马克思的著作中是两

①　《马克思恩格斯全集》第 26 卷 I，人民出版社 1972 年版，第 296 页。
②　《资本论》第三卷，人民出版社 1975 年版，第 920 页。
③　《资本论》第一卷，人民出版社 1975 年版，第 397—398 页。
④　《资本论》第三卷，人民出版社 1975 年版，第 671 页。

个含义不同的概念,马克思在对它们的使用上是做了严格的区分的。

对社会形态概念的第二层含义,也许有人会说,如果认为社会形态是指处于一定历史发展阶段的社会的整体结构,那对马克思在《雇佣劳动与资本》中所说的"**生产关系总和起来就构成为**所谓**社会关系**,构成所谓**社会**,并且是构成一个处于**一定历史发展阶段**上的社会,具有独特的特征的社会",又做如何解释呢?按照马克思的这段话,社会形态似乎只是由生产关系构成,而不包括上层建筑。我认为,对马克思的这段话不能孤立地去理解,而应把这段话放到他有关这个问题的前前后后的论述中去理解。我们在前边曾经指出,在讲这段话之前,在致巴·瓦·安年科夫的信中,马克思曾说过社会是"人们交互活动的产物"。在谈到交互作用时,他不仅提到生产、交换和消费,而且还提到阶级组织和政治国家。这表明,在他看来,社会是人们各种交互作用的产物,其中既包括经济方面的交互作用,也包括政治方面的交互作用。在讲这段话之后,在《〈政治经济学批判〉序言》中,他的表述就更明确了。他说"这些生产关系的总和构成社会的经济结构",即经济基础。这就表明,生产关系的总和只构成社会的经济基础,而不是社会的整体结构。如果我们现在再把他在《雇佣劳动与资本》中的那段话同上面这些论述联系起来理解,那就会得出这样一种结论:他那段话只是一种省略性的表述,其真正的含义是生产关系的总和构成社会的经济基础。那马克思为什么要做这种省略性的表述呢?对此只能做这样的理解,即在他看来,在构成社会的人们之间的所有关系中,生产关系是最基本和最重要的,把握了某一社会的生产关系,就可把握到这一社会的本质特征。

以上考察表明,社会形态概念在马克思的著作中指的是处于一定历史发展阶段上的社会,指的是由一定的经济基础和上层建筑构成的社会的整体结构。

四、马克思的三大社会形态理论[1]

马克思认为,人类社会的发展表现为不同社会形态(社会形态既是处于一定发展阶段的社会的整体结构,又是人类社会发展的特定阶段)的依次更替。在马克思的著作中,人类社会的发展表现为哪些社会形态的依次更替?在这个问题上,我国理论界长期以来占主导地位的是一种被称作"五种社会形态理论"的观点。这种观点坚持认为,按照马克思的论述,人类社会的发展表现为原始社会、奴隶制社会、封建社会、资本主义社会和共产主义社会(社会主义社会是它的初级阶段)这五种社会形态的依次更替。根据我的研究,马克思本人从未提出过五种社会形态理论,而只提出过三大社会形态理论,即人类社会的发展表现为前资本主义社会、资本主义社会和共产主义社会三大社会形态的依次更替。[2] 本文就这一问题做进一步的论证。

一、马克思研究社会形态问题的目的和方法

马克思为什么要研究社会形态问题?从五种社会形态理论我们只能得出这样一种结论,即他进行这方面的研究是为了揭示人类社会发展的一般规律。然而在我看来,马克思进行这方面的研究却是为了证明资本主义社会是历史的而不是永存的。马克思不是一个职业的历史学家。他对社会形态问题的研

---

① 本文发表在《史学理论研究》1995 年第 4 期。

② 参见拙作《马克思社会形态理论形成、发展的再考察》,载许征帆主编:《马克思主义与当代》,中国人民大学出版社 1987 年版。

究始终是同他对资本主义社会的研究密切相连的,更准确地讲,他对前者的研究只是他对后者研究的一个组成部分。我这种理解的一个重要根据来自这样一个事实:几乎他所有的关于社会形态的论述都是同他对资本主义社会,特别是对其经济制度的论述相联系的。马克思认为,资本主义社会不是从人类社会一开始就有的,而且也不会永远存在下去。资本主义社会只是人类社会发展的一个特定阶段。他的这一观点是直接针对当时资产阶级经济学家提出来的,他指出:"资产阶级经济学家们把资本看做永恒的和**自然的**(而不是历史的)生产形式,然后又竭力为资本辩护,把资本生成的条件说成是资本现在实现的条件,也就是说,把资本家还是作为非资本家——因为他还只是正在变为资本家——用来进行占有的要素,说成是资本家已经**作为资本家**用来进行占有的条件。这些辩护的企图证明他们用心不良,并证明他们没有能力把资本作为资本所采用的占有方式同资本的社会自身所宣扬的**所有权的一般规律**调和起来。"①正是为了批判这些人的观点,马克思从资本主义社会的起源和灭亡的角度考察和研究了人类社会的发展阶段问题,并在此基础上形成了他的社会形态理论。马克思十分厌恶将他"关于西欧资本主义起源的历史概述彻底变成一般发展道路的历史哲学理论"②,他认为这样做给他过多的荣誉,同时也会给他过多的侮辱。以上表明,马克思对社会形态问题的研究决不是为了提出一种关于人类社会发展一般规律的历史哲学,而是要提供一种关于资本主义社会的起源和灭亡的理论。

马克思又是如何对社会形态问题进行研究的呢?从五种社会形态理论只能得出他是从原始社会出发顺向研究社会发展阶段问题的,这显然不是他所采用的方法。对于他的研究方法,马克思曾做过这样的说明:"另一方面,对我们来说更为重要的是,我们的方法表明历史考察必然开始之点,或者说,表明仅仅作为生产过程的历史形式的资产阶级经济,超越自身而追溯到早先的历史生产方式之点。因此,要揭示资产阶级经济的规律,无须描述**生产关系的真实历史**。但是,把这些生产关系作为历史上已经形成的关系来正确地加以

① 《马克思恩格斯全集》第46卷上,人民出版社1979年版,第457—458页。
② 《马克思恩格斯全集》第19卷,人民出版社1963年版,第130页。

考察和推断,总是会得出这样一些原始的方程式,——就像例如自然科学中的经验数据一样,——这些方程式将说明在这个制度以前存在的过去。这样,这些启示连同对现代的正确理解,也给我们提供了一把理解过去的钥匙——这也是我们希望做的一项独立的工作。另一方面,这种正确的考察同样会得出预示着生产关系的现代形式被扬弃之点,从而预示着未来的先兆,变易的运动。另一方面,如果说一方面资产阶级前的阶段表现为**仅仅是历史的**,即已经被扬弃的前提,那么,现在的生产条件就表现为**正在扬弃自身**,从而正在为新社会制度创造**历史前提**的生产条件。"①从这段话可以看出,马克思的方法是以现存的资本主义经济制度为研究的出发点,由此向前去追溯它的起源以表明它不是从来就有的,同时分析它现存的矛盾以说明它必将为更高级的社会形态所取代。这样,人类社会的发展在马克思看来就表现为一个由前资本主义到资本主义再到共产主义的依次更替的过程。

马克思首次明确提出人类社会的发展表现为三大社会形态的依次更替是在《经济学手稿(1857—1858年)》。他指出:"人的依赖关系(起初完全是自然发生的),是最初的社会形态,在这种形态下,人的生产能力只是在狭窄的范围内和孤立的地点上发展着。以**物的**依赖性为基础的人的独立性,是第二大形态,在这种形态下,才形成普遍的社会物质变换,全面的关系,多方面的需求以及全面的能力的体系。建立在个人全面发展和他们共同的社会生产能力成为他们的社会财富这一基础上的自由个性,是第三个阶段。第二个阶段为第三个阶段创造条件。因此,家长制的,古代的(以及封建的)状态随着商业、奢侈、**货币**、**交换价值**的发展而没落下去,现代社会则随着这些东西一道发展起来。"②这里所说的最初的社会形态,无疑是指前资本主义社会,它既包括家长制社会(马克思有时称之为亚细亚社会),也包括古代社会和封建社会,第二大社会形态指的是资本主义社会,第三大社会形态指的是共产主义社会,这三大社会形态的发展表现为一个依次更替的过程。

《资本论》是马克思一生中的重要著作。在《资本论》中,马克思虽然没有

① 《马克思恩格斯全集》第46卷上,人民出版社1979年版,第458页。
② 《马克思恩格斯全集》第40卷上,人民出版社1979年版,第104页。

专门论述社会发展阶段问题,但他仍然坚持将人类社会的发展划分为三大阶段。例如当谈到宗教与经济基础的关系时,他说道:"在商品生产者的社会里,一般的社会生产关系是这样的:生产者把他们的产品当做商品,从而当做价值来对待,而且通过这种物的形式,把他们的私人劳动当做等同的人类劳动来互相发生关系。对于这种社会来说,崇拜抽象人的基督教,特别是资产阶级发展阶段的基督教,如新教、自然神教等等,是最适当的宗教形式。在古亚细亚的、古代的等等生产方式下,从而人作为商品生产者而存在的现象,处于从属地位,但是共同体越是走向没落阶段,这种现象就越是重要。真正的商业民族只存在于古代世界的空隙中,就像伊壁鸠鲁的神只存在于世界的空隙中,或者犹太人只存在于波兰社会的缝隙中一样。这些古老的社会生产有机体比资产阶级的社会生产有机体简单明了得多,但它们或者以个人尚未成熟,尚未脱掉同其他人的自然血缘联系的脐带为基础,或者以直接的统治和服从的关系为基础。它们存在的条件是:劳动生产力处于低级发展阶段,与此相应,人们在物质生活生产过程内部的关系,即他们彼此之间以及他们同自然之间的关系是很狭隘的。这种实际的狭隘性,观念地反映在古代的自然宗教和民间宗教中。只有当实际日常生活的关系,在人们面前表现为人与人之间和人与自然之间极明白而合理的关系的时候,现实世界的宗教反映才会消失。只有当社会生活过程即物质生产过程的形态,作为自由联合的人的产物,处于人的有意识有计划的控制之下的时候,它才会把自己的神秘的纱幕揭掉。但是,这需要有一定的社会物质基础或一系列物质生存条件,而这些条件本身又是长期的、痛苦的发展史的自然产物。"①在这段论述中,马克思不但将人类社会的发展划分为前资本主义阶段(包括古亚细亚社会、古希腊和古罗马社会)、资本主义阶段和共产主义阶段,而且还进一步描述了它们各自在经济上的特征。在前资本主义阶段,劳动生产力的发展处于低级阶段,生产关系还没有摆脱自然的血缘联系或直接的统治和服从的关系的特征,产品变为商品、从而人作为商品生产者而存在的现象还处于从属的地位。在资本主义阶段,生产力已有很大的发展,人们结成的生产关系表现为产品与产品之间的关系,商品生产成

---

① 《资本论》第一卷,人民出版社1975年版,第96—97页。

为生产的普遍形式。在未来的共产主义阶段,生产力将达到更高的水平,商品生产将不复存在,整个生产过程将处于人的有意识有计划的控制之下。

二、亚细亚的、古代的和封建的生产方式
全都属于前资本主义生产方式

对于上述结论人们可能会提出疑问,因为前边的论述没有提及马克思在《〈政治经济学批判〉序言》中的那段著名论述,即"大体说来,亚细亚的、古希腊罗马、封建的和现代资产阶级的生产方式可以看做是经济的社会形态演进的几个时代。"①如果仅就这段话来看,马克思似乎是将人类社会的发展划分为四个阶段,即亚细亚社会、古代社会、封建社会和资本主义社会。如果再加上未来的共产主义社会,那人类社会的发展就恰好表现为五种社会形态的依次更替。人们会问,如果认为马克思将人类社会的发展划分为三大阶段,那对他的这段话又如何解释呢? 我认为不能孤立地理解这段话,而应将它同马克思在那时的有关论述联系起来理解。我们知道,《〈政治经济学批判〉序言》(以下简称《序言》)写于 1859 年 1 月,它是马克思对那一时期研究成果的一个精练的总结,而马克思在那一时期的主要研究成果大多体现在《〈政治经济学批判〉(1857—1858 年草稿)》(以下简称《草稿》)中。因此,要想正确把握《序言》中那段话的含义,就必须以《草稿》中的相关论述作为理解的基础。

只要浏览一下《草稿》的目录,我们就可以发现,与《序言》中那段话相关的内容集中在题为《资本主义生产以前的各种形式》那部分中。这一标题告诉我们,马克思对亚细亚的、古代的和封建的生产方式的研究不是漫无目的的,他这样做是为了说明现存的资本主义生产方式不同于以前的生产方式,它不是从来就有的,而是从先前的生产方式发展而来的。这样,他在这部分所要研究的就不是先前那些生产方式之间的关系,而是那些生产方式同资本主义生产方式之间的关系。

---

① 《马克思恩格斯选集》第 2 卷,人民出版社 1972 年版,第 83 页。

认真研究一下《草稿》中的有关论述我们就不难发现，尽管马克思认为亚细亚的、古代的和封建的生产方式是资本主义生产方式出现以前的三种不同的生产方式，但他从未讲过在它们之间存在一种依次更替的关系。

马克思首先分析了这三种生产方式在所有制方面的不同。在亚细亚公社，财产（主要是土地）仅仅是作为公社财产而存在的。他说，在那里，"单个成员本身只是一块特定土地的**占有者**，或是继承的，或不是继承的，因为财产的每一小部分都不属于任何单独的成员，而属于作为公社的直接成员的人，也就是说，属于同公社直接统一而不是同公社有别的人。因此，这种单个的人只是占有者。只有**公共财产**，只有**私人占有**。"①在古代公社，所有制形式则表现为公社财产和私人财产的并存，"公社财产——作为国有财产——即公有的公有地，在这里是和私有财产分开的。"②在古代公社，一部分土地作为公有地由公社占有和支配，另一部分土地则属于公社的每一成员，这也就是说，每一公社成员又都拥有自己的私有土地。日耳曼公社的所有制形式与前两者都不同。在那里，土地基本上属于每一家庭。固然，在日耳曼公社也有一些不同于个人财产的公有地，如猎场、牧场、采樵地等等，然而，这些公有地并不像古代公社的公有地那样表现为与私人财产并列的公有财产，而仅仅表现为私人财产的补充，或者说，表现为个人所有的公共财产。这样，在日耳曼公社，"个人土地财产既不表现为同公社土地财产相对立的形式，也不表现为以公社为中介，而是相反，公社只存在于这些个人土地所有者本身的相互关系中。公社财产本身只表现为各个个人的部落住地和所占有土地的公共附属物。"③

马克思接着又分析了导致以上不同的原因。他指出："公社或部落成员对部落土地（即对于部落所定居的土地）的关系的这种种不同的形式，部分地取决于部落的天然性质，部分地取决于部落在怎样的经济条件下实际上以所有者的资格对待土地，就是说，用劳动来获取土地的果实；而这一点本身又取决于气候，土壤的物理性质，受物理条件决定的土壤开发方式，同敌对部落或

---

① 《马克思恩格斯全集》第46卷上，人民出版社1979年版，第478页。

② 《马克思恩格斯全集》第46卷上，人民出版社1979年版，第475页。

③ 《马克思恩格斯全集》第46卷上，人民出版社1979年版，第482页。

四邻部落的关系,以及引起迁移、引起历史事件等等的变动。"①正是这些条件的不同,导致了亚细亚生产方式、古代生产方式和日耳曼生产方式在所有制上的不同。亚细亚公社以公有制为基础,这是同它所处的自然环境有密切关系的。由于气候和土地的原因,大规模的水利灌溉工程对于亚细亚公社是至为重要的,而修建大规模的水利灌溉工程又绝非是一家一户或一个个小公社所能独立完成的,因此它就"表现为更高的统一体,即高居于各小公社之上的专制政府的事业。"②既然土地只有通过各小公社之间的协作劳动才能得以实际利用,在亚细亚公社,土地公有制的存在就是自然的和必要的。古代公社则处于另一种自然环境中。在那里,"土地本身,无论它的耕作、它的实际占有会有多大障碍,也并不妨碍把它当作活的个体的无机自然,当作他的工作场所,当作主体的劳动资料、劳动对象和生活资料。"③这种自然环境使得对土地的实际占有可以通过一家一户进行,因而土地也就可以成为一家一户的私有财产。不过,在古代公社也存在着与私有土地并存的公有地。对此马克思又是如何解释的呢?他认为,在古代公社,"一个共同体所遭遇的困难,只能是由其他共同体引起的,后者或是先已占领了土地,或是到这个共同体已占领的土地上来骚扰。因此,战争就或是为了占领生存的客观条件,或是为了保护并永久保持这种占领所要求的巨大的共同任务,巨大的共同工作。因此,这种由家庭组成的公社首先是按军事方式组织起来的,是军事组织和军队组织,而这是公社以所有者的资格而存在的条件之一。"④这表明古代公社公有地的存在取决于战争,而不是取决于协作劳动。在那里,"公社成员不是通过创造财富的劳动协作来再生产自己,而是通过为了在对内对外方面保持联合体这种共同利益(想象的和真实的共同利益)所进行的劳动协作来再生产自己。"⑤这样,公有地的存在对于这种以战争来维护的共同利益来讲无疑就是必要的。日耳曼公社所处的自然环境同前两者又有所不同。马克思指出:"在日耳曼人那

---

① 《马克思恩格斯全集》第46卷上,人民出版社1979年版,第484页。
② 《马克思恩格斯全集》第46卷上,人民出版社1979年版,第474页。
③ 《马克思恩格斯全集》第46卷上,人民出版社1979年版,第475页。
④ 《马克思恩格斯全集》第46卷上,人民出版社1979年版,第475页。
⑤ 《马克思恩格斯全集》第46卷上,人民出版社1979年版,第477页。

里,各个家长住在森林之中,彼此相隔很远的距离,即使**从外表**来看,公社也只是存在于公社成员每次集会的形式中,虽然他们的**自在的**统一体体现在他们的家世渊源、语言、共同的过去和历史等等当中。"①因此,在日耳曼公社,每一个家庭都可单独地构成了一个独立的生产单位,这种情况导致了土地基本上归每一家庭所有。

以上表明,尽管马克思提出亚细亚的、古代的和日耳曼的生产方式是三种不同的生产方式,但他认为导致它们不同的原因是不同的自然环境和历史条件。既然如此,它们之间也就不会存在什么依次更替的关系。事实上,在所有马克思的相关论述中,我们都找不到亚细亚生产方式发展为古代的生产方式或古代的生产方式由亚细亚生产方式发展而来的论述,也找不到古代的生产方式发展为日耳曼的生产方式或日耳曼的生产方式是由古代的生产方式发展而来的论述。

也许有人会说,马克思曾经提到封建生产方式的出现是同日耳曼人对罗马帝国的征服有关的,由此可以推出封建生产方式的出现是基于古代生产方式已达到的生产力水平,因此也可以说封建生产方式是由古代生产方式发展而来的。这种理解不符合马克思本人的思想。马克思确实说过封建生产方式的出现是同日耳曼人对罗马帝国的征服有关,但他并不认为封建生产方式起源于古代生产方式。早在《德意志意识形态》中他就指出:"古代的起点是**城市**极其狭小的领地,而中世纪的起点则是**乡村**。地广人稀,居住分散,而征服者的入侵也没有使人口大量增加,——这种情况决定了起点作这样的转移。因此,与希腊和罗马相反,封建制度的发展是在一个宽广得多的地盘上开始的,而这个地盘是由罗马的征服以及起初与此有关的农业的普及所准备好了的。趋于衰落的罗马帝国的最后几个世纪和蛮族对它的征服,使得生产力遭到了极大的破坏;农业衰落了,工业由于缺乏销路而一蹶不振了,商业停顿或被迫中断了,城乡居民减少了。在日耳曼人的军事制度的影响下,现存关系以及受其制约的实现征服的方式发展了封建所有制。"②他还指出,"封建主义决

---

① 《马克思恩格斯全集》第46卷上,人民出版社1979年版,第480页。

② 《马克思恩格斯全集》第3卷,人民出版社1960年版,第27页。

不是现成地从德国搬去的;它起源于蛮人在进行侵略时的军事组织中,而且这种组织只是在征服之后,由于在被征服国家内遇到的生产力的影响才发展为现在的封建主义的。"①从这两段论述可以看出,封建生产方式与古代生产方式不同,它的起点不是城市,而是乡村;它的发展是在一个宽广得多的地盘上开始的;它起源于蛮人在进行侵略时的军事组织中。这表明封建生产方式不是起源于古代生产方式,而是起源于日耳曼生产方式,是日耳曼生产方式的进一步的发展形式。当然,不能否认封建生产方式的出现是同被征服国家内遇到的生产力的影响分不开的,但由此我们不能得出封建生产方式是由古代生产方式发展而来的结论,因为"影响"再大也不等于"起源"。在《草稿》中,马克思又谈到这个问题。他指出:"古典古代的历史是城市的历史,不过这是以土地所有制和农业为基础的城市;亚细亚的历史是城市和乡村的一种无差别的统一(真正的大城市在这里只能看做王公的营垒,看做真正的经济结构上的赘疣);中世纪(日耳曼时代)是从乡村这个历史的舞台出发的,然后,它的进一步发展是在城市和乡村的对立中进行的……"②这里他再次肯定了封建制度的起点不是城市而是乡村,肯定了封建生产方式不是起源于古代生产方式而是起源于日耳曼生产方式。

马克思不仅认为在亚细亚的、古代的和封建的生产方式之间不存在依次更替的关系,而且认为它们全都属于前资本主义生产方式,是前资本主义生产方式的三种不同形式。这样说来,与资本主义生产方式相对立的就不是这三种生产方式中的哪一种,而是由这三种生产方式构成的整体,即前资本主义生产方式本身。③ 正因为如此,在《草稿》中,马克思更为强调的就不是这三种生产方式的不同,而是由这三种生产方式构成的前资本主义生产方式同资本主义生产方式的不同;不是这三种生产方式中哪一生产方式的解体导致了资本主义生产方式的产生,而是包括这三种生产方式在内的前资本主义生产方式的解体导致了资本主义生产方式的产生。以下是他的六段有关论述:

---

① 《马克思恩格斯全集》第3卷,人民出版社1960年版,第83页。
② 《马克思恩格斯全集》第46卷上,人民出版社1979年版,第480页。
③ 在马克思的著作中,前资本主义生产方式不仅包括这三种,而且还包括其他的生产方式,例如斯拉夫生产方式,但这三种生产方式在前资本主义生产方式中无疑是最重要的。

（1）要详细说明一切关系转化为货币关系所产生的影响：实物税转化为货币税，实物地租转化为货币地租，义务兵转化为雇佣兵，一切人身的义务转化为货币的义务，家长制的、奴隶制的、农奴制的、行会制的劳动转化为纯粹的雇佣劳动。①

（2）交换手段拥有的社会力量越小，交换手段同直接的劳动产品的性质之间以及同交换者的直接需要之间的联系越是密切，把个人互相联结起来的共同体的力量就必定越大——家长制的关系，古代共同体，封建制度和行会制度。②

（3）家长制的，古代的（以及封建的）状态随着商业、奢侈、货币、交换价值的发展而没落下去，现代社会则随着这些东西同步发展起来。③

（4）一切劳动产品、能力和活动进行私人交换，既同以个人相互之间的统治和从属关系（自然发生的或政治性的）为基础的分配相对立（不管这种统治和从属的性质是家长制的，古代的或是封建的）（在这种情况下，真正的交换只是附带进行的，或者大体说来，并未触及整个共同体的生活，不如说只发生在不同共同体之间，决没有征服全部生产关系和交往关系），又同在共同占有和共同控制生产资料的基础上联合起来的个人所进行的自由交换相对立。④

（5）在资产阶级前的各种关系解体的时期，零散地出现一些自由劳动者，购买这些人的服务不是为了消费，而是为了生产；但是，第一，即使规模很大，这也只是为了生产直接的使用价值，而不是为了生产价值；第二，例如，如果说贵族除了自己的农奴，还使用自由劳动者，并把他们创造的一部分产品又拿去出售，因而自由劳动者为他创造了价值，那么这种交换只涉及多余的产品，并且只是为了多余的产品，为了奢侈品的消费而进行的；因而这实际上只是为了把他人劳动用于直接消费或用做使用价值而对这种劳动进行的伪装的购买。而且这种关系日益扩展的地方，旧的

① 《马克思恩格斯全集》第46卷上，人民出版社1979年版，第91页。
② 《马克思恩格斯全集》第46卷上，人民出版社1979年版，第104页。
③ 《马克思恩格斯全集》第46卷上，人民出版社1979年版，第104页。
④ 《马克思恩格斯全集》第46卷上，人民出版社1979年版，第105页。

生产方式,即公社的、家长制的、封建制的生产方式等等,就处于解体之中,并准备了真正雇佣劳动的要素。①

(6)**财产**最初意味着(在亚细亚的、斯拉夫的、古代的、日耳曼的形式中)意味着,劳动的(进行生产的)主体(或再生产自身的主体)把自己的生产或再生产的条件看作是自己的东西这样一种关系。②

如果我们将《序言》中的那段话同《草稿》中的这六段论述联系起来理解,那就不能认为那段话中所说的亚细亚的、古代的、封建的和现代资产阶级的生产方式是四种依次更替的生产方式。因为这种理解无法说明为什么马克思不强调亚细亚的、古代的和封建的生产方式之间的不同而去强调它们之间的共性;为什么马克思不仅强调资本主义生产方式同封建生产方式之间的对立,而且同时强调资本主义生产方式同亚细亚的和古代的生产方式之间的对立;为什么马克思强调资本主义生产方式的出现不仅是封建生产方式解体的产物,而且也是亚细亚的和古代的生产方式解体的产物。在我看来,将马克思在《序言》中的那段话和这些论述统一起来的唯一合理的解释只能是:资本主义生产方式是前资本主义生产方式解体的产物,亚细亚的、古代的和封建的生产方式全都属于前资本主义生产方式。

三、亚细亚的、古代的和封建的生产方式分别从逻辑上代表着前资本主义经济形态向资本主义经济形态演进的三个发展阶段

人们还会问,既然在亚细亚的、古代的和封建的生产方式之间不存在一种依次更替的关系,那马克思为什么说"大体说来,亚细亚的、古代的、封建的和现代资产阶级的生产方式可以看做是社会经济形态演进的几个时代"呢?这难道不是说在它们之间存在着一种依次更替的关系吗?我认为,对马克思的

---

① 《马克思恩格斯全集》第46卷上,人民出版社1979年版,第468页。
② 《马克思恩格斯全集》第46卷上,人民出版社1979年版,第104页。

这段话做出合理解释的关键在于弄清这段话中的"社会经济形态演进"和"可以看做是"这两个短语的含义。

我们在前边已经指出,马克思在《草稿》中关于亚细亚的、古代的和封建的生产方式的论述主要集中在题为《资本主义生产以前的各种形式》那一部分中。在那里,马克思详细论述了资本主义经济形态与包括亚细亚的、古代的和封建的生产方式在内的前资本主义经济形态的不同以及它是如何从后者的解体中产生的。根据马克思那些论述,所谓"社会经济形态演进"就不能理解为由亚细亚生产方式演进为古代的生产方式、古代的生产方式演进为封建的生产方式、封建的生产方式再演进为现代资产阶级的生产方式的过程,而只能理解为由亚细亚生产方式、古代的生产方式和封建的生产方式构成的前资本主义经济形态演进为资本主义经济形态的过程。这样说来,马克思的那段话就应理解为亚细亚的、古代的和封建的生产方式可以看做是"前资本主义经济形态向资本主义经济形态"演进的几个时代。

那"可以看做是"的含义又是什么呢?我认为,其含义不是说亚细亚的、古代的和封建的生产方式是前资本主义经济形态向资本主义经济形态演进中事实上依次经历的几个时代,而是说它们各自从"逻辑上"代表着前资本主义经济形态向资本主义经济形态演进的几个时代。

为了进一步说明以上理解,让我们再来看看《草稿》中的有关论述。

马克思强调,前资本主义经济形态向资本主义形态演进的过程同时也就是前资本主义经济形态解体的过程。前资本主义经济形态为什么会解体?对此,马克思做了一种逻辑上的分析。他指出,"要使公社本身照老样子继续存在下去,公社成员的再生产就必须在被作为前提的客观条件下进行。"①然而,随着人口的增长和生产力的发展,原有的客观条件必然会发生变化。例如,"在每一个人均应占有若干亩土地的地方,人口的增长就给这样做造成了障碍。要想消除这种障碍,就得向外殖民,要实行殖民就必须进行征服战争。这样就有奴隶等等。"②此外,"如果设想,原有土地面积上的生产率能够通过发

---

① 《马克思恩格斯全集》第46卷上,人民出版社1979年版,第464页。
② 《马克思恩格斯全集》第46卷上,人民出版社1979年版,第494页。

展生产力等等(在旧的传统的耕作方式下,这种发展恰好是最缓慢的)而提高,那么,这就意味着会有新的劳动方式,新的劳动结合,每天会有很大一部分时间用在农业上等等,而这又会破坏共同体的旧有的经济条件。在再生产的行为本身中,不但客观条件改变着,例如乡村变为城市,荒野变为开垦地等等,而且生产者也改变着,他炼出新的品质,通过生产而发展和改造着自身,造成新的力量和新的观念,造成新的交往方式,新的需要和新的语言。"①简言之,"凡是共同体以主体与其生产条件有着一定的客观统一为前提的,或者说,主体的一定的存在以作为生产条件的共同体本身为前提的所有一切形式(它们或多或少是自然形成的,但同时也都是历史过程的结果),必然地只和有限的而且是原则上有限的生产力的发展相适应。生产力的发展使这些形式解体,而它们的解体本身又是人类生产力的发展。人们先是在一定的基础上——起先是自然形成的基础,然后是历史的前提——从事劳动的。可是到后来,这个基础或前提本身就被扬弃,或者说成为对于不断前进的人群的发展来说过于狭隘的、正在消灭的前提。"②这样说来,前资本主义经济形态的发展过程同时也就是它的解体的过程。

马克思认为,同资本主义生产方式相比,前资本主义生产方式具有两个明显的特征:首先,农业生产居首要地位,手工业处于依附于农业的地位;其次,劳动者同他劳动的客观条件还结合在一起。这样从逻辑上讲,前资本主义生产方式的解体必然一方面表现为手工业获得独立的发展,另一方面表现为劳动者同他劳动的客观条件的分离。他分别论述了亚细亚的、古代的和日耳曼的(后来发展为封建的)生产方式在这两方面发展的情况。

亚细亚生产方式是保持得最顽强最持久的生产方式。这是因为,首先,它是一种自给自足的农业和手工业相结合的生产方式,这使得手工业很难有机会得到独立的发展;其次,特殊的自然环境决定了单个人对公社来说不是独立的,因而他从来也不是所有者,而只是占有者,他本人实际上是作为公社统一体的体现者的那个人的财产,即奴隶,这样奴隶制在这里并不破坏劳动的条

---

① 《马克思恩格斯全集》第46卷上,人民出版社1979年版,第494页。
② 《马克思恩格斯全集》第46卷上,人民出版社1979年版,第497页。

件,也不改变本质的关系。马克思说:"生产方式本身越是保持旧的传统(在农业中,传统的方式是保持得很久的,而在东方的那种农业与工业的结合中,保持得更久),也就是说,占有的**实际过程**越是保持不变,那么,旧的所有制形式,从而共同体本身,也就越是固定。"①亚细亚生产方式的传统性决定了它在所有制形式上的顽固性。在亚细亚公社,几乎没有人能丧失其劳动的客观条件。对此马克思指出,"在东方的形式中,如果不是由于纯粹外界的影响,这样的**丧失**几乎是不可能的,因为公社的单个成员对公社从来不处于可能会使他丧失他同公社的联系(客观的、经济的联系)的那种自由的关系之中。"②在他看来,如果没有外界的影响,亚细亚生产方式只能在原有基础上重复发展,几乎是不可能解体的。

古代的生产方式的情况与亚细亚生产方式不同。它表现为"为直接消费而从事劳动的小农业;作为妻女家庭副业的那种工业(纺和织),或仅在个别生产部门才得到独立发展的工业(fabri[古罗马的匠人]等等)。"③它的所有制形式则表现为公社财产与私人财产的并存。不过,公社财产在这里的存在并不是由于生产本身的需要,而是由于战争的需要。这也就是说,公有财产的存在对于生产来说并不是必要的。既然每一个家庭都可以成为独立的生产单位,那么,这里就存在着单个公社成员从公社分离出来的可能性,而一旦他这样做了,他也就面临着丧失其财产的可能性。马克思说:"凡是公社成员作为私有者已经同作为城市公社以及作为城市领土所有者的自身分开的地方,那里也就出现了单个的人可能**丧失**自己的财产的条件,也就是丧失使他既成为平等公民即共同体成员,又成为**所有者**的那种双重关系。"④在马克思看来,导致古代生产方式解体的原因是手工业的发展和奴隶制的出现。他指出:"在古代人[希腊人和罗马人]那里,工业已被认为是有害的职业(是释放的奴隶、被保护民、外地人干的事情)等等。生产劳动的这种发展(即这种劳动作为只是为农业和战争服务的自由人的家庭劳动,或者作为为宗教仪式和共同体服

---

① 《马克思恩格斯全集》第46卷上,人民出版社1979年版,第494页。
② 《马克思恩格斯全集》第46卷上,人民出版社1979年版,第494—495页。
③ 《马克思恩格斯全集》第46卷上,人民出版社1979年版,第476页。
④ 《马克思恩格斯全集》第46卷上,人民出版社1979年版,第494页。

务的工业,如建造房屋、修筑道路、兴建庙宇等等,而从单纯从属于农业的状况中摆脱出来),是必然会有的,这是由于同外地人交往,由于有奴隶,由于要交换剩余产品等等;这种发展使那种成为共同体的基础的,因而也成为每一个**客观的个人**(即作为罗马人、希腊人等等的个人)的基础的生产方式发生解体。交换也起同样的作用;还有债务等等。"①这样,随着手工业以及交换和债务的发展,大量的作为公社成员的自由民丧失了他们的财产而沦为无产者。此外,战争带来了大量的战俘,这些战俘被当作奴隶而成为主要的劳动者。在这二者的作用下,从古代生产方式中就派生出奴隶制的生产方式,古代生产方式本身也就随之解体了。

然而,从资本主义经济形态产生的角度来看,古代生产方式的解体却没有带来任何积极的结果。因为它既没有导致手工业的真正发展,也没有实现劳动者同其劳动的客观条件的分离。就手工业的发展而言,由于自由民鄙视手工业,从事手工业劳动的大都是奴隶。奴隶劳动当然不会使手工业得以真正发展。就劳动者同他的生产的客观条件的分离来看,当时主要的劳动者是奴隶,而奴隶,"**活的劳动能力的体现者**本身,还**直接属于生产的客观条件……**"②既然奴隶本身还直接属于生产的客观条件而被人占有,那在他们和生产的客观条件之间也就不存在什么分离的问题,因为他们本身就属于生产的客观条件。对此马克思指出"在奴隶制关系和农奴制关系中,没有这种分离;而是社会的一部分被社会的另一部分当做只是自身再生产的**无机自然条件**来对待。奴隶同他的劳动的客观条件没有任何关系;而**劳动**本身,无论是奴隶形式的,还是农奴形式的,都被作为生产的**无机条件**与其他自然物列为一类的,即与牲畜并列,或者是土地的附属物。"③虽然当时自由民中也有大量的人丧失了财产而成为无产者,但他们也没有成为自由的劳动者。这是因为他们虽然一方面丧失了土地财产而无法继续从事农业生产,但另一方面又鄙视手工业,认为那不是他们应当从事的工作。这样,他们就只好靠富人的施舍和国家的救济为生。马克思指出:"第三种财产形式,即对生活资料的所有权——如

① 《马克思恩格斯全集》第46卷上,人民出版社1979年版,第495页。
② 《马克思恩格斯全集》第46卷上,人民出版社1979年版,第499页。
③ 《马克思恩格斯全集》第46卷上,人民出版社1979年版,第488页。

果不是归结为奴隶制和农奴制——不可能包含**劳动的**个人对生产条件,因而对生存条件的关系。因此,它只能是以土地财产为基础的原始共同体的这样一些成员的关系,他们失去了自己的土地财产,但还没有达到第二种财产形式;面包和娱乐时代的罗马平民的情形就是这样。"①总之,古代生产方式的解体并没有造成资本主义生产方式得以产生的前提。随着日耳曼人的入侵,产生于古代生产方式的奴隶制生产方式也就灭亡了。

日耳曼生产方式的情况与上述两种生产方式都不同。在日耳曼公社,"每一单个的家庭就是一个经济整体,它本身单独地构成一个独立的生产中心(手工业只是妇女的家庭副业等等)。"②从所有制来看,私有财产是基本形式,公社财产仅仅是私有财产的补充。同前边两种生产方式相比,在日耳曼公社,个人对公社的依赖最小,而对公社的依赖越小,个人丧失其财产的可能就越大。

在征服罗马以后,日耳曼人的生产方式逐渐演变为封建的生产方式。封建生产方式同日耳曼生产方式的一个主要区别就在于前者使先前依附于农业的家庭手工业获得了独立的发展。此外,从所有制形式来看,封建生产方式从先前的日耳曼所有制形式中演化出三种新的形式:农奴制、自由农民的小土地所有制和行会所有制。是什么原因导致了封建生产方式的解体呢? 马克思指出:"城市劳动本身创造了这样一些生产资料,对于这些生产资料来说,行会变成了障碍,就像旧的土地所有制关系对于改良了的农业成为障碍一样,这种改良了的农业本身部分地又是农产品在城市里的销路不断增长等等的结果。其他的情况,例如十六世纪时使流通的商品量和货币量增多,造成新的需求,因而提高了本地产品等等的交换价值,抬高了价格等等的情况,——所有这一切,一方面促进了旧的生产关系的解体,加速了劳动者或有劳动能力的非劳动者与其再生产的客观条件的分离,这样就促进了货币转化为资本。"③从这段论述中可以看出,导致封建生产方式解体的根本原因是生产力的发展和生产关系的改变,特别是城市手工业的发展。随着城市手工业的发展,封建所有制

---

① 《马克思恩格斯全集》第 46 卷上,人民出版社 1979 年版,第 502 页。
② 《马克思恩格斯全集》第 46 卷上,人民出版社 1979 年版,第 481 页。
③ 《马克思恩格斯全集》第 46 卷上,人民出版社 1979 年版,第 512 页。

的各种形式纷纷解体,劳动者和他的劳动的客观条件开始彻底分离,这最终导致了资本主义经济形态的产生。

把以上马克思的有关论述同《序言》中的那段话联系起来理解,我们就不难看出,他在《序言》中所说的"大体说来,亚细亚的、古代的、封建的和现代资产阶级的生产方式可以看作是社会经济形态演进的几个时代",其含义是在前资本主义经济形态向资本主义经济形态的演进中,亚细亚的、古代的和封建的生产方式的发展分别从逻辑上代表着这一演进的不同发展阶段。亚细亚生产方式的发展代表着这一演进过程的初始阶段,因为亚细亚生产方式虽然经历了漫长的发展过程,但仍旧停留在手工业依附于农业、劳动者同他的劳动的客观条件尚未分离的阶段。古代生产方式的发展则代表着这一演进过程的下一阶段,即手工业开始摆脱对农业依附,劳动者同他劳动的客观条件开始分离,尽管它的发展后来并没有产生出积极的结果。封建生产方式的发展则代表着这一演进过程的第三个阶段,它的发展最终导致了手工业的独立发展和劳动者同他的劳动的客观条件的彻底分离,导致了资本主义经济形态的出现。

以上表明,把马克思在《序言》的那段话理解为亚细亚的、古代的、封建的和资本主义的生产方式是人类社会依次更替的四个发展阶段是错误的。由此我们可以得出,以这种错误的理解为主要依据的五种社会形态理论是与马克思本人的思想相悖的。

五、质疑俞吾金教授关于"实践唯物主义"的两个说法①

　　自 20 世纪 80 年代中后期以来,认为马克思主义哲学就是实践唯物主义的主张开始在我国哲学界流行并引发了一场时至今日仍在继续进行的争论。本人认为,这种主张的提出虽然对于推进我国马克思主义哲学研究起了一定的作用,但这种主张本身却存在一个致命的无法克服的问题,这就是,它缺少来自马克思本人的本文依据。② 本文将就这一问题对这种主张的两个有代表性的说法提出质疑:(1)实践唯物主义是马克思本人提出来的;(2)实践唯物主义就是马克思的历史唯物主义。这里需要指出,虽然在很多提出上述主张的学者的论著中都可以发现这两个说法,但他们对什么是实践唯物主义和什么是历史唯物主义却往往存在不同的理解,所给出的论证和论据也不尽相同。为了把问题说得更清楚,本文只涉及坚持这两个说法的主要代表俞吾金教授在其新著《问题域的转换——对马克思和黑格尔关系的当代解读》(以下简称《问题域》)中的相关论述。

一

　　翻阅一下倡导实践唯物主义的学者的论著就不难发现,虽然他们之中的

---

① 本文发表在《马克思主义与现实》2008 年第 6 期。
② 持这种主张的学者通常认为实践唯物主义只是马克思提出的。

大多数人都坚持认为实践唯物主义是马克思本人提出来的,但由于提供不出能表明这一点的令人信服的论据,因而他们的这种说法始终总是让人难以接受。作为实践唯物主义的主要倡导者之一的俞吾金教授无疑也知道这一问题。为此,他在其《问题域》一书为这种说法做了新的论证。让我们看看他是如何论证的以及他的论证能否成立。

俞吾金教授的论证非常简单,由对他引用的马克思在《关于费尔巴哈的提纲》中的两段话和马克思恩格斯在《德意志意识形态》中的一段话的三个推论构成。

俞吾金教授首先引用了马克思在《关于费尔巴哈的提纲》的一段话:"从前的一切唯物主义(包括费尔巴哈的唯物主义)的主要缺点是:对对象、现实、感性,只是从**客体**的或者**直观**的形式去理解,而不是把它当做**感性的人的活动**,当做**实践**去理解,不是从主体方面去理解。因此,和唯物主义相反,唯心主义却把**能动的**方面抽象地发展了,当然,唯心主义是不知道现实的、感性的活动本身的。"①然后,他做了这样的推论:"这段话道出了马克思的唯物主义②与历史上一切旧唯物主义之间的本质差别。马克思主张从实践主体的角度出发去看待世界,这既表明马克思继承了康德以来的、倚重主体性的传统,也表明马克思超越了这一传统,因为他不是把主体的静观式的思维活动,而是把它的实践活动视为哲学的真正的出发点。"③

俞吾金教授的上述推论是不能成立的。首先,就马克思这段话的内容来看,它前半部分讲的只是从前的一切唯物主义的主要缺点,后半部分讲的只是唯心主义虽然抽象地发展了**能动的**方面,但不知道现实的、感性的活动本身。从逻辑上讲,无论从这段话的前半部分还是后半部分,或者从作为一个整体的

---

① 《马克思恩格斯选集》第 1 卷,人民出版社 1995 年版,第 54 页。

② 俞吾金教授这里说的"马克思的唯物主义"无疑指的是"历史唯物主义"。因为他在《问题域》一书中多次强调,"马克思的真正的、划时代的哲学革命集中体现在他所创立的历史唯物主义理论上","成熟时期的马克思哲学的实质就是历史唯物主义。简言之,马克思哲学就是历史唯物主义。也就是说,成熟时期的马克思没有提出过历史唯物主义以外的其他任何哲学理论。"(《问题域的转换——对马克思和黑格尔关系的当代解读》,人民出版社 2007 年版,第 475、476—477 页。)

③ 俞吾金:《问题域的转换——对马克思和黑格尔关系的当代解读》,人民出版社 2007 年版,第 422 页。

这段话本身,都推论不出马克思的历史唯物主义是什么,因此,说"这段话道出了马克思的唯物主义与历史上一切旧唯物主义之间的本质差别"只能是一种无中生有的臆断。其次,马克思的《关于费尔巴哈的提纲》是在1845年春写成的,而他和恩格斯对由他们共同创立的历史唯物主义的最初表述是在写于1845年秋至大约1846年5月的《德意志意识形态》。① 这一事实意味着,当马克思写那段话时他还没有提出历史唯物主义,②因此,说"这段话道出了马克思的唯物主义与历史上一切旧唯物主义之间的本质差别"是没有道理的。第三,这段话虽然出自被恩格斯称为"包含着新世界观的天才萌芽的第一个文件"③的《关于费尔巴哈的提纲》,但"萌芽"这一用语意指的只是刚刚出现的、还未成熟的东西,这样说来,即使这段话中包含着的"新世界观的天才萌芽"指的就是历史唯物主义的天才萌芽,那由此也推论不出"这段话道出了马克思的唯物主义与历史上一切旧唯物主义之间的本质差别"。如果俞吾金教授的推论——"这段话道出了马克思的唯物主义与历史上一切旧唯物主义之间的本质差别"是不能成立的,那他对他的这一推论的进一步发挥,即"马克思主张从实践主体的角度出发去看待世界,这既表明马克思继承了康德以来的、倚重主体性的传统,也表明了马克思超越了这一传统,因为他不是把主体的静观式的思维活动,而是把它的实践活动视为哲学的真正的出发点",也是不能成立的。

俞吾金教授接着引用了马克思在《关于费尔巴哈的提纲》的另一段话:"全部社会生活在本质上是**实践的**。凡是把理论引向神秘主义的神秘东西,

---

① 马克思在《〈政治经济学批判〉序言》中曾有这样的回顾:"自从弗里德里希·恩格斯批判经济学范畴的天才大纲(在《德法年鉴》上)发表以后,我同他不断通信交换意见,他从另一条道路(参看他的《英国工人阶级状况》)得出同我一样的结果,当1845年春他也住在布鲁塞尔时,我们决定共同阐明我们的见解与德国哲学的意识形态的见解的对立,实际上是把我们从前的哲学信仰清算一下。这个心愿是以批判黑格尔以后的哲学的形式来实现的。"(《马克思恩格斯选集》第2卷,人民出版社1995年版,第33—34页。)

② 俞吾金教授也承认这一点,他说,在《德意志意识形态》的《费尔巴哈》章中,"马克思首次表述了历史唯物主义理论。"(见《问题域的转换——对马克思和黑格尔关系的当代解读》,人民出版社2007年版,第343页。)

③ 《马克思恩格斯选集》第4卷,人民出版社1995年版,第212—213页。

都能在人的实践中以及对这个实践的理解中得到合理的解决。"①然后,他推论说,"在这段重要的论述中,马克思不仅把实践理解为自己哲学的出发点,同时也把它理解为全部社会生活的基础。马克思告诉我们,人与世界的一切关系都是在实践活动的基础上发生的。在这里,'实践唯物主义'的概念差不多是呼之欲出了。"②俞吾金教授的这一推论也是不能成立的。因为马克思的这段话显然不是在讲自己哲学的出发点,更不是在讲"把实践理解为自己哲学的出发点"的"实践唯物主义"。因此,俞吾金教授的断言——"在这里,'实践唯物主义'的概念差不多是呼之欲出了",也只能是无中生有的臆断。

俞吾金教授在做出上述断言后紧接着说,"果然,在稍后的《德意志意识形态》的《费尔巴哈》章中,马克思直截了当地提出了这个术语"③:

> ……实际上,而且对**实践的**唯物主义者即**共产主义者**来说,全部问题都在于使现存世界革命化,实际地反对和改变现存的事物。④

俞吾金教授引用的马克思和恩格斯的这段话能表明他们"直截了当地"提出了"实践唯物主义"这个术语吗? 显然不能,因为他们在这里只提出了"实践的唯物主义者"这个概念,而没有提出"实践唯物主义"这个术语。俞吾金教授当然也知道这一点,所以他又补充了这样的推论:"尽管马克思在这里使用的是'**实践的**唯物主义者',而不是'实践唯物主义'的术语,但可以肯定的是,'**实践的**唯物主义者'这一概念蕴含着对'实践唯物主义'的认可。事实上,没有'实践的唯物主义',又何来践行这一主义的'实

① 《马克思恩格斯选集》第 1 卷,人民出版社 1995 年版,第 56 页。

② 俞吾金:《问题域的转换——对马克思和黑格尔关系的当代解读》,人民出版社 2007 年版,第 422 页。

③ 俞吾金:《问题域的转换——对马克思和黑格尔关系的当代解读》,人民出版社 2007 年版,第 422 页。这里需要指出,提出"实践唯物主义者"这个术语的不只是马克思,而是马克思和恩格斯,因为《德意志意识形态》是由他们二人合著的。俞吾金教授在他的《问题域》一书中也强调过"《德意志意识形态》(与恩格斯合著)"(《问题域的转换——对马克思和黑格尔关系的当代解读》,人民出版社 2007 年版,第 342 页),但不知何故,他在引用《德意志意识形态》中的相关论述时却从不提及恩格斯的名字,这是无意的疏忽吗? 为了纠正这一问题,在本文中凡俞吾金教授漏掉恩格斯的地方,我都补上恩格斯的名字。

④ 《马克思恩格斯选集》第 1 卷,人民出版社 1995 年版,第 75 页。

践唯物主义者'？"①

俞吾金教授的这种推论还是不能成立的。不难发现，俞吾金教授之所以认为马克思直截了当地提出了"实践唯物主义"这个术语，是因为在他看来，在马克思讲的"**实践的**唯物主义者"与他说的"实践唯物主义"之间存在一种逻辑蕴含关系，用他的话来讲就是，"既然马克思使用了'实践唯物主义者'的概念，也就等于表明，他已经认可了'实践唯物主义'的存在"。所以他才反问道：没有"**实践的**唯物主义"，又何来践行这一主义的"实践唯物主义者"呢？从表面上看，俞吾金教授的推论似乎不无道理。然而，只要我们认真分析一下马克思恩格斯提出"实践的唯物主义者"概念的语境就不难发现，俞吾金教授的推论实际上是以对这一概念含义的曲解为前提的。

先从语法逻辑上看。不难看出，马克思恩格斯提出的"实践的唯物主义者"这一概念是由作为形容词的"**实践的**"和作为名词的"唯物主义者"构成的，他们将"**实践的**"加上着重标示就表明了这一点。为了更清楚地说明这一结构，让我们再来看看这一概念的德文表示和英文表示。在马克思和恩格斯的德文原著《德意志意识形态》中，"**实践的**唯物主义"被表示为"den *praktischen* Materialisten"，②在《德意志意识形态》的英译本中，这一概念被表示为"the *practical* materialist"。③ 可见，无论在中文、德文还是在英文中，"**实践的**"（德文的 *praktischen* 和英文的 *practical*）都是作为形容词来修饰名词"唯物主义者"（德文的 Materialisten 和英文的 materialist)的。如果"**实践的**唯物主义者"这一概念的语法结构是这样，那就不能认为它与俞吾金教授说的"实践唯物主义"之间存在一种逻辑蕴涵关系，因为"**实践的**"是修饰"唯物主义者"的，不

① 俞吾金：《问题域的转换——对马克思和黑格尔关系的当代解读》，人民出版社 2007 年版，第 422—423 页。俞吾金教授在这本书的第 478 页又重述了他的这一推论："马克思在《德意志意识形态》的《费尔巴哈》章中使用过'实践的唯物主义者'的概念，但却没有单独使用过'实践唯物主义'的概念。然而，这里的逻辑蕴涵关系明眼人一下子就可以看出来，即既然马克思使用了'实践唯物主义者'的概念，也就等于表明，他已经认可了'实践唯物主义'的存在。事实上，没有"**实践的**唯物主义'，又何来'实践唯物主义者'呢？"

② *Karl Marx Friederich Engels*，Band 3，Berlin：Dietz Verlag，1959，p.42.

③ *Karl Marx Frederick Engels Collected Works*，Volume 5，London：Lawrence & Wishart，1976，p.38.

是修饰"唯物主义"的。

那俞吾金教授根据什么说"**实践的**唯物主义者"这一概念蕴含着对'实践唯物主义'的认可呢？通过逻辑分析我们可以发现，他的这种说法实际上采用了一个偷换概念的手法，具体说来就是：他先将在"**实践的**唯物主义者"这一概念中原本作为一个名词的"唯物主义者"拆成"唯物主义"和"者"两个词，然后把原本用来修饰"唯物主义者"的形容词"**实践的**"，改为用来修饰被他拆出用作名词的"唯物主义"，从而造出一个"**实践的**唯物主义"概念（然后又把它简称为"实践唯物主义"）；接着再将"**实践的**唯物主义"与他拆出用作助词的"者"连在一起，造出一个"**实践的**唯物主义者"的概念。通过这样的手法，马克思恩格斯提出的"**实践的**唯物主义者"就被他说成是践行"实践唯物主义"的人了。然后他再推论，既然"实践的唯物主义者"指的就是践行"实践唯物主义"的人，那就表明，马克思使用"实践唯物主义者"这一概念就蕴含着对"实践唯物主义"的认可。为了进一步表明俞吾金教授对"实践的唯物主义者"概念的这种理解是不能成立的，我这里举一个例子。恩格斯在写于 1843 年 4 月的《伦敦来信》一文中讲过这样一段话："在社会主义者当中也有理论家，十足的无神论者，而社会主义者则被称为实践的无神论者。"①按照俞吾金教授的理解，这里讲的"**实践的**无神论者"指的就是践行"实践的无神论"的人，恩格斯使用了"实践的无神论者"这一概念就等于他已经认可了"实践无神论"的存在。这样的理解能成立吗？

再从实际含义上看。马克思恩格斯提出的"实践的唯物主义者"这一概念的含义到底是什么？在我看来，构成这一概念组成部分的作为名词的"唯物主义者"的含义应当是清楚的，即它指的是信奉唯物主义的人。那构成这一概念组成部分的作为形容词的"**实践的**"含义又是什么呢？我认为，既然马克思恩格斯在提出"**实践的**唯物主义者"这一概念的那段话中没有对其中的"**实践的**"的含义做专门的说明，那对"**实践的**"的含义就只能在其出现的语境中去理解，即在其出现的那段话中去理解。然而，在那段话中我们只能看到"实践的唯物主义者即共产主义者"这样的表述，只能推断由于"**实践的**唯物

---

① 《马克思恩格斯全集》第 3 卷，人民出版社 2002 年版，第 433 页。

主义者"和"共产主义者"存在全同关系,因而后者的含义对于理解前者具有重要意义,但又看不出"共产主义者"这一概念本身的含义是什么。这样一来,要弄清"**实践的唯物主义者**"的含义就需要将语境扩大到《德意志意识形态》的《费尔巴哈》章,因为马克思和恩格斯在那里对"共产主义者"有多处论述。以下是两段直接相关的论述:

(1)费尔巴哈关于人与人之间的关系的全部推论无非是要证明:人们是互相需要的,而且**过去一直**是互相**需要**的。他希望确立对这一事实的理解,也就是说,和其他的理论家一样,他只是希望确立对**存在的**事实的正确理解,然而一个真正的共产主义者的任务却在于推翻这种现存的东西。①

(2)费尔巴哈在那里阐述道:某物或某人的存在同时也就是某物或某人的本质;一个动物或一个人的一定生存条件、生活方式和活动,就是使这个动物或这个人的"本质"感到满意的东西。任何例外在这里都被肯定地看做是不幸的偶然事件,是不能改变的反常现象。这样说来,如果千百万无产者根本不满意他们的生活条件,如果他们的"存在"同他们的"本质"完全不符合,那么,根据上述论点,这是不可避免的不幸,应当平心静气地忍受这种不幸。可是,这千百万无产者或共产主义者所想的完全不一样,而且这一点他们将在适当时候,在实践中,即通过革命使自己的"存在"同自己的"本质"协调一致的时候予以证明。②

如果在这两段话中出现的"共产主义者"与马克思恩格斯所说的"**实践的唯物主义者即共产主义者**"中的"共产主义者"是同一概念,那我们就可以做这样的推断:"**实践的唯物主义者**"指的就是"推翻这种存在的东西"的,或"通过革命使自己的'存在'同自己的'本质'协调一致的"的唯物主义者。由此我们可以进而推断,"**实践的唯物主义者**"中的"**实践的**"含义,指的就是投身"推翻这种存在的东西"的,或"通过革命使自己的'存在'同自己的'本质'协调一致的",简言之,投身推翻现存事物的革命的。我的这种理解可以而且恰好与"**实践的唯物主义者**"出现于其中的那段话的其他内容相一致:"对实践的

---

① 《马克思恩格斯选集》第1卷,人民出版社1995年版,第96—97页。
② 《马克思恩格斯选集》第1卷,人民出版社1995年版,第97页。

唯物主义者即共产主义者来说,全部问题都在于使现存世界革命化,实际地反对和改变现存的事物。"

在俞吾金教授那里,马克思恩格斯提出的"实践的唯物主义者"被说成是践行"**实践的**唯物主义"的人。那一概念中作为形容词的"**实践的**"含义是什么?对此,俞吾金教授在其推论中没有给出任何说明。不过,他另一个地方对他所说的"实践"做了这样的说明:"实践本身就是主观见之于客观的活动:一方面,实践主体总是带着一定的主观目的或动机开始其实践活动;另一方面,任何实践活动要取得预期的成果,就必须遵循客观的因果律。也就是说,实践乃是主观性与客观性、身与心、目的性与因果性、知性与理性统一的载体和基础。"①如果把他这里用作名词的"实践"转换成作为形容词的"**实践的**",那他所说的践行"实践唯物主义"的人就成了践行"'主观见之于客观的活动的'唯物主义"的人,这在逻辑上能讲得通吗?能与"**实践的**唯物主义者"这一概念出现于其中的那段话的其他内容及《德意志意识形态》的"费尔巴哈"章中的其他相关论述相一致吗?

总之,我认为马克思和恩格斯从来没有提出过俞吾金教授所谓的"实践唯物主义",不仅在《德意志意识形态》中没有,在他们后来的著作中也没。如果俞吾金教授不承认这一点,那就请拿出能让人信服的文本依据来。

二

俞吾金教授不但认为马克思本人提出了"实践唯物主义",而且还进而提出,"当然,在马克思那里,'实践唯物主义'也就是'历史唯物主义'"。② 为了论证他的这一说法,他先引用了一段在他看来体现了马克思自己创立的历史唯物主义的本质特征的话:"这种历史观和唯心主义历史观不同,它不是在每

---

① 俞吾金:《问题域的转换——对马克思和黑格尔关系的当代解读》,人民出版社 2007 年版,第 398 页。

② 俞吾金:《问题域的转换——对马克思和黑格尔关系的当代解读》,人民出版社 2007 年版,第 423 页。

个时代中寻找某种范畴,而是始终站在现实历史的**基础**上,不是从观念出发来解释实践,而是从物质实践出发来解释各种观念形态。"①然后,他推论说:"马克思这里说的'从物质实践出发来解释观念的东西'既是历史唯物主义的基本观念,也是实践唯物主义的核心观念。在这个意义上,把马克思哲学称为'实践本体论'也是无可厚非的。"②在我看来,俞吾金教授的上述说法以及他为这一说法所做的论证仍是不能成立的。

首先,他的说法,"在马克思那里,'实践唯物主义'也就是'历史唯物主义'"本身就是一个虚假的论题,因为我们在前边已经表明,马克思就没有提出过他所说的"实践唯物主义"。因此,当他说"在马克思那里,'实践唯物主义'也就是'历史唯物主义'"时,他所说的"实践唯物主义"只能是他自己想象出来的"实践唯物主义"。

其次,他的推论——"马克思这里说的'从物质实践出发来解释观念的东西'既是历史唯物主义的基本观念,也是实践唯物主义的核心观念",是不能成立的,因为马克思讲的"从物质实践出发来解释观念的东西"指的是"这种历史观"即历史唯物主义的本质特征,由此可以推论出它是"历史唯物主义的基本观念",但却推论不出它"也是实践唯物主义的核心观念"。

再次,他的推论——"在这个意义上,把马克思的哲学称为'实践本体论'也是无可厚非的",更是不能成立的。因为他说的"在这个意义上",指的无非是"马克思这里说的'从物质实践出发来解释观念的东西'既是历史唯物主义的基本观念,也是实践唯物主义的核心概念"。前边表明,马克思讲的"从物质实践出发来解释观念的东西"指的是历史唯物主义的本质特征,由此根本推论不出它"也是实践唯物主义的核心概念"。而且,即使我们姑且假定"从物质实践出发来解释观念的东西"也是实践唯物主义的核心概念,那把马克思哲学称为"实践本体论"也不是无可厚非的,而是大可厚非的。

在我看来,俞吾金教授的说法及推论之所以存在诸多的逻辑问题,原因之一就在于他非要把马克思恩格斯创立的历史唯物主义说成是一种形而上学或

---

① 《马克思恩格斯全集》第 3 卷,人民出版社 1960 年版,第 43 页。
② 俞吾金:《问题域的转换——对马克思和黑格尔关系的当代解读》,人民出版社 2007 年版,第 423 页。

本体论哲学。

俞吾金教授在他的《问题域》一书反复强调的一个主题是：近代西方哲学探讨的基本问题是思维与存在的关系问题，其关注的重点是认识论和方法论；当代西方哲学则把"人与世界的关系"理解为哲学的基本问题，其关注的重点是本体论；马克思哲学从属于当代西方哲学，"尽管马克思哲学也蕴含着认识论、方法论和逻辑学上的维度，但就其根本维度而言，乃是本体论领域里发生的划时代的革命"。①

俞吾金教授所说的"本体论"指的又是什么呢？他告诉我们，"哲学的根基是形而上学，而形而上学的基础和核心则是本体论。"②在西方哲学史上，尽管"ontology"（本体论）这一概念直到 17 世纪初才出现，但这一术语所指称的研究领域——存在者之为存在者——却早已存在了。他还告诉我们，根据当代美国哲学家奎恩的著名的"本体论承诺"的观点，任何一个理论体系在自己的语境中都会自觉地或不自觉地约定某些事物、对象或要素的存在，而这样的约定也就是"本体论承诺"。"事实上，按照奎恩的'本体论承诺'的观点，马克思的哲学理论，也同其他任何哲学理论一样，蕴含着一个本体论的维度。"③他还进而提出，"马克思创立了一种全新的本体论。这种本体论，假如我们仅仅在经验现象的范围内加以表述，就是'实践本体论'；假如我们把经验领域和超经验领域综合起来加以表述，就是'实践—社会生产关系本体论'。比较起来，'实践本体论'的概念偏重于对马克思本体论的出发点——'实践'概念的强调，但未从总体上对其做出说明，而'实践—社会生产关系本体论'不但反映出马克思本体论的总体性，而且显露出这一理论的超经验的、只有理性思维才能把握的层面——'社会生产关系'层面。"④

---

① 俞吾金：《问题域的转换——对马克思和黑格尔关系的当代解读》，人民出版社 2007 年版，第 392 页。

② 俞吾金：《问题域的转换——对马克思和黑格尔关系的当代解读》，人民出版社 2007 年版，第 150 页。

③ 俞吾金：《问题域的转换——对马克思和黑格尔关系的当代解读》，人民出版社 2007 年版，第 396 页。

④ 俞吾金：《问题域的转换——对马克思和黑格尔关系的当代解读》，人民出版社 2007 年版，第 482 页。

　　俞吾金教授的上述说法是否都能成立本文将不涉及。在这里,我们仅把注意力集中在他的马克思的历史唯物主义是一种形而上学或本体论哲学这一论断上。①　在我看来,他的这一论断是不能成立的,因为它与马克思恩格斯本人有关历史唯物主义的论述存在明显的冲突。

　　让我们先来看看马克思恩格斯在《德意志意识形态》的"费尔巴哈"章中有关历史唯物主义②的论述。

　　首先,历史唯物主义不是哲学③而是真正的实证科学。④　关于这一点,马

---

　　①　关于什么是形而上学和什么是本体论,俞吾金教授在《问题域》一书中没有给出明确的定义。为了更准确地把握他的马克思的历史唯物主义是一种形而上学或本体论这一论断的含义,我在这里引用一下《西方哲学英汉对照辞典》(人民出版社 2001 年版)中涉及什么是形而上学和什么是本体论的相关资料。关于形而上学:"现在,形而上学一般是指对实在的最基本的成分或特征的研究(本体论),或者对我们在叙述实在时所用的最基本概念的研究。按照某些用法,形而上学主要讨论不可感的事物,或者科学方法范围之外的事物。但其他的形而上学观点则反对这些说法。"(第 614 页)关于本体论:"作为形而上学的一般性的或理论性的部分,作为关于'是'的一般理论,本体论常常用以指整个形而上学。本体论关注'是'自身(即亚里士多德的作为"是"的"是")的本质特性,其主要的问题包括什么是'是'或什么存在? 什么样的事物在第一意义上存在? 以及不同种类的'是'是如何互相联系?"(第 708 页)

　　②　马克思恩格斯在《德意志意识形态》中并没有使用"历史唯物主义"这一概念,而只有"这种历史观"这样的提法。不过,把"这种历史观"称为历史唯物主义是我国学术界通常的做法,俞吾金教授在《问题域》一书中也是这样做的。

　　③　这里说的哲学指的是以黑格尔哲学为代表、以思辨的形而上学为特征的德国哲学。关于德国哲学的形而上学的特征,可参见复旦大学吴晓明教授的《形而上学的没落》(人民出版社 2006 年版)一书第五章,他在那里对这一特征做了深入的说明。

　　④　马克思和恩格斯在不同时期对"哲学"持有不同的看法。不过,在《德意志意识形态》及以后的著作中,马克思和恩格斯大多是把"哲学"等同于以黑格尔哲学为代表的思辨的唯心主义哲学,并且是从贬义上使用它的。例如,他们在《德意志意识形态》中调侃地说,"哲学和对现实世界的研究这两者的关系就像手淫和性爱的关系一样。"(《马克思恩格斯全集》第 3 卷,人民出版社 1960 年版,第 263 页)恩格斯在《反杜林论》指出,"就哲学被看作是凌驾于其他一切科学之上的特殊学科来说,黑格尔体系是哲学的最后的最完善的形式。全部哲学都随着这个体系没落了。但是留下的是辩证的思维方式以及关于自然的、历史的和精神的世界是一个无止境地运动着和转变着的、处在生成和消逝的不断过程中的世界的观点。现在不再向哲学,而是向一切科学提出这样的要求:在自己的特殊领域内揭示这个不断的转变过程的运动规律。"(《马克思恩格斯选集》第 3 卷,人民出版社 1995 年版,第 362 页)因此,马克思和恩格斯在谈到他们创立的历史唯物主义时从来不认为它是"哲学",而认为它是"实证科学"。至于我们现在能否认为历史唯物主义是哲学,这取决于我们对哲学概念本身的界定。我个人倾向可以把它视为马克思主义的历史哲学,参见笔者发表在《史学理论研究》1998 年第 1 期的论文《历史唯物主义是马克思主义的历史哲学》。

克思恩格斯有一段明确的论述："在思辨终止的地方，在现实生活面前，正是描述人们实践活动和实际发展过程的真正的实证科学开始的地方。关于意识的空话将终止，它们一定会被真正的知识所代替。对现实的描述会使独立的哲学失去生存环境，能够取而代之的充其量不过是从对人类历史发展的考察中抽象出来的最一般的结果的概括。这些抽象本身离开了现实的历史就没有任何价值。它们只能对整理历史资料提供某些方便，指出历史资料的各个层次的顺序。但是这些抽象与哲学不同，它们绝不提供可以适用于各个历史时代的药方或公式。相反，只是在人们着手考察和整理资料——不管是有关过去时代的还是有关当代的资料——的时候，在实际阐述资料的时候，困难才开始出现。这些困难的排除受到种种前提的制约，这些前提在这里是根本不可能提供出来的，而只能从对每个时代的个人的现实生活过程和活动的研究中产生。这里我们只举出几个我们用来与意识形态相对照的抽象，并用历史的实例来加以说明。"①马克思恩格斯在这里说的"在思辨终止的地方"，指的就是以思辨的形而上学为特征的德国哲学终止的地方，他们说的"描述人们实践活动和实际发展过程的真正的实证科学开始的地方"，指的就是历史唯物主义开始的地方。他们说的"我们用来与意识形态相对照的抽象"，指的就是他们提出的历史唯物主义，这种历史唯物主义与"独立存在的哲学"即德国哲学不同，它是描述人们实践活动和实际发展过程的真正的实证科学，它"充其量不过是从对人类历史发展的考察中抽象出来的一般的结果的概括"，它"只能对整理历史资料提供某些方便"，而绝不像哲学那样"提供可以适用于各个历史时代的药方或公式"。

其次，历史唯物主义的出发点是可以用纯粹经验的方法来确认的。马克思恩格斯在谈到他们创立的历史唯物主义与以黑格尔哲学为代表的德国哲学的对立时说，"德国哲学从天国降到人间；和它完全相反，这里我们是从人间升到天国。这就是说，我们不是从人们所说的、所设想的、所想象的东西出发，也不是从口头说的、思考出来的、设想出来的、想象出来的人出发，去理解有血有肉的人。我们的出发点是从事实际活动的人，而且从他们的现实生活过程

---

① 《马克思恩格斯选集》第 1 卷，人民出版社 1995 年版，第 73—74 页。

中还可以描绘出这一生活过程在意识形态上的反射和反响的发展。"①这里需要指出,他们在谈到作为出发点的"从事实际活动的人"时,总是强调这些人是可以通过经验观察到的人。以下是两段相关的论述:

(1)我们开始要谈的前提不是任意提出的,不是教条,而是一些只有在臆想中才能撇开的现实前提。这是一些现实的个人,是他们的活动和他们的物质生活条件,包括他们已有的和由他们自己的活动创造出来的物质生活条件。因此,这些前提可以用纯粹经验的方法来确认。②

(2)这种考察方法不是没有前提的。它从现实的前提出发,它一刻也不离开这种前提。它的前提是人,但不是处在某种虚幻的离群索居和固定不变状态中的人,而是处在现实的、可以通过经验观察到的、在一定条件下进行的发展过程中的人。③

马克思恩格斯不但认为现实的个人及他们的活动和他们的物质生活条件是可以用纯粹经验的方法来确认的,而且还认为社会结构和政治结构同生产的联系也应当根据经验来揭示。为此他们说道,"……以一定的方式进行生产活动的一定的个人,发生一定的社会关系和政治关系。经验的观察在任何情况下都应当根据经验来揭示社会结构和政治结构同生产的联系,而不应当带有任何神秘和思辨的色彩。"④

第三,历史唯物主义虽然是从经验事实出发的,但它本身却是对经验事实的一种"抽象",即一种"历史观",而这种历史观的主要内容是由社会结构和社会发展理论构成的。⑤ 在谈到社会结构时马克思恩格斯指出:"这种历史观就在于:从直接生活的物质生产出发阐述现实的生产过程,把同这种生产方式相联系的、它所产生的交往形式即各个不同阶段上的市民社会理解为整个历史的基础,从市民社会作为国家的活动描述市民社会,同时从市民社会出发阐

---

① 《马克思恩格斯选集》第1卷,人民出版社1995年版,第73页。
② 《马克思恩格斯选集》第1卷,人民出版社1995年版,第66—67页。
③ 《马克思恩格斯选集》第1卷,人民出版社1995年版,第73页。
④ 《马克思恩格斯选集》第1卷,人民出版社1995年版,第71页。
⑤ 在《德意志意识形态》的《费尔巴哈》章中,马克思和恩格斯有关历史唯物主义的论述大多涉及的是这两个理论。

明意识的所有各种不同的理论产物和形式,如宗教、哲学、道德等等,而且追溯它们产生的过程。"①在谈到历史发展时他们说道,"这种观点表明,历史不是作为'源于精神的精神'消融在'自我意识'中而告终的,历史的每一阶段都遇到一定的物质结果,一定的生产力总和,人对自然以及个人之间历史地形成的关系,都遇到前一代传给后一代的大量生产力、资金和环境,尽管一方面这些生产力、资金和环境为新的一代所改变,但另一方面,它们也预先规定新的一代本身的生活条件,使它得到一定的发展和具有特殊的性质。"②"这些不同的条件,起初是自主活动的条件,后来却变成了自主活动的桎梏,这些条件在整个历史发展过程中构成各种交往形式的相互联系序列,各种交往形式的联系就在于:已成为桎梏的旧交往形式被适应于比较发达的生产力,因而也适应于进步的个人自主活动方式的新交往形式所代替;新的交往形式又会成为桎梏,然后又为另一种交往形式所代替。由于这些条件在历史发展的每一阶段都是与同一时期的生产力的发展相适应的,所以它们的历史同时也是发展着的、由每一个新的一代承受下来的生产力的历史,从而也是个人本身力量发展的历史。"③由此出发,他们还大致描述了人类历史由前资本主义向资本主义再向共产主义发展的历程,并揭示了这三大阶段各自的主要特征。

　　以上是马克思恩格斯在《德意志意识形态》的《费尔巴哈》章中对历史唯物主义的主要论述。从这些论述能得出历史唯物主义是一种形而上学或本体论哲学的结论吗? 显然不能! 我们知道,马克思恩格斯在《德意志意识形态》的《费尔巴哈》章中只对历史唯物主义做了最初表述,此后他们在各自及共同的论著④中又对它做了多次的说明,其中最为经典的阐释是马克思在《〈政治经济学批判〉序言》中的那段表述:"人们在自己生活的社会生产中发生一定的、必然的、不以他们的意志为转移的关系,即同他们的物质生产力的一定发展阶段相适合的生产关系。这些生产关系的总和构成社会的经济结构,即有

① 《马克思恩格斯选集》第1卷,人民出版社1995年版,第92页。
② 《马克思恩格斯选集》第1卷,人民出版社1995年版,第92页。
③ 《马克思恩格斯选集》第1卷,人民出版社1995年版,第123—124页。
④ 例如《哲学的贫困》《雇佣劳动与资本》《共产党宣言》《关于自由贸易问题的演说》《资本论》《反杜林论》《社会主义从空想到科学的发展》《路德维希·费尔巴哈和德国古典哲学的终结》,等等。

法律的和政治的上层建筑竖立其上并有一定的社会意识形式与之相适应的现实基础。物质生活的生产方式制约着整个社会生活、政治生活和精神生活的过程。不是人们的意识决定人们的存在,相反,是人们的社会存在决定人们的意识。社会的物质生产力发展到一定阶段,便同它们一直在其中运动的现存生产关系或财产关系(这只是生产关系的法律用语)发生矛盾。于是这些关系便由生产力的发展形式变成生产力的桎梏。那时社会革命的时代就到来了。随着经济基础的变更,全部庞大的上层建筑也或慢或快地发生变革。在考察这些变革时,必须时刻把下面两者区别开来:一种是生产的经济条件方面所发生的物质的、可以用自然科学的精确性指明的变革,一种是人们借以意识到这个冲突并力求把它克服的那些法律的、政治的、宗教的、艺术的或哲学的,简言之,意识形态的形式。我们判断一个人不能以他对自己的看法为依据,同样,我们判断这样一个变革时代也不能以它的意识为依据;相反,这个意识必须从物质生活的矛盾中,从社会生产力和生产关系之间的现存冲突中去解释。无论哪一个社会形态,在它所能容纳的全部生产力发挥出来以前,是决不会灭亡的;而新的更高的生产关系,在它的物质存在条件在旧社会的胎胞里成熟以前,是决不会出现的。所以人类始终只提出自己能够解决的任务,因为只要仔细考察就可以发现,任务本身,只有在解决它的物质条件已经存在或者至少是在生成过程中的时候,才会产生。大体说来,亚细亚的、古代的、封建的和现代资产阶级的生产方式可以看作是经济的社会形态演进的几个时代。"①从马克思的这段表述能得出历史唯物主义是一种形而上学或本体论哲学的结论吗?显然更不能!

以上表明,马克思恩格斯创立的历史唯物主义与形而上学或本体论哲学毫无共同之处,而俞吾金教授却非要把前者说成是后者,这样一来,在他的说法和推论中存在诸多的逻辑问题就在所难免了。

---

① 《马克思恩格斯选集》第2卷,人民出版社1995年版,第32—33页。

六、马克思的异化概念与历史唯物主义

——与俞吾金教授商榷①

近几年来,马克思的异化概念与历史唯物主义的关系成了我国马克思主义哲学研究中的一个热点问题。其实,这一问题早在 20 世纪 80 年代我国学术界关于人性、人道主义的大讨论中就已凸显,当时只是由于各种原因没能继续对其进行深入的探讨。② 在近几年我国学者有关这一问题的研究中,复旦大学俞吾金教授发表在《中国社会科学》2003 年第 3 期的论文——《"道德评价优先"到"历史评价优先"——马克思异化理论发展中的视角转换》(以下简称《转换》)值得引起我们的关注,因为他在这篇论文中明确提出了三个涉及马克思的异化概念与历史唯物主义关系的新见解:(1)马克思一生都使用异化概念;(2)在马克思异化概念的发展中存在一个从"道德评价优先"到"历史评价优先"的"视角转换";(3)异化概念在马克思历史唯物主义理论中的地位不是象征性的、边缘性的,而是实质性的、基础性的。③ 本人对俞吾金教授的探索精神表示钦佩,但对他的三个新见解却不敢苟同,特提出以下意见求教于俞吾金教授。

---

① 本文发表在《江海学刊》2009 年第 2 期。

② 参见《人是马克思主义的出发点——人性、人道主义问题论集》,人民出版社 1981 年版。

③ 这三个见解其实并不都是新见解,因为其中的(1)和(3)早就被苏联、东欧及西方学者提出,参见《异化问题》(上、下),文化艺术出版社 1986 年版。当然,俞吾金教授毕竟对(1)和(3)提出了自己的某些论证,因而,从这种意义上讲也可以说它们是他的新见解。

1. 马克思在其成熟时期的绝大部分重要著作中都没使用过异化概念，俞吾金教授说"马克思一生都使用异化概念"不符合实际情况

俞吾金教授在《转换》一文中提出的第一个新见解，是"马克思一生都使用异化概念"。① 他还进而指出，"这一概念的发展史大致可以划分为以下三个阶段：第一阶段主要包括马克思的《博士论文》(1840 年下半年到 1841 年 3 月)、《黑格尔法哲学批判》(1843 年夏天)、《论犹太人问题》(1843 年秋)、《〈黑格尔法哲学批判〉导言》(1843 年末到 1844 年 1 月)、《詹姆士·穆勒〈政治经济学原理〉一书摘要》(1844 年上半年)、《1844 年经济学哲学手稿》(1844 年 4—8 月)等著作。第二阶段主要包括马克思的《神圣家族》(1844 年 9—11 月)、《关于费尔巴哈的提纲》(1845 年春)、《德意志意识形态》(1845—1846 年)、《反克利盖的通告》(1846 年 5 月)、《哲学的贫困》(1847 年上半年)、《道德化的批评和批评化的道德》(1847 年 10 月底)、《共产党宣言》(1847 年 12 月—1848 年 1 月)等著作。第三阶段主要包括《1857—1858 年经济学手稿》、《1861—1863 年经济学手稿》、《剩余价值学说史》(1861—1863 年)和《资本论》(1867 年)等著作。"②

不难看出，俞吾金教授是以他开列的马克思在他所说的三个阶段的论著来论证马克思一生都使用异化概念的。我们这里且不说他将马克思异化概念的发展史划分为三个阶段是否合适，仅就他开列的这些论著来看，他的论证就不能成立。

首先，俞吾金教授没有提及马克思 1867 年以后的那些非常重要但却从不使用异化概念的论著。马克思的一生不是结束于《资本论》第一卷出版的

---

① 俞吾金：《"道德评价优先"到"历史评价优先"——马克思异化理论发展中的视角转换》，《中国社会科学》2003 年第 3 期，第 96 页。

② 俞吾金：《"道德评价优先"到"历史评价优先"——马克思异化理论发展中的视角转换》，《中国社会科学》2003 年第 3 期，第 96—97 页。

1867 年,而是 1883 年。从 1867 年到 1883 年这 16 年期间,马克思还写了大量重要的论著,仅从我国编辑出版的《马克思恩格斯选集》来看就有《法兰西内战》(1871 年 5 月下旬至 6 月初)、《论土地国有化》(1872 年 3—4 月)、《政治冷淡主义》(1873 年 1 月)、《巴枯宁〈国家制度和无政府状态〉一书摘要》(1874—1875 年初)、《哥达纲领批判》(1875 年 4 月底—最迟 5 月 7 日)、《给〈祖国纪事〉杂志编辑部的信》(1877 年 10—11 月)、《给维·伊·查苏利奇的复信》(1881 年 2 月底至 3 月初)。如果说马克思一生都使用异化概念,那就不能排除他在 1867 年到 1883 年这 16 年间所写的论著。马克思在这期间的论著中使用过异化概念吗?据我所知没有。

其次,在俞吾金教授开列的第二阶段的那些论著中,除《神圣家族》以外,①马克思在有些著作中虽然使用了异化概念,但不是他自己的异化概念,在有些著作中则根本没有使用过异化概念。先说前一种情况。马克思在《关于费尔巴哈的提纲》中虽然说过"费尔巴哈是从宗教上的自我异化,从世界被二重化为宗教世界和世俗世界这一事实出发的"②这样的话,但在这段话中出现的异化概念无疑不是马克思自己的异化概念而只是费尔巴哈的异化概念。在《德意志意识形态》中,马克思(和恩格斯)也在几处地方使用过异化概念,例如,他们在一处是这样使用的:"哲学家们在已经不再屈从于分工的个人身上看到了他们名之为'人'的那种理想,他们把我们所阐述的整个发展过程看作是'人'的发展过程,从而把'人'强加于迄今每一历史阶段中所存在的个

---

① 按照人们通常的理解,包括俞吾金教授本人的理解,《神圣家族》属于马克思(其实还应包括恩格斯,因为这本书是他们合著的。这里还有必要指出,后面谈到的《德意志意识形态》和《共产党宣言》也是马克思恩格斯合著的,但不知何故,俞吾金教授在引用它们时也略去了恩格斯的名字)思想尚不成熟时期的著作。俞吾金教授在其《重新理解马克思——对马克思哲学的基础理论和当代意义的反思》一书中指出:"马克思在撰写《神圣家族》时非但没有以自己的'现实的人及其历史发展的科学'去取代费尔巴哈'对抽象的人的崇拜',反而仍然肯定费尔巴哈所说的人是'现实的人'。"(北京师范大学出版社 2005 年版,第 243 页)这样说来,《神圣家族》就应列入异化概念发展的第一个阶段,即他所说的"青年马克思的异化理论"的阶段,但他却把它列入了包括《德意志意识形态》、《反克利盖的通告》、《哲学的贫困》、《道德化的批评和批评化的道德》和《共产党宣言》等成熟时期的著作在内的第二个阶段。这种做法的逻辑矛盾是显而易见的。

② 《马克思恩格斯选集》第 1 卷,人民出版社 1995 年版,第 55 页。

人,并把他描述成历史的动力。这样,整个历史过程就被看成是'人'的自我异化过程……"①在这段话里出现的异化概念显然也不是他们自己的异化概念,而是青年黑格尔派哲学家的异化概念。② 再说第二种情况。仔细读一下被俞吾金教授列入第二个阶段的《反克利盖的通告》《哲学的贫困》《道德化的批评和批评化的道德》和《共产党宣言》,我们就会发现,在这些著作中就根本没出现过异化概念。③

第三,在俞吾金教授开列的第三阶段的那些论著中马克思虽然使用了自己的异化概念,但在这一阶段马克思还写过很多没有使用异化概念的重要论

①　《马克思恩格斯选集》第 1 卷,人民出版社 1995 年版,第 130 页。

②　为了证明马克思在《德意志意识形态》中使用了自己的异化概念,俞吾金教授引用了其中的一段话:施蒂纳"只是把一切现实的关系和现实的个人都预先宣布为异化的(如果暂时还用一下这个哲学术语),把这些关系和个人都变成关于异化的完全抽象的词句。这就是说,他的任务不是从现实个人的现实异化和这种异化的经验条件中来描绘现实的个人,他的做法又是:用关于**异化、异物**、圣物的空洞思想来代替一切纯经验关系的发展"。然后推论说,"人们常常抓住马克思这句话中'如果暂时还用一下这个哲学术语'这一说法,推断马克思以后放弃了异化概念。显然,这样的推断是缺乏说服力的。从这句话的上下文可以看出,马克思在这里主要批评的是施蒂纳不谈'现实个人的现实异化',而只满足于搬弄异化这个抽象术语的错误倾向。"(俞吾金:《"道德评价优先"到"历史评价优先"——马克思异化理论发展中的视角转换》,《中国社会科学》2003 年第 3 期,第 103 页)从俞吾金教授的引文及推论能得出马克思(和恩格斯)在《德意志意识形态》中使用了自己的异化概念的结论吗? 显然不能。

③　为了证明马克思(和恩格斯)在《共产党宣言》(以下简称《宣言》)中使用了异化概念,俞吾金教授引用了 1958 年版的《马克思恩格全集》第 4 卷第 495 页的一段话:"他们在法文的原文下面添进了自己的一套哲学胡说。例如,他们在批评货币关系的法文原稿下面添上了'人性的异化',在批评资产阶级国家的法文原文下面添上了所谓'抽象普遍物的统治的废除'等等。"我们知道,早在 1972 年版的《马克思恩格斯选集》中,这段引文就已改译为:"他们在法国的原著下面写上自己的哲学胡说。例如,他们在批判货币关系的法国原著下面写上'人的本质的外化'〔EntauBerung〕,在批判资产阶级国家的法国原著下面写上所谓'抽象普遍物的统治的扬弃'等等。"(《马克思恩格斯选集》第 1 卷,人民出版社 1972 年版,第 277—278 页)在 1995 年版的《马克思恩格斯选集》中,这段引文又被改译为:"他们在法国的原著下面写上自己的哲学胡说。例如,他们在法国人对货币关系的批判下面写上'人的本质的外化',在法国人对资产阶级国家的批判下面写上所谓'抽象普遍物的统治的扬弃'等等。"(《马克思恩格斯选集》第 1 卷,人民出版社 1995 年版,第 299 页)不难看出,无论根据 1972 年版的《马克思恩格斯选集》还是根据 1995 年版的《马克思恩格斯选集》,都不能认为马克思(和恩格斯)在《宣言》中使用了异化概念。按照我国学术界的惯例,对马克思恩格斯著作的引用应以最新版本为依据,俞吾金教授写作《转换》一文的时间应是 2003 年,那时无论是 1972 年版的《马克思恩格斯选集》还是 1995 年版的《马克思恩格斯选集》都很容易找到,那俞吾金教授为什么非要用 1958 年版的《马克思恩格斯全集》第 4 卷呢? 而且即使以后者为依据,能得出马克思(和恩格斯)使用了自己的异化概念的结论吗?

著。例如,《〈政治经济学批判〉序言》(1859 年 1 月)、《工资、价格和利润》(1865 年 5 月底—6 月 27 日)、《国际工人协会成立宣言》(1864 年 10 月 21—27 日之间)、《国际工人协会共同章程》(1871 年 11—12 月)、《论蒲鲁东》(1865 年 1 月 24 日)。这样说来,即使在这一阶段,马克思也只是在一些论著中,主要是在几个经济学手稿中使用了异化概念。

第四,马克思在 1867 年出版的《资本论》第一卷德文版中虽然在 4 个地方 5 次使用了异化概念,但在他后来亲自修订的于 1872 年 9 月至 1875 年 11 月分册出版的《资本论》第一卷法文版中却又几乎将这一概念全都去掉。

马克思《资本论》第一卷德文版中使用异化概念的 4 处论述如下:

(1)可见,资本主义生产方式使劳动条件和劳动产品具有的与工人相独立、相异化的形态,随着机器的发展而发展成为完全的对立。[①]

(2)另一方面,工人不断地像进入生产过程时那样又走出这个过程:他是财富的人身源泉,但被剥夺了为自己实现这种财富的一切手段。因为在他进入过程以前,他自己的劳动就同他相异化而为资本家所占有,并入资本中了,所以在过程中这种劳动不断对象化在他人所有的产品中。因为生产过程同时就是资本家消费劳动力的过程,所以工人的产品不仅不断地转化为商品,而且也转化为资本,转化为吮吸创造价值的力的价值,转化为购买人身的生活资料,转化为使用生产者的生产资料。可见,工人本身不断地把客观财富当做资本,当作同他相异己的、统治他和剥削他的权力来生产,而资本家同样不断地把劳动力当做主观的、同它本身对象化在其中和借以实现的资料相分离的、抽象的、只存在于工人身体中的财富源泉来生产,一句话,就是把工人当做雇佣工人来生产。工人的这种不断再生产或永久化是资本主义生产的必不可少的条件。[②]

(3)因为过去劳动总是装扮成资本,也就是说,A、B、C 等人的劳动的

---

① 《资本论》第一卷,人民出版社 1975 年版,第 473 页。
② 《资本论》第一卷,人民出版社 1975 年版,第 626—627 页。

被人所有总是装扮成非劳动者 X 的自己所有,所以资产者和政治经济学家们对过去劳动的功绩赞扬备至;苏格兰的天才麦克库洛赫甚至认为,过去劳动应当得到特殊的报酬(利息、利润等等)。于是,那种以生产资料的形式参与活劳动过程的过去劳动所取得的不断增长的重要性,就被归功于这种劳动的同工人本身相异化的形态,即它的资本的形态,虽然这种劳动是工人的过去的和无酬的劳动。①

(4)在资本主义体系内部,一切提高社会劳动生产力的方法都是靠牺牲工人个人来实现的;一切发展生产的手段都变成统治和剥削生产者的手段,都使工人畸形发展,成为局部的人,把工人贬低为机器的附属品,使工人受劳动的折磨,从而使劳动失去内容,并且随着科学作为独立的力量被并入劳动过程而使劳动过程的智力与工人相异化。②

下面是与上述 4 处论述相对应的《资本论》第一卷法文版中的 4 处论述:

(1)可见,资本主义生产使劳动条件和劳动产品具有的与工人相独立的性质,随着机器的发展而发展成为完全的对立。③

(2)另一方面,工人像进入生产过程时那样走出生产过程:他是财富的人身源泉,被剥夺了他自己的实现〔劳动〕的手段。他的劳动还在过程开始以前就已经异化,成为资本家的财产,并入了资本,所以很清楚,他的劳动在过程中只能实现在迅速离开他的产品中。因为资本主义生产同时就是资本家对劳动力的消费,所以它不断地把雇佣劳动的产品不仅转化为商品,而且也转化为资本,转化为汲取创造价值的力的价值,转化为统治生产者的生产资料,转化为购买工人本身的生活资料。因此,资本主义生产过程的连续性或者周期重复本身会再生产出它的基础,即作为雇佣工人的劳动者,并使之永久化。④

(3)因为劳动者 A、B、C 等人的过去劳动在资本主义制度中总是表现为非劳动者 X 等人的资产,所以资产者和经济学家们对这种死劳动的

① 《资本论》第一卷,人民出版社 1975 年版,第 667—668 页。
② 《资本论》第一卷,人民出版社 1975 年版,第 707—708 页。
③ 《资本论》第一卷,法文版中译本,中国社会科学出版社 1983 年版,第 437 页。
④ 《资本论》第一卷,法文版中译本,中国社会科学出版社 1983 年版,第 599 页。

恩惠总是感激涕零,赞扬备至;苏格兰的天才麦克库洛赫甚至认为,过去劳动应当得到特殊的报酬,通俗的名称就是利息、利润等等。可见,这些智者不是把过去劳动以劳动资料形式给予活劳动的越来越大的帮助归功于创造产品的工人,而是归功于占有产品的资本家。①

(4)在资本主义制度内部,一切提高集体劳动力量的方法都是靠牺牲劳动者个人来实现的;一切发展生产的手段都转变为统治和剥削生产者的手段,都使生产者畸形发展,成为局部的人,或者机器的附属品,使生产的科学力量作为敌对的力量与生产者相对立。②

不难看出,德文版第(1)处论述中的异化概念在法文版中被去掉了;德文版第(2)处论述中出现的两个的异化概念在法文版中一个被去掉,另一个在用法上做了修改;德文版第(3)处论述中的异化概念在法文版中被去掉了;德文版第(4)处论述中的异化概念在法文版中被改为"对立"。这些修改表明,虽然马克思在1867年的《资本论》第一卷中使用了异化概念,但马克思并不认为他那时对这个概念的使用是合适的和必要的。

"马克思一生都使用异化概念"这一命题的含义是什么?至少应指马克思在其一生的重要著作中都使用这一概念。然而,正如我们所表明的,马克思在俞吾金教授没有提及的1867—1883年这16年的著作中没有使用异化概念,在俞吾金教授所说的第二阶段的著作(除去《神圣家族》)中没有使用自己的异化概念,在俞吾金教授所说的第三阶段的著作以外的一些重要著作中也没有使用异化概念,在1867年《资本论》第一卷德文版中虽有几处地方使用过异化概念,但在后来的法文版中又几乎将其全都去掉。实际上,马克思较多使用异化概念的著作主要是他早期的著作和他1857—1864年的几个经济学手稿。如果实际情况是这样,那俞吾金教授根据什么说"马克思一生都使用异化概念"呢?

---

① 《资本论》第一卷,法文版中译本,中国社会科学出版社1983年版,第642页。
② 《资本论》第一卷,法文版中译本,中国社会科学出版社1983年版,第688页。

2. 俞吾金教授所说的异化概念实际上是青年马克思的异化劳动概念，由于成熟时期的马克思已经放弃这一概念，因而他所说的情况——在马克思异化概念的发展中存在着一个根本性的"视角转换"，实际上并不存在

俞吾金教授提出的第二个新见解是，在马克思异化概念的发展中，存在着一个根本性的"视角转换"——青年马克思是从"道德评价优先"的视角出发去看待异化现象，成熟时期的马克思是从"历史评价优先"的视角出发去看待异化现象。① 在对俞吾金教授的这一见解做出评价之前，让我们先来看看他所说的"马克思（的）异化概念"以及青年马克思和成熟时期的马克思看待的"异化现象"指的是什么。

我们知道，异化（德文：*Entfremdung*，英文：*Alienation*）作为一个哲学范畴，其基本含义是"某物通过自己的活动而与某种曾属于它的他物相分离，以致于这个他物成为自足的并与本来拥有它的某物相对立的一种状态"②。我们还知道，自异化概念被提出以后，它在不同的学者那里具有不同的含义，对于这一点，俞吾金教授在《转换》一文中也是这样讲的："如果说，在黑格尔那里，异化主要是指精神上的异化，即绝对理念在运动中异化或外化出自然界，那么，在青年黑格尔派那里，异化获得了不同的含义。费尔巴哈把异化概念运用到宗教批判中，把上帝理解为人的本质的异化，并在这个意义上强调，神学的本质就是人类学，这一见解无疑是振聋发聩的。在费尔巴哈的基础上，布·鲍威尔以更宽泛的方式提出了人的'自我异化'的问题。"③那他在其新见解中

---

① 参见俞吾金：《"道德评价优先"到"历史评价优先"——马克思异化理论发展中的视角转换》，《中国社会科学》2003 年第 3 期，第 97 页。

② 《西方哲学英汉对照辞典》，人民出版社 2001 年版，第 35 页。

③ 俞吾金：《"道德评价优先"到"历史评价优先"——马克思异化理论发展中的视角转换》，《中国社会科学》2003 年第 3 期，第 97 页。

说的"马克思(的)异化概念"指的是什么呢？关于这一问题，俞吾金教授在《转换》中只有这样一段论述："如果说，马克思在《博士论文》中还主要是在黑格尔的意义上使用异化概念，在《黑格尔法哲学批判》《论犹太人问题》《〈黑格尔法哲学批判〉导言》中，马克思已经更多地在费尔巴哈和鲍威尔的意义上使用异化概念。值得注意的是，在《詹姆士·穆勒〈政治经济学原理〉一书摘要》和《1844 年经济学哲学手稿》中，由于契入了对国民经济学的研究，马克思的异化概念显示出自己的特点，即马克思提出了'异化劳动'的新概念，并分析了这一概念的四层含义。"①这里需要指出，俞吾金教授在《转换》中把此时的马克思称为"青年马克思"，②由此说来，他这里说的马克思的"异化劳动"的新概念指的只能是青年马克思使用的异化概念。然而，俞吾金教授在其新见解中讲的"马克思(的)异化概念"指的却不仅是青年马克思使用的异化概念，而且还指成熟时期的马克思使用的异化概念，因为他的新见解讲的是在"马克思异化概念的发展"中存在一个由"青年马克思"看待异化现象的道德评价优先的视角向"成熟时期的马克思"看待异化现象的历史评价优先的视角转换，这其中就包含着成熟时期的马克思还继续使用异化概念的意思，用他自己更明确的话来讲就是"马克思一生都使用异化概念"。那成熟时期马克思使用的异化概念指的是什么？对此，俞吾金教授没作直接的说明而只做了这样的暗示：他在谈到成熟时期的马克思为什么在有些著作中大量使用异化概念，而在另一些著作中又很少使用甚至完全不用这一概念时指出，在后一类文本中，"虽然马克思很少使用，甚至不使用异化概念，但这一概念所要表达的含义却到处喷涌出来"，"比如，成熟时期的马克思常常使用的'雇佣劳动'概念与青年时期的马克思使用的'异化劳动'的概念虽然在称谓上不同，其实质却是完全相同的"。③ 这就表明，俞吾金教授认为成熟时期的马克思尽管很少使用的异化概念，但所使用的异化概念实质上就是青年马克思使用的异化

---

① 俞吾金:《"道德评价优先"到"历史评价优先"——马克思异化理论发展中的视角转换》,《中国社会科学》2003 年第 3 期,第 98 页。

② 俞吾金:《"道德评价优先"到"历史评价优先"——马克思异化理论发展中的视角转换》,《中国社会科学》2003 年第 3 期,第 97 页。

③ 俞吾金:《"道德评价优先"到"历史评价优先"——马克思异化理论发展中的视角转换》,《中国社会科学》2003 年第 3 期,第 104 页。

劳动概念,这样说来,他在其新见解中讲的"马克思(的)异化概念"实际上就是青年马克思使用的"异化劳动概念"。

那青年马克思和成熟时期的马克思看待的"异化现象"指的又是什么?对于这一问题,俞吾金教授没作任何界定。从语义上讲,"异化现象"指的就是"异化的现象",这样说来,"异化现象"指什么就与"异化"概念本身的含义密切相关。例如,在黑格尔那里,异化现象指的就是绝对理念在运动中异化出自然界和人类社会,在费尔巴哈那里,异化现象指的就是人把自己的本质异化为上帝。前边表明,俞吾金教授说的"马克思(的)异化概念"实际上是异化劳动概念,由此说来,他说的"异化现象",指的就只能是异化(劳动)现象,即马克思在《1844年经济学哲学手稿》(以下简称《手稿》)中描述的资本主义下工人的异化劳动。

以上分析表明,俞吾金教授的第二个新见解实际上讲的是:在马克思异化(劳动)概念的发展中,存在着一个根本性的"视角转换"——青年马克思是从"道德评价优先"的视角出发去看待异化(劳动)现象的,成熟时期的马克思是从"历史评价优先"的视角出发去看待异化(劳动)现象的。俞吾金教授的这一新见解能够成立吗?我认为不能,因为异化劳动概念只是青年马克思使用的概念,成熟时期的马克思虽然还使用异化概念,但已不是异化劳动概念。因此,无论俞吾金教授的青年马克思是从"道德评价优先"的视角出发去看待异化(劳动)现象的说法是否能够成立,他的成熟时期的马克思是从"历史评价优先"的视角出发去看待异化(劳动)现象的说法肯定是不能成立的。

为了把问题说得更清楚,让我们先来看看青年马克思使用的异化劳动概念的含义。众所周知,此时马克思有关异化劳动概念的论述主要是在《手稿》中"异化劳动和私有财产"这一部分,而他对这一概念的论述是从"**当前的**经济事实",即"工人生产的财富越多,他的产品的力量和数量越大,他就越贫穷"①开始的。

马克思首先指出,"这一事实无非是表明,劳动所生产的对象,即劳动的

---

① 《马克思恩格斯全集》第3卷,人民出版社2002年版,第267页。

产品,作为一种**异己的存在物**,作为**不依赖于生产者的力量**,同劳动相对立。劳动的产品是固定在某个对象中的、物化的劳动,这就是劳动的对象化。劳动的现实化就是劳动的**对象化**。在国民经济的实际状况中,劳动的这种现实化表现为工人的**非现实化**,对象化表现为**对象的丧失和被对象奴役**,占有表现为**异化、外化**。"①由此马克思提出了异化劳动概念的第一个规定:"工人对**自己的劳动的产品**的关系就是对一个**异己**的对象的关系。"②简言之,人同自己的劳动产品相异化。

从第一个规定出发,马克思进而提出异化劳动概念的第二个规定:工人在生产活动本身中的异化。在他论证说,工人的"异化不仅表现在结果上,而且表现在**生产行为**中,表现在**生产活动**本身中。如果工人不是在生产行为中使自身异化,那么工人活动的产品怎么会作为相异的东西同工人对立呢? 产品不过是活动、生产的总结。"③这就是说,劳动对象的异化不过是生产活动的异化的结果。工人在生产活动本身中的异化指的又是什么? 从马克思的相关论述来看,它指的是,"工人对他自己的活动——一种异己的、不属于他的活动——的关系。在这里,活动是受动;力量是无力;生殖是去势;工人**自己的体力和智力**,他个人的生命——因为,生命如果不是活动,又是什么呢? ——是不依赖于他、不属于他、转过来反对他自身的活动。"④简言之,人同自己的生命活动相异化。

根据上述两个规定,马克思又提出了异化劳动概念的第三个规定:人同自己的类本质相异化。马克思说,"动物和自己的生命活动是直接同一的。动物不把自己同自己的生命活动区别开来。它就是**自己的生命活动**。人则使自己的生命活动本身变成自己意志的和自己意识的对象。他具有有意识的生命活动。这不是人与之直接融为一体的那种规定性。有意识的生命活动把人同动物的生命活动直接区别开来。正是由于这一点,人才是类存在物。或者说,正因为人是类存在物,他才是有意识的存在物,就是说,他自己的生活对他来

---

① 《马克思恩格斯全集》第3卷,人民出版社2002年版,第267—268页。
② 《马克思恩格斯全集》第3卷,人民出版社2002年版,第268页。
③ 《马克思恩格斯全集》第3卷,人民出版社2002年版,第270页。
④ 《马克思恩格斯全集》第3卷,人民出版社2002年版,第271页。

说是对象。异化劳动把这种关系颠倒过来，以至人正因为是有意识的存在物，自己的**本质**变成仅仅维持自己**生存**的手段。"①简言之，异化劳动从人那里夺去了他的生产对象，也就从人那里夺去了他的类生活；同样，异化劳动把自主活动、自由活动贬低为手段，也就把人的类生活变成维持人的肉体生存的手段。

马克思最后指出，人同自己的劳动产品、自己的生命活动、自己的类本质相异化的直接结果就是人同人相异化，因为"当人同自身相对立的时候，他也就同**他人**相对立。凡是适用于人对自己的劳动、对自己的劳动产品和对自身的关系的东西，也都适用于人对他人、对他人的劳动和劳动对象的关系。总之，人的类本质同人相异化这一命题，说的是一个人同他人相异化，以及他们中的每个人都同人的本质相异化。"②而人同人相异化，就构成了异化劳动概念的第四个规定。

以上是马克思在《1844年经济学哲学手稿》中"异化劳动和私有财产"这一部分有关异化劳动概念的主要论述。仔细分析一下就可以发现，在马克思所说的四个规定中，具有决定性意义的是第三个规定。因为第一个规定——人同自己的劳动产品相异化，是第二个规定——人同自己的生命活动相异化的结果；第二个规定实际上是基于第三个规定——人同自己的类本质相异化；第四个规定则第三个规定的进一步展开。因此，可以认为，资本主义下工人的劳动与人的类本质相异化是异化劳动概念的核心内容，而马克思之所以把资本主义下工人的劳动称为异化劳动，从根本上讲，也是因为它与人的类本质——自由的有意识的活动相异化。

成熟时期的马克思还使用异化劳动概念吗？根据我的考察，异化劳动概念只是马克思在1844年，即创立历史唯物主义的前一年③提出和使用的一个概念，他在1845年创立了历史唯物主义以后就彻底放弃了这一概念。当然，这不是说他在后来的著作中不再使用异化概念，而是说，虽然他在《经济学手稿（1857—1858年）》《经济学手稿（1861—1863年）》《剩余价值理论》《直接

---

① 《马克思恩格斯全集》第3卷，人民出版社2002年版，第273页。
② 《马克思恩格斯全集》第3卷，人民出版社2002年版，第274—275页。
③ 因为马克思和恩格斯对历史唯物主义的最初表述是在1945年的《德意志意识形态》。

生产过程的结果》《资本论》等经济学著作中仍然使用异化概念,但这些著作中的异化概念已不是异化劳动概念。

仔细考察一下马克思在这些经济学著作中对异化概念的使用我们可以发现,他对这一概念的使用虽很灵活,但主要是用来描述现实资本主义经济中的三种现象:(1)资本主义商品经济中交换关系对生产者的异化;(2)资本主义雇佣劳动中生产活动对它本身的条件和产品的异化;(3)资产阶级经济对人的全面发展的生产目的的异化。以下是马克思在《政治经济学批判(1857—1858年手稿)》中使用异化概念对这三种现象的三段描述①:

对第一种现象的描述:

随着生产的社会性的增长,**货币**的权力也按同一程度增长,也就是说,交换关系固定为一种对生产者来说是外在的、不依赖于生产者的权力。最初作为促进生产的手段出现的东西,成了一种对生产者来说是异己的关系。生产者在什么程度上依赖于交换,看来,交换也在什么程度上不依赖于生产者,作为产品的产品和作为交换价值的产品之间的鸿沟也在什么程度上加深。②

对第二种现象的描述:

同活劳动能力相对立的价值的独立的自为存在——从而价值作为资本的存在;劳动的客观条件对活劳动能力的客观的漠不相干性即**异己性**——已经达到如此地步,以致这些条件以资本家的人格的形式,即作为具有自己的意志和利益的人格化,同工人的人格相对立;财产即劳动的物质条件同活劳动能力的这种绝对的**分裂**或**分离**——以至劳动条件作为**他人的财产**,作为另一个法人的实在,作为**这个法人**的意志的绝对领域,同活劳动能力相对立,因而另一方面,劳动表现为同人格化为资本家的价值相对立的,或者说同劳动条件相对立的**他人的劳动**;财产同劳动之间,活劳动能力同它的实现条件之间,对象化劳动同活劳动之间,价值同创造价值的活动之间的这种绝对的分离——从而劳动内容对工人本身的异己

---

① 马克思在此后的几个经济学手稿中对异化概念的使用与《政治经济学批判(1857—1858年手稿)》大体相同。

② 《马克思恩格斯全集》第30卷,人民出版社1995年版,第95页。

性;上述这种分裂,现在同样也表现为劳动本身的产品,表现为劳动本身的要素的对象化,客体化。因为通过新的生产行为本身——这种行为只是证实了在它之前发生的资本和活劳动之间的交换,——剩余劳动,从而剩余价值,剩余产品,以至劳动(剩余劳动和必要劳动)的全部结果,都表现为资本,表现为同活劳动能力相独立的和与之无关的交换价值,或把活劳动能力只当做自己的使用价值而与之相对立的交换价值。①

对第三种现象的描述:

因此,古代的观点和现代世界相比,就显得崇高得多,根据古代的观点,人,不管是处在怎样狭隘的民族的、宗教的、政治的规定上,总是表现为生产的目的,在现代世界,生产表现为人的目的,而财富则表现为生产的目的。事实上,如果抛掉狭隘的资产阶级形式,那么,财富不就是在普遍交换中产生的个人的需要、才能、享用、生产力等等的普遍性吗?财富不就是人对自然力——既是通常所谓的"自然"力,又是人本身的自然力——的统治的充分发展吗?财富不就是人的创造天赋的绝对发挥吗?这种发挥,除了先前的历史发展之外没有任何其他前提,而先前的历史发展使这种全面的发展,即不以旧有的尺度来衡量的人类全部力量的全面发展成为目的本身。在这里,人不是在某一种规定性上再生产自己,而是生产出他的全面性;不是力求停留在某种已经变成的东西上,而是处在变易的绝对运动之中。

在资产阶级经济以及与之相适应的生产时代中,人的内在本质的这种充分发挥,表现为完全的空虚化;这种普遍的对象化过程,表现为全面的异化,而一切既定的片面目的的废弃,则表现为为了某种纯粹外在的目的而牺牲自己的目的本身。因此,一方面,稚气的古代世界显得较为崇高。另一方面,古代世界在人们力图寻求闭锁的形态、形式以及寻求既定的限制的一切方面,确实较为崇高。古代世界是从狭隘的观点来看的满足,而现代则不给予满足;换句话说,凡是现代表现为自我满足的地方,它

---

① 《马克思恩格斯全集》第30卷,人民出版社1995年版,第443—444页。

就是**鄙俗**的。①

将马克思在《政治经济学批判(1857—1858年手稿)》中使用的"异化概念"与他在《1844年经济学哲学手稿》中使用的"异化劳动概念"加以对照就不难发现,前者无论从哪种意义上讲,指的都不是资本主义下工人的劳动与人的类本质相异化。因此可以认为,成熟时期的马克思虽然还使用异化概念,但已不是异化劳动概念。既然成熟时期的马克思已放弃使用异化劳动概念,那在其成熟时期的论著中也就不可能有可以证明俞吾金教授的新见解——成熟时期的马克思是从"历史评价优先"的视角出发去看待异化(劳动)现象的论述。那俞吾金教授是怎样论证他的新见解呢?让我们逐一分析一下他为其新见解所做的全部七个论证:

论证(1):俞吾金教授先引用了马克思(恩格斯)在《德意志意识形态》中的一段话:"无产阶级只有在**世界历史意义上**才能存在,就像它的事业——共产主义一般只有作为'世界历史性的'存在才有可能实现一样。而各个个人的世界历史性的存在就意味着他们的存在是与世界历史直接联系的。"②然后推论说,"这段论述表明,青年马克思的以抽象的人的本质为基础的共产主义和人道主义的总体思路已经被超越了,马克思褪去了费尔巴哈人本学的道德外衣,开始转到历史唯物主义的立场上来。按照马克思初步论述的历史唯物主义的观点,人们应当从物质生产和交往方式的发展出发去解释宗教、哲学、道德等意识形式的兴衰存亡。这意味着马克思在考察一切社会现象,包括异化现象时,开始抛弃那种与实在的历史相分离的'道德评价优先'的视角。"③

---

① 《马克思恩格斯全集》第30卷,人民出版社1995年版,第479—480页。这里需要强调指出,马克思在这里讲的异化,指的不是资产阶级经济对人的内在本质——创造天赋的异化,而是对人的生产目的——使自身得到全面发展的异化。根据马克思的论述,人的内在本质是通过对象化的过程即生产发挥出来的,而现代世界的生产"如果抛弃狭隘的资产阶级形式"其目的就是人的需要、才能、享用、生产力等等的全面发展。在古代世界,不管怎样讲,总还是把人作为生产的目的,尽管只是把人在狭隘的民族的、宗教的、政治的规定上生产出来。现代世界的生产虽然废弃了古代世界的既定的片面目的的,但却又表现为为了某种纯粹外在的目的,即为了财富而牺牲了人的全面发展的目的,因而表现为对人的生产目的异化。

② 《马克思恩格斯全集》第3卷,人民出版社1960年版,第40页。

③ 俞吾金:《"道德评价优先"到"历史评价优先"——马克思异化理论发展中的视角转换》,《中国社会科学》2003年第3期,第100页。

俞吾金教授的这一论证是不能成立的,因为从马克思的这段论述至多可以推论马克思"开始转到历史唯物主义的立场上来",而推论不出他考察的社会现象还包括异化(劳动)现象。

论证(2):俞吾金教授先引用了马克思在《哲学的贫困》中的一段话:"这些观念、范畴也同它们所表现的关系一样,不是永恒的。它们是**历史的暂时的产物**。"①然后推论说,"这一历史唯物主义的见解为人们走出异化'永远存在'的神话,认识异化概念的历史特征奠定了思想基础。"②俞吾金教授这一论证也不能成立的,因为马克思的这段话是在批评蒲鲁东把经济范畴独立化和永恒化的错误倾向,从中根本推不出他的这一见解"为人们走出异化'永远存在'的神话,认识异化概念的历史特征奠定了思想基础"的结论。

论证(3):俞吾金教授先引用了马克思(和恩格斯)在《共产党宣言》中的一句话:"资产阶级在历史上曾经起过非常革命的作用。"③然后推论说,"在这里,马克思既对资产阶级的客观的历史作用,也对资本主义社会中普遍异化所包含的客观的历史意义做出了肯定性的评价。这充分表明,马克思已经完全摆脱青年时期的'道德评价优先'的视角所蕴含的感伤主义,把'历史评价优先'作为考察一切社会历史现象(包括异化现象)的根本出发点。"④俞吾金教授这一论证还不能成立,因为即使说马克思(和恩格斯)的这段话包含着把历史评价优先作为考察"一切社会历史现象"的根本出发点的意思,但不包含"一切社会历史现象"也包括"异化劳动现象"的意思。

论证(4):俞吾金教授先引用了马克思在《经济学手稿(1857—1858年)》中的一段话:"人的依赖关系(起初完全是自然发生的),是最初的社会形态,在这种形态下,人的生产能力只是在狭窄的范围内和孤立的地点上发展着。以**物**的依赖性为基础的人的独立性,是第二大形态,在这种形态下,才形成普遍的社会物质变换,全面的关系,多方面的需求以及全面的能力的体系。建立

---

① 《马克思恩格斯全集》第4卷,人民出版社1958年版,第144页。

② 俞吾金:《"道德评价优先"到"历史评价优先"——马克思异化理论发展中的视角转换》,《中国社会科学》2003年第3期,第100页。

③ 《马克思恩格斯全集》第4卷,人民出版社1958年版,第468页。

④ 俞吾金:《"道德评价优先"到"历史评价优先"——马克思异化理论发展中的视角转换》,《中国社会科学》2003年第3期,第100页。

在个人全面发展和他们共同的社会生产能力成为他们的社会财富这一基础上的自由个性,是第三个阶段。第二个阶段为第三个阶段创造条件。"①然后推论说,"这段重要的论述包含以下三层含义:其一,当人类历史的发展进入第二大社会形态时,异化和物化的现象才存在。作为历史现象,异化和物化既具有客观必然性,又具有历史短暂性;其二,这种异化和物化具有积极的历史意义,因为它们使'普遍的社会物质变换,全面的关系,多方面的需求以及全面的能力的体系'得以形成;其三,正是这个以物的依赖性为基础的异化阶段客观上为第三大社会形态——共产主义社会提供了物质基础。"②俞吾金教授在这里说的第二大社会形态的"异化和物化的现象""以物的依赖性为基础的异化阶段"指的是异化(劳动)现象吗?显然不是。这样说来,他的论证又怎能表明成熟时期的马克思是从历史评价优先的视角出发去看待"异化(劳动)"现象的呢?

论证(5):俞吾金教授先引用了马克思在《经济学手稿(1857—1858 年)》中的一段话:"要使**这种**个性成为可能,能力的发展就要达到一定的程度和全面性,这正是以建立在交换价值基础上的生产为前提的,这种生产才在产生出个人同自己和同别人相异化普遍性的同时,也产生出个人关系和个人能力的普遍性和全面性。"③然后推论说,这"也就是说,普遍异化和个人能力的全面发展,作为人类历史进程中的两个侧面是一起降临的,绝不应该从'道德评价优先'的视角出发来看待资本主义社会中的异化现象,而应该坚持'历史评价优先'的视角,首先看到异化现象在历史上的积极意义"。④ 俞吾金教授在这里说的"普遍异化"和"资本主义社会中的异化现象"指的是异化(劳动)现象吗?显然也不是。因此,他的论证也不能表明成熟时期的马克思是从历史评价优先的视角出发去看待"异化(劳动)"现象的。

论证(6):俞吾金教授先引用了马克思在《经济学手稿(1857—1858 年)》

① 《马克思恩格斯全集》第46卷上,人民出版社1979年版,第104页。
② 俞吾金:《"道德评价优先"到"历史评价优先"——马克思异化理论发展中的视角转换》,《中国社会科学》2003年第3期,第101页。
③ 《马克思恩格斯全集》第46卷上,人民出版社1979年版,第108—109页。
④ 俞吾金:《"道德评价优先"到"历史评价优先"——马克思异化理论发展中的视角转换》,《中国社会科学》2003年第3期,第101页。

中的一段话:"在资本对雇佣劳动的关系中,劳动即生产活动对它本身的条件和对它本身的产品的关系所表现出来的**极端的异化形式**,是一个必然的过渡点,因此,它已经**自在地**、但还只是以歪曲的头脚倒置的形式,包含着一切**狭隘的生产前提**的解体,而且它还创造和建立无条件的生产前提,从而为个人生产力的全面的、普遍的发展创造和建立充分的物质条件。"①然后论证说,"这充分表明,成熟时期的马克思完全是从'历史评价优先'的视角出发来考察异化现象的。"②俞吾金教授在这里说的"异化现象"指的是异化(劳动)现象吗?显然还不是,因而他的论证仍不能表明成熟时期的马克思是从历史评价优先的视角出发去看待"异化(劳动)"现象的。

  论证(7):俞吾金教授先引用了马克思的《资本论》第一版序言中的一段话:"我不用玫瑰色描绘资本家和地主。不过这里涉及的人,只是经济范畴的人格化,是一定的阶级关系和利益的承担者。我的观点是:社会经济形态的发展同自然的过程和自然的历史是相同的。不管个人怎样超脱各种关系,他在社会意义上总是这些关系的产物。同其他任何观点比较起来,我的观点是更不能要个人对这些关系负责的。"③然后推论说,"在这里,马克思强调,当我们观察各种社会现象,当然也包括经济生活中的异化现象时,首先不是从抽象的人性或人的本质出发去追究个人的主观动机和道德责任,而应该从历史运动的客观规律出发,去阐明这些现象(包括异化现象)何以在历史发展的一定的阶段上成为可能。要言之,这里的着眼点是客观的历史运动和历史评价,而不是主观的道德观念和抽象的道德评价。"④俞吾金教授这一论证也不能成立的,因为从马克思的这段论述可以推论出"观察各种社会现象……应该从历史运动的客观规律出发,去阐明这些现象何以在历史发展的一定的阶段上成为可能",但却推论不出"各种社会现象"包括异化(劳动)现象。

  以上表明,俞吾金教授关于成熟时期的马克思是从"历史评价优先"的视

---

  ① 《马克思恩格斯全集》第46卷上,人民出版社1979年版,第520页。
  ② 俞吾金:《"道德评价优先"到"历史评价优先"——马克思异化理论发展中的视角转换》,《中国社会科学》2003年第3期,第101页。
  ③ 《资本论》第一卷,人民出版社1975年版,第12页。
  ④ 俞吾金:《"道德评价优先"到"历史评价优先"——马克思异化理论发展中的视角转换》,《中国社会科学》2003年第3期,第102页。

角出发去看待异化(劳动)现象的七个论证要么是无中生有,即把在马克思的论述中根本不存在的东西强加给马克思,要么是偷换概念,即把成熟时期马克思使用的异化概念说成是异化劳动概念。如果这些论证都不能成立,那他的第二个新见解也就不能成立。

3. 俞吾金教授所说的异化(劳动)概念还不是历史唯物主义的概念,因而它在马克思的历史唯物主义理论中连象征性的、边缘性的地位都谈不上,更不要说实质性的、基础性的地位了

　　俞吾金教授提出的第三个新见解是,"异化概念在马克思历史唯物主义理论中的地位不是象征性的、边缘性的,而是实质性的、基础性的"。[1] 前边表明,俞吾金教授所说的"异化概念"实际上是"异化劳动概念"。那他所说的"马克思(的)历史唯物主义理论"指的又是什么呢? 对于这一问题,俞吾金教授在《转换》一文中没做任何说明,但它指的应是马克思在《德意志意识形态》首次提出,并在《〈政治经济学批判〉序言》对其做了经典表述的那一理论。因为俞吾金教授在他新近出版的一部著作中明确提出,在《德意志意识形态》的《费尔巴哈》章中,"马克思首次表述了历史唯物主义理论"[2],并在此前回应我的一篇论文中明确表示,"毋庸讳言,在《〈政治经济学批判〉序言》(1859)中,马克思对历史唯物主义作出了经典性的表述"。[3] 如果俞吾金教授第三个新见解中的"异化概念"和"马克思(的)历史唯物主义理论"的含义就是这样,那他的这一见解还是不能成立。

　　俞吾金教授这一新见解不能成立的一个显而易见的原因,是它没有任何

　　① 俞吾金:《"道德评价优先"到"历史评价优先"——马克思异化理论发展中的视角转换》,《中国社会科学》2003 年第 3 期,第 97 页。

　　② 俞吾金:《问题域的转换——对马克思和黑格尔关系的当代解读》,人民出版社 2007 年版,第 343 页。

　　③ 俞吾金:《马克思哲学研究三题议——兼答段忠桥教授》,《学术月刊》2006 年 4 月号,第49 页。

来自马克思本人(实际上还应包括恩格斯)的文本依据。如果"异化概念在马克思历史唯物主义理论中的地位不是象征性的、边缘性的,而是实质性的、基础性的",如果马克思(恩格斯)对历史唯物主义首次表述是在《德意志意识形态》,对历史唯物主义的经典表述是在《〈政治经济学批判〉序言》,那异化概念就应该出现在马克思的这两次表述中,而且还应在这两次表述中处于极其重要地位。然而,实际情况却是异化概念在这两次表述中根本没有出现。不仅如此,异化概念在马克思本人认可的有关历史唯物主义的其他表述中,如在《共产党宣言》《关于自由贸易问题的演说》《哲学的贫困》中,①也没有出现。如果异化概念在这些表述中都从未出现过,那有什么根据说"异化概念在马克思历史唯物主义理论中的地位不是象征性的、边缘性的,而是实质性的、基础性的"呢?

俞吾金教授这一新见解不能成立的另一更为深入的原因是,尽管《手稿》中的异化劳动概念在马克思历史唯物主义理论的形成过程中具有重要作用,②但它还不是一个历史唯物主义概念,因为它与马克思在写作《手稿》后不久与恩格斯合著的《德意志意识形态》中首次表述的历史唯物主义存在重大的差别。

首先,异化劳动概念的出发点是抽象的人的类本质,历史唯物主义的出发点则是现实的人。

前边表明,异化劳动概念的核心内容是它的第三个规定,即资本主义下工人的劳动与人的类本质相异化。从马克思相关论述不难看出,虽然他对异化劳动概念的论述是从他说的"当前的经济事实",即"工人生产的财富越多,他的产品的力量和数量越大,他就越贫穷"出发的,但这一概念的第三个规定却不是从"当前的经济事实"得出来的,因为他从这一经济事实只得出异化劳动概念的第一个规定——人同自己的劳动产品相异化。异化劳动概念的第三个规定也不是从基于"当前的经济事实"的第一个规定得出的,因为他把第一个规定归结为第二个规定——人同自己的生命活动相异化,接着又把第二个规

---

① 参见《〈政治经济学批判〉序言》,载《马克思恩格斯选集》第 2 卷,人民出版社 1995 年版,第 33—34 页。

② 关于这一问题,国内学者已有大量的论述,本文在这里就不赘述了。

定归结为第三个规定——人同自己的类本质相异化。那异化概念的第三个规定是怎样得出的？认真分析一下马克思的相关论述就可以发现，虽然他是在论述异化劳动概念的第三个规定时才阐明人的类本质是"自由的有意识的活动"，但他对人的类本质的设定却是在他分析"当前的经济事实"之前。因而，异化劳动概念的第三个规定实际上是这样得出的：马克思先预设了人的类本质是"自由的有意识的活动"，然后再将异化劳动概念的第二个规定与这一预设相对照，再进而以这一预设为依据推论出来的。具体说来就是：人的类本质是"自由的有意识的活动"，资本主义下工人的劳动把人"自己的本质变成仅仅维持自己生存的手段"，因而与人的类本质相异化。由此说来，马克思异化劳动概念的真正出发点就是他预设的人的类本质是"自由的有意识的活动"。

那马克思关于人的类本质的预设又是从哪里来的？从他的相关论述来看，是通过将人与动物相比得来的。马克思说，"动物和**自己的生命活动**是直接同一的。动物不把自己同自己的生命活动区别开来。它就是自己的生命活动。人则使自己的生命活动本身变成自己意志的和自己意识的对象。有意识的生命活动把人同动物的生命活动直接区别开来。正是由于这一点，人才是类存在物。或者说，正因为人是类存在物，他才是有意识的存在物，就是说，他自己的生活对他来说是对象。仅仅由于这一点，他的活动才是自由的活动。"①马克思为什么要以人与动物的区别界定人的类本质，并进而从人的类本质出发说明资本主义下工人劳动的异化呢？熟悉马克思思想发展进程的学者都知道，这是因为此时的他还深受费尔巴哈的人本主义哲学的影响。这一点从《手稿》中的一段话就看得很清楚："对国民经济学的批判，以及整个实证的批判，全靠费尔巴哈的发现给它打下真正的基础。从**费尔巴哈**起才开始了**实证的人道主义的和自然主义的批判**。**费尔巴哈**的著作越是得不到宣扬，这些著作的影响就越是扎实、深刻、广泛和持久；费尔巴哈著作是继黑格尔的《现象学》和《逻辑学》之后包含着真正理论革命的唯一著作。"②费尔巴哈的哲学以"人"为立脚点，而类本质则是他用来表示人及人的生活的概念。在费

① 《马克思恩格斯全集》第 3 卷，人民出版社 2002 年版，第 273 页。
② 《马克思恩格斯全集》第 3 卷，人民出版社 2002 年版，第 220 页。

尔巴哈看来,人虽然是自然的产物,是自然的一部分,但人与动物不同,因为人有意识,人能意识到自己是作为人的类,而动物则不能意识到自己是作为动物的类。费尔巴哈说,"只有将自己的类、自己的本质性当作对象的那种生物,才具有最严格意义上的意识。动物固然将个体当作对象,因此它有自我感,但是,它不能将类当作对象,因此它没有那种由知识得名的意识。"①那人的类本质指的又是什么呢? 费尔巴哈认为,它指的是"理性、意志、心"。② 将马克思讲人的类本质与费尔巴哈讲的人的类本质加以对照,我们可以发现,尽管前者指的是"自由的有意识的活动",后者指的是"理性、意志和心",但它们的共同之处却在于,它们都是根据人与动物的区别得来的,因而,它们都是不包括任何社会历史内容的、为一切人生来具有的、永恒存在的抽象物,即一种"内在的、无声的、把许多个人**自然地**联系起来的普遍性"③。马克思后来在《关于费尔巴哈的提纲》中对费尔巴哈提出了这样的批评:"费尔巴哈把宗教的本质归结于**人**的本质。但是,人的本质不是单个人所固有的抽象物,在其现实性上,它是一切社会关系的总和。"④在我看来,这实际上也是马克思对自己此前持有的人的类本质是"自由的有意识的活动"的思想的自我纠正。

与异化劳动概念不同,历史唯物主义的出发点是从事实际活动的人。马克思恩格斯在《德意志意识形态》中指出,"德国哲学从天国降到人间;和它完全相反,这里我们是从人间升到天国。这就是说,我们不是从人们所说的、所设想的、所想象的东西出发,也不是从口头说的、思考出来的、设想出来的、想象出来的人出发,去理解有血有肉的人。我们的出发点是从事实际活动的人,而且从他们的现实生活过程中还可以描绘出这一生活过程在意识形态上的反射和反响的发展。"⑤以从事实际活动的人为出发点也就是以直接生活的物质生产为出发点,因为人类存在的第一个前提是能够生活,而为了生活,首先就要解决吃、喝、住、穿等问题,因此,从事实际活动的人的第一个历史活动就是

① 《费尔巴哈哲学著作选集》下卷,商务印书馆 1984 年版,26 页。
② 《费尔巴哈哲学著作选集》下卷,商务印书馆 1984 年版,第 27—28 页。
③ 《马克思恩格斯选集》第 1 卷,人民出版社 1995 年版,第 56 页。
④ 《马克思恩格斯选集》第 1 卷,人民出版社 1995 年版,第 56 页。
⑤ 《马克思恩格斯选集》第 1 卷,人民出版社 1995 年版,第 73 页。

生产满足这些需要的资料。正因为如此，马克思恩格斯在谈到历史唯物主义时又强调指出，"这种历史观就在于：从直接生活的物质生产出发阐述现实的生产过程，把同这种生产方式相联系的、它所产生的交往形式即各个不同阶段上的市民社会理解为整个历史的基础，从市民社会作为国家的活动描述市民社会，同时从市民社会出发阐明意识的所有各种不同理论的产物和形式，如宗教、哲学、道德等等，而且追溯它们产生的过程。这样做当然就能够完整地描述事物（因而也能够描述事物的这些不同方面之间的相互作用）。"[1]

其次，异化劳动概念认为劳动（生产）[2]是表现和证明人的类本质的需要，历史唯物主义则认为生产（劳动）是人类受其肉体组织制约的生存和发展的需要。

如果我们对异化劳动概念的第三个规定做进一步深入的分析，那还可以发现，马克思预设的人的类本质——"自由的有意识的活动"，指的是人的生来具有的内在的本质，因此，它只有外化为人的劳动（生产）才能得以表现和得到证明。关于这一点，马克思明确指出，"正是在改造对象世界的过程中，人才真正地证明自己是**类存在物**。这种生产是人的能动的类生活。通过这种生产，自然界才表现为他的作品和他的现实。因此，劳动的对象是**人的类生活的对象化**：人不仅像在意识中那样在精神上使自己二重化，而且能动地、现实地使自己二重化，从而在他所创造的世界中直观自身。"[3]他还论证说，"工业的历史和工业的已经生成的**对象性**的存在，是一本**打开了的关于人的本质力量**的书，是感性地摆在我们面前的人的**心理学**；对这种心理学人们至今还没有从它同人的**本质**的联系，而总是仅仅从外在的有用性这种关系来理解，因为在异化范围内活动的人们仅仅把人的普遍存在，宗教，或者具有抽象普遍本质的历史，如政治、艺术和文学等等，理解为人的本质力量的现实性和**人的类活动**。"[4]如果说正是在改造对象世界中，即在生产中人才真正地表现和证明自己的类本质，那生产就是表现和证明人的类本质的需要。关于这一点，马克思

---

[1] 《马克思恩格斯选集》第1卷，人民出版社1995年版，第92页。
[2] 在《1844年经济学哲学手稿》中，马克思是交替使用劳动和生产概念的。
[3] 《马克思恩格斯全集》第3卷，人民出版社2002年版，第274页。
[4] 《马克思恩格斯全集》第3卷，人民出版社2002年版，第306页。

还有一段较为间接的论述："**富有的**人同时就是**需要**的人的生命表现的完整性的人，在这样的人的身上，他自己的实现作为内在的必然性、作为**需要**而存在。"①马克思这里讲的富有的人，指的不是国民经济学讲的富人，而是需要有"总体的人的生命"表现的人，即作为"人"的人，而"总体的人的生命"指的是富有的人需要表现出来的内在本质，正因为"总体的人的生命"是富有的人的内在本质，所以马克思强调，富有的人的这一内在本质的表现，即他自己的实现就是作为内在的必然性、作为需要而存在的。由此我们可以进一步推论，马克思讲的富有的人的，即"人"的内在的本质——"总体的人的生命"无疑包括人的"自由的有意识的活动"，因此，表现和证明人的"自由的有意识的活动"的类本质的生产也是作为内在的必然性、作为需要而存在。这里有必要指出，在马克思看来，只有外化为人的自由自觉的劳动的生产才能真正地表现和证明人的"自由的有意识的活动"的类本质，也正是基于这一原因，他认为资本主义下工人的劳动是异化劳动，因为它把人"**自己的本质**变成仅仅维持自己生存的手段"。那资本主义下工人的劳动为什么会异化呢？对此马克思本人也感到困惑，所以他在讲完异化劳动的四个规定以后提出了一个他后来也没能明确回答的问题："人怎么使他的**劳动外化**、异化？这种异化又怎么以人的发展的本质为根据？"②不过，这一问题的存在并不否定马克思的异化概念认为劳动(生产)是表现和确证人的类本质的需要。

与异化劳动概念不同，历史唯物主义认为生产是人类生存和发展的需要。马克思和恩格斯在《德意志意识形态》中指出："我们谈的是一些没有任何前提的德国人，因此我们首先应当确定一切人类生存的第一个前提，也就是一切历史的第一个前提，这个前提是：人们为了能够'创造历史'，必须能够生活。但是为了生活，首先就需要吃喝住穿以及其他一些东西。因此第一个历史活动就是生产满足这些需要的资料，即生产物质生活本身，而且这是这样的历史活动，一切历史的一种基本条件，人们单是为了能够生活就必须每日每时去完成它，现在和几千年前都是这样。"③马克思还补充说，"人们之所以有历史，是

---

① 《马克思恩格斯全集》第3卷，人民出版社2002年版，第308页。
② 《马克思恩格斯全集》第3卷，人民出版社2002年版，第279页。
③ 《马克思恩格斯选集》第1卷，人民出版社1995年版，第78—79页。

因为他们必须**生产**自己的生活,而且必须用**一定的**方式来生产:这是受他们的肉体组织制约的……"①简言之,生产是人类生存和发展的需要,是由"他们的肉体组织所决定的"②的。

第三,异化劳动概念蕴含着人类历史是由人的类本质尚未异化到人的类本质异化再到人的类本质复归的过程,历史唯物主义则认为人类历史是基于生产力发展的不断前进的过程。虽然异化劳动概念直接涉及的是资本主义下工人的劳动,但它却蕴含着对人类历史的一种解释。前边表明,异化劳动概念是从人的类本质是"自由的有意识的活动"出发的,并进而认为资本主义下工人的劳动与人的类本质相异化,这样说来,它在逻辑上就预设了一个人的类本质尚未异化的前资本主义阶段和一个人的类本质必然复归的后资本主义的阶段——共产主义阶段。对于前资本主义阶段的情况,马克思没做什么论述,而只提出了我们在前边讲过的那个问题:"**人怎么使他的劳动外化**、异化? 这种异化又怎么以人的发展的本质为依据?"对于后资本主义的阶段即共产主义阶段,他则有明确地论述:"**共产主义**是**私有财产即人的自我异化的积极的扬弃**,因而是通过人并且为了人而对人的本质的真正**占有**;"③而"**私有财产**不过是下述情况的感性表现:人变成对自己来说是**对象性的**,同时,确切地说,变成异己的和非人的对象;他的生命表现就是他的生命的外化,他的现实化就是他的非现实化,就是**异己的**现实。同样,对私有财产的积极的扬弃,就是说,为了人并且通过人对人的本质和人的生命、对象性的人和人的**作品的感性的**占有,不应当仅仅被理解为**直接的**、片面的**享受**,不应当仅仅被理解为**占有**、拥有。人以一种全面的方式,就是说,作为一个总体的人,占有自己的全面的本质。"④正因为异化劳动概念蕴含着人类历史是由人的类本质尚未异化到人的类本质异化再到人的类本质复归的过程,所以马克思强调指出,"共产主义是作为否定的否定的肯定,因此,它是人的解放和复原的一个**现实的**、对下一段

① 《马克思恩格斯选集》第1卷,人民出版社1995年版,第81页。
② 《马克思恩格斯选集》第1卷,人民出版社1995年版,第67页。
③ 《马克思恩格斯全集》第3卷,人民出版社2002年版,第297页。
④ 《马克思恩格斯全集》第3卷,人民出版社2002年版,第302—303页。

历史发展来说是必然的环节。"①

与异化劳动概念不同,历史唯物主义把人类历史的发展看作是基于生产力不断提高的进步的过程。马克思恩格斯在《德意志意识形态》中指出,"一定的生产方式或一定的工业阶段始终是与一定的共同活动方式或一定的社会阶段联系着的,而这种共同活动方式本身就是'生产力';由此可见,人们所达到的生产力的总和决定着社会状况,因而,始终必须把'人类的历史'同工业和交换的历史联系起来研究和探讨。"②他们还进而指出,"历史的每一阶段都遇到一定的物质结果,一定的生产力总和,人对自然以及个人之间历史地形成的关系,都遇到前一代传给后一代的大量生产力、资金和环境,尽管一方面这些生产力、资金和环境为新一代所改变,但另一方面,它们也预先规定新的一代本身的生活条件,使它得到一定的发展和具有特殊的性质。"③马克思恩格斯接着论证说,生产力和交往形式密切相连,而生产力与交往形式的关系就是交往形式与个人的行动或活动的关系。人们的交往形式,"起初是自主活动的条件,后来却变成了自主活动的桎梏,这些条件在整个历史发展过程中构成各种交往形式的相互联系的序列,各种交往形式的联系就在于:已成为桎梏的旧交往形式被适应于比较发达的生产力,因而也适应于进步的个人自主活动方式的新交往形式所代替;新的交往形式又会成为桎梏,然后又为另一种交往形式所代替。由于这些条件在历史发展的每一阶段都是与同一时期的生产力的发展相适应的,所以它们的历史同时也是发展着的、由每一个新的一代承受下来的生产力的历史,从而也是个人本身力量发展的历史"。④ 这样说来,人类历史就是一个基于生产力不断提高的进步的过程。也正因为如此,马克思恩格斯在谈到未来的共产主义时指出,"共产主义对我们来说不是应当确立的**状况**,不是现实应当与之相适应的**理想**。我们所称为共产主义的是那种消灭现存状况的**现实的**运动,这个运动的条件是由现有的前提产生的",⑤而这

① 《马克思恩格斯全集》第3卷,人民出版社2002年版,第311页。
② 《马克思恩格斯选集》第1卷,人民出版社1995年版,第81页。
③ 《马克思恩格斯选集》第1卷,人民出版社1995年版,第123—124页。
④ 《马克思恩格斯选集》第1卷,人民出版社1995年版,第92页。
⑤ 《马克思恩格斯选集》第1卷,人民出版社1995年版,第87页。

一前提就是"生产力的巨大增长和高度发展"。①

以上表明,仅从马克思恩格斯在《德意志意识形态》对历史唯物主义所做的最初的表述来看,异化劳动概念就还不是历史唯物主义的概念,因而它在马克思的历史唯物主义中连象征性的、边缘性的地位都谈不上,更不用说实质性的、基础性的地位了。

---

① 《马克思恩格斯选集》第 1 卷,人民出版社 1995 年版,第 86 页。

七、历史唯物主义:"哲学"还是 "真正的实证科学"

——答俞吾金教授①

我在《马克思主义与现实》2008 年第 6 期《质疑俞吾金教授关于"实践唯物主义"的两个说法》(以下简称《质疑》)和《江海学刊》2009 年第 3 期《马克思的异化概念与历史唯物主义:与俞吾金教授商榷》(以下简称《商榷》)两篇文章中,对俞吾金教授涉及历史唯物主义根本问题的几个见解提出了质疑。俞吾金教授在《学术月刊》2009 年 10 月号发表了一篇题为《历史唯物主义是哲学而不是实证科学——兼答段忠桥教授》(以下简称《兼答》)的文章。我对俞吾金教授的回应表示欢迎,但对他回应中的两个做法感到不满,同时,对他在回应中提出的三个新见解也不敢苟同,故此写这篇文章谈谈我的看法。

1. 俞吾金教授虽然在其文章的正标题后特地加上了 "兼答段忠桥教授"的副标题,但对我提出的质疑 却没做任何回应

由于我认为开展争论是推进哲学研究的必要而有效的方式,而且近些年来我国马克思主义哲学研究领域过于沉闷,所以我这几年写的文章大多是以"质疑""商榷"形式出现的争论性的文章。例如,我曾就"西方马克思主义"

---

① 本文发表在《学术月刊》2010 年第 2 期,发表时有略有删节。

的问题写过与中国社会科学院哲学所徐崇温研究员争论的文章①,就"马克思的社会形态理论"写过与北京大学赵家祥教授和南京大学的奚兆永教授商榷的文章②,就"什么是马克思恩格斯创立的历史唯物主义"写过与吉林大学孙正聿教授商榷的文章③。我与俞吾金教授的争论始于2005年,那年我们在吉林大学召开的第五届《马克思哲学论坛》上进行过面对面的争论,我提交会议的质疑他的文章和他此后回应我的文章后来同时发表在《学术月刊》2006年4月号④。我之所以向俞吾金教授的一些见解提出质疑,首先是因为我很看重他在马克思主义哲学研究中提出的一些新见解,因为它们涉及的不是枝节问题而是根本性的问题,也就是说,涉及我们必须面对和必须做出回答的问题,其次是因为他的那些见解在我国马克思主义哲学研究领域影响很大,而我是不同意这些见解的。⑤

不过,我对俞吾金教授在这次回应中的两个说法感到不满。这里先说第一个:既然俞吾金教授在其文章的正标题后特地加上了"兼答段忠桥教授"的副标题,那他就应当用一定的篇幅来回答我那两篇文章提出的质疑,但实际情况是,他对我的那些质疑几乎完全避而不谈。在《质疑》一文中,我提出并论证了他两个说法,即"实践唯物主义是马克思本人提出来的"和"实践唯物主义就是马克思的历史唯物主义"都是不能成立的。对于他的第一个说法,我

---

① 《西方马克思主义是一个具体的历史的概念——与徐崇温同志商榷》,《中国人民大学学报》2004年第6期。

② 《马克思提出过"五种社会形态理论"吗?——答奚兆永教授》,《教学与研究》2006年第6期;《马克思从未提出过"五种社会形态理论"——答赵家祥教授》,《中国人民大学学报》2006年第5期。

③ 《什么是马克思恩格斯创建的历史唯物主义——与孙正聿教授商榷》,《哲学研究》2008年第1期。

④ 我的文章的题目是《对俞吾金教授"重新理解马克思"的三点质疑》,俞吾金教授回应文章的题目是《马克思哲学研究三题议——兼答段忠桥教授》。我后来又写了一篇回应他的文章《"广义的历史唯物主义"辨析——答俞吾金教授》,发表在《河北学刊》2007年第6期。

⑤ 俞吾金教授似乎不这样看,他在《学术月刊》2006年4月那篇回应我的文章中说我"撰写商榷文章的真正兴趣似乎并不在学术方面",并告诫学术界的同行,"历史和实践一再启示我们,引入非学术的、甚至意识形态的和政治的动机来开展学术讨论,这样的讨论是很难获得学术上的实质性的推进的"(第52页)。当然,俞吾金教授这些让人难以理解和接受的话很可能是在不冷静的情况下写的,对此我并不介意。所以,我才又写了上面提到的两篇质疑他和一篇回应他的文章,因为真理总是越辩越明。

从两个方面做了分析,以下是其中一个方面的分析:

俞吾金教授之所以认为马克思直截了当地提出了"实践唯物主义"这个术语,是因为在他看来,马克思在《德意志意识形态》中有过"**实践的唯物主义者即共产主义者**"这样的表述,而"**实践的**唯物主义者"与他说的"实践唯物主义"之间存在一种逻辑蕴涵关系,用他的话来讲就是,"既然马克思使用了'实践唯物主义者'的概念,也就等于表明,他已经认可了'实践唯物主义'的存在"。所以他才反问道:没有"实践的唯物主义",又何来践行这一主义的"实践唯物主义者"呢? 从表面上看,俞吾金教授的推论似乎不无道理。然而,只要我们对马克思恩格斯提出的"**实践的唯物主义者**"概念做一语义分析,那就不难发现,俞吾金教授的推论实际上是以对这一概念含义的曲解为前提的。从语义上看。显然,马克思恩格斯提出的"**实践的**唯物主义者"这一概念是由作为形容词的"**实践的**"和作为名词的"唯物主义者"构成的,他们将"**实践的**"加上着重标示就表明了这一点。为了更清楚地说明这一结构,让我们再来看看这一概念的德文表示和英文表示。在马克思和恩格斯的德文原著《德意志意识形态》中,"**实践的**唯物主义"被表示为"den *praktischen* Materialisten",在《德意志意识形态》的英译本中,这一概念被表示为"the *practical* materialist"。可见,无论在中文、德文还是在英文中,"**实践的**"(德文的 *praktischen* 和英文的 *practical*)都是作为形容词来修饰名词"唯物主义者"(德文的 Materialisten 和英文的 materialist)的。如果"**实践的**唯物主义者"这一概念的语法结构是这样,那就不能认为它与俞吾金教授说的"实践唯物主义"之间存在一种逻辑蕴涵关系,因为"**实践的**"是修饰"唯物主义者"的,不是修饰"唯物主义"的。那俞吾金教授根据什么说"**实践的**唯物主义者"这一概念蕴含着对'实践唯物主义'的认可呢? 通过逻辑分析我们可以发现,他的这种说法实际上采用了一个偷换概念的手法,具体说来就是:他先将在"**实践的**唯物主义者"这一概念中原本作为一个名词的"唯物主义者"拆成"唯物主义"和"者"两个词,然后把原本用来修饰"唯物主义者"的形容词"**实践的**",改为用来修饰被他拆出用作名词的"唯物主义",从而造出一个"**实践的**唯物主义"概念(然后又把它简称为"实践唯物主义");接着再将"**实践的**唯物主义"与他拆出用作助词的"者"连在一起,造出一个"**实践的**唯物主义者"的概念。通过这样的手法,马克思恩格斯提出的"**实践的**唯物主义者"就被他说成是践行"实践唯物主义"的人了。然后他再推论,既然"实践的唯物主义者"指的就是践行"实践唯物主义"的人,那就表明,马克思使用"实践唯物主义者"这一概念就蕴含着对"实践唯物主义"的认可。为了进一步表明俞吾金教授对"**实践的**唯物主义者"概念的这种理解是不能成立的,我这里举一个例子。恩格斯在写于1843年4月的《伦敦来信》一文中讲过这样一段话:"但就是在社会主义者当中也有理论家,或者像共产主义者所称呼的十足的无神论者,而共产主义者则被称为**实践的**无神论者。"按照俞吾金教授的理解,这里讲的"**实践的**无神论者"指的就是践行"**实践的**无神论"的人,恩格斯使用了"**实践的**无神论者"这一概念就等于他已经认可了"实践无神论"的存在。这样的理解能成立吗?①

关于第二个说法,我先申明,他说"实践唯物主义就是马克思的历史唯物主义"无非是要把马克思的历史唯物主义说成是一种形而上学或本体论哲学,然后指出,他的这一见解是不能成立的,因为它与马克思恩格斯本人有关历史唯物主义的论述存在明显的冲突,特别是与马克思恩格斯在《德意志意识形态》的《费尔巴哈》一章中有关历史唯物主义论述和马克思在《〈政治经济学批判〉序言》中的那段论述相冲突。②

在《商榷》一文中,我提出并论证了他的三个新见解——马克思一生都使用异化概念、在马克思异化概念的发展中存在一个从"道德评价优先"到"历史评价优先"的视角转换;异化概念在马克思历史唯物主义理论中的地位不是象征性的、边缘性的,而是实质性的、基础性的,也都是不能成立。

对于他的第一个新见解,我提出了这样质疑:"'马克思一生都使用异化概念'这一命题的含义是什么? 至少应指马克思在其一生的重要著作中都使

---

① 参见《质疑俞吾金教授关于"实践唯物主义"的两个说法》,《马克思主义与现实》2008年第6期,第14—15页。

② 参见《质疑俞吾金教授关于"实践唯物主义"的两个说法》,《马克思主义与现实》2008年第6期,第16—19页。

用这一概念。然而,正如我们所表明的,马克思在俞吾金教授没有提及的 1867—1883 年这 16 年的著作中没有使用异化概念,在俞吾金教授所说的第二阶段的著作(除去《神圣家族》)中没有使用自己的异化概念,在俞吾金教授所说的第三阶段的著作以外的一些重要著作中也没有使用异化概念,在 1867 年《资本论》第一卷德文版中虽有几处地方使用过异化概念,但在后来的法文版中又几乎将其全都去掉。实际上,马克思较多使用异化概念的著作主要是他早期的著作和他 1857—1864 年的几个经济学手稿。如果实际情况是这样,那俞吾金教授根据什么说‘马克思一生都使用异化概念’呢？”①

对于他的第二个新见解,我先考察分析了他所说的“马克思(的)异化概念”以及青年马克思和成熟时期的马克思看待的“异化现象”指的是什么,然后指出,“将马克思在《政治经济学批判(1857—1858 年手稿)》中使用的‘异化概念’与他在《1844 年经济学哲学手稿》中使用的‘异化劳动概念’加以对照就不难发现,前者无论从哪种意义上讲,指的都不是资本主义下工人的劳动与人的类本质相异化。因此可以认为,成熟时期的马克思虽然还使用异化概念,但已不是异化劳动概念。既然成熟时期的马克思已放弃使用异化劳动概念,那在其成熟时期的论著中也就不可能有可以证明俞吾金教授的新见解——成熟时期的马克思是从‘历史评价优先’的视角出发去看待异化(劳动)现象的论述。所以,尽管俞吾金教授为了论证他的这一新见解接连引用了马克思的七段论述,但这些论述却都与马克思在《手稿》中描述的异化劳动现象无关,因而根本证明不了存在俞吾金教授所说的那种‘视角转换’”。②

对于他的第三个新见解,我先对马克思恩格斯在《德意志意识形态》中有关历史唯物主义的最初表述做了分析,然后指出,“异化劳动概念就还不是历史唯物主义的概念,因而它在马克思的历史唯物主义中连象征性的、边缘性的地位都谈不上,更不用说实质性的、基础性的地位了”。③

---

① 《马克思的异化概念与历史唯物主义:与俞吾金教授商榷》,《江海学刊》2009 年第 3 期,第 25 页。

② 《马克思的异化概念与历史唯物主义:与俞吾金教授商榷》,《江海学刊》2009 年第 3 期,第 28 页。

③ 《马克思的异化概念与历史唯物主义:与俞吾金教授商榷》,《江海学刊》2009 年第 3 期,第 32 页。

以上是我在那两篇文章中对俞吾金教授提出的几个质疑,如果俞吾金教授觉得我的这些质疑没有任何学术价值因而不值得回应,那可以不回应,如果觉得一时还难以回应,那可以过一段时间再回应,但如果在文章的标题中说"兼答",但在文章中却又不做任何回应,那就让人难以理解了。

2. 俞吾金教授在其文章中用了相当大的篇幅批评三个根本不是我的,而是他强加给我的观点

俞吾金教授令我不满的第二个做法,是他在其文章先强加给我三个根本不是我的观点,然后再严厉地批评。

先看第一个观点:俞吾金教授在他的文章中说,"2008 年底,段忠桥教授发表《质疑俞吾金教授关于"实践唯物主义"的两个说法》一文,明确地提出了'历史唯物主义不是哲学而是真正的实证科学'的观点"。① 他的这一说法是无中生有。

与俞吾金教授上述说法的相关内容出现在我的《质疑》一文的第二部分。在那里,在表明俞吾金教授非要把马克思恩格斯创立的历史唯物主义说成是一种形而上学或本体论哲学之后,我接着指出,"他的这一论断是不能成立的,因为它与马克思恩格斯本人有关历史唯物主义的论述存在明显的冲突。让我们先来看看马克思恩格斯在《德意志意识形态》的《费尔巴哈》章中有关历史唯物主义的论述。首先,历史唯物主义不是哲学而是真正的实证科学。关于这一点,马克思恩格斯有一段明确的论述:'在思辨终止的地方,在现实生活面前,正是描述人们实践活动和实际发展过程的真正的实证科学开始的地方……'"②为了不致引起误会,我在"历史唯物主义不是哲学而是真正的实证科学"这句话中的"哲学"和这句话结尾的后面还特地分别加了注释。在

---

① 俞吾金:《历史唯物主义是哲学而不是实证科学——兼答段忠桥教授》,《学术月刊》2009 年第 10 期,第 24 页。

② 《质疑俞吾金教授关于"实践唯物主义"的两个说法》,《马克思主义与现实》2008 年第 6 期,第 17 页。

"哲学"后面加的注释是这样讲的:"这里说的哲学指的是以黑格尔哲学为代表、以思辨的形而上学为特征的德国哲学。关于德国哲学的形而上学的特征,可参见复旦大学吴晓明教授的《形而上学的没落》(人民出版社2006年版)一书的第五章,他在那里对这一特征做了深入的说明。"①在这句话结尾后面加的注释是:"马克思和恩格斯在不同时期对'哲学'持有不同的看法。不过,在《德意志意识形态》及以后的著作中,马克思和恩格斯大多是把'哲学'等同于以黑格尔哲学为代表的思辨的唯心主义哲学,并且是从贬义上使用它的。例如,他们在《德意志意识形态》中调侃地说,'哲学和对现实世界的研究这两者的关系就像手淫和性爱的关系一样'(《马克思恩格斯全集》第3卷,人民出版社1960年版,第263页)。恩格斯在《反杜林论》指出,'就哲学被看作是凌驾于其他一切科学之上的特殊学科来说,黑格尔体系是哲学的最后的最完善的形式。全部哲学都随着这个体系没落了。但是留下的是辩证的思维方式以及关于自然的、历史的和精神的世界是一个无止境地运动着和转变着的、处在生成和消逝的不断过程中的世界的观点。现在不再向哲学,而是向一切科学提出这样的要求:在自己的特殊领域内揭示这个不断的转变过程的运动规律。'(《马克思恩格斯选集》第3卷,人民出版社1995年版,第362页)因此,马克思和恩格斯在谈到他们创立的历史唯物主义时从来不认为它是'哲学',而认为它是'实证科学'。至于我们现在能否认为历史唯物主义是哲学,这取决于我们对哲学概念本身的界定。我个人倾向可以把它视为马克思主义的历史哲学,参见笔者的论文《历史唯物主义是马克思主义的历史哲学》,发表于《史学理论研究》1998年第1期。"②

从上述相关内容不难看出,我在《质疑》中讲的是:从马克思恩格斯在《德意志意识形态》的"费尔巴哈"一章中有关论述来看,由于把哲学等同于以黑格尔哲学为代表的思辨的唯心主义哲学,因而他们认为历史唯物主义不是哲学而是真正的实证科学。至于我们现在能否认为历史唯物主义是哲学,这取

---

① 《质疑俞吾金教授关于"实践唯物主义"的两个说法》,《马克思主义与现实》2008年第6期,第20页。

② 《质疑俞吾金教授关于"实践唯物主义"的两个说法》,《马克思主义与现实》2008年第6期,第20页。

决于我们对哲学概念本身的界定,我个人倾向可以把它视为马克思主义的历史哲学。如果我在《质疑》中是这样讲的,那俞吾金教授所谓的"段忠桥教授在《质疑》一文明确地提出了历史唯物主义不是哲学而是真正的实证科学的观点",显然就是他强加给我的。

再看第二个观点:俞吾金教授说,"为了替'历史唯物主义不是哲学而是真正的实证科学'的错误观点寻找依据,段忠桥教授不仅指出'历史唯物主义的出发点是可以用纯粹经验的方法来确认的',而且强调'历史唯物主义……是从经验事实出发的'。这样就把历史唯物主义降格为一种单纯经验性的理论,从而把它与'真正的实证科学'等同起来。"①他的这一说法也是无中生有。

我在《质疑》一文中是这样讲的:

历史唯物主义的出发点是可以用纯粹经验的方法来确认的。马克思恩格斯在谈到他们创立的历史唯物主义与以黑格尔哲学为代表的德国哲学的对立时说,"德国哲学从天国降到人间;和它完全相反,这里我们是从人间升到天国。这就是说,我们不是从人们所说的、所设想的、所想象的东西出发,也不是从口头说的、思考出来的、设想出来的、想象出来的人出发,去理解有血有肉的人。我们的出发点是从事实际活动的人,而且从他们的现实生活过程中还可以描绘出这一生活过程在意识形态上的反射和反响的发展"。这里需要指出,他们在谈到作为出发点的"从事实际活动的人"时,总是强调这些人是可以通过经验观察到的人。以下是两段相关的论述:

(1)我们开始要谈的前提不是任意提出的,不是教条,而是一些只有在想象中才能撇开的现实前提。这是一些现实的个人,是他们的活动和他们的物质生活条件,包括他们已有的和由他们自己的活动创造出来的物质生活条件。因此,这些前提可以用纯粹经验的方法来确认。

(2)这种考察方法不是没有前提的。它从现实的前提出发,它一刻

———————————

① 俞吾金:《历史唯物主义是哲学而不是实证科学——兼答段忠桥教授》,《学术月刊》2009年第10期,第28页。

也不离开这种前提。它的前提是人,但不是处在某种虚幻的离群索居和固定不变状态中的人,而是处在现实的、可以通过经验观察到的、在一定条件下进行的发展过程中的人。

马克思恩格斯不但认为现实的个人及他们的活动和他们的物质生活条件是可以用纯粹经验的方法来确认的,而且还认为社会结构和政治结构同生产的联系也应当根据经验来揭示。为此他们说道,"……以一定的方式进行生产活动的一定的个人,发生一定的社会关系和政治关系。经验的观察在任何情况下都应当根据经验来揭示社会结构和政治结构同生产的联系,而不应当带有任何神秘和思辨的色彩。"①

第三,历史唯物主义虽然是从经验事实出发的,但它本身却是对经验事实的一种"抽象",即一种"历史观",而这种历史观的主要内容是由社会结构和社会发展理论构成的。②

以上是一字不漏的原文。我确实讲了"历史唯物主义的出发点是可以用纯粹经验的方法来确认的",但我还接着补充说,"这里需要指出,他们在谈到作为出发点的'从事实际活动的人'时,总是强调这些人是可以通过经验观察到的人"。这就表明,我的观点是,马克思恩格斯认为历史唯物主义的出发点是"从事实际活动的人",而这些人是可以通过经验观察到的人。我还接着给出了证明他们这一看法的两段相关论述。我的这些论述能说是"把历史唯物主义降格为一种单纯经验性的理论"吗?但我没有讲"历史唯物主义……是从经验事实出发的"。那俞吾金教授说的说法,即说我而且强调"历史唯物主义……是从经验事实出发的"这句话是从哪儿来的呢?由于他把这句话加上了引号,从而给我一种这是我的原话的感觉,于是我反复读了几遍自己的文章,但却根本找不到这句话。后来我突然想到,这句话也许是俞吾金教授自己造出来的,按照这一思路,我终于发现这句话是从哪里来的:俞吾金教授先把我讲的一段话——"历史唯物主义虽然是从经验事实出发的,但它本身却是对经验事实的一种'抽象',即一种'历史观'"中的"历史唯物主义虽然是从

① 《马克思恩格斯选集》第1卷,人民出版社1995年版,第86页。

② 《质疑俞吾金教授关于"实践唯物主义"的两个说法》,《马克思主义与现实》2008年第6期,第17—18页。

经验事实出发的"单拿出来,然后将其中的"虽然"删除再换上省略号"……",这样一来,我原来的那句话"历史唯物主义虽然是从经验事实出发的",就成了"历史唯物主义……是从经验事实出发的"。这种做法显然太不严肃了。如果我的原话是"历史唯物主义虽然是从经验事实出发的,但它本身却是对经验事实的一种'抽象',即一种'历史观',而这种历史观的主要内容是由社会结构和社会发展理论构成的",那能认为我"把历史唯物主义降格为一种单纯经验性的理论"吗? 实际上,我在《质疑》一文中是因为反对俞吾金教授非要把马克思恩格斯创立的历史唯物主义说成是一种形而上学或本体论哲学,才提出马克思恩格斯强调历史唯物主义是从经验事实出发的。如果俞吾金教授认为我对马克思恩格斯的相关论述的理解是错误的,那我愿再引用他们在《德意志意识形态》中一段话来证明我的论点:"由于费尔巴哈揭露了宗教世界是世俗世界的幻想(世俗世界在费尔巴哈那里仍然不过是些**词句**),在德国理论面前就自然而然产生了一个费尔巴哈所没有回答的问题:人是怎样把这些幻想'塞进自己头脑'的? 这个问题甚至为德国理论家开辟了通向唯物主义世界观的道路,这种世界观**没有前提是绝对不行的**,它根据经验去研究现实的物质前提,因而最先是**真正批判**的世界观。这一道路已在《德法年鉴》中,即在《黑格尔法哲学批判导言》和《论犹太人问题》这两篇文章中指出了。"①简言之,对于俞吾金教授强加给我的"把历史唯物主义降格为一种单纯经验性的理论"的观点,我是不能认可的。

最后看看第三个观点:俞吾金教授说,"由于段忠桥教授力图把历史唯物主义曲解为'真正的实证科学',所以他完全忽视了历史唯物主义蕴含的辩证法及其批判性。"②他的这一说法还是无中生有。

我在前边已经表明,俞吾金教授说的我在《质疑》一文中明确地提出了'历史唯物主义不是哲学而是真正的实证科学'的观点是无中生有,因此,他在这里说的"段忠桥教授力图把历史唯物主义曲解为'真正的实证科学'"只不过是更不客气的无中生有。这里尤其让我感到不满的是,俞吾

① 《马克思恩格斯全集》第3卷,人民出版社1960年版,第261—262页。
② 《质疑俞吾金教授关于"实践唯物主义"的两个说法》,《马克思主义与现实》2008年第6期,第30页。

金教授在无中生有之后还能继续无中生有,说我"完全忽视了历史唯物主义蕴含的辩证法及其批判性"。他这样讲的根据是什么?我把他在讲完这些话后的所有论述看了几遍,结果发现只有这样一段多少还相关的论述:

> 关于马克思的异化批判理论,我曾在《从道德评价优先到历史评价优先:马克思异化理论发展中的视角转换》和《马克思对现代性的诊断及其启示》作过探讨。而段忠桥教授在《马克思的异化概念与历史唯物主义:与俞吾金教授商榷》一文中认为,成熟时期的马克思已经放弃了"异化"这一概念,并指出:"俞吾金教授说'马克思一生都使用异化概念'不符合实际情况";他还指责拙文把异化理论视为马克思哲学中的重要组成部分,并表示:"俞吾金教授所说的异化(劳动)概念还不是历史唯物主义的概念,因为它在马克思的历史唯物主义理论中连象征性的、边缘性的地位都谈不上,更不要说实质性的、基础性的地位了。"显然,段忠桥教授的立论是与事实不符的。他既不尊重马克思本人在其思想成熟时期留下的关于异化问题的大量论述,也不看马克思的异化批判理论在当代理论界的重大影响。这不免给人造成一种印象:作者的用意无非是想消解马克思哲学(即历史唯物主义),消解这一哲学所蕴含的辩证法和批判精神,把它降格为只能对资本主义社会做出无批判的、肯定性的描述的所谓"真正的实证科学"。[①]

大家读一下我的《商榷》一文,就不难发现俞吾金教授的这段话中有很多不实之词。我在这里且不说他的不实之词,仅就这段话本身而言,除了那句没给出任何根据的"段忠桥教授的立论是与事实不符的"以外,还有什么东西能表明我"完全忽视了历史唯物主义蕴含的辩证法及其批判性"呢?然而,俞吾金教授却用了其文章的近四分之一的篇幅批评我"完全忽视了历史唯物主义蕴含的辩证法及其批判性",这样的批评能让人接受吗?

---

① 俞吾金:《历史唯物主义是哲学而不是实证科学——兼答段忠桥教授》,《学术月刊》2009年第10期,第32页。

3. 俞吾金教授关于"历史唯物主义是哲学而不是实证科学"的见解根本不能成立

俞吾金教授在批评他强加给我的观点时提出,"马克思的历史唯物主义是伟大的哲学理论,而不是什么'真正的实证科学'"。① 在判定俞吾金教授的这一见解能否成立之前,让我们先来看看他是怎样得出这一见解的。

在他那篇文章的第一部分"哲学与实证科学"中,俞吾金教授首先说道,早在 20 世纪上半叶,一些敏锐的思想家已把自己的思索聚焦在哲学与实证科学的关系上。胡塞尔告诉我们,实证科学并不探究人生意义这一根本问题,显然,这一问题属于哲学思考的范围。作为胡塞尔学生的海德格尔把哲学与实证科学的根本差异说得非常清楚:哲学研究"存在"(Sein),实证科学则研究存在者(Seiende)。尽管海德格尔并不否认,不同的实证科学在各自的研究范围内取得不少成就,但他坚持认为,只有哲学才有资格先行地为一切实证科学澄清思想前提。俞吾金教授接着指出,马克思不但以存在问题作为自己的研究对象,而且对这一问题作出了原创性的阐释。在《德意志意识形态》《费尔巴哈》章中初步叙述其历史唯物主义理论时,马克思写到:"意识[das Be-wuBtesein]在任何时候都只能是被意识到了的存在[das BewuBte Sein],而人们的存在就是他们的现实过程。"②在《政治经济学批判》的"序言"中系统地阐述其历史唯物主义理论时,马克思以更明确的口吻指出:"不是人们的意识决定人们的存在,相反,是人们的社会存在[gesellschaftliches Sein]决定人们的意识。"恩格斯在谈到历史唯物主义在哲学史上的地位和作用时,曾经指出:"这样一来,唯心主义从它的最后的避难所即历史观中被驱逐出去了,一种唯物主义的历史观被提出来了,用人们的存在说明他们的意识,而不是像以往那样用人们的意识生命他们的存在这样一条道路已经找到了。"在当代哲学家

---

① 俞吾金:《历史唯物主义是哲学而不是实证科学——兼答段忠桥教授》,《学术月刊》2009 年第 10 期,第 25 页。

② 《马克思恩格斯文集》第 1 卷,人民出版社 2009 年版,第 525 页。

中，海德格尔独具只眼地肯定了马克思在存在意义的探讨史上的重要地位。俞吾金教授最后说，由此可见，马克思的历史唯物主义是伟大的哲学理论，而不是什么“真正的实证科学”。①

俞吾金教授的上述论证可用形式逻辑的三段论表示如下：

大前提：海德格尔认为哲学研究“存在”（Sein），实证科学则研究存在者（Seiende）

小前提：马克思恩格斯的历史唯物主义以存在问题作为自己的研究对象，海德格尔独具只眼地肯定了马克思在存在意义的探讨史上的重要地位

所以：历史唯物主义是哲学理论，而不是什么真正的实证科学

俞吾金教授的这种论证能成立吗？显然不能。

首先，其大前提至多能表明海德格尔对于哲学的研究对象和实证科学的研究对象的看法。我们知道，在什么是哲学和什么是实证科学这一问题上，人们长期以来一直存在种种不同的甚至差异极大的看法。与海德格尔同时代的维特根斯坦就认为，哲学与其说是一种理论，倒不如说是一种活动，其目的是借助于澄清命题而纠正我们对于日常语言的误用，因此，“全部哲学就是‘语言的批判’”。② 如果实际情况的确如此，那俞吾金教授把海德格尔的看法视为论证的大前提，即唯一正确和人人遵从的看法显然就是不成立的。

其次，其小前提存在偷换概念的问题，因为海德格尔讲的作为哲学研究对象的存在与马克思恩格斯讲的作为历史唯物主义基本范畴的社会存在或存在根本不是同一概念。我们知道，海德格尔虽然大谈存在，但从未清楚地回答过存在本身是什么，他只是说存在是存在者的存在，但它本身不是一种存在者，而是在决定存在者之所以为存在者。马克思恩格斯讲的社会存在指的是物质生活的生产方式，用马克思的话来讲就是：“物质生活的生产方式制约着整个社会生活、政治生活和精神生活的过程。不是人们的意识决定人们的存在，而

---

① 这段论证参见《历史唯物主义是哲学而不是实证科学——兼答段忠桥教授》，《学术月刊》2009 年第 10 期，第 25 页。

② ［英］维特根斯坦：《逻辑哲学论》，郭英译，商务印书馆 1962 年版，第 38 页。

是人们的社会存在决定人们的意识。"①可以说,不管对海德格尔讲的存在做怎样的理解,它绝不是马克思恩格斯讲的社会存在。

最后,如果俞吾金教授论证的大前提只能表明海德格尔对于哲学的研究对象和实证科学的研究对象的看法,他的小前提错误地将海德格尔讲的存在等同于马克思恩格斯讲的社会存在,那他的结论"历史唯物主义是哲学理论,而不是什么真正的实证科学"就根本不能成立。即便假定他的小前提是正确的,即假定海德格尔讲的存在就是马克思恩格斯讲的社会存在,那也只能得出按照海德格尔的看法历史唯物主义是哲学理论的结论,这显然不是俞吾金教授想要得出的结论。然而,由于他的小前提是错误的,即海德格尔讲的存在不是马克思恩格斯讲的社会存在,因此,他的论证连"按照海德格尔的看法历史唯物主义是哲学理论"的结论也得不出。

为了表明历史唯物主义是伟大的哲学理论,而不是什么"真正的实证科学",俞吾金教授在其文章这一部分的结尾还给出这样一种论证:"在我看来,历史唯物主义理所当然是哲学理论,而不是什么'真正的实证科学'。众所周知,马克思从青年时期起就十分重视哲学的作用,作为哲学博士,他受过系统的、良好的专业训练。在1837年11月10日致父亲的信中,他这样写道:'《没有哲学我就不能前进》在发表于1842年的《第179号〈科伦日报〉社论》中,马克思指出:任何真正的哲学都不是世界之外的遐想,而是时代精神的精华,'人民最精致、最珍贵和看不见的精髓都集中在哲学思想里'。在《黑格尔法哲学批判导言》中,马克思又强调:'哲学把无产阶级当做自己的物质武器,同样地,无产阶级也把哲学当做自己的精神武器。'马克思甚至认为,德国人的解放就是人的解放,而这个解放的头脑是哲学,它的心脏则是无产阶级。历史和实践一再证明,历史唯物主义是人类历史上最伟大的哲学理论,把这一理论降格为'实证科学'乃是对马克思理论遗产的真正的亵渎。"②这种论证就更不能成立了。试问:"马克思从青年时期起就十分重视哲学的作用"能证明他

---

① 《马克思恩格斯选集》第2卷,人民出版社1995年版,第32页。

② 俞吾金:《历史唯物主义是哲学而不是实证科学——兼答段忠桥教授》,《学术月刊》2009年第10期,第27页。

在成熟时期和恩格斯创立的历史唯物主义是哲学理论吗? 马克思 1842 年说的"任何真正的哲学都不是世界之外的遐想,而是时代精神的精华","人民最精致、最珍贵和看不见的精髓都集中在哲学思想里",能证明他和恩格斯在 1845 年创立的历史唯物主义是哲学理论吗? 马克思在《黑格尔法哲学批判导言》中说的"哲学把无产阶级当做自己的物质武器,同样地,无产阶级也把哲学当做自己的精神武器",能证明他和恩格斯在《德意志意识形态》论述的历史唯物主义是哲学理论吗?

4. 俞吾金教授对中央编译局的译文的改译要么是画蛇添足,要么是错误的

为了论证他强加给我的观点是错误的和他自己的观点是正确的,俞吾金教授在他的文章中还特别提出,中央编译局对《德意志意识形态》《费尔巴哈》章中一段话的翻译有问题。他说道,"为什么段忠桥教授会认定'历史唯物主义不是哲学而是真正的实证科学'? 理由很简单,他误解了马克思在《德意志意识形态》中"费尔巴哈"一章中一段重要的论述",①而这种误解的发生是因为中央编译局的译文"没有把一些起重要作用的定冠词和不定冠词的含义翻译出来,从而造成了译文中一些概念在指称上的含混性"②。为此,他从德文原著出发,对中央编译局的译文做了一定的修改。让我们先来看他的修改。

俞吾金教授先给出了那段论述的德文原文,并这段原文称作"文本 A":

Da, wo die Spekulation aufhoert, beim wirklichen Leben, beginnt also die wirkliche, positive Wissneschaft, die Darstellung der praktischen Betaetigung, des praktischen Entwicklungsprozesses der Menschen. Die Phrasen vom Bewusstsein hoeren auf, wirkliches Wissen muss an ihre Stelle treten. Die selb-

① 俞吾金:《历史唯物主义是哲学而不是实证科学——兼答段忠桥教授》,《学术月刊》2009 年第 10 期,第 25 页。

② 俞吾金:《历史唯物主义是哲学而不是实证科学——兼答段忠桥教授》,《学术月刊》2009 年第 10 期,第 26 页。

staendige Philosophie verliert mit der Darstellung der Wirklichkeit ihr Existenzmedium. An ihre Stelle kann hoechstens eine Zusammenfassung der allgemeinsten Resultate treten, die sich aus der Betrachtung der historischen Entwicklung der Menschen abstrahieren lassen. Diese Abstraktionen haben fuer sich, getrennt von der wirklichen Geschichte, durchaus keinen Wert. Sie koennen nur dazu dienen, die Ordnung des geschichtlichen Materials zu erleichten, die Reihenfolge seiner einzelnen Schichten anzudeuten. Sie geben aber keineswegs, wie die Philosophie, ein Rezept oder Schema, wonach die geschichtlichen Epochen zurechtgestutzt werden koennen.

然后给出了中央编译局的译文,并把这段译文称作"文本B":

在思辨终止的地方,在现实生活面前,正是描述人们实践活动和实际发展过程的真正的实证科学开始的地方。关于意识的空话将终止,它们一定会被真正的知识所代替。对现实的描述会使独立的哲学失去生存环境,能够取而代之的充其量不过是从对人类历史发展的考察中抽象出来的最一般的结果的概括。这些抽象本身离开了现实的历史就没有任何价值。它们只能对整理历史资料提供某些方便,指出历史资料的各个层次的顺序。但是这些抽象与哲学不同,它们绝不提供可以适用于各个历史时代的药方或公式。

最后给出了他从德文原著出发对中央编译局的译文所做的修改,并把它称作"文本C":

在**这种**思辨(die Spekulation)终止的地方,在现实生活面前,正是描述人们实践活动和实际发展过程的这一真正的实证科学(die wirkliche, positive Wissenschaft)开始的地方。关于意识的这些空话(Die Phrasen)将终止,它们一定会被真正的知识所代替。对现实的描述会使**这种**独立的哲学(Die selbstaendige Philosophie)失去生存环境,能够取而代之的充其量不过是从对人类历史发展的考察中抽象出来的最一般的结果的**一个综合**(eine Zusammenfassung)。这些抽象(Diese Abstractionen)本身离开了现实的历史就没有任何价值。它们只能对整理历史资料提供某些方便,指出历史资料的各个层次的顺序。但是这些抽象与**这种**哲学(die Philosophie)

不同,它们绝不提供可以适用于各个历史时代的药方或图式(Schema)。

可以看出,俞吾金教授所做的修改,主要是把他认为一些起重要作用的定冠词的含义翻译出来了。① 具体说来就是,把“文本 B”中的“思辨”改译为“**这种**思辨(die Spekulation)”,把“空话”改译为“**这些**空话(Die Phrasen)”,把“真正的实证科学”改译为“**这一**真正的实证科学(die wirkliche,positive Wissenschaft)”,把“独立的哲学”改译为“**这种**独立的哲学(Die selbstaendige Philosophie)”,把“哲学”改译为“**这种**哲学(die Philosophie)”。

我们知道,在将德文译为中文时,德文中出现的定冠词(Die)的含义在中文中可以译出,也可以不译出,而译出和不译出都要取决于上下文,即特定的语境。就上述被俞吾金教授改译的那五个概念出现的语境来看,我认为,俞吾金教授对它们所做的改译有四处是画蛇添足,一处是错误的。

俞吾金教授将“文本 B”中的“思辨”改译为“**这种**思辨”、把“空话”改译为“**这些**空话”、把“独立的哲学”改译为“**这种**独立的哲学”和把“哲学”改译为“**这种**哲学”,是没有必要的。因为从上下文来看,由于马克思恩格斯在使用这些概念之前已经明确使用了“德国哲学”概念,②而此后使用的“思辨”“空话”“独立的哲学”“哲学”都被他们作为“德国哲学”的同义语,因而再将它们译为“**这种**思辨”“**这些**空话”“**这种**独立的哲学”“**这种**哲学”不但没有意义的,而且是画蛇添足。实际上,没有俞吾金教授的改译,人们也不会犯他所说的那种因没有把定冠词翻译出来而犯的错误:将“思辨”理解为“泛泛的思辨”、将“空话”理解为“泛泛的空话”、将“独立的哲学”理解为“泛泛的独立的哲学”、将“哲学”理解为“泛泛的哲学”。以我为例,我依据的就是“文本 B”,但我在《质疑》一文中明确提出,“这里说的哲学指的是以黑格尔哲学为代表、以思辨的形而上学为特征的德国哲学。”③此外,据我所知,尽管“文本 B”已被

---

① 还有几处与本文关系不大的修改,如把“文本 B”中的“概括”改译为“一个综合”、把“公式”改译为“图式”,尽管我认为这两处改译也有问题,但受本文篇幅的限制,在这里就不展开评论了。

② 这一概念出现在“文本 B”的前两段,参见《马克思恩格斯选集》第 1 卷,人民出版社 1995 年版,第 73 页。

③ 段忠桥《质疑俞吾金教授关于“实践唯物主义”的两个说法》,《马克思主义与现实》2008 年第 6 期,第 20 页。

学界使用了十几年,但似乎还没有人因它没有把定冠词翻译而犯俞吾金教授所说的那种错误。

俞吾金教授将"文本 B"中的"真正的实证科学"改译为"这一真正的实证科学"是错误的。因为"真正的实证科学"是在《德意志意识形态》中第一次出现的概念,根据德语语法,除非马克思恩格斯此前使用过这一概念,否则在翻译时就不能加上"这一"。因为不加"这一",人们可以根据它现在出现的语境来把握它的含义,而如果加上了"这一",人们倒缺少了把握它的含义的语境。俞吾金教授在加上了"这一"之后说它指的是"历史学",是奠基于历史唯物主义理论的、以"描述人们实践活动和实际发展过程"为出发点的这一历史学,并且说"正是通过'die'这个定冠词,马克思把自己心目中的历史学(理论)与以前和同时代的其他历史学(理论)严格地区分开来了"。① 这种理解显然太武断,因为它已完全离开了"真正的实证科学"这一概念出现的特定语境,因而俞吾金教授赋予它的这些含义只能是自己臆想出来的(关于"真正的实证科学"这一概念的含义问题,我稍后再做进一步的分析)。

我认为俞吾金教授的五处改译要么是画蛇添足,要么是错误的,还有一个来自英译本的论据。"文本 A"的英文翻译如下:

> Where speculation ends—in their life—there real, positive science begins: the representation of thepractical activity, of the practical process of development of men. Empty talk about consciousness ceases, and real knowledge has to take its place. When reality is depicted, philosophy as an independent branch of knowledge loses its medium of existence. At the best its place can only be taken by a summing-up of the most general results, abstractions which arise from the observation of the historical development of men. Viewed apart from real history, these abstractions have in themselves no value whatsoever. They can only serve to facilitate the arrangement of historical material, to indicate the sequence of its separate strata. But they by no means afford a recipe or

---

① 俞吾金:《历史唯物主义是哲学而不是实证科学——兼答段忠桥教授》,《学术月刊》2009 年第 10 期,第 27 页。

schema,as does philosophy,for neatly trimming the epochs of history.①

可以看出,在英译本中,"speculation"(思辨)前没有定冠词"the","positive science"(实证科学)前没有定冠词"the","Empty talk"(空话)前没有定冠词"the","philosophy as an independent branch of knowledge"(独立的哲学)前没有定冠词"the","philosophy"(哲学)前也没有定冠词"the"。如果说在英译本中德文原文中的定冠词(die)都没译出,那也就从一个方面证明中央编译局的"文本 B"的是没问题的,而俞吾金教授的"文本 C"是有问题的。

5. 俞吾金教授对《德意志意识形态》"费尔巴哈"章中那段话的推论是武断的

从他自己的"文本 C"出发,俞吾金教授进而推论,马克思认为正是在这种哲学即德国思辨哲学终止的时候,出现了以下两种新的东西:一是"描述人们实践活动和实际发展过程的这一真正的实证科学",即奠基于历史唯物主义理论的、以"描述人们实践活动和实际发展过程"为出发点的历史学;二是"从对人类历史发展的考察中抽象出来的最一般的结果的一个综合",即历史唯物主义。② 前边已经表明,俞吾金教授的"文本 C"是有问题,这样说来,他基于"文本 C"的推论也是有问题的。不过,俞吾金教授在这里的推论确实涉及一个需要做进一步说明的问题,这就是,在那段论述中出现的"真正的实证科学"和"这些抽象"的含义各是什么?

为了把这个问题说得更清楚,我们有必要先来看看那段论述出现的语境:

德国哲学从天国降到人间;和它完全相反,这里我们是从人间升到天国。这就是说,我们不是从人们所说的、所设想的、所想象的东西出发,也

---

① *Karl Marx selected writings*, Edited by David McLellan,Oxford University Press,1988,p181,还可参见 *Karl Marx Frederick Engels Collected Works*,Volume 5,London:Lawrence & Wishart,1976,p. 37。

② 参见俞吾金:《历史唯物主义是哲学而不是实证科学——兼答段忠桥教授》,《学术月刊》2009 年第 10 期,第 26—27 页。

不是从口头说的、思考出来的、设想出来的、想象出来的人出发,去理解有血有肉的人。我们的出发点是从事实际活动的人,而且从他们的现实生活过程中还可以描绘出这一生活过程在意识形态上的反射和反响的发展。甚至人们头脑中的模糊幻象也是他们的可以通过经验来确认的、与物质前提相联系的物质生活过程的必然升华物。因此,道德、宗教、形而上学和其他意识形态,以及与它们相适应的意识形式便不再保留独立性的外观了。它们没有历史,没有发展,而发展着自己的物质生产和物质交往的人们,在改变自己的这个现实的同时也改变着自己的思维和思维的产物。不是意识决定生活,而是生活决定意识。前一种考察方法从意识出发,把意识看做是有生命的个人,后一种符合现实生活的考察方法则从现实的、有生命的个人本身出发,把意识仅仅看做是**他们的**意识。

这种考察方法不是没有前提的。它从现实的前提出发,它一刻也不离开这种前提。它的前提是人,但不是处在某种虚幻的离群索居和固定不变状态中的人,而是处在现实的、可以通过经验观察到的、在一定条件下进行的发展过程中的人。只要描绘出这个能动的生活过程,历史就不再像那些本身还是抽象的经验主义者所认为的那样,是一些僵死的事实的汇集,也不再像唯心主义者所认为的那样,是想象的主体的想象活动。

在思辨终止的地方,在现实生活面前,正是描述人们实践活动和实际发展过程的真正的实证科学开始的地方。关于意识的空话将终止,它们一定会被真正的知识所代替。对现实的描述会使独立的哲学失去生存环境,能够取而代之的充其量不过是从对人类历史发展的考察中抽象出来的最一般的结果的概括。这些抽象本身离开了现实的历史就没有任何价值。它们只能对整理历史资料提供某些方便,指出历史资料的各个层次的顺序。但是这些抽象与哲学不同,它们绝不提供可以适用于各个历史时代的药方或公式。①

以上就是那段论述出现的语境。稍加分析就可以看出,"在思辨终止的地方,在现实生活面前,正是描述人们实践活动和实际发展过程的真正的实证

---

① 《马克思恩格斯选集》第 1 卷,人民出版社 1995 年版,第 73—74 页。

科学开始的地方"这一表述是对前边两段论述的小结。由此可以认为,那段论述中的"思辨",指的是从人们所说的、所设想的、所想象的东西出发,从口头说的、思考出来的、设想出来的、想象出来的人出发,去理解有血有肉的人的考察方法,"思辨"的终止指的是这种考察方法的终止。那段论述中的"真正的实证科学"是相对"思辨"而提出来的,它指的是从处在现实的、可以通过经验观察到的、在一定条件下进行的发展过程中的人出发去描述人们实践活动和实际发展过程的考察方法,真正的实证科学的开始指的是这种考察方法的开始。

那段论述中的"这些抽象"指的又是什么呢?从其出现的语境来看,它指的是在运用真正的实证科学对人类历史发展的考察中抽象出来的最一般的结果的"概括",马克思恩格斯在这里虽然没有具体说明这种"概括"的具体内容,但如果联系他们在《德意志意识形态》的《费尔巴哈》一章中其他地方的相关论述,那我们可以推断,这种"概括",即"这些抽象"指的是生产力、交往关系、基础、上层建筑及其相互关系,它们构成了历史唯物主义理论的内容。这一推断与马克思恩格斯接下来的论述恰好可以衔接,因为他们接下来说,"这些抽象本身离开了现实的历史就没有任何价值。它们只能对整理历史资料提供某些方便,指出历史资料的各个层次的顺序。但是这些抽象与哲学不同,它们绝不提供可以适用于各个历史时代的药方或公式"。

如果"真正的实证科学"的含义和"这些抽象"的含义就如我们上面所说的那样,那就不能认"在思辨终止的地方"出现了俞吾金教授所谓的两种新东西——奠基于历史唯物主义理论的历史学和历史唯物主义,而只能认为出现了一种新东西,这就是历史唯物主义,因为"真正的实证科学"是历史唯物主义的考察方法,"这些抽象"则是历史唯物主义的理论形态和基本内容。

俞吾金教授在他文章的最后引用了马克思《哥达纲领批判》中的最后一句话作为结束语:"我已经说了,我已经拯救了自己的灵魂。"在这里我则愿引用马克思在《资本论》第一卷序言中的最后一段话作为本文结束语:"任何的科学批评的意见我都是欢迎的。而对于我从来就不让步的所谓舆论的偏见,我仍然遵守伟大的佛罗伦萨人的格言:走你的路,让人们去说罢!"①

---

① 《资本论》第一卷,人民出版社1975年版,第13页。

八、什么是马克思恩格斯创建的
历史唯物主义？

——与孙正聿教授商榷①

历史唯物主义是马克思一生的两个伟大发现之一，是马克思主义哲学的标志性成果。然而，对于什么是历史唯物主义，在我国学术界却一直存在着种种不同的理解。② 孙正聿教授在《哲学研究》2007 年第 3 期发表的《历史的唯物主义与马克思的新世界观》和第 9 期发表的《历史唯物主义的真实意义》这两篇论文中，对什么是历史唯物主义又提出了一种新理解：以"感性的人的活动"为立足点的"新世界观"，就是马克思恩格斯创建的"以现实的人及其历史发展"为内容的"历史唯物主义"。③ 笔者对孙正聿教授的探索精神深感敬佩，但对他的这种理解却不敢苟同，故此提出四点看法与孙正聿教授商榷。

---

① 本文发表在《哲学研究》2008 年第 1 期。

② 例如，北京大学黄枏森教授在 2007 年发表的一篇论文中提出：历史唯物主义指的就是历史唯物论，而"历史唯物论，它就是历史观，历史观的研究对象就是人类社会及其历史。老实说，历史观这个概念也不是很准确，它应该是社会论，就是一般社会论。一般社会论应包括两部分：一部分研究社会结构，另一部分研究社会发展。"（《思想理论教育导刊》2007 年第 9 期，第 19页）复旦大学俞吾金教授在其 2005 年出版的一本专著中则提出，马克思的哲学就是"广义的历史唯物主义"，而"所谓'广义的历史唯物主义概念'是指：第一，历史唯物主义不仅适合于传统意义上的社会历史领域，而且同时适合于其他一切领域，是我们研究一切领域的前提性理论；第二，历史唯物主义不仅是马克思哲学的'基础和核心'，而且是全部马克思哲学。它本身就蕴含着自己的认识论、方法论、范畴论。"（《重新理解马克思——对马克思哲学的基础理论和当代意义的反思》，北京师范大学出版社 2005 年版，第 139 页。）

③ 《哲学研究》2007 年第 3 期，第 5 页。

1. 对历史唯物主义的理解不能仅依据
《关于费尔巴哈的提纲》

什么是历史唯物主义?这是孙正聿教授在他的第一篇论文一开始就提出的问题。在我看来,既然孙正聿教授讲的历史唯物主义是"马克思恩格斯创建的"的历史唯物主义,那对这一问题的回答就应以马克思恩格斯本人的全部相关论述为依据,至少要以他们明确提到的那些相关论著为主要依据,这是一个显而易见并且无可置疑的前提。然而,仔细读一下孙正聿教授的两篇论文,人们就不难发现,他对历史唯物主义的理解实际上只是从马克思的《关于费尔巴哈的提纲》(以下简称《提纲》)推论出来的。①

我们知道,马克思恩格斯在他们的著作中曾多次明确提到阐述他们创立的历史唯物主义的论著。

马克思在《〈政治经济学批判〉序言》中指出:"自从弗里德里希·恩格斯批判经济学范畴的天才大纲(在《德法年鉴》上)发表以后,我同他不断通信交换意见,他从另一条道路(参看他的《英国工人阶级状况》)得出同我一样的结果,当 1845 年春他也住在布鲁塞尔时,我们决定共同阐明我们的见解与德国哲学的意识形态的见解的对立,实际上是把我们从前的哲学信仰清算一下。……在我们当时从这方面或那方面向公众表达我们见解的各种著作中,我只提出恩格斯与我合著的《共产党宣言》和我自己发表的《关于自由贸易的演说》。我们见解中有决定意义的论点,在我的 1847 年出版的为反对蒲鲁东而写的著作《哲学的贫困》中第一次作了科学的、虽然只是论战性的概述。"② 这段话清楚地表明,马克思认为他在《哲学的贫困》中对历史唯物主义做了第一次科学的概述。

恩格斯在《卡尔·马克思〈政治经济学批判 第一分册〉》一文中说道,

---

① 这里有必要指出,孙正聿教授在进一步论证他理解的历史唯物主义时,还引证了马克思和恩格斯在《德意志意识形态》中的一些论述。

② 《马克思恩格斯选集》第 2 卷,人民出版社 1995 年版,第 33—34 页。

"当德国的资产阶级、学究和官僚把英法经济学的初步原理当做不可侵犯的教条死记硬背，力求多少有些了解的时候，德国无产阶级的政党出现了。它的全部理论来自对政治经济学的研究，它一出现，科学的、独立的、**德国的经济学**也就产生了。这种德国的经济学本质上是建立在**唯物主义历史观**的基础上的，后者的要点，在本书的序言中已经作了扼要的阐述。"①恩格斯这里说的序言，就是马克思的《〈政治经济学批判〉序言》。恩格斯在致约·布洛赫的一封信中谈到如何研究历史唯物主义时还说道，"我请您根据原著来研究这个理论，而不要根据第二手的材料来进行研究——这的确要容易得多。马克思所写的文章，几乎没有一篇不是贯穿着这个理论的。特别是**《路易·波拿巴的雾月十八日》**，这本书是运用这个理论的十分出色的例子。《资本论》中的许多提示也是这样。再者，我也可以向您指出我的《欧根·杜林先生在科学中实行的变革》和《路德维希·费尔巴哈和德国古典哲学的终结》，我在这两部书里对历史唯物主义作了就我所知是目前最为详细的阐述。"②

令人不解的是，孙正聿教授却似乎无视马克思恩格斯提到的那些论著的存在和它们对于理解什么是历史唯物主义的重要意义，而仅从《提纲》去推论出什么是历史唯物主义，这样理解的历史唯物主义无疑存在一个致命的问题——缺少充分而可靠的依据。当然，恩格斯的确说了《提纲》是"包含着新世界观的天才萌芽的第一个文献"，③但对恩格斯的这一评价无论做何种意义的理解，从中都得不出《提纲》可以作为理解什么是历史唯物主义的主要依据的结论。这是因为，如果说恩格斯讲的"新世界观"的天才"萌芽"指的是"历史唯物主义"的天才"萌芽"，那"萌芽"这一用语无疑意指的是新出现的、还未成熟的见解。而且恩格斯还特别指出，《提纲》"是匆匆写成的供以后研究用的笔记，根本没有打算付印"。④ 这样说来，孙正聿教授仅依据《提纲》推论出来的历史唯物主义，至多只能是马克思的尚处于"萌芽"状态的历史唯物主义。

① 《马克思恩格斯选集》第2卷，人民出版社1995年版，第37—38页。
② 《马克思恩格斯选集》第4卷，人民出版社1995年版，第697—698页。
③ 《马克思恩格斯选集》第4卷，人民出版社1995年版，第213页。
④ 《马克思恩格斯选集》第4卷，人民出版社1995年版，第212—213页。

孙正聿教授的那两篇论文是要表明的马克思的尚处于"萌芽"状态的历史唯物主义吗？显然不是。他要表明的是一个作为"新世界观"的历史唯物主义，一个体现马克思主义哲学本质特征的历史唯物主义，一个标志着马克思恩格斯所实现的哲学革命的历史唯物主义。这种历史唯物主义显然指的不是处于"萌芽"状态的而是已经成熟的历史唯物主义。既然如此，那他对历史唯物主义的理解为什么只依据包含着新世界观的天才"萌芽"的《提纲》，而只字不提《哲学的贫困》《共产党宣言》《〈政治经济学批判〉序言》《资本论》《反杜林论》《路德维希·费尔巴哈和德国古典哲学的终结》这些马克思恩格斯本人明确谈到的阐述已经成熟的历史唯物主义的论著呢？

2. 从恩格斯对《提纲》的评价和《提纲》本身，推导不出以"感性的人的活动"为立足点的"新世界观"就是马克思恩格斯创建的"以现实的人及其历史发展"为内容的"历史唯物主义"的结论

孙正聿教授提出，以"感性的人的活动"为立足点的"新世界观"，就是马克思恩格斯创建的"以现实的人及其历史发展"为内容的"历史唯物主义"。他的这种理解是怎样得出来的？从他的论述来看，是从恩格斯对《提纲》的评价和《提纲》本身推导出来的。他先指出，恩格斯在其晚年即1888年撰写的《路德维希·费尔巴哈和德国古典哲学的终结》中，曾这样评价马克思写于1845年春的《提纲》：它是"包含着新世界观的天才萌芽的第一个文件"。然后，他由此推论，"这就是说，探索马克思的'新世界观'，应当把《提纲》作为研究的最重要的出发点。正是在这里，我们可以发现'历史唯物主义'是作为'新世界观'而诞生的。"①然而，在我看来，从恩格斯对《提纲》的评价和《提纲》本身根本推导不出他理解的那种历史唯物主义。

恩格斯评价《提纲》时讲的"新世界观"的含义是什么？对此，恩格斯本人

① 《哲学研究》2007年第3期，第5页。

没有给出直接的说明。不过,从他提出这一概念的语境,即从《路德维希·费尔巴哈和德国古典哲学的终结》的"1888 年单行本序言"来看,"新世界观"指的是主要由马克思制定的唯物主义历史观,即历史唯物主义。因为恩格斯在这一序言中首先指出,"马克思在《政治经济学批判》(1859 年柏林版)的序言中说,1845 年我们两人在布鲁塞尔着手'共同阐明我们的见解'——**主要由马克思制定的唯物主义历史观**——'与德国哲学的意识形态的见解的对立,实际上是把我们从前的哲学信仰清算一下……'";然后接着指出,"从那时起已经过了四十多年,马克思也已逝世,而我们两人谁也没有机会回到这个题目上来。……这期间,**马克思的世界观**远在德国和欧洲境界以外,在世界一切文明语言中都找到了拥护者";最后谈到马克思的关于费尔巴哈的提纲是"包含着**新世界观**的天才萌芽的第一个文献"。① 由此我们可以推断,他说的"新世界观"指的就是"马克思的世界观",而"马克思的世界观"指的就是"主要由马克思制定的唯物主义历史观"。这种理解还可从恩格斯的另一篇文章——《卡尔·马克思〈政治经济学批判〉第一分册》得到佐证。在这篇文章中,在重述了上述《序言》中那段关于历史唯物主义的经典表述之后,恩格斯说,"人们的意识取决于人们的存在而不是相反,这个原理看来很简单,但是仔细考察一下也会立即发现,这个原理的最初结论就给一切唯心主义,甚至给最隐蔽的唯心主义当头一棒。关于一切历史的东西的全部传统的和习惯的观点都被这个原理否定了。政治论证的全部传统方式崩溃了;爱国的义勇精神愤慨地起来反对这种无礼的观点。因此,**新的世界观**不仅必然遭到资产阶级代表人物的反对,而且也必然会遭到一群想靠**自由**、**平等**、**博爱**的符咒来翻转世界的法国社会主义者的反对。这种世界观激起了德国庸俗的民主主义空喊家极大的愤怒。"②在这段论述中,恩格斯也是把"新世界观"作为"历史唯物主义"的同义语来使用的。

孙正聿教授讲的"新世界观"指的又是什么? 对此,他做了这样的说明:

---

① 《马克思恩格斯选集》第 4 卷,人民出版社 1995 年版,第 211—213 页。着重标示是本文作者所加。

② 《马克思恩格斯选集》第 2 卷,人民出版社 1995 年版,第 39 页。"新的世界观"这四个字的着重标示是本文作者所加。

"'从前的一切唯物主义'的'主要缺点'，是不理解人对世界的真实关系的'世界观'问题；而这个'世界观'问题的实质，就在于如何理解'感性的人的活动'以及由此构成的人对世界的现实关系。马克思的哲学革命正是从'感性的人的活动'出发去理解人对世界的关系，从而构成了实现哲学史上伟大革命的'新世界观'"。① 这表明，他讲的"新世界观"指的是他所谓的马克思从感性的人的活动出发去理解人对世界的关系的"新世界观"。

不难看出，恩格斯讲的"新世界观"与孙正聿教授讲的"新世界观"存在重大差别：前者指的是马克思在《〈政治经济学批判〉序言》对其做了经典表述的以"人们的意识决定于人们的存在而不是相反"为原理的历史唯物主义，后者指的是孙正聿教授本人对马克思的哲学革命的一种理解，即从"感性的人的活动"出发去理解人对世界的关系。既然恩格斯讲的"新世界观"与孙正聿教授讲的"新世界观"根本不是同一概念，那孙正聿教授从恩格斯对《提纲》的评价推导出的结论——探索马克思的"新世界观"应当把《提纲》作为研究的最重要的出发点，就是不能成立的。

再有，即使我们姑且假定孙正聿教授的上述结论是成立的，并且可以作为进一步推论的前提，那从《提纲》本身也推导不出他的第二个结论——以"感性的人的活动"为立足点的"新世界观"，就是马克思恩格斯所创建的"以现实的人及其历史发展"为内容的"历史唯物主义"。那孙正聿教授是怎样得出这一结论的呢？让我们看看他的第二个推论。他先引用了《提纲》的第一段话："从前的一切唯物主义……的主要缺点是：对对象、现实、感性，只是从客体的或者直观的形式去理解，而不是把它们当作感性的人的活动，当作实践去理解，不是从主体方面去理解。因此，和唯物主义相反，能动的方面却被唯心主义抽象地发展了，当然，唯心主义是不知道现实的、感性的活动本身的。"然后，他由此推论：（1）这表明，马克思对"从前的一切唯物主义"的批判，与对唯心主义的批判一样，在其所实现的哲学革命的意义上，都是一种"世界观"的批判。（2）这表明，"从前的一切唯物主义"的"主要缺点"是不理解人对世界的真实关系的"世界观"问题；而这个"世界观"问题的实质，就在于如何理解

---

① 《哲学研究》2007年第3期，第5页。

"感性的人的活动"以及由此构成的人对世界的现实关系。马克思的哲学革命正是从"感性的人的活动"出发去理解人对世界的关系,从而构成了实现哲学史上伟大革命的"新世界观"。(3)这表明,马克思以超越"从前的一切唯物主义"的"新世界观"而实现了对唯心主义世界观的批判;没有这个以"感性的人的活动"为立足点的"新世界观",马克思就不可能超越旧唯物主义对唯心主义的批判,也就不可能实现对唯心主义的真正批判。在做出这些推论之后,他紧接着说:"而这个以'感性的人的活动'为立足点的'新世界观',就是马克思恩格斯所创建的'以现实的人及其历史发展'为内容的'历史唯物主义'。"①他的这个结论显然更不能成立,因为从逻辑上讲,从他对马克思那些话的推论至多可以得出马克思提出了一种以"感性的人的活动"为立足点的"新世界观"的结论,而根本得不出这种"新世界观"就是马克思恩格斯所创建的"以现实的人及其历史发展"为内容的"历史唯物主义"的结论。那么,孙正聿教授的这一结论是怎样得出来的呢?

3. 以"以现实的人及其历史发展"为内容的"历史唯物主义",还不是马克思恩格斯创建的历史唯物主义

孙正聿教授认为,以"感性的人的活动"为立足点的"新世界观",就是马克思恩格斯所创建的"以现实的人及其历史发展"为内容的"历史唯物主义"。在我看来,他讲的"以现实的人及其历史发展"为内容的"历史唯物主义",本身就还不是马克思恩格斯所创建的历史唯物主义。

什么是马克思恩格斯创建的历史唯物主义?从马克思恩格斯的相关论述来看,他们对其创建的历史唯物主义的最经典的表述,是马克思在《〈政治经济学批判〉序言》中的这段话:"我所得到的、并且一经得到就用于指导我的研究工作的总的结果,可以简要地表述如下:人们在自己生活的社会生产中发生一定的、必然的、不以他们的意志为转移的关系,即同他们的物质生产力的一

---

① 《哲学研究》2007 年第 3 期,第 5 页。

定发展阶段相适合的生产关系。这些生产关系的总和构成社会的经济结构，即有法律的和政治的上层建筑竖立其上并有一定的社会意识形式与之相适应的现实基础。物质生活的生产方式制约着整个社会生活、政治生活和精神生活的过程。不是人们的意识决定人们的存在，相反，是人们的社会存在决定人们的意识。社会的物质生产力发展到一定阶段，便同它们一直在其中运动的现存生产关系或财产关系（这只是生产关系的法律用语）发生矛盾。于是这些关系便由生产力的发展形式变成生产力的桎梏。那时社会革命的时代就到来了。随着经济基础的变更，全部庞大的上层建筑也或慢或快地发生变革。在考察这些变革时，必须时刻把下面两者区别开来：一种是生产的经济条件方面所发生的物质的、可以用自然科学的精确性指明的变革，一种是人们借以意识到这个冲突并力求把它克服的那些法律的、政治的、宗教的、艺术的或哲学的，简言之，意识形态的形式。我们判断一个人不能以他对自己的看法为根据，同样，我们判断这样一个变革时代也不能以它的意识为根据；相反，这个意识必须从物质生活的矛盾中，从社会生产力和生产关系之间的现存冲突中去解释。无论哪一个社会形态，在它所能容纳的全部生产力发挥出来以前，是决不会灭亡的；而新的更高的生产关系，在它的物质存在条件在旧社会的胎胞里成熟以前，是决不会出现的。所以人类始终只提出自己能够解决的任务，因为只要仔细考察就可以发现，任务本身，只有在解决它的物质条件已经存在或者至少是在生成过程中的时候，才会产生。大体说来，亚细亚的、古代的、封建的和现代资产阶级的生产方式可以看做是经济的社会形态演进的几个时代。"①

孙正聿教授讲的马克思恩格斯所创建的"以现实的人及其历史发展"为内容的"历史唯物主义"指的又是什么呢？对此他有这样论述的：马克思的"包含着新世界观的天才萌芽的第一个文件"，表明他所创建的新哲学是以"历史"作为解释原则或理论硬核的唯物主义，即"历史唯物主义"。"历史唯物主义"不仅是以"历史"为其解释原则的"唯物主义"，也是以"历史"为其解释原则的"辩证法"。"历史"是"追求自己的目的的人的活动过程"，是实现人对世界的否定性统一的过程，即把理想变为现实的过程。在"历史"的过程

---

① 《马克思恩格斯选集》第2卷，人民出版社1995年版，第32—33页。

中,蕴含并展现了人与世界的全部矛盾关系,并不断地实现了"人的尺度"与"物的尺度"、"合目的性"与"合规律性"的统一,也就是人与自然、人与社会、人与他人、人与自我的矛盾运动的统一。①

将孙正聿教授讲的"以现实的人及其历史发展"为内容的"历史唯物主义",同马克思在《〈政治经济学批判〉序言》中表述的历史唯物主义加以对照,那就不难发现,这二者之间存在重大的差别:前者以人与世界的关系为基本内容,后者以人类社会的发展为基本内容;前者以"追求自己的目的的人"与"人与世界的全部矛盾关系"、"人的尺度"与"物的尺度"、"合目的性"与"合规律性"等范畴构成自己的理论体系,后者以生产力、生产关系、经济基础、上层建筑、阶级、革命、社会形态等基本范畴构成自己的理论体系;前者认为"历史"是"追求自己的目的的人的活动过程",后者认为人类社会的发展表现为由于生产力的发展而引起的生产力和生产关系、经济基础和上层建筑的矛盾运动的过程;前者强调"历史"是实现人对世界的否定性统一的过程,即把理想变为现实的过程,后者强调物质生活的生产方式制约着整个社会生活、政治生活和精神生活的过程,不是人们的意识决定人们的存在,相反,是人们的社会存在决定人们的意识;前者强调在追求自己的目的的人的活动过程中蕴含并展现了人与世界的全部矛盾关系,并不断地实现了"人的尺度"与"物的尺度"、"合目的性"与"合规律性"的统一,后者强调人类始终只提出自己能够解决的任务,因为只要仔细考察就可以发现,任务本身,只有在解决它的物质条件已经存在或者至少是在生成过程中的时候,才会产生。

以上表明,孙正聿教授讲"以现实的人及其历史发展"为内容的"历史唯物主义"还不是马克思恩格斯创建的历史唯物主义。为了进一步表明这一点,让我们再对孙正聿教授对其引用的马克思的一句话的理解做一分析。在谈到他所谓的历史唯物主义的"历史"观念时,孙正聿教授说:"关于'历史',马克思曾明确地指出,'历史不过是追求着自己目的的人的活动而已'。以'历史'的解释原则而构成的世界观,就是以追求自己目的的'人的活动'为解释原则而构成的世界观。'历史'作为'追求着自己目的的人的活动',它深刻

① 《哲学研究》2007 年第 3 期,第 6 页。

地揭示了人的独特的存在方式的思想内涵,也就是深刻地揭示了人与世界的独特关系的思想内涵,揭示了人的现实世界(生活世界)的思想内涵。"①(这里有必要指出孙正聿教授的一个疏忽,即他引用的这句话实际上是恩格斯讲的,而不是马克思讲的。因为这句话出自马克思和恩格斯合著的《神圣家族》第六章(2)的(a),目录标题后面注明了这部分是恩格斯写的。见《马克思恩格斯全集》第2卷,人民出版社1957年版,第Ⅱ页。)我认为,无论孙正聿教授对马克思(实际上是恩格斯)的这句话做多高的评价,这句话本身表达的还不是历史唯物主义的见解。因为恩格斯后来在《路德维希·费尔巴哈和德国古典哲学的终结》中讲得很清楚,"在社会历史领域内进行活动的,是具有意识的、经过思虑或凭激情行动的、追求某种目的的人;任何事情的发生都不是没有自觉的意图,没有预期的目的的。但是,不管这个差别对历史研究,尤其是对各个时代和各个事变的历史研究如何重要,它丝毫不能改变这一事实:历史进程是受内在的一般规律支配的。……而问题只是在于发现这些规律。"②这表明,仅仅认为"历史"是"追求自己的目的的人的活动"还不能说已是历史唯物主义的见解,只有进而承认历史进程是受内在的一般规律支配的,才能说是历史唯物主义的见解。

4. 历史唯物主义是把"历史"作为研究对象的"历史观", 而不是以"历史"的解释原则构成的"世界观"

孙正聿教授在他的两篇论文中一再强调,"正是针对全部旧哲学的'世界观',马克思以'历史'即'现实的人及其发展'的观点重新理解人与世界的关系、意识与存在的关系,创立了历史唯物主义的'新世界观'"。③ 所以,他坚持认为历史唯物主义不是以"历史"作为研究对象的"历史观",而是以"历史"的解释原则构成的"世界观"。如果孙正聿教授所说的历史唯物主义指的

① 《哲学研究》2007年第9期,第6页。
② 《马克思恩格斯选集》第4卷,人民出版社1995年版,第247页。
③ 《哲学研究》2007年第9期,第4页。

是马克思恩格斯创建的历史唯物主义,那他的这种理解同马克思恩格斯本人对历史唯物主义的看法存在明显的冲突。

正如孙正聿教授在他的第一篇论文中已经谈到的,"在《德意志意识形态》中,马克思恩格斯曾一再以'历史观'来概括和表述他们所提出的问题和所做出的回答"。① 不仅如此,恩格斯本人也曾多次谈到历史唯物主义是以"历史"作为研究对象的"历史观"。例如,在《卡尔·马克思》一文中,恩格斯说道:"这种新的历史观,对于社会主义的观点有极其重要的意义。它证明了:至今的全部历史都是在阶级对立和阶级斗争中发展的;统治阶级和被统治阶级,剥削阶级和被剥削阶级是一直存在的;大多数人总是注定要从事艰苦的劳动而很少能得到享受。为什么会这样呢? 这只是因为在人类发展的以前一切阶段上,生产还很不发达,以致历史的发展只能在这种对立形式中进行,历史的进步整个说来只是成了极少数特权者的事,广大群众则注定要终生从事劳动,为自己生产微薄的必要生活资料,同时还要为特权者生产日益丰富的生活资料。对历史的这种考察方法通过上述方式对至今的阶级统治作了自然而合理的解释,不然这种阶级统治就只能用人的恶意来解释,可是这同一种考察方法还使我们认识到:由于现时生产力如此巨大的发展,就连把人分成统治者和被统治者、剥削者和被剥削者的最后一个借口,至少在最先进的国家里也已经消失了……"②在《社会主义从空想到科学的发展》1892 年英文版导言中,恩格斯还有一段更为明确的论述:"我在英语中如果也像在其他许多语言中那样用'历史唯物主义'这个名词来表达一种关于历史过程的观点,我希望英国的体面人物不致于过分感到吃惊。这种观点认为一切重要历史事件的终极原因和伟大动力是社会的经济发展,是生产方式和交换方式的改变,是由此产生的社会之划分为不同的阶级,是这些阶级彼此之间的斗争。"③可见,在马克思恩格斯看来,他们创建的历史唯物主义就是以"历史"为研究对象的"历史观"。

孙正聿教授无疑知道马克思恩格斯的这些论述,但他为什么还要坚持认

---

① 《哲学研究》2007 年第 3 期,第 8 页。
② 《马克思恩格斯选集》第 3 卷,人民出版社 1995 年版,第 336 页。
③ 《马克思恩格斯选集》第 3 卷,人民出版社 1995 年版,第 704—705 页。

为历史唯物主义不是以"历史"作为研究对象的"历史观"，而是以"历史"的解释原则构成的"世界观"呢？从他的相关论述我们可以发现，他预先假设了一个在他看来不容置疑的前提——"马克思主义的哲学革命，从根本上说是关于世界观的解释原则的革命"。① 然后由此推论，"如果历史唯物主义仅仅是一种'历史观'，如果历史唯物主义的创立仅仅是一场'历史观'变革，那么，就应当而且必须有一种超越于唯物主义的'历史观'，就应当而且必须有一种超越于'历史观'变革的马克思的'世界观'革命"；②然而，"在马克思恩格斯创建的'历史唯物主义'之外并不存在某种抽象的'新世界观'"；③因此，"历史唯物主义就是马克思主义新世界观"。④ 然而，在我看来，他的这一预先假设的前提本身就是不能成立的。

什么是"马克思主义的哲学革命"？从孙正聿教授的相关论述来看，它指的是马克思恩格斯创建了历史唯物主义，因为他讲的"马克思主义的哲学革命"意指的是"新世界观"的提出，而他认为在马克思恩格斯创建的"历史唯物主义"之外并不存在某种抽象的"新世界观"。历史唯物主义的创建是关于世界观的解释原则的革命吗？据我所知，马克思和恩格斯从没提出过这样的看法。对于提出历史唯物主义在哲学上的意义，恩格斯曾有如下论述：

> 新的事实迫使人们对以往的**全部**历史作一番新的研究，结果发现：以往的全部历史，都是阶级斗争的历史；这些互相斗争的社会阶级在任何时候都是生产关系和交换关系的产物，一句话，都是自己时代的**经济**关系的产物；因而每一时代的社会经济结构形成现实基础，每一个历史时期的由法的设施和政治设施以及宗教的、哲学的和其他的观念形式所构成的全部上层建筑，归根到底都应由这个基础来说明。这样一来，唯心主义从它的最后的避难所即历史观中被驱逐出去了，一种唯物主义的历史观被提出来了，用人们的存在说明它们的意识，而不是像以往那样用人们的意识

① 《哲学研究》2007 年第 9 期，第 3—4 页。
② 《哲学研究》2007 年第 3 期，第 3 页。
③ 《哲学研究》2007 年第 3 期，第 8 页。
④ 《哲学研究》2007 年第 9 期，第 4 页。

说明他们的存在这样一条道路已经找到了。①

黑格尔把历史观从形而上学中解放了出来,使它成为辩证的,可是他的历史观本质上是唯心主义的。现在,唯心主义从它的最后的避难所即历史观中被驱逐出去了,一种唯物主义的历史观被提出来了,用人们的存在说明它们的意识,而不是像以往那样用人们的意识说明他们的存在这样一条道路已经找到了。②

像唯心主义一样,唯物主义也经历了一系列的发展阶段。甚至随着自然科学领域中每一个划时代的发现,唯物主义也必然要改变自己的形式;而自从历史也得到唯物主义的解释以后,一条新的发展道路也在这里开辟出来了。③

这些论述表明,在恩格斯看来,他和马克思提出历史唯物主义的哲学意义,就在于把"唯心主义从它的最后的避难所即历史观中驱逐出去",和找到了一条"用人们的存在说明它们的意识,而不是像以往那样用人们的意识说明他们的存在"的新的发展道路。如果孙正聿教授说的"马克思主义的哲学革命"指的就是马克思恩格斯创建了历史唯物主义,那从恩格斯的这些论述中显然得不出"马克思主义的哲学革命从根本上说是关于世界观的解释原则的革命"的结论。如果得不出这一结论,那他那些由此出发的那些推论以及他的最后的结论——历史唯物主义不是以"历史"作为研究对象的"历史观",而是以"历史"的解释原则构成的"世界观",就都是不能成立的。

为什么马克思恩格斯认为历史唯物主义是把"历史"作为研究对象的"历史观"?对此,恩格斯在他的《反杜林论》和《路德维希·费尔巴哈和德国古典哲学的终结》中都曾做过较为详细的说明。

在《反杜林论》"引论"的草稿中谈到黑格尔体系的伟大功绩之后,恩格斯讲了这样一段话:"就哲学被看作是凌驾于其他一切科学之上的特殊学科来

---

① 《反杜林论》,《马克思恩格斯选集》第3卷,人民出版社1995年版,第365页。

② 《社会主义从空想到科学的发展》,《马克思恩格斯选集》第3卷,人民出版社1995年版,第739页。

③ 《路德维希·费尔巴哈和德国古典哲学的终结》,《马克思恩格斯选集》第4卷,人民出版社1995年版,第228页。

说，黑格尔体系是哲学的最后的最完善的形式。全部哲学都随着这个体系没落了。但是留下的是辩证的思维方式以及关于自然的、历史的和精神的世界是一个无止境地运动着和转变着的、处在生成和消逝的不断过程中的世界的观点。现在不再向哲学，而是向一切科学提出这样的要求：在自己的特殊领域内揭示这个不断的转变过程的运动规律。"①这表明，在恩格斯看来，自黑格尔以后，那种被看作是凌驾于其他一切科学之上的哲学已经没有存在的意义了。他在上述"引论"中还指出，一旦了解到以往的德国唯心主义是完全荒谬的，那就必然导致唯物主义，但是要注意，并不是导致18世纪的纯粹形而上学的、完全机械的唯物主义。"同那种以天真的革命精神简单地抛弃以往的全部历史的做法相反，现代唯物主义把历史看作人类的发展过程，而它的任务就在于发现这个过程的运动规律。……一旦对每一门科学都提出要求，要它们弄清它们自己在事物以及关于事物的知识的总联系中的地位，关于总联系的任何特殊科学就是多余的了。于是，在以往的全部哲学中仍然独立存在的，就只有关于思维及其规律的学说——形式逻辑和辩证法，其他一切都归到关于自然和历史的实证科学中去了。"②这表明，在恩格斯看来，由于现代唯物主义在本质上都是辩证的，因而已不再需要任何凌驾于其他科学之上的哲学了。与此相应，作为现代唯物主义的历史唯物主义是把人类的发展过程作为它的研究对象，而它的任务就在于发现这个过程的运动规律。正因为如此，恩格斯在《路德维希·费尔巴哈和德国古典哲学的终结》一书中谈到他与马克思共同创立的历史唯物主义时明确表示，"这种历史观结束了历史领域内的哲学，正如辩证的自然观使一切自然哲学都成为不必要的和不可能的一样"③。如果孙正聿教授仍然坚持历史唯物主义不是以"历史"作为研究对象的"历史观"，而是以"历史"的解释原则构成的"世界观"，那他无疑应对恩格斯的这些论述做出令人信服的解释。

　　以上是对孙正聿教授理解的历史唯物主义提出的四点看法，希望能得到他的指正。

---

① 《马克思恩格斯选集》第3卷，人民出版社1995年版，第362页。
② 《马克思恩格斯选集》第3卷，人民出版社1995年版，第364页。
③ 《马克思恩格斯选集》第4卷，人民出版社1995年版，第257页。

九、马克思和恩格斯的公平观①

随着我国由传统的计划经济向社会主义市场经济的转变,分配领域中的公平问题越来越引起人们的关注,这不仅表现在它已成为广大群众经常议论的话题,而且还表现在它也成为众多理论工作者关注的一个热点问题。从当前学术界有关公平问题的讨论可以看出,人们对这一问题的讨论还只是初步的,还有很多深层的理论问题需要澄清。本文试图根据马克思和恩格斯的有关论述,对他们在这一问题上的看法做一较为全面的阐述,以期为我国学术界正在进行的讨论提供一个可以依据的理论基础。

公平是一个为人们在众多领域中大量使用的概念。我们在这里所要阐述的是马克思和恩格斯有关分配领域中的公平的看法。对于分配领域中的公平问题马克思和恩格斯虽未做过专门、系统的论述,但在他们的论著中,涉及这一问题的论述却很多。从他们的有关论述我们可以发现,他们是从以下一些方面表明他们对公平的看法的:

一、公平是人们对现实分配关系与他们自身利益关系的一种评价。恩格斯在谈到资本主义的分配关系时说过这样一段话:"按照资产阶级经济学的规律,产品的绝大部分**不是**属于生产这些产品的工人。如果我们说:这是不公平的,不应该这样,那末这首先同经济学没有什么关系。"②由此可见,公平只是一种价值判断。分配关系是生产关系的一个重要组成部分,是一种由现存生产力水平决定的、客观存在的经济关系。分配关系本身并不存在公平还是

---

① 本文发表在《哲学研究》2000 年第 8 期。
② 《马克思恩格斯全集》第 21 卷,人民出版社 1965 年版,第 209 页。

不公平的问题。当人们说某种分配关系是公平的时候，其所说的公平说到底是指这种关系满足了他们的利益；当人们说某种分配关系是不公平的时候，其所说的不公平说到底是指这种关系损害了他们的利益。

二、任何评价都要以某一尺度为依据，公平也是如此。在马克思和恩格斯看来，尽管公平在不同的历史时期或在同一时期的不同社会集团那里往往具有不同的内容，但无论哪种公平都是以某种尺度为依据的。在谈到资本主义社会中劳动力的买卖时，马克思说："这种情况对买者是一种特别的幸运，对卖者也决不是不公平。"①因为资本家是"按照商品交换的各个永恒规律行事的。"②这就是说，在资本主义社会的商品交换中，公平的尺度是等价交换原则，符合这一原则的交换就是公平的，否则就是不公平的。正因为如此，马克思才说资本家在交换过程中付给工人的工资绝不是不公平的，因为资本家付给工人的的确是他的劳动力的价值。在谈到未来社会主义社会的分配时，马克思说过这样一段话："生产者的权利是同他们提供的劳动**成比例的**；平等就在于以**同一尺度**——劳动——来计量。"③这段话虽然讲的是"平等"问题而不是"公平"问题，但这里所讲的"平等"无疑也包括"公平"的含义。这表明，在马克思看来，在未来的社会主义社会，分配中的公平也是以某一尺度为依据的，即以"劳动"为依据的。符合"按劳"这一尺度的分配就是公平的，否则就是不公平的。

三、不同社会集团对公平持有不同的看法。马克思和恩格斯认为，自原始社会解体后出现了在分配关系中处于不同地位的社会集团，而同一分配关系又往往为不同的社会集团带来不同的利益，因此，不同的社会集团总是从自身利益出发提出各自的公平主张。由于每一社会集团都是以自己的公平尺度去衡量现存的分配关系，因而，对于同一分配关系，一些人认为是公平的，另一些人则认为是不公平的。在谈到资本主义分配关系时马克思说："难道资产者不是断言今天的分配是'公平的'吗？难道它事实上不是在现今的生产方式基础上唯一'公平的'分配吗？……难道各种社会主义宗派分子关于'公平

① 《资本论》第一卷，人民出版社 1975 年版，第 219 页。
② 《资本论》第一卷，人民出版社 1975 年版，第 219 页。
③ 《马克思恩格斯选集》第 3 卷，人民出版社 1995 年版，第 304 页。

的'分配不是也有各种极不相同的观念吗?"①他还指出,即使实现了社会主义的按劳分配以后,也不能说就实现了能为人人认可的公平。因为按劳分配是以"劳动"来计量的,"但是,一个人在体力或智力上胜过另一个人,因此在同一时间内提供较多的劳动,或者能够劳动较长的时间;而劳动,要当做尺度来用,就必须按照它的时间或强度来确定,不然它就不成其为尺度了。这种**平等的权利**,对不同等的劳动来说是不平等的权利。它不承认任何阶级差别,因为每个人都像其他人一样只是劳动者;但是它默认,劳动者的不同等的个人天赋,从而不同等的工作能力,是天然特权。**所以就它的内容来讲,它像一切权利一样是一种不平等的权利。**"②由于人们在公平问题上无法形成共识,公平与不公平总是相依存而存在,有公平就有不公平,能为一切人认可的公平是不存在的。

四、公平是法权观念或道德观念的最抽象的表现。马克思和恩格斯认为,公平作为一种评价属于观念形态,它归根结底是对现实经济关系与评价主体利益之间关系的反映,但公平的直接来源却是法权观念和道德观念。在谈到公平观念的产生时,恩格斯指出:"人们忘记他们的法起源于他们的经济生活条件,正如他们忘记他们自己起源于动物界一样。随着立法进一步发展为复杂和广泛的整体,出现了新的社会分工的必要性:一个职业法学家阶层形成了,同时也就产生了法学。法学在其进一步发展中把各民族和各时代的法的体系互相加以比较,不是把它们视为相应经济关系的反映,而是把它们视为自身包含自我根据的体系。比较是以共同点为前提的:法学家把所有这些法的体系中多少相同的东西统称为**自然法权**。而衡量什么算自然法权和什么不算自然法权的标准,则是法,本身最抽象的表现,即**公平**。"③这表明,法权是现实经济关系的反映,而公平不过是法学家衡量各种法律体系中相同的东西的一种尺度,是法权本身一种更为抽象的表现。马克思在批判蒲鲁东的小资产阶级公平观时也揭示了公平直接起源于法权观念,他说:"蒲鲁东先从与商品生

---

① 《马克思恩格斯选集》第 3 卷,人民出版社 1995 年版,第 302 页。
② 《马克思恩格斯选集》第 3 卷,人民出版社 1995 年版,第 304—305 页。
③ 《马克思恩格斯全集》第 18 卷,人民出版社 1964 年版,第 309—310 页。

产相适应的法的关系中提取他的公平的理想,永恒公平的理想。"①公平不仅直接来源于法权观念,而且也直接来源于道德观念。恩格斯说,当工人对资本主义分配方式不满而说这是不公平时,这不过是说,"这个经济事实同我们的道德情感相矛盾"。② 道德也是现实经济关系的反映,从道德意义上讲的公平是道德本身一种更为抽象的表现。既然公平直接来源于法权观念和道德观念,因而可以认为,公平是评价主体从法权或道德的角度对现实分配关系做出的一种评价。凡被认为是公平的分配关系,也即要求从法律上予以维护或从道德上予以赞扬的分配关系。凡被认为是不公平的分配关系,也即要求从法律上予以取缔或从道德上予以谴责的分配关系。

五、公平是对现存分配关系的保守方面或革命方面的神圣化。马克思和恩格斯认为,公平对现实的经济关系具有维护或破坏的作用。前边表明,不同社会集团所说的公平尺度总是各不相同的。然而,由于公平概念本身具有将同一尺度应用于每一个人的含义,因此,尽管一种分配关系实际上只是对某一社会集团有利,但它却往往被这一集团说成对其他社会集团也是公平的。于是就形成了这样一种情况,尽管各社会集团对公平理解各不相同的,但无论哪个集团都把公平作为争取或维护自身利益的口号。这样,当某一社会集团宣称现存的分配关系是公平的时候,它实际上是想通过它所认可的公平把这种分配关系加以神圣化,即把实际上只是有利于自身的分配关系说成是有利于所有人的分配关系而对其加以维护。如此说来,当一种分配关系已不再适合生产力的发展要求时,仍说它是公平的实际上是在将其保守方面加以神圣化,反之,当一种分配关系还适合生产力发展时说它是公平的,实际上是在将其革命方面加以神圣化。对此恩格斯有一段精辟的论述:"在法学家和盲目相信他们的人们眼中,法的发展就只不过是使获得法表现的人类生活状态一再接近于公平理想,即接近于永恒公平。而这个公平则始终只是现存经济关系的或者反映其保守方面或者反映其革命方面的观念化的、神圣化的表现。"③

---

① 《资本论》第一卷,人民出版社 1975 年版,第 102 页。
② 《马克思恩格斯全集》第 21 卷,人民出版社 1965 年版,第 209 页。
③ 《马克思恩格斯选集》第 3 卷,人民出版社 1995 年版,第 211—212 页。

六、所谓永恒的公平是不存在的。马克思和恩格斯认为,公平不是一成不变的,而是发展变化的。既然公平是不同社会集团对现实分配关系与自身利益关系的一种评价,那随着经济关系的变化以及由此而导致的社会集团的变化,公平的内容也必然要发生相应的变化。自原始社会解体以后,在奴隶社会,有奴隶主和奴隶的公平观,在封建社会,有封建主和农奴的公平观,在资本主义社会,有资产阶级和无产阶级的公平观。对此,恩格斯指出:"希腊人和罗马人的公平认为奴隶制度是公平的;1789年资产者的公平要求废除封建制度,因为据说它不公平。在普鲁士的容克看来,甚至可怜的行政区域条例也是对永恒公平的破坏。所以,关于永恒公平的观念不仅因时因地而变,甚至也因人而异,这种东西正如米尔柏格正确说过的那样,'一个人有一个人的理解'。"①各种公平观本身都是历史的产物,它们的形成需要一定的历史条件,而这种历史条件本身又是以以往的历史为前提的。所谓永恒的公平完全是骗人的鬼话,是绝对不能相信的。

七、资产阶级的公平观是建立在发达的商品经济基础上的,它把等价交换视为公平的尺度。恩格斯在谈到资产阶级平等观产生的时候指出:"当社会日益成为资产阶级社会的时候,国家制度仍然是封建的。大规模的贸易,特别是国际贸易,尤其是世界贸易,要求有自由的、在行动上不受限制的商品所有者,他们作为商品所有者是有平等权利的,他们根据对他们所有人来说都平等的(至少在当地是平等的)权利进行交换。"②这表明,资产阶级的平等观(即资产阶级的公平观,因为公平观不过是平等观的一种具体体现。)实际上也就是商品所有者的平等观,这种平等观是与封建社会的平等观相对立的,是在反对各种封建特权的斗争中产生的。为什么资产阶级的平等观也就是商品所有者的平等观呢? 这是因为,"劳动产品的价值形式是资产阶级生产方式的最抽象的但也是最一般的形式,这就使资产阶级生产方式成为一种特殊的社会生产类型,因而同时具有历史的特征。"③在资本主义社会中,一切人类劳动由于而且只是由于都是一般人类劳动而具有等同性和同等意义,商品形式成为

---

① 《马克思恩格斯选集》第3卷,人民出版社1995年版,第212页。
② 《马克思恩格斯选集》第3卷,人民出版社1995年版,第446页。
③ 《资本论》第一卷,人民出版社1975年版,第98页。

劳动产品的一般形式,从而人们彼此作为商品所有者的关系成为占统治地位的社会关系。对此,马克思一针见血地指出:"平等!因为他们彼此只是作为商品占有者发生关系,用等价物交换等价物。"①既然人们彼此作为商品所有者的关系成为资本主义的占统治地位的社会关系,那等价交换这一商品交换的基本原则自然也就成了资产阶级公平观的尺度。把等价交换原则视为资产阶级的公平原则是马克思的一贯思想。他甚至认为,在未来社会主义社会实行的按劳分配中,"在这里**平等的权利**按照原则仍然是**资产阶级权利**,虽然原则和实践在这里已不再互相矛盾"②,因为"这里通行的是商品等价物的交换中通行的同一原则,即一种形式的一定量劳动同另一种形式的同量劳动相交换"。③

八、在资本主义社会中,无产阶级的公平观又是什么呢?对此,马克思和恩格斯的回答十分明确,这就是消灭阶级。恩格斯指出,资产阶级自出现时起,就由它的影子即无产阶级不可避免地一直伴随着。同样的,资产阶级的平等要求也由无产阶级的平等要求伴随着。在资产阶级提出消灭阶级特权的平等要求的同时,无产阶级就提出了消灭阶级本身的平等要求。他分析道,"无产阶级所提出的平等要求有双重意义。或者它是对明显的社会不平等,对富人和穷人之间、主人和奴隶之间、骄奢淫逸者和饥饿者之间的对立的自发反应——特别是在初期,例如在农民战争中,情况就是这样;它作为这种自发反应,只是革命本能的表现,它在这里,而且仅仅在这里找到自己被提出的理由。或者它是从对资产阶级平等要求的反应中产生的,它从这种平等要求中吸取了或多或少正当的、可以进一步发展的要求,成了用资本家本身的主张发动工人起来反对资本家的鼓动手段;在这种情况下,它是和资产阶级平等本身共存亡的。在上述两种情况下,无产阶级平等要求的实际内容都是**消灭阶级**的要求。任何超出这个范围的平等要求,都必然要流于荒谬。"④无产阶级的平等要求或公平要求为什么只能限于消灭阶级的范围呢?这是因为,无产阶级的

---

① 《资本论》第一卷,人民出版社 1975 年版,第 199 页。
② 《马克思恩格斯选集》第 3 卷,人民出版社 1995 年版,第 304 页。
③ 《马克思恩格斯选集》第 3 卷,人民出版社 1995 年版,第 304 页。
④ 《马克思恩格斯选集》第 3 卷,人民出版社 1995 年版,第 448 页。

平等观是与资产阶级的平等观相对立而存在的。无产阶级抓住了资产阶级的话柄:平等不应当是表面的,不仅应在国家领域中实行,它还应当是实际的,还应当在社会的、经济的领域中实行。这种要求实际上也就是要消灭阶级。只要资产阶级存在,就没有无产阶级的公平可言,一旦消灭了资产阶级,那也就同时消灭了无产阶级自身,那时也就没有什么无产阶级的公平可言了。因此,无产阶级的公平要求决不应超出消灭阶级。

九、马克思和恩格斯坚决反对从公平出发,而主张从历史发展的必然性出发去说明和批判现存的资本主义制度。在他们看来,公平只是法权观念和道德观念的抽象表现,而且不同的社会集团往往赋予它不同的内容,因此,从抽象的公平出发是无法说明和批判现存的资本主义制度的。恩格斯说:"在日常生活中,如果我们接触到的关系很简单,那末公平的、不公平的、公平感、法权感这一类名词甚至应用于社会现象也不致引起什么大误会,可是在关于经济关系的科学研究中,如我们所看到的,这些名词便引起一种不可救药的混乱,就好像在现代化学中企图保留燃素论的术语会引起的混乱一样。如果人们像蒲鲁东那样相信这种社会燃素即所谓'公平'原则,或者像米尔伯格那样断定说燃素论是与氧气论一样正确,则这种混乱就会更加厉害了。"①马克思和恩格斯反复强调,无产阶级的解放事业不是基于某种公平观的实现,而是基于资本主义发展的必然趋势。马克思说:"你们认为公道和公平的东西,与问题毫无关系。问题就在于:一定的生产制度所必需的和不可避免的东西是什么?"②他还说:"对现存经济制度完全无知的人,当然更不能理解工人为什么要否定这种制度。他们当然不能理解,工人阶级企图实现的社会变革正是目前制度本身的必然的、历史的、不可避免的产物。"③

十、马克思和恩格斯坚决反对把争取分配上的公平作为无产阶级斗争的口号。他们认为,消费资料的任何一种分配,都不过是生产条件本身分配的结果,而生产条件的分配,则是生产方式本身性质的表现。这也就是说,分配关系是由所有制关系决定的,而不是相反。因此,所有制关系不改变,分配关系

---

① 《马克思恩格斯全集》第18卷,人民出版社1964年版,第310页。
② 《马克思恩格斯选集》第2卷,人民出版社1995年版,第76页。
③ 《马克思恩格斯选集》第3卷,人民出版社1995年版,第113页。

也就改变不了。对于资本主义社会中的工人阶级而言,只有消灭生产资料的资本家所有制,实现生产资料的公有制,才能使自己在分配领域中摆脱资本家的剥削。为此,马克思和恩格斯都坚决反对当时工人运动中各种要求公平报酬的改良主义,认为"在雇佣劳动制度的基础上**要求平等的或仅仅是公平的报酬**,就犹如在奴隶制的基础上要求**自由**一样。"①马克思在谈到工人争取提高工资的斗争时还强调指出,"他们应当屏弃'**做一天公平的工作,得一天公平的工资!**'这种保守的格言,要在自己的旗帜上写上**革命**的口号:'**消灭雇佣劳动制度!**'"②

以上是对马克思和恩格斯有关公平问题看法的一个较为全面的阐述。我认为,他们的看法对研究我国当前分配领域中的公平问题仍然具有重要的指导意义。他们的看法至少对我们应有这样几点启示:第一,既然公平问题对现存分配关系具有维护或破坏的作用,那我们对当前人们议论的公平问题就不能漠然处之,而应认真加以研究;第二,既然不同社会集团对公平问题往往持有不同的看法,而我国目前仍然存在不同的社会集团,那我们在研究分配领域中的公平问题时,就应首先认真考虑一下我们所讲的公平代表的是哪个社会集团的利益;第三,既然公平不能作为研究现存经济关系的出发点,对公平问题的研究不能代替对现存经济关系的研究,那我们在研究公平问题的同时,还应注重对我国现存经济关系的研究,并把后者作为前者的基础。

---

① 《马克思恩格斯选集》第 2 卷,人民出版社 1995 年版,第 76 页。
② 《马克思恩格斯选集》第 2 卷,人民出版社 1995 年版,第 97 页。

十、马克思、恩格斯论剥削的"历史正当性"①

　　剥削,即社会中一些人对另一些人劳动的无偿占有,是早在原始社会末期就已出现、在现今世界各国依然存在的社会现象,也是马克思主义政治经济学和历史唯物主义研究的重要问题之一。

　　在我国,随着社会主义市场经济体制的逐步确立,以公有制经济为主体,多种经济成分长期并存、共同发展的所有制格局已基本形成,并将存在一个相当长的时期。只要勇于面对现实,我们就应当承认,在各种非公有制经济中,除个体经济以外,其他经济形式都或多或少地存在剥削问题。剥削在我国现阶段的存在具有合理性吗? 这是摆在我国理论界面前的一个既难以回答又不得不回答、既有重要理论意义又有重要现实意义的问题。

　　剥削在我国现阶段存在的合理性问题之所以难以回答,原因之一,是我国传统的马克思主义哲学、政治经济学教科书对于历史上剥削现象的存在一般都是从否定的意义上予以阐述的,因而使得很多人认为剥削从来就是一种不合理的现象。所以,尽管在我国现实经济生活中明明存在剥削现象,但却没人愿意对其存在是否具有合理性做出明确的说明。因为说它在现阶段的存在具有合理性会遇到是否坚持马克思主义的问题,说它不具合理性会遇到在实践中无法立即将其消除的问题。这种态度无疑会对我国社会主义市场经济体制的确立和发展产生一种潜在的不利的影响。

　　然而,只要认真阅读一下马克思和恩格斯有关剥削的论述,我们就不难发

---

① 本文发表在《中国党政干部论坛》2001 年第 11 期(本文的原标题是《马克思、恩格斯论剥削的历史正当性》,发表时修改为《马恩是如何看待剥削的"历史正当性"的》,这里用的是原标题)。

现,他们对剥削现象存在的看法与我国传统教科书的看法有很大不同。他们并不认为剥削的存在从来就是不合理的,而是认为任何一种剥削形式在人类社会发展的一定阶段都具有历史正当性,即合理性。对此,恩格斯有一段极为明确的论述:"马克思了解古代奴隶主,中世纪封建主等等的历史必然性,因而了解他们的历史正当性,承认他们在一定限度的历史时期内是人类发展的杠杆;因而马克思也承认剥削,即占有他人劳动产品的暂时的历史正当性……"①本文将以马克思和恩格斯的有关论述为依据,对他们有关剥削的历史正当性的见解予以系统的说明,以期为深入研究在我国目前和今后相当长的一段时间存在的剥削现象提供一个新的理论视角。

1. 剥削的存在在人类社会发展一定 历史阶段是不可避免的

在马克思和恩格斯看来,剥削的历史正当性首先在于它的历史必然性,即它是在人类社会发展一定阶段必然要存在的现象。剥削不是从人类社会一开始就有的,它在原始社会末期才出现。从那时起到现在,人类社会先后出现过三种主要类型的剥削,即奴隶主对奴隶的剥削、封建地主对农奴的剥削和资本家对工人的剥削。

人类社会在其发展进程中为什么必然会出现剥削? 对此,恩格斯有一段精辟的论述:"剥削阶级和被剥削阶级、统治阶级和被压迫阶级之间的到现在为止的一切历史对立,都可以从人的劳动的这种相对不发展的生产率中得到说明。只要实际从事劳动的居民必须占用很多时间来从事自己的必要劳动,因而没有多余的时间来从事社会的公共事务——劳动管理、国家事务、法律事务、艺术、科学等等,总是必然有一个脱离实际劳动的特殊阶级来从事这些事务;而且这个阶级为了它自己的利益,从来不会错过机会来把越来越沉重的劳

---

① 《马克思恩格斯全集》第 21 卷,人民出版社 1965 年版,第 557—558 页。

动负担加到劳动群众的肩上。"①这就是说,剥削现象的存在说到底是由于人的劳动生产率的相对不发展,是人的劳动生产率有了一定的发展但又发展不足的必然结果。

在人的劳动生产率还很低的原始社会不可能存在剥削。因为劳动生产率很低意味着人们几乎要用全部时间从事劳动才能勉强生产出自身所需的必要的生活资料,从而根本没有剩余时间来无偿地为他人劳动,"而没有这种剩余时间,就不可能有剩余劳动,从而不可能有资本家,而且也不可能有奴隶主,不可能有封建贵族,一句话,不可能有大占有者阶级。"②对这一情况的最好说明就是当时的战俘往往都被杀死,而不是留下来供战胜者剥削。只是到了原始社会末期,随着劳动生产率的提高和剩余时间的出现,加之与此相伴随的私有制的产生,才出现了历史上最初的剥削形式——奴隶制剥削。

只要处于人的劳动生产率有了一定的发展但又没达到很高程度的情况,剥削现象就必定会存在,对此恩格斯在前边已经讲得很清楚。不过,这里需要指出,尽管在这种情况下剥削会始终存在,但剥削的具体形式却会因劳动生产率的不同而有所不同,历史上出现过的三种剥削形式——奴隶制的剥削、封建制的剥削和资本主义的剥削,都是与当时劳动生产率的状况密切相关的,用马克思的话来讲就是,"手推磨产生的是封建主的社会,蒸汽磨产生的是工业资本家的社会。"③

剥削只有在人的劳动生产率极大提高以后才能消灭。这是因为,只有在这样的情况下,"才有可能把劳动无例外地分配于一切社会成员,从而把每个人的劳动时间大大缩短,使一切人都有足够的自由时间来参加社会的理论的和实际的公共事务。"④马克思和恩格斯认为,历史发展到资本主义时代,人的劳动生产率已得到了极大的提高,因而,剥削存在的历史必然性至少在几个最先进的资本主义国家已开始消失。

由于剥削的存在与人的相对不发展的劳动生产率相关,因而在劳动生产

---

① 《马克思恩格斯选集》第 3 卷,人民出版社 1995 年版,第 525 页。
② 《资本论》第一卷,人民出版社 1975 年版,第 559 页。
③ 《马克思恩格斯选集》第 1 卷,人民出版社 1995 年版,第 142 页。
④ 《马克思恩格斯选集》第 3 卷,人民出版社 1995 年版,第 525 页。

率没有达到足以使剥削彻底消灭的程度以前,人为地消灭剥削是根本不可能的。马克思和恩格斯在《德意志意识形态》中谈到"异化"消灭的条件时指出:"生产力的这种发展(随着这种发展,人们的**世界历史性**的而不是地域性的存在同时已经是经验的存在了)之所以是绝对必需的实际前提,还因为如果没有这种发展,那就只会有**贫穷**、极端贫困的普遍化;而在**极端贫困**的情况下,必须重新开始争取必需品的斗争,全部陈腐污浊的东西又要死灰复燃。"①在劳动生产率还没有得到极大的提高以前,任何试图消灭剥削的行动都只能适得其反。因为剥削存在的根本原因在于劳动生产率的相对不发展,在劳动生产率相对不发展的情况下硬要消灭剥削就只能采取"均贫富"的方法,这样做也可能在一段时期使剥削"消失",但与此相伴的只能是普遍的贫困化,而只要一着手解决贫困化问题,剥削就会又随之出现。这样,在剥削还具有历史必然性的情况下硬要人为地去消灭剥削,就是在现今非要做将来才能做的事,其结果只能是非但不会真正消灭剥削,反而会因有碍劳动生产率的发展而延缓消灭剥削的进程。

马克思和恩格斯认为,只有从一定的劳动生产率出发才能对剥削存在的历史必然性作出自然而合理的解释,否则就只能将剥削的存在归结为人的恶意。因而,他们都反对从正义、公平等道德或法权观念出发对资本主义剥削的谴责。针对当时一种虚妄和肤浅的要求工资平等的口号,马克思说道,"在雇佣劳动制度的基础上要求**平等的或仅仅是公平的报酬**,就犹如在奴隶制的基础上要求**自由**一样。你们认为公道和公平的东西,与问题毫无关系。问题就在于:在一定的生产制度所必需的和不可避免的东西是什么?"②恩格斯在谈到空想社会主义的错误时指出,"以往的社会主义固然批判了现存的资本主义生产方式及其后果,但是,它不能说明这个生产方式,因而也就制服不了这个生产方式;它只能简单地把它当作坏东西抛弃掉。它越是激烈地反对同这种生产方式密不可分的对工人阶级的剥削,就越是不能明白指出,这种剥削是怎么回事,它是怎样产生的。"③只有了解了剥削的历史必然性,才能科学地说

① 《马克思恩格斯选集》第1卷,人民出版社1995年版,第86页。
② 《马克思恩格斯选集》第2卷,人民出版社1995年版,第76页。
③ 《马克思恩格斯选集》第3卷,人民出版社1995年版,第740页。

明剥削的产生、发展和灭亡的历史进程，才能使无产阶级自觉地为剥削的最终消灭去积极创造条件。

2. 剥削在一定历史时期起着推动 人类社会发展的作用

剥削的历史正当性不仅在于它的历史必然性，而且还在于它的每一形式在一定历史时期都是"人类发展的杠杆"①，即都起着推动而不是阻碍人类社会发展的作用。

人类社会的发展是一个不断由低级阶段走向高级阶段的过程，这一过程从最根本的意义上讲表现为生产力水平的不断提高和生产关系的依次更替，而剥削在一定历史时期的存在恰恰起着推动生产力发展和生产关系更替的作用。

奴隶制是人类社会最初的也是最为残酷的剥削形式，但没有这种剥削的出现，人类社会就要永远停留在原始社会阶段。在谈到奴隶制的历史作用时恩格斯说道："只有奴隶制才使农业和工业之间的更大规模的分工成为可能，从而使古代世界的繁荣，使希腊文化成为可能。没有奴隶制，就没有希腊国家，就没有希腊的艺术和科学；没有奴隶制，就没有罗马帝国。没有希腊文化和罗马帝国所奠定的基础，也就没有现代的欧洲。我们永远不应该忘记，我们的全部经济、政治和智力的发展，是以奴隶制既成为必要同样又得到公认这种状况为前提的。在这个意义上，我们有理由说：没有古代的奴隶制，就没有现代的社会主义。"②这表明，尽管奴隶制的剥削是极为残酷的，但由于它的出现推动了生产力和社会关系的巨大进步，使人类社会进入了一个新的发展阶段，因此恩格斯明确地肯定了它对历史发展的积极作用。

不仅奴隶制剥削在一定时期起了推动历史发展的作用，农奴制剥削和资

① 《马克思恩格斯全集》第21卷，人民出版社1965年版，第557—558页。
② 《马克思恩格斯选集》第3卷，人民出版社1995年版，第524页。

本主义剥削在一定时期也是如此。在谈到资本主义剥削时马克思指出:"资本的文明面之一是,它榨取这种剩余劳动的方式和条件,同以前的奴隶制、农奴制等形式相比,都更有利于生产力的发展,有利于社会关系的发展,有利于更高级的新形态的各种要素的创造。因此,资本一方面会导致这样一个阶段,在这个阶段上,社会上的一部分人靠牺牲另一部分人来强制和垄断社会发展(包括这种发展的物质方面和精神方面的利益)的现象将会消灭;另一方面,这个阶段又会为这样一些关系创造出物质手段和萌芽,这些关系在一个更高级的社会形式中,使这种剩余劳动能够同物质劳动一般所占用的时间的更大的节制结合在一起。"①马克思在这里所讲的"资本的文明面之一",指的是它的剥削形式对社会发展的积极作用。而马克思之所以承认这一点,就是因为这种剥削形式更有利于生产力的发展,有利于社会关系的发展,有利于更高级的新形态即共产主义社会各种要素的创造。

这里需要强调指出,在马克思和恩格斯看来,任何一种剥削形式都只是在一定历史时期才起推动生产力和社会关系发展的作用,而不是在任何时期都起这种作用。这里所说的一定的历史时期,指的是在它同生产方式相适应的时期。马克思在《资本论》第三卷中说过这样一段话:"在这里,同吉尔巴特一起说什么天然正义,这是毫无意义的。生产当事人之间进行的交易的正义性在于:这种交易是从生产关系中作为自然结果产生出来的。这种经济交易作为当事人的意志行为,作为他们的共同意志的表示,作为可以由国家强加给立约双方的契约,表现在法律形式上,这些法律形式作为单纯的形式,是不能决定这个内容本身的。这些形式只是表示这个内容。这个内容,只要与生产方式相适应,相一致,就是正义的;只要与生产方式相矛盾,就是非正义的。在资本主义生产方式的基础上,奴隶制是非正义的;在商品质量上弄虚作假也是非正义的。"②马克思这里讲的正义,也就是历史正当性。从这段论述可以推出,只有当一种剥削形式还与生产方式相适应时,即还推动生产方式的发展时,它才具有历史正当性,反之,就不具有历史正当性。在资本主义生产方式基础

① 《资本论》第三卷,人民出版社 1975 年版,第 925—926 页。
② 《资本论》第三卷,人民出版社 1975 年版,第 379 页。

上,资本主义剥削方式具有历史正当性,而奴隶制剥削方式就不具有历史正当性。由于生产方式不是一成不变的,而是发展变化的,这就决定了任何一种剥削形式都会由同生产方式相适应变为不适应,因而它的历史正当性都只是在一定时期才具有的,因而是暂时的而不是永恒的。

如果说剥削的历史正当性就在于它在一定时期起了推动生产力和社会关系发展的作用,那一旦它不能再起这种作用时,它也就丧失了历史正当性。历史上先后出现的奴隶制剥削、封建制剥削都经历过由具有历史正当性到丧失历史正当性的过程。马克思和恩格斯认为,在资本主义社会发展到一定阶段时,一切剥削都会丧失历史正当性。对此,恩格斯指出,马克思虽然承认剥削的历史正当性,"但他同时证明,这种历史的正当性现在不仅消失了,而且剥削不论以什么形式继续保存下去,已经日益愈来愈妨碍而不是促进社会的发展,并使之卷入愈来愈激烈的冲突中"①。

3. 人类社会的发展在一定时期要以
一部分人的牺牲为代价

剥削的历史正当性还在于,人类社会的发展在一定时期只能以一部分人的牺牲为代价。仔细研究一下马克思和恩格斯的有关论述,我们可以发现,他们所说的剥削的历史正当性,指的是剥削对整个人类社会的发展所起的作用,而不是指它对人类社会中一部分人的发展所起的作用。

剥削无论以什么形式出现,都是社会中一些人对另一些人劳动产品的无偿占有,因而都只会更有利于剥削者的发展。奴隶制的剥削更有利于奴隶主阶级的发展,农奴制的剥削更有利于封建地主阶级的发展,资本主义剥削更有利于资本家阶级的发展。从人类社会的历史来看,无论在什么时候,剥削者总是少数人,而被剥削者则是绝大多数人。为什么马克思和恩格斯会认为更有利于少数人发展的剥削具有历史正当性呢? 对此,马克思在批判李嘉图的感

① 《马克思恩格斯全集》第 21 卷,人民出版社 1965 年版,第 558 页。

伤主义的反对者时有一段深刻的论述："'**人**'类的才能的这种发展,虽然在开始时要靠牺牲多数的个人,甚至靠牺牲整个阶级,但最终会克服这种对抗,而同每个个人的发展相一致;因此,个性的比较高度的发展,只有以牺牲个人的历史过程为代价。至于这种感化议论的徒劳,那就不用说了,因为在人类,也像在动植物界一样,种族的利益总是要靠牺牲个体的利益来为自己开辟道路的,其所以会如此,是因为种族的利益同**特殊个体的利益**相一致,这种种族的利益同时就是这些具有特殊个体的力量之所在,他希望为生产而生产,也就是发展人类天性的财富这种目的本身。"①从这段话可以推出,就整个人类社会的发展而言,占人口大多数的被剥削者,无论他们是奴隶、农奴还是现代无产阶级,他们受到的剥削都是为了整个人类社会的发展而必须做出的牺牲。没有奴隶的牺牲,就没有古代世界的繁荣;没有农奴的牺牲,就没有中世纪的繁荣;没有工人的牺牲,就没有现代资本主义的繁荣;没有所有这些牺牲,人类社会就不会发展,就只能停滞不前。正是从为了整个人类社会的发展必须有一部分人做出牺牲来看,奴隶、农奴和工人的被剥削才具有历史的正当性。与此同理,只占人口少数的剥削者,无论他们是奴隶主、封建地主还是资本家,由于他们的剥削在一定时期同整个人类社会的利益相一致并推动了整个人类社会的发展,因而尽管他们剥削了奴隶、农奴和工人,他们的剥削也具有历史正当性。正是基于这种看法,马克思并不反对李嘉图把资本主义生产方式看作他那个时代最有利于生产、最有利于创造财富的生产方式,因为"如果说李嘉图的观点整个说来符合**工业资产阶级**的利益,这只是**因为**工业资产阶级的利益符合生产的利益,或者说,符合人类劳动生产率发展的利益,并且**以此为限**。"②

　　虽然任何形式的剥削都更有利于剥削者的发展,但马克思和恩格斯认为,对被剥削者的发展而言,新的剥削形式要优于旧的剥削形式,因而在一定时期会受到被剥削者的欢迎。对此恩格斯指出:"当一种生产方式处在自身发展的上升阶段的时候,甚至在和这种生产方式相适应的分配方式下吃了亏的那

---

① 《马克思恩格斯全集》第26卷Ⅱ,人民出版社1973年版,第124—125页。
② 《马克思恩格斯全集》第26卷Ⅱ,人民出版社1973年版,第125页。

些人也会欢迎这种生产方式。大工业兴起时期的英国工人就是如此。"①不仅资本主义的剥削是这样,前资本主义的剥削也是这样。奴隶制的剥削无疑是非常残酷的,但"甚至对奴隶来说,这也是一种进步;成为大批奴隶来源的战俘以前都被杀掉,在更早的时候甚至被吃掉,现在至少能保存生命了。"②农奴制的剥削也很残酷,但同奴隶制的剥削相比,被剥削者的状况无疑也有了很大的改善。当然,即使被剥削阶级的状况在新的剥削形式下有了某种改善,但他们仍为整个人类的发展做出了巨大的牺牲,尽管这种牺牲是必要的和不可避免的。

马克思和恩格斯虽然认为被剥削者的牺牲对整个人类社会的发展是必要的,但他们对被剥削者却总是抱有极大的同情。从他们有关剥削的论述中我们常常可以看到他们对剥削者的强烈谴责。这种态度与他们对剥削的历史正当性的承认不矛盾吗? 为了说明这个问题,我在这里引用两段马克思和恩格斯的有关论述,一段是恩格斯对资本原始积累的论述,另一段是马克思关于英国对印度的入侵的论述。

恩格斯在《论住宅问题》一文中谈到资本的原始积累时说道,"27 年以前,我(在《英国工人阶级状况》一书中)正好对 18 世纪英国所发生的劳动者被逐出自己家园的过程的主要特征进行过描写。此外,当时土地所有者和工厂主所干出的无耻勾当,这种驱逐行动对必然首先对当事的劳动者在物质上和精神上造成的危害,在那里也作了如实的描述。但是,我能想到要把这种可能是完全必然的历史发展过程看成一种退步,后退得'比野蛮人还低下'吗? 绝对不能。1872 年的英国无产者的发展程度比 1772 年的有自己'家园'的农村织工不知要高出多少。有自己的洞穴的原始人,有自己土屋的澳洲人,有他自己的家园的印第安人,难道能够在什么时候举行六月起义或建立巴黎公社吗? 自从资本主义生产被大规模采用时起,工人的物质状况总的来讲是更为恶化了,对于这一点只有资产者才表示怀疑。但是,难道我们因此就应当渴慕地惋惜(也是很贫乏的)埃及的肉锅,惋惜那仅仅培养奴隶精神的农村小工业

---

① 《马克思恩格斯选集》第 3 卷,人民出版社 1995 年版,第 491 页。
② 《马克思恩格斯选集》第 3 卷,人民出版社 1995 年版,第 525 页。

或惋惜'野蛮人'吗？恰恰相反。只有现代大工业所造成的、摆脱了一切历来的枷锁也摆脱了将其束缚在土地上的枷锁并且被一起赶进大城市的无产阶级，才能实行消灭一切阶级剥削和一切阶级统治的伟大社会变革。有自己家园的旧日农村手工织工永远不能做到这一点，他们永远不会产生这种想法，更说不上希望实现这种想法。"①这段话表明，尽管恩格斯十分同情资本原始积累对当时劳动者在物质上和精神上造成的危害，并对当时土地所有者和工厂主所干出的无耻勾当进行了谴责，但他并不认为这一过程是历史的退步，相反，他把这一过程看作是历史发展的必然过程，并认为只有经历了这一过程，人类社会才能实现消灭一切阶级剥削和剥削压迫的伟大革命。

在谈到英国对印度的入侵时，马克思强烈谴责了英国殖民主义者在印度的所作所为。他说："不列颠人给印度斯坦带来的灾难，与印度斯坦过去所遭受的一切灾难比较起来，毫无疑问在本质上属于另一种，在程度上要深重得多。……英国摧毁了印度社会的整个结构，而且至今还没有任何重新改建的迹象。印度人失掉了他们的旧世界而没有获得一个新世界，这就使他们现在所遭受的灾难具有一种特殊的悲惨色彩，使不列颠统治下的印度斯坦同它的一切古老传统，同它过去的全部历史，断绝了联系。"②对于英国殖民主义者所造成的后果，马克思说，"从人的感情上来说，亲眼看到这无数辛勤经营的宗法制的祥和无害的社会组织一个个土崩瓦解，被投入苦海，亲眼看到它们的每个成员既丧失自己的古老形式的文明又丧失祖传的谋生手段，是会感到难过的……"③但他同时又说，"的确，英国在印度斯坦造成社会革命完全是受极卑鄙的利益所驱使，而且谋取这些利益的方式也很愚蠢。但问题不在这里。问题在于，如果亚洲的社会状态没有一个根本的革命，人类能不能实现自己的命运？如果不能，那么，英国不管干了多少罪行，它造成这个革命毕竟是充当了历史的不自觉的工具。总之，无论一个古老世界崩溃的情景对我们个人的感情来说是怎样难过，但是从历史观点来看，我们有权同歌德一起高唱：'我们何必因这痛苦而伤心，既然它带给我们更多欢乐？难道不是有千千万万生灵

① 《马克思恩格斯选集》第3卷，人民出版社1995年版，第149—150页。
② 《马克思恩格斯选集》第1卷，人民出版社1995年版，第761—762页。
③ 《马克思恩格斯选集》第1卷，人民出版社1995年版，第765页。

曾经被帖木儿的统治吞没'"。① 可以认为,马克思对待剥削的态度与他对待英国入侵印度的态度是一样的。从人的感情上讲,被剥削的人们总是值得同情的,但从历史发展的客观历程来看,剥削在一定时期的存在又具有历史的正当性。感情是不能改变历史发展的客观规律的。

---

① 《马克思恩格斯选集》第 1 卷,人民出版社 1995 年版,第 766 页。

十一、道德公平与社会公平^①

自 20 世纪 80 年代中期"效率优先,兼顾公平"的口号被一些学者提出以来,^②我国学术界对分配公平问题的讨论就一直没有中断。如果说早些时候的讨论更关注的是如何打破"平均主义"的问题,那近几年的讨论则把重心转向了如何解决"贫富差距过大"的问题。

仔细研究一下近些年来我国学者有关分配公平的种种见解,人们不难发现,它们更多的是基于当代西方一些学者,如罗尔斯、德沃金、诺奇克等人的公平理论,而对马克思恩格斯的公平理论则关注不够。本人认为,尽管当代西方学者的各种公平理论不乏真知灼见,但在科学性和说服力上却都无法同马克思恩格斯的公平理论相提并论。因此,加强对马克思恩格斯公平理论的研究是摆在我们面前的一个重要课题。

对马克思主义发展史多少有些了解的人都知道,自 1845 年马克思和恩格斯创立了历史唯物主义之后,他们曾多次明确反对用公平理论去说明社会历史发展和指导无产阶级革命运动。然而,在他们生活的那些年代,各种分配公平的主张却十分流行,尤其是在无产阶级反对资产阶级的斗争中。^③ 面对这种情况,为了坚持无产阶级革命运动的正确方向,马克思和恩格斯不得不花费很多时间和精力分析批判当时流行的各种公平理论。正是在对各种公平理论

---

① 本文发表在《河北学刊》2006 年第 1 期。
② 据我所知,"效率优先,兼顾公平"这一口号最早出现于周为民、卢中原的课题研究报告《效率优先,兼顾公平——通向繁荣的权衡》,见《经济研究》1986 年第 2 期。
③ 例如,"做一天公平的工作,得一天公平的工资"就是在当时工人运动中十分流行的一个口号。

的分析批判中,马克思恩格斯提出了大量深刻的见解,从而形成了他们自己的公平观。

笔者曾在《哲学研究》2000 年第 8 期发表过一篇题为《马克思和恩格斯的公平观》的论文,对他们有关分配公平问题的基本观点做了简要的系统的介绍。本文将集中谈谈他们对当时流行的两种分配公平主张——道德意义上的分配公平主张(以下简称道德公平)和社会意义上的分配公平主张(以下简称社会公平)的看法,以期能对当前我国学者的分配公平研究有所启示。

一

在马克思恩格斯对当时流行的各种分配公平主张的分析批判中,他们谈论最多的,同时也是最值得我们重视的,是他们对道德公平和社会公平这两种公平主张的看法。不过,在说明他们对这两种公平主张的看法之前,我们有必要先来看看他们描述的包括这两种公平在内的各种分配公平主张的共同特征。从他们的相关论述来看,当时流行的各种分配公平主张都具有下述特征:

第一,各种分配公平的主张都是人们对现存分配关系与他们自身利益关系的价值判断。在谈到资本主义社会的分配关系时,马克思指出,"工资以雇佣劳动为前提,利润以资本为前提。因此,这些一定的分配形式是以生产条件的一定的社会性质和生产当事人之间的一定的社会关系为前提的。因此,一定的分配关系只是历史地规定的生产关系的表现。"①由于分配关系是生产关系的表现,生产关系又是由生产力的发展水平所决定的,因此,分配关系是一种客观存在的不以人们的意志为转移的经济关系,它本身并不存在与人们的主观价值取向直接相关的公平还是不公平的问题。对于这一点,恩格斯讲得很明确:"按照资产阶级经济学的规律,产品的绝大部分**不是**属于生产这些产品的工人。如果我们说:这是不公平的,不应该这样,那末这句话同经济学没

---

① 《资本论》第三卷,人民出版社 1975 年版,第 997 页。

有什么直接的关系。"①这里说的同经济学没有什么直接的关系,指的是同经济学的研究对象即客观存在的分配关系没有什么直接的关系。由此说来,各种分配公平的主张都不过是人们从他们自身利益出发对现存分配关系一种评价。说得具体一点就是,当人们说某种分配关系是公平的时候,其所说的公平说到底是指这种分配关系与他们的利益要求相一致,当人们说某种分配关系是不公平的时候,其所说的不公平说到底是指这种分配关系与他们的利益要求不一致。

第二,各种分配公平的主张都是不同社会集团各自利益的体现。马克思恩格斯认为,自原始社会解体后就出现了在分配关系中处于不同地位的社会集团,而同一分配关系会为不同的社会集团带来不同的利益,因此,不同的社会集团总是从自身利益出发评价现存的分配关系的,于是就必然会出现这样一种情况:对于同一分配关系,一些人认为是公平的,另一些人则认为是不公平。这样说来,任何所谓的分配公平,实际上都只是为某一社会集团所认可的公平。对此,恩格斯指出:"希腊人和罗马人的公平观认为奴隶制度是公平的;1789 年资产阶级的公平观则要求废除被宣布为不公平的封建制度。在普鲁士的容克看来,甚至可怜的专区法也是破坏永恒公平的。所以,关于永恒公平的观念不仅是因时因地而变,甚至也因人而异,它是如米尔伯格正确说过的那样'一个人有一个理解'。"②马克思在《哥达纲领批判》中嘲讽拉萨尔主张的"公平的分配"时也指出:"什么是'公平的'分配呢?难道资产者不是断言今天的分配是'公平'的吗?……难道各种社会主义宗派分子关于'公平的'分配不是也有各种极不相同的观念吗?"③由于人们在分配公平问题上不可能形成共识,所以公平总是与不公平相依存而存在,有公平就有不公平,能为一切人认可的分配公平是不存在的。

第三,各种分配公平要求都是对现存分配关系的保守方面或革命方面的神圣化。马克思恩格斯认为,人们的各种分配公平的主张对现实的分配关系

① 《马克思恩格斯全集》第 21 卷,人民出版社 1965 年版,第 209 页。
② 《马克思恩格斯全集》第 18 卷,人民出版社 1964 年版,第 310 页。
③ 《马克思恩格斯选集》第 3 卷,人民出版社 1995 年版,第 302 页。

具有维护或破坏的作用。前边表明,不同社会集团会持有不同的分配公平主张。然而,由于公平概念本身具有将同一尺度应用于每一个人的含义,因此,尽管一种分配关系实际上只是对某一社会集团有利,但它却往往被这一集团说成对其他社会集团也是公平的。于是就形成了这样一种情况,尽管各社会集团对公平理解各不相同的,但无论哪个集团都把公平作为争取或维护自身利益的口号。所以,当某一社会集团宣称现存的分配关系是公平的时候,它是把实际上只是有利于自身的分配关系神圣化,即把它说成是有利于所有人的分配关系而对其加以维护。这样说来,当一种分配关系已不再适合生产力的发展要求时,仍说它是公平的就是在将其保守方面神圣化,反之,当一种分配关系还适合生产力发展时说它是公平的,就是将其革命方面加以神圣化。对此恩格斯有一段精辟的论述:"在法学家和盲目相信他们的人们眼中,法的发展就只不过是使获得法的表现的人类生活状态一再接近于公平理想,即接近于永恒公平。而这个公平则始终只是现存经济关系的或者反映其保守方面或者反映革命方面的观念化的神圣化的表现。"①

二

　　马克思恩格斯说的道德公平指的是什么? 社会公平指的又是什么? 为了说明这两个问题,让我们先来看看马克思有关分配公平主张的两段论述:

　　(1)针对当时工人运动中流行的"做一天公平的工作,得一天公平的工资"的口号,马克思说,"在雇佣劳动制度的基础上要求**平等的或仅仅是公平的报酬**,就犹如在奴隶制的基础上要求**自由**一样。你们认为公道和公平的东西,与问题毫无关系。问题就在于:一定的生产制度所必需的和不可避免的东西是什么?"②

　　(2)在批评拉萨尔的"公平的分配"的主张时,马克思说:"什么是

① 《马克思恩格斯选集》第3卷,人民出版社1995年版,第211—212页。
② 《马克思恩格斯选集》第2卷,人民出版社1995年版,第76页。

'公平的'分配呢？难道资产者不是断言今天的分配是'公平'的吗？难道它事实上不是在现今的生产方式基础上唯一'公平的'分配吗？"①

马克思在这两段论述中都谈到了分配公平问题，但在第一段中谈的分配公平显然不同于在第二段中谈的分配公平。这种不同不仅表现在前者指的是工人要求的公平报酬，后者指的是资产者断言的公平分配，而且还表现在前者与"一定的生产制度所必需的和不可避免的东西"这一问题无关，即与当时的资本主义生产制度所必需的和不可避免的分配关系这一问题无关，后者则是"现今的生产方式基础上唯一'公平的'分配"，即现今资本主义生产方式基础上唯一"公平的"分配。可见，它们是两种不同的分配公平主张。

对于这两种不同的分配公平主张，恩格斯在谈到"做一天公平的工作，得一天公平的工资"这一口号时有一段更为明确的论述："是做一天公平的工作，得一天公平的工资吗？可是什么是一天公平的工资和一天公平的工作呢？它们是怎样由现代社会生存和发展的规律决定的呢？要回答这个问题，我们不应当应用道德学或法学，也不应当诉诸任何人道，正义甚至慈悲之类的温情。在道德上是公平的甚至在法律上是公平的，而从社会上来看很可能是很不公平的。社会的公平或不公平，只能用一种科学来断定，那就是研究生产和交换的物质事实的科学——政治经济学。"②在这段话中，恩格斯明确提出存在两种不同的分配公平主张：一种是道德意义上的分配公平主张，另一种是社会意义上的分配公平主张。前一种也就是马克思在上面第一段话中谈的公平主张，后一种也就是马克思在第二段话中谈的公平主张。

为什么马克思和恩格斯认为"做一天公平的工作，得一天公平的工资"这一流行于工人运动的口号是道德意义上的公平主张？对此，恩格斯有过这样的说明："李嘉图理论的上述应用，——认为全部社会产品，即**工人的**产品属于唯一的、真正的生产者，即工人——直接引导到共产主义。但是，马克思在上述的地方也指出，这种应用在经济学的形式上是错误的，因为这只不过是把道德运用于经济学而已。按照资产阶级经济学的规律，产品的绝大部分**不是**

---

① 《马克思恩格斯选集》第 3 卷，人民出版社 1995 年版，第 302 页。
② 《马克思恩格斯全集》第 19 卷，人民出版社 1963 年版，第 273 页。

属于生产这些产品的工人。如果我们说：这是不公平的，不应该这样，那末这句话同经济学没有什么直接的关系。我们不过是说，这些经济事实同我们的道德感有矛盾。"①这里说的"认为全部社会产品，即**工人的**产品属于唯一的、真正的生产者，即工人"，是当时英国的社会主义者从一些资产阶级经济学家对大卫·李嘉图的劳动价值论的非难中推导出来的。李嘉图提出，商品的价值决定于劳动时间。对此一些资产阶级经济学家提出了这样的非难："如果一个产品的交换价值等于它所包含的劳动时间，一个工作日的交换价值就等于一个工作日的产品。换句话说，工资应当等于劳动的产品。但是实际情形恰好相反。"②这种非难后来被英国的社会主义者抓住了。这些社会主义者先假定李嘉图的劳动时间决定商品价值这一公式在理论上是正确的，接着指出资本主义社会的实际与李嘉图的理论相矛盾，再进而要求资本主义社会在实践中贯彻他们从李嘉图的理论原则出发臆想出来的结论——做一天公平的工作，得一天公平的工资。"英国的社会主义者至少就是用这种方式把李嘉图的交换价值公式倒转过来反对政治经济学。"③为什么马克思和恩格斯把英国社会主义者的这种做法说成是把道德应用于经济学？这是因为，李嘉图的理论揭示的是资本主义商品生产和商品交换的规律，而英国社会主义者则把李嘉图的这一经济学理论转换为一种道德原则，即从李嘉图的"商品的价值决定于劳动时间"推导出"工资应当等于劳动的产品"，再进而推导出"产品应当属于真正的生产者"，然后再以"产品应当属于真正的生产者"这一道德原则来指责现实资本主义分配关系的不公平。根据这一道德原则，全部产品应当属于真正生产者工人，但资本主义社会的实际情况却是产品的绝大部分不属于工人而属于资本家，因此，资本主义的分配方式是不公平的。"做一天公平的工作，得一天公平的工资"的口号就是基于这种道德原则提出来的，它为什么被马克思恩格斯看作道德意义上的公平主张，其原因就在这里。

为什么资产者断言的分配公平被认为是社会意义上的公平主张呢？从马克思恩格斯的相关论述来看，这是因为它与经济发展规律相一致。由于对经

---

① 《马克思恩格斯全集》第 21 卷，人民出版社 1965 年版，第 209 页。
② 参见《马克思恩格斯全集》第 13 卷，人民出版社 1962 年版，第 52 页的注释①。
③ 《马克思恩格斯全集》第 13 卷，人民出版社 1962 年版，第 52 页。

济发展规律的揭示靠的是政治经济学,所以恩格斯强调:"社会的公平或不公平,只能用一门科学来断定,那就是研究生产和交换的物质事实的科学——政治经济学。"①这里需要指出,恩格斯这里讲的政治经济学指的不是由马克思创立的无产阶级的政治经济学,而是资产阶级的政治经济学。根据资产阶级政治经济学,"一天公平的工资,在正常情况下,就是保证工人按照的处地位和所在国家的生活程度获得必要的生活资料,以保证他的工作能力和延续他的后代所需要的金额。"②换句话说,它所断定的分配公平,指的是资本家付给了工人与其劳动力价值相符的工资,或者说,资本家是根据劳动力买卖的等价交换原则付给工人工资的。我们在前边讲过,任何分配公平的主张都是某一社会集团利益的反映,资产阶级经济学所断言的分配公平也是如此,因而它"是完全偏在一边的、偏在资本一边的公平"。③ 既然如此,恩格斯为什么还把资产阶级经济学断言的分配公平称为社会的公平呢? 从恩格斯的论述来看,这是因为这种公平主张"忠实地表述了支配目前社会的规律"。④ 用马克思的话来讲就是,这种分配公平主张事实上是在现今的生产方式基础上唯一"公平的"分配。

综上所述,马克思恩格斯所说的道德公平指的是依据一种道德原则提出的分配公平主张,社会公平指的则是与经济发展规律相一致的分配公平主张。

三

道德公平是当时工人运动提出来的,社会公平则是当时资产者断言的。面对这两种不同的分配公平主张,马克思恩格斯没有因前者是工人提出的就予以赞同,也没因后者是资产者断言的就予以反对,而是在对它们进行深入分析的基础上提出了自己的看法。

---

① 《马克思恩格斯全集》第 19 卷,人民出版社 1963 年版,第 273 页。
② 《马克思恩格斯全集》第 19 卷,人民出版社 1963 年版,第 274 页。
③ 《马克思恩格斯全集》第 19 卷,人民出版社 1963 年版,第 275—276 页。
④ 《马克思恩格斯全集》第 19 卷,人民出版社 1963 年版,第 275 页。

首先,无论是道德公平还是社会公平,都不能用于政治经济学的研究。马克思和恩格斯反复强调,无产阶级革命的成功和共产主义社会的实现都不是基于某种公平主张,而是基于历史发展的客观必然性,而对这种客观必然性的揭示只能通过一门科学——政治经济学。道德公平和社会公平虽然都涉及现存的分配关系,但都只是对它的价值判断,而不是对它自身发展规律的科学认识。因而,径直从道德公平或社会公平出发说明现存的经济关系丝毫无助于政治经济学的研究。马克思在批判蒲鲁东的永恒公平理想时指出:"如果一个化学家不去研究物质变换的现实规律,并根据这些规律解决一定的问题,却要按照'自然性'和'亲合性'这些'永恒观念'来改造物质变换,那末对于这样的化学家人们该怎样想呢? 如果有人说,'高利贷'违背'永恒公平'、'永恒公道'、'永恒互助'以及其他种种'永恒真理',那末这个人对高利贷的了解比那些说高利贷违背'永恒恩典'、'永恒信仰'和'永恒神意'的教父的了解又高明多少呢?"①道德公平或社会公平不但无助而且还有害于政治经济学的研究。对此,恩格斯有一段极为明确的论述:"在日常生活中,如果我们接触到的关系很简单,那末公平的、不公平的、公平感、法权感这一类名词甚至应用于社会现象也不致引起什么大误会,可是在关于经济关系的科学研究中,如我们所看到的,这些名词便引起一种不可救药的混乱,就好像在现代化学中企图保留燃素论的术语会引起的混乱一样。如果人们像蒲鲁东那样相信这种社会燃素即所谓'公平'原则,或者像米尔伯格那样断定说燃素论是与氧气论一样正确,则这种混乱就会更加厉害了。"②

其次,道德公平虽是工人运动提出来的,但却不能用来指导无产阶级革命。马克思强调,"工人阶级企图实现的社会变革正是目前制度本身的必然的、历史的、不可避免的产物"③。由于道德公平只是从"产品应当属于真正的生产者"这一道德原则出发对现存分配关系的一种价值判断,而不是对现存分配关系历史必然性的揭示,所以"马克思从来不把他的共产主义要求建立在这样的基础上,而是建立在资本主义生产方式的必然的、我们眼见一天甚于

---

① 《资本论》第一卷,人民出版社 1975 年版,第 102 页。
② 《马克思恩格斯全集》第 18 卷,人民出版社 1964 年版,第 310 页。
③ 《马克思恩格斯选集》第 3 卷,人民出版社 1995 年版,第 113 页。

一天的崩溃上"①。此外,道德公平实际上是把工人获得解放的希望寄托在道德意义的"应当"上,说得明确一点就是寄托在有朝一日资产者良心的发现上,因而它为无产阶级运动描绘的前景就只能是耐心地等待。对此恩格斯说道,"如果我们对现代劳动产品分配方式(它造成赤贫和富豪、饥饿和穷奢极欲的尖锐对立)的日益逼近的变革所抱的信心,只是基于一种意识,即认为这种分配方式是非正义的,而正义总有一天一定要胜利,那就糟了,我们就得长久等待下去。"②再有,道德公平的主张说到底是一种分配决定论,即把分配公平视为无产阶级获得解放的根本问题,而在马克思恩格斯看来,消费资料的任何一种分配,都不过是生产条件本身分配的结果,所有制关系不改变,分配关系也就改变不了。所以马克思明确提出,工人阶级"**应当屏弃'做一天公平的工作,得一天公平的工资!'这种保守的格言,要在自己的旗帜上写上革命的口号:'消灭雇佣劳动制度!'**"③当然,马克思恩格斯并不否认道德公平的主张在早期工人运动中曾起过积极的作用,但他们认为这种作用是与工人运动的发展,特别是与科学社会主义理论出现以后的工人运动的发展成反比的。

第三,社会公平虽是资产者断言的,但却具有历史的正当性。这里需要强调,马克思恩格斯把资产者断言的分配公平视为社会公平并不是因为资本家的断言,而是因为资本家断言的分配公平与当时社会经济发展规律相一致。由于资产者断言的分配公平与经济发展规律相一致,即还能起推动社会向前发展的作用,因而尽管它实际上是偏在资本家一边,但它的存在却具有历史的正当性。马克思在《资本论》第三卷中曾讲过一段话:"在这里,同吉尔巴特一起说什么自然正义,这是荒谬的。生产当事人之间进行的交易的正义性在于:这种交易是从生产关系中作为自然结果产生出来的。这种经济交易作为当事人的意志行为,作为他们的共同意志的表示,作为可以由国家强加给立约双方的契约,表现在法律形式上,这些法律形式作为单纯的形式,是不能决定这个内容本身的。这些形式只是表示这个内容。这个内容,只要与生产方式相适

---

① 《马克思恩格斯全集》第21卷,人民出版社1965年版,第209页。
② 《马克思恩格斯选集》第3卷,人民出版社1995年版,第500页。
③ 《马克思恩格斯选集》第2卷,人民出版社1995年版,第97页。

应,相一致,就是正义的;只要与生产方式相矛盾,就是非正义的。在资本主义生产方式的基础上,奴隶制是非正义的;在商品质量上弄虚作假也是非正义的。"①由此可以推出,资产者断言的分配公平由于与生产方式相适应,因而也是正义的,即具有历史的正当性。不仅如此,在马克思恩格斯的论述中,资产者断言的分配公平的历史的正当性还表现在工人在一定时期也对其表示欢迎。对此恩格斯指出:"当一种生产方式处在自身发展的上升阶段的时候,甚至在和这种生产方式相适应的分配方式下吃了亏的那些人也会欢迎这种生产方式。大工业兴起时期的英国工人就是如此。不仅如此,当这种生产方式对于社会还是正常的时候,满意于这种分配的情绪,总的来说,会占支配的地位;那时即使发出了抗议,也只是从统治阶级自身中发出来(圣西门、傅立叶、欧文),而在被剥削的群众中恰恰得不到任何响应。"②只有当资本主义的分配关系已成为生产力发展的桎梏时,资产者断言的分配公平才会失去了其存在的历史正当性,才不再是社会公平并为新的社会公平所取代。

以上是对马克思恩格斯对当时流行的两种分配公平主张看法的简要介绍。我认为,他们的看法对我们当前研究分配公平问题至少有这样两点启发:先要分清当前人们在分配问题上的各种公平主张是道德意义上的公平主张还是社会意义上的公平主张,进而再对不同的公平主张提出相应的对策;我们对公平问题的研究不应只停留在道德或法律层面上,而应深入到构成其基础的经济关系上。

---

① 《资本论》第三卷,人民出版社1975年版,第379页。
② 《马克思恩格斯选集》第3卷,人民出版社1995年版,第491—492页。

十二、马克思认为"与生产方式相适应，相一致就是正义的"吗？

——对中央编译局《资本论》第三卷一段译文的质疑与重译①

在当前国内学者有关马克思正义思想的研究中，一个无法回避而且众说纷纭的问题是马克思本人如何看待正义。在这个问题上，一些人提出，马克思认为只要与生产方式相适应，相一致，就是正义的；只要与生产方式相矛盾，就是非正义的，而他们的文本依据则直接来自中央编译局翻译的马克思《资本论》第三卷第 21 章"生息资本"中的一段话：

> 在这里，同吉尔巴特一起（见注）说什么自然正义，这是荒谬的。生产当事人之间进行的交易的正义性在于：这种交易是从生产关系中作为自然结果产生出来的。这种经济交易作为当事人的意志行为，作为他们的共同意志的表示，作为可以由国家强加给立约双方的契约，表现在法律形式上，这些法律形式作为单纯的形式，是不能决定这个内容本身的。这些形式只是表示这个内容。这个内容，只要与生产方式相适应，相一致，就是正义的；只要与生产方式相矛盾，就是非正义的。在资本主义生产方式的基础上，奴隶制是非正义的；在商品质量上弄虚作假也是非正义的。②

马克思对正义的看法真是这样吗？对此我持怀疑态度，因为从我读过的马克思有关正义问题的论著来看，除了上面引用的那段译文以外，就再也见不

---

① 本文发表在《马克思主义与现实》2010 年第 6 期。

② 《马克思恩格斯全集》第 25 卷，人民出版社 1974 年版，第 379 页。

到什么能够表明马克思持有这种看法的文本依据。这是为什么呢? 为了弄清这一问题,我查阅了马克思那段论述的德文原文及其英译文,结果发现,马克思那段论述的德文原文实际上并不含有这种看法,这种看法是中央编译局译文存在的严重误译所导致的。这里需要指出,上面引用的那段论述出自 1974 年出版的《马克思恩格斯全集》第 1 版第 25 卷(以下简称旧译本),而中央编译局在 2003 年出版的《马克思恩格斯全集》第 2 版第 46 卷中(以下简称新译本)对其做了几处小的修改。不过,那些修改都没有涉及我所说的严重误译问题,所以严重误译问题在新译本中依然存在。为了使人们能准确理解马克思那段论述的原意,本文将依据那段论述的德文原文①并参照英译文②,就新译本对旧译本所做的修改和它们都存在的严重误译问题进行分析,并在此基础上重译马克思的那段论述。

马克思那段论述的德文原文由七句话构成,其中第一句话包含一个注释。以下是从注释开始对中央编译局译文的逐句分析和重译。

注释:德文原文是,"Daß ein Mann, der Geld borgt, mit der Absicht, Profit davon zu machen, einen Teil des Profits dem Verleiher geben soll, ist ein selbstverständliches Prinzip der natürlichen Gerechtigkeit." 英译文是,"That a man who borrows money with a view of making a profit by it, should give some portion of his profit to the lender, is a self-evident principle of natural justice." 旧译本的译文是,"一个借钱为了获取利润的人,应该把利润的一部分给予贷出者,这是一个不言而喻的合乎自然正义的原则。" 新译本的译文是,"一个用借款来牟取利润的人,应该把一部分利润付给贷放人,这是不言而喻的天然正义的原则。"

从德文原文来看,新译本对旧译本的几处改动都是正确的,其中有两处改动尤为必要并值得在这里特别加以说明。一是新译本将旧译本中的"合乎"二字去掉是绝对必要的,这不仅因为德文原文 "ist ein selbstverständliches

① 本文引用的德文原文均出自 *Karl Marx Friederich Engels*, Band 25, Berlin: Dietz Verlag, 1959, pp.351-352。

② 本文引用的英译文均出自 *Karl Marx Frederick Engels Collected Works*, Volume 37, London: Lawrence & Wishart, 1998, pp.337-338。

Prinzip der natürlichen Gerechtigkeit"（新译本的译文是"这是不言而喻的天然正义的原则"）中原本没有这个词，也没有这种意思，而且还因为加上"合乎"会使我们对德文原文中的 der natürlichen Gerechtigkeit（旧译本译为"自然正义"）的含义产生歧义。"是一个自然正义原则"与"是一个合乎自然正义的原则"在意思上存在明显的差异。就注释而言，前者讲的是，"一个借钱为了获取利润的人，应该把利润的一部分给予贷出者"本身是一个自然正义原则；后者讲的是，"一个借钱为了获取利润的人，应该把利润的一部分给予贷出者"本身不是一个自然正义原则，而是一个合乎自然正义的原则。这样说来，旧译文中的"合乎"就不仅留下了它所说的"自然正义"本身的含义是什么这个无论在这一注释还是在马克思的那段论述中都找不到答案的疑问，而且还留下了一个与如何正确理解马克思那段论述直接相关的疑问：马克思在这一注释出现于其中的第一句话，即"同吉尔巴特一起（见注）说什么自然正义"（旧译本的译文）中讲的"自然正义"是指什么而言？是指"一个借钱为了获取利润的人，应该把利润的一部分给予贷出者"而言？还是指一个借钱为了获取利润的人，应该把利润的一部分给予贷出者所合乎的那种"自然正义"而言？二是新译本将旧译本的"自然正义"改译为"天然正义"也很有必要，因为虽然德文原文"der natürlichen Gerechtigkeit"既可译为"自然正义"，也可译为"天然正义"，但从其出现的语境来看，其含义是在任何时候、任何情况下都理所当然的正义，因而将其译为"天然正义"或许更贴切。

注释中的德文原文"selbstverständliches"在旧译本和新译本中都被译为"不言而喻的"，而在我看来，应将其译为"不证自明的"。因为虽然"selbstverständliches"本身既有"不言而喻的"的意思，也有"不证自明的"的意思，但就它在这里是形容"天然正义的原则"而言，将其译为"不证自明的"更贴切。

重译的译文是："**一个用借款来牟取利润的人，应该把一部分利润付给贷放人，这是不证自明的天然正义的原则。**"

第一句：德文原文是，"Mit Gilbart（siehe Note）von natürlicher Gerechtigkeit hier zu reden, ist Unsinn."英译文是，"To speak here of natural justice, as Gilbart does（see note）, is nonsense."旧译本的译文是，"在这里，同吉尔巴特一起（见

注)说什么自然正义,这是荒谬的。"新译本的译文是,"在这里,同吉尔巴特一起(见注)说什么天然正义,这是毫无意义的。"

新译本将旧译本中的"自然正义"改译为"天然正义"是对的,理由前边已经讲过。但新译本将旧译本中的"荒谬的"改译为"毫无意义的"则不应该,因为从马克思那段论述的语境和内容来看,他是在"批判"吉尔巴特所说的天然正义,因此,尽管德文原文"Unsinn"既可译为"无意义的",也可译为"荒谬的",但译为"荒谬的"能更准确地体现马克思对吉尔巴特观点的看法。

德文原文中的"hier"在新、旧译本中都被译为"在这里",这从字面上讲没有问题。不过,我认为在这里有必要对"hier"的含义做些说明,因为其含义直接涉及马克思那段论述的语境,对正确理解那段论述具有非常重要的意义。"hier"的含义是什么? 要弄清这一问题就得看看马克思那段论述出现的上下文。马克思在那段论述之前先讲了这样一段话:"很清楚,100镑的所有权,使其所有者有权把利息,把他的资本生产的利润的一定部分据为己有。如果他不把这100镑交给另一个人,后者就不能生产利润,也就根本不能用这100镑来执行资本家的职能。"①在那段论述之后接着讲了这样一段话:"这100镑作为资本——不管是作为产业资本还是作为商业资本——执行职能,因而生产20镑的利润。但是,作为资本执行这种职能的必要条件是,把这100镑作为资本支出,也就是说,把货币支付出去购买生产资料(如果是产业资本)或购买商品(如果是商业资本)。但是,这100镑要被支出,就必须已经存在。如果这100镑的所有者A把这100镑用在自己的私人消费上,或者把它们作为贮藏货币保存起来,它们就不能由执行职能的资本家B作为资本支出了。资本家B不是支出自己的资本,而是支出A的资本;但没有A的同意,他就不能支出A的资本。因此,把这100镑最初作为资本支出的实际上是A,虽然他作为资本家执行的全部职能只限于把这100镑作为资本支出。在我们考察这100镑时,B所以会作为资本家执行职能,只是因为A把这100镑交给了他,从而把这100镑作为资本支出了。"②从这两段话我们可以推断,"hier"的含义

① 《马克思恩格斯全集》第2版第46卷,人民出版社2003年版,第379页。
② 《马克思恩格斯全集》第2版第46卷,人民出版社2003年版,第379—380页。

是"在谈论产业资本家或商业资本家为什么要把一部分利润付给货币资本家这一问题时"。如果我们再看看马克思那段论述出现于其中的《资本论》第三卷第21章"生息资本"的其他内容,这一含义就更清楚了。

德文原文"Mit Gilbart(siehe Note)von natürlicher Gerechtigkeit hier zu reden"在旧译本和新译本中都被译为"在这里,同吉尔巴特一起(见注)说什么自然正义"。这一译文中的"同吉尔巴特一起"在译法上有问题。因为德文原文"Mit Gilbart"中的"Mit"既可译为"同……一起",也可译为"以……(什么)方式",但就它在这里出现的语境来看,应将"Mit Gilbart"译为"像吉尔巴特那样说什么",因为"同吉尔巴特一起说什么"的译法会引出一个在德文原文中本不存在的问题:"谁"同吉尔巴特一起说,是马克思还是其他什么人?这一问题在马克思那段论述中,甚至在那段论述出现的那一章中,都是找不到答案的。此外,将"Mit Gilbart"译为"像吉尔巴特那样说什么"还可从英译文的译法"as Gilbart does"得到佐证。

重译的译文是:"**在这里,像吉尔巴特那样(见注)说什么天然正义是荒谬的**。"

第二句:德文原文是,"Die Gerechtigkeit der Transaktionen, die zwischen den Produktionsagenten vorgehn, beruht darauf, daβ diese Transaktionen aus den Produktionsverhältnissen als natürliche Konsequenz entspringen."英译文是,"The justice of the transactions between agents of production rests on the fact that these arise as natural consequences out of the production relationships."旧译本的译文是,"生产当事人之间进行的交易的正义性在于:这种交易是从生产关系中作为自然结果产生出来的"。新译本的译文与旧译本的译文完全一样。

中央编译局译文存在的严重误译问题,就是从这句话开始的。

第一,这句话中的德文原文"Die Gerechtigkeit der Transaktionen, die zwischen den Produktionsagenten vorgehn"在新、旧译本中都被译为"生产当事人之间进行的交易的正义性"。由于这种译法没有将德文原文中的"Die Gerechtigkeit"(这种正义性)和"der Transaktionen"(这些交易)的特定含义译出,因而,它的译文"生产当事人之间进行的交易",就只能理解为"泛指的生产当事人之间进行的任何买卖",与此相应,"生产当事人之间进行的交易的正义性",就只能理解为"泛指的生产当事人之间进行的任何买卖的正义性"。这是对德文原文的严重误译。从德文原文"Die Gerechtigkeit der Transaktionen, die zwischen den Produktionsagenten vorgehn"出现的语境来看,它是紧接着前边第一句话讲的,那么,按照德语中定冠词的用法和形式逻辑的同一律规则,这里的"Die Gerechtigkeit",指的就是前边第一句德文原文"Mit Gilbart(siehe Note)von natürlicher Gerechtigkeit hier zu reden, ist Unsinn"[重译的译文是:在这里,像吉尔巴特那样(见注)说什么天然正义是荒谬的]中"Gerechtigkeit"(正义),而第一句德文原文中的"Gerechtigkeit"(正义)与注释的德文原文"Daß ein Mann, der Geld borgt, mit der Absicht, Profit davon zu machen, einen Teil des Profits dem Verleiher geben soll, ist ein selbstverständliches Prinzip der natürlichen Gerechtigkeit"(重译的译文是:一个用借款来牟取利润的人,应该把一部分利润付给贷放人,这是不证自明的天然正义的原则)中的"Gerechtigkeit"(正义)是同一概念,因此,这里的德文原文"Die Gerechtigkei"实际上指的是吉尔巴特说的"正义性",即注释中讲的用借款来牟取利润的人"应该"把一部分利润付给贷放人。与此相应,这里的德文原文"der Transaktionen, die zwischenden Produktionsagenten vorgehn"(生产当事人之间进行的交易)指的就是吉尔巴特说的"用借款来牟取利润的人"和"贷放人"之间进行的前者把一部分利润付给后者的交易。因此,这里的德文原文"Die Gerechtigkeit der Transaktionen, die zwischen den Produktionsagenten vorgehn"应译为"这种生产当事人之间进行的交易的正义性",其含义是吉尔巴特说的用借款来牟取利润的人和贷放人之间进行的前者把一部分利润付给后者的交易的正义性。

第二,中央编译局的译文"生产当事人之间进行的交易的正义性"与第一句德文原文中"hier"(在这里)的含义相冲突。前边表明,"hier"的含义是"在谈论产业资本家或商业资本家为什么要把一部分利润付给货币资本家时",这样说来,只有将德文原文"Die Gerechtigkeit der Transaktionen, die zwischen den Produktionsagenten vorgehn"译为"这种生产当事人之间进行的交易的正义性",即意指吉尔巴特说的"用借款来牟取利润的人"和"贷放人"之间进行的交易的正义性,才能同"hier"的含义相一致。由于中央编译局的译文将那句德文原文译为"生产当事人之间进行的交易的正义性",从而使其中的"der

Transaktionen，die zwischen den Produktionsagenten vorgehn"意指"泛指的生产当事人之间进行的任何买卖"，这种译法显然与"hier"的含义相矛盾。

第三，中央编译局的译文将德文原文"Die Gerechtigkeit der Transaktionen，die zwischen den Produktionsagenten vorgehn"译为"生产当事人之间进行的交易的正义性"，还使其中的"正义性"成了一个无法理解的概念。前边表明，德文原文"Die Gerechtigkeit"指的吉尔巴特说的"正义性"，其含义是用借款来牟取利润的人"应该"把一部分利润付给贷放人。中央编译局译文中的"正义性"的含义又是什么呢？从字面上讲，它指的是生产当事人之间进行的交易的正义性，但如果生产当事人之间进行的交易只能理解为"泛指的生产当事人之间进行的任何买卖"，那这种交易本身就不含有特定的"应该"的内容，而如果不含有特定的"应该"的内容，那这种交易的"正义性"是指什么而言呢？

第四，与上述误译相关，中央编译局的译文接下来将德文原文"daβ diese Transaktionen aus den Produktionsverhältnissen als natürliche Konsequenz entspringen"译为"这种交易是从生产关系中作为自然结果产生出来的"，这种译法也存在严重的误译。首先，它将德文原文中的"diese Transaktionen"译为"这种交易"，其含义仍是"泛指的生产当事人之间进行的任何买卖"。前边表明，"der Transaktionen，die zwischen den Produktionsagenten vorgehn"的含义是吉尔巴特说的"用借款来牟取利润的人"和"贷放人"之间进行的交易，由于德文原文"diese Transaktionen"是接着"der Transaktionen，die zwischen den Produktionsagenten vorgehn"出现的，而且是以复数形式出现的，因此，应将其译为"这些交易"，其含义仍是吉尔巴特说的那些用借款来牟取利润的人和贷放人之间进行的交易。其次，它将德文原文中的"den Produktionsverhältnissen"译为"生产关系"虽然从字面上讲没有问题，但它赋予"生产关系"的含义却有问题。前边指出，它将德文原文"diese Transaktionen"译为"这种交易"，其含义是"泛指的生产当事人之间进行的任何买卖"，由此说来，当它将"den Produktions-verhaltnissen"出现于其中的德文原文"daβ diese Transaktionen aus den Produk-tionsverhaltnissen als natürliche Konsequenz entspringen"译为"这种交易是从生产关系中作为自然结果产生出来的"时，其译的"生产关系"就只能理解为"泛指的生产关系"，因为从逻辑上讲，"泛指的生产当事人之间进行的任何买卖"

只能从"泛指的生产关系"中作为自然结果产生出来。前边表明,"diese Transaktionen"应译为"这些交易",其含义是吉尔巴特说的用借款来牟取利润的人和贷放人之间进行的交易,因此,德文原文"daβ diese Transaktionen aus den Produktionsverhältnissen als natürliche Konsequenz entspringen"虽应译为"这些交易是从生产关系中作为自然结果产生出来的",但其中的"生产关系"的含义却不是"泛指的生产关系",而是"特指的生产关系",这不仅因为德文原文"Produktionsverhältnissen"前有定冠词"den",而且还因为"这些交易",即吉尔巴特所说的那些交易,只能从特指的生产关系中作为自然结果产生出来。而特指的生产关系,即"这些交易"从中作为自然结果产生出来的生产关系,实际上就是资本主义生产关系,这一点从马克思那段论述的上下文看得十分清楚。

第五,中央编译局的译文将作为连词的德文原文"beruht darauf"译为"在于",这从字面上讲也没有错。那"在于"的含义是什么呢?从其出现的语境分析,是"取决于"。这样说来,由它连接起来的整个第二句译文其含义就是:泛指的生产当事人之间进行的任何买卖的正义性取决于:这种买卖是从生产关系中作为自然结果产生出来的。我认为,将"beruht darauf"译为"在于"是不准确的,不过,因为由它连接的前后两部分译文都存在严重误译,我这里就不再对这一译法本身的问题做进一步分析了。

在我看来,"beruht darauf"既可译为"在于……",也可译为"基于……",但就它在这里出现的语境来看,应将它译为"基于……"。从前边讲过的第一句话,即"在这里,像吉尔巴特那样(见注)说什么天然正义是荒谬的"及注释可以推断,马克思在第二句话是要批判吉尔巴特的"天然正义"的谬论。那马克思是如何批判吉尔巴特的这一谬论的呢?将前边分析过的第二句话的那些德文原文联系起就不难看出,马克思在第二句话是要表明,吉尔巴特所说的"正义"只是他讲的用借款来牟取利润的人和贷放人之间进行的前者把一部分利润付给后者的交易的"正义性",而这些交易本身是从特指的生产关系(资本主义生产关系)中作为自然结果产生出来的,这就意味着,离开了特指的生产关系,就不会有吉尔巴特所说的那些交易,而没有那些交易,也就不会有他所说的"正义",因此,吉尔巴特所说的"正义"并不是"天然的",而是以特指的生产关系为基础的。这样说来，由于马克思的第二句话是要表明，吉尔巴特所说的"正义"，实际上是以他讲的那些交易是从特指的生产关系中作为自然结果产生出来的这一事实为基础的，因而，应将"beruht darauf"译为"基于"，这样，由它连接起来的整个第二句译文就是：这种生产当事人之间进行的交易的正义性基于这一事实：这些交易是从生产关系中作为自然结果产生出来的。这种译法还可从英译文的译法——The justice of the transactions between agents of production "rests on the fact" that these arise as natural consequences out of the production relationships 得到佐证。

第六，中央编译局译文的严重误译还体现在，它的译文"生产当事人之间进行的交易的正义性在于：这种交易是从生产关系中作为自然结果产生出来的"，含有这是马克思本人对正义的看法的意思。因为如果"生产当事人之间进行的交易"只能理解为泛指的生产当事人之间进行的任何买卖，那它就不是吉尔巴特所说的那些交易，而如果不是吉尔巴特所说的那些交易，那就只能理解为是马克思所说的交易，而如果是马克思所说的交易，那"生产当事人之间进行交易的正义性"就只能理解为马克思所说的"生产当事人之间进行交易的正义性"。因此，中央编译局的这句译文使人只能做这样的理解：马克思认为，"生产当事人之间进行的交易的正义性在于：这种交易是从生产关系中作为自然结果产生出来的"。这种含义无疑是由前边讲过的那些严重误译所导致的，如果那些误译被纠正，这种含义也就不存在了。

重译的译文是："这种生产当事人之间进行的交易的正义性基于这一事实：这些交易是从生产关系中作为自然结果产生出来的。"

第三、四句：德文原文是，"Die juristischen Formen, worin diese ökonomischen Transaktionen als Willenshandlungen der Beteiligten, als Äußerungen ihres gemeinsamen Willens und als der Einzelpartei gegenüber von Staats wegen erzwingbare Kontrakte erscheinen, können als bloße Formen diesen Inhalt selbst nicht bestimmen. Sie drücken ihn nur aus." 英译文是，"The juristic forms in which these economic transactions appear as wilful acts of the parties concerned, as expressions of their common will and as contracts that may be enforced by law against some individual party, cannot, being mere forms, determine this content. They merely express it"中央编译局新、旧译本的译文都是，"这种经济交易作为当事人的意志行为，作为他们的共同意志的表示，作为可以由国家强加给立约双方的契约，表现在法律形式上，这些法律形式作为单纯的形式，是不能决定这个内容本身的。这些形式只是表示这个内容"。

中央编译局的译文将德文原文"diese ökonomischen Transaktionen"译为"这种经济交易"，其含义仍是"泛指的生产当事人之间进行的任何买卖"，这是前边讲过的误译的继续。前边表明，第二句话中的德文原文"diese Transaktionen"指的是吉尔巴特所说的那些用借款来牟取利润的人和贷放人之间进行的，前者把一部分利润付给后者的交易，按照德语中定冠词的用法和形式逻辑的同一律规则，第三句话中的德文原文"diese ökonomischen Transaktionen"虽多了一个形容词"ökonomischen"（经济的），但与前面第二句话中的"diese Transaktionen"仍是同一概念（马克思为什么在这里要加上"经济的"这一形容词及其意义，我下面再做进一步的说明），此外，"diese ökonomischen Transaktionen"在这里也是以复数形式出现的，因此，应将它译为"这些经济交易"，其含义仍是吉尔巴特所说的那些交易。此外，中央编译局的译文将德文原文"diesen Inhalt"译为"这个内容"虽然从字面上讲没有问题，但由于其含义来自"这种经济交易"，因而它意指的也是"泛指的生产当事人之间进行的任何买卖"，这仍是上述误译的继续。前边表明，"diese ökonomischen Transaktionen"应译为"这些经济交易"，其含义是吉尔巴特所说的那些交易，与此相应，"diesen Inhalt"虽应译为"这个内容"，但其含义也是吉尔巴特所说的那些交易，即用借款来牟取利润的人和贷放人之间进行的，前者把一部分利润付给后者的交易。

从前边讲过的第二句话，即"这种生产当事人之间进行的交易的正义性基于这一事实：这些交易是从生产关系中作为自然结果产生出来的"可以看出，其中两次出现的"交易"前面都没有"经济的"形容词。那马克思为什么要在第三句话中的"交易"前面加上形容词"经济的"呢？前边指出，按照德语中定冠词的用法和形式逻辑的同一律规则，第三句话中出现的"经济交易"与第二句话中出现的"交易"是同一概念，而这意味着，第二句话讲的"交易"实际上也就是第三句话讲的"经济交易"，只不过是"经济交易"的简略表述罢了。

如果这一推论能够成立，那马克思在第三句话加上"经济的"形容词，就只能理解为他在这里要进而突出一下"交易"的"经济"特征。马克思为什么要这样做？我认为，他是要对第二句话讲的"这些交易是从生产关系中作为自然结果产生出来的"做进一步说明。

前边指出，马克思的第二句话是要表明，吉尔巴特所说的"正义"只是他讲的那些交易的"正义性"，而那些交易是从资本主义生产关系中作为自然结果产生出来的。马克思的第三、四句话讲的是：这些经济交易作为当事人的意志行为，作为他们的共同意志的表示，作为可以由国家强加给立约双方的契约，表现在法律形式上，这些法律形式作为单纯的形式，是不能决定这个内容本身的；这些形式只是表示这个内容。马克思为什么要在第二句话之后进而论述这些"经济交易"即"这个内容"和它的"法律形式"的关系？我认为，这是因为吉尔巴特所说的"天然正义原则"只讲"一个用借款来牟取利润的人，应该把一部分利润付给贷放人"，即只涉及从法律手续上讲的"资本由贷出者手中转到借入者手中"和"资本的偿还"，而不涉及这中间的资本的现实运动，即用借款来牟取利润的人把从贷放人那里得到的作为货币资本的贷款投入现实的生产过程——把货币支付出去购买生产资料（如果是产业资本）或购买商品（如果是商业资本）并获得利润，从而使人觉得他们之间的交易不是"从生产关系中作为自然结果产生出来的"，而是由他们之间交易的法律形式所决定的。这是马克思之所以要在第三句话中的"交易"前面加上形容词"经济的"原因。马克思这样做是要强调，吉尔巴特说的借款来牟取利润的人和贷放人之间进行的交易，实际上是"经济"交易，因为前者要把从后者得到的作为货币资本的贷款投入现实的生产过程并获得利润，然后才能把获得的一部分利润付给后者。因此，这些"经济"交易，虽然"作为当事人的意志行为，作为他们的共同意志的表示，作为可以由国家强加给立约双方的契约，表现在法律形式上"，但这些"法律形式"只是表示而不能决定"这个内容"，因为这个内容，即"这些经济交易"是从生产关系中作为自然结果产生出来的。为了证实我的上述推断，我这里再引用马克思在他那段论述之后讲的两段话。第一段话："第一次支出，使资本由贷出者手中转到借入者手中，这是一个法律上的交易手续，它与资本的现实的再生产过程无关，只是为这个再生产过程做了准备。资本的偿还,使流回的资本再由借入者手中转到贷出者手中,这是第二个法律上的交易手续,是第一个交易手续的补充。一个是为现实过程做了准备,另一个则是发生在现实过程之后的补充行为。因此,借贷资本的出发点和复归点,它的放出和收回,都表现为任意的、以法律上的交易为中介的运动,它们发生在资本现实运动的前面和后面,同这个现实运动本身无关。"①这就表明,吉尔巴特说的借款来牟取利润的人和贷放人之间进行的交易,虽然要以法律上的交易手续为中介,或者用马克思的话来说,"借贷资本的出发点和复归点,它的放出和收回,都表现为任意的、以法律上的交易为中介的运动",但这"发生在资本现实运动的前面和后面,同这个现实运动本身无关"。第二段论述:"货币作为资本贷放——以在一定时期以后流回为条件而放出货币——要有一个前提:货币实际上会当作资本使用,实际上会流回到它的起点。因此,货币作为资本进行的现实的循环运动,就是借入者必须把货币偿还给贷出者的那种法律上的交易的前提。"②这就表明,吉尔巴特所说的借款来牟取利润的人和贷放人之间进行的交易,是以货币实际上会当做资本使用为前提的。结合马克思的这两段论述再来回过头来看他的第三句话,我们就可以知道,他之所以要在第三句话的"交易"之前加上"经济的"形容词,并进而论述这些经济交易的"法律形式"是不能决定"这个内容"的,目的就是为了进一步说明"这些交易是从生产关系中作为自然结果产生出来的"。

中央编译局的"这种经济交易"的误译,还导致了它与第三句话中讲的"作为当事人的意志行为,作为他们的共同意志的表示,作为可以由国家强加给立约双方的契约,表现在法律形式上"相冲突。前边表明,"这种经济交易"的含义是"泛指的生产当事人之间进行的任何买卖",而"泛指的生产当事人之间进行的任何买卖"并不都会"作为当事人的意志行为,作为他们的共同意志的表示,作为可以由国家强加给立约双方的契约,表现在法律形式上",例如,封建社会中很多生产当事人之间进行的买卖就不存在这种情况。这反过来表明,只有将"diese ökonomischen Transaktionen"译为"这些经济交易",即意

① 《马克思恩格斯全集》第 2 版第 46 卷,人民出版社 2003 年版,第 389 页。
② 《马克思恩格斯全集》第 2 版第 46 卷,人民出版社 2003 年版,第 391 页。

指吉尔巴特所说的那些用借款来牟取利润的人和贷放人之间进行的,前者把一部分利润付给后者的交易,才能与第三句话讲的"作为当事人的意志行为,作为他们的共同意志的表示,作为可以由国家强加给立约双方的契约,表现在法律形式上"协调一致。

重译的译文是,"**这些经济交易作为当事人的意志行为,作为他们的共同意志的表示,作为可以由国家强加给立约双方的契约,表现在法律形式上,这些法律形式作为单纯的形式,是不能决定这个内容本身的。这些形式只是表示这个内容**"。

第五、六句:德文原文是,"Dieser Inhalt ist gerecht, sobald er der Produktionsweise entspricht, ihr adäquat ist. Er ist ungerecht, sobald er ihr widerspricht." 英译文是,"This content is just whenever it corresponds, is appropriate, to the mode of production. It is unjust whenever it contradicts that mode." 中央编译局新、旧译本的译文都是,"这个内容,只要与生产方式相适应,相一致,就是正义的;只要与生产方式相矛盾,就是非正义的"。

仅从字面上看,中央编译局的这两句译文似乎不存在什么误译问题。然而,只要我们对它们含义稍作分析,其误译的问题就暴露出来。让我们先来分析第五句。

第一,中央编译局的译文将德文原文"Dieser Inhalt"译为"这个内容",这从字面上讲没有错,但它在这里的含义仍是"泛指的生产当事人之间进行的任何买卖",因而是上述误译的继续。前边表明,第三、四句话的德文原文"diesen Inhalt"(这个内容)指的是吉尔巴特所说的那些交易,按照德语中定冠词的用法和形式逻辑的同一律规则,第五句话的德文原文"Dieser Inhalt"(这个内容)与第三、四句话的德文原文"diesen Inhalt"是同一概念,因此,其含义也是吉尔巴特说的那些借款来牟取利润的人和贷放人之间进行的前者把一部分利润付给后者交易。

第二,中央编译局的译文将德文原文"der Produktionsweise"译为"生产方式",这从字面上讲也没有错。那"生产方式"在这里的含义是什么呢?从这段译文来看,由于它是相对"这个内容",即相对"泛指的生产当事人之间进行的任何买卖"而言的,因此,它的含义只能是泛指的生产方式。前边表明,第

— 177 —

五句话的德文原文"Dieser Inhalt"（这个内容）指的是吉尔巴特所说的那些交易，因此，这里的德文原文"der Produktionsweise"虽应译为"生产方式"，但其含义却不是泛指的生产方式，而是特指的生产方式，即资本主义生产方式，这不仅因为"Produktionsweise"之前有定冠词"der"，还因为它是相对吉尔巴特所说的那些借款来牟取利润的人和贷放人之间进行的前者把一部分利润付给后者的交易而言的。

第三，中央编译局的译文将德文原文"entspricht, ihr adäquat ist"译为"相适应，相一致"从字面上讲也没错，但其含义却让人无法理解。前边表明，它译的"这个内容"其含义是"泛指的生产当事人之间进行的任何买卖"，它译的"生产方式"其含义是"泛指的生产方式"，这样说来，它的译文这个内容与生产方式"相适应，相一致"，指的就是泛指的生产当事人之间进行的任何买卖与生产方式的"相适应，相一致"。这里讲的"相适应，相一致"是指什么而言呢？从这句译文本身显然找不到理解其含义的任何依据。那从马克思的其他论著能否找到理解其含义的相关依据呢？也不能，因为马克思在其论著中就从未有过关于"泛指的生产当事人之间进行的任何买卖"与"生产方式"的关系的论述，更不用说有关它们之间的"相适应，相一致"的论述了。

那这个内容与生产方式"相适应，相一致"的含义是什么呢？我认为，其含义是这个内容（吉尔巴特说的那些借款来牟取利润的人和贷放人之间进行的，前者把一部分利润付给后者的交易）是从生产方式（特指的生产方式即资本主义生产方式）中"作为自然结果产生出来的"。前边指出，马克思的第二句话是要表明，吉尔巴特所说的那些交易的正义性不是"天然的"，因为那些交易是从特指的生产关系（资本主义生产关系）中作为自然结果产生出来。他的第三、四句话是对第二句话中的"这些交易是从生产关系中作为自然结果产生出来的"的进一步说明，即这个内容虽然是通过法律形式表现出来的，但这些法律形式不能决定这个内容。如果以此为作为理解第五句话讲的这个内容与生产方式"相适应，相一致"的含义的线索，那我们就可做出这样的推论：由于第五句话讲的"这个内容"也就是第二句话讲的"这些交易"，第五句话讲的"生产方式"与第二句话讲的生产关系是同义语（为什么是"同义语"我在下面再做解释），因此，第五句话讲的这个内容与生产方式"相适应，相一致",不过是对第二句话讲的这些交易是从生产关系中"作为自然结果产生出来的"的另一种表述。说到这里需要指出,在我看来,虽然德文原文"entspricht,ihr adäquat ist"可译为"相适应,相一致",但就这里的语境而言,将其译为"相符合,相适宜"则更贴切。那为什么说第二句话的"生产关系"与第五句话的"生产方式"是"同义语"呢? 在我看来,"生产关系"和"生产方式"这两个概念在马克思的著作中虽然在含义上存在差别,但就它们在这里出现的语境而言,即它们在这里都是作为使吉尔巴特说的那些交易得以产生的"基础"而言,它们可被视为同义语。换句话说,第五句话讲的"生产方式"与第二句话讲的"生产关系"一样,意指的都是使吉尔巴特说的那些交易得以产生的"基础"。至于马克思为什么在第二句话使用"生产关系"概念,而在第五句话使用"生产方式"概念,这一问题与我们当下讨论的主题无直接关系,因而可以放在一边。①

第四,中央编译局的译文将德文原文"gerecht"译为"正义的",从字面上讲也没有错。那"正义的"含义又是什么? 从这段译文来看,它指的是泛指的生产当事人之间进行的任何买卖与生产方式"相适应,相一致"的情况。前边表明,在注释中出现的德文原文"Gerechtigkeit",在第一句出现的德文原文"Gerechtigkeit"和在第二句出现的德文原文"Gerechtigkeit",指的都是吉尔巴特所说的"正义",即那些用借款来牟取利润的人"应该"把一部分利润付给贷放人。这样说来,由于在第五句中出现的"gerecht"不过是在前边几句话出现的"Gerechtigkeit"的形容词形式,因此,其含义应是吉巴特说的"正义的",即那些用借款来牟取利润的人把一部分利润付给贷放人是"应该的"。

第五,中央编译局的译文将作为连词的德文原文"sobald"译为"只要……就……",将由它连接起来的德文原文"Dieser Inhalt ist gerecht, sobald er der Produktionsweise entspricht, ihr adäquat ist. Er ist ungerecht, sobald er ihr widerspricht"译为"这个内容,只要与生产方式相适应,相一致,就是正义的",这从字面上讲也没有错,但其含义却有问题,因为它含有这是马克思本人对正义的

---

① 关于这一问题,我在一篇名为《对生产力、生产方式和生产关系概念的再考察》的论文中曾有涉及,此文发表在《马克思主义研究》1995 年第 3 期。

看法的意思。前边表明,中央编译局译的"这个内容"其含义是泛指的生产当事人之间进行的任何买卖,即不是吉尔巴特所说的那些经济交易,而如果不是吉尔巴特所说的那些交易,那就只能理解为是马克思所说的交易,而如果是马克思所说的交易,那其译文"这个内容,只要与生产方式相适应,相一致,就是正义的",就含有这种意思:马克思认为,泛指的生产当事人之间进行的任何买卖,只要与生产方式相适应,相一致,就是正义的。这种意思无疑也是由前边讲过的那些误译所导致的。

此外,在我看来,虽然德文原文"sobald"的含义是"一……就……",意指两事在时间上前后紧接,但从它出现的语境并参照英译文"whenever"的译法,应将其译为"只是在……时"。前边表明,马克思的第二句话讲的是,"这种生产当事人之间进行的交易的正义性基于这一**事实**:这些交易是从生产关系中作为自然结果产生出来的"。将第二句话与第五句话相对照,我们可以发现,马克思第五句话讲的"这个内容",也就是第二句话讲的吉尔巴特所说的那些借款来牟取利润的人和贷放人之间进行的前者把一部分利润付给后者的交易;马克思第五句话讲的"正义的"则是第二句话讲的"正义性"的形容词形式,其含义是吉尔巴特说的"正义的",即那些用借款来牟取利润的人把一部分利润付给贷放人是"应该的";马克思第五句话讲的这个内容与生产方式"相符合,相适宜",是第二句话讲的这些交易是从生产关系中"作为自然结果产生出来的"的另一表述方式。由此我们可以推论,由于第五句的"sobald"对应是第二句话的"基于",因而应将其译为"只是在……时"。所以,第五句话就应译为:"这个内容是正义的,只是在它与生产方式相符合,相适宜时"。这里需要强调指出,由于第五句话讲的"这个内容"和"正义的"指的都是吉尔巴特说的"这个内容"和"正义的",因此,"这个内容是正义的"就不能理解为是马克思说的,而只能理解为是吉尔巴特说的。这样说来,第五句话的含义是,吉尔巴特说这个内容是正义的,只是在它与生产方式(资本主义生产方式)相符合、相适宜时。

再看第六句译文。中央编译局的译文将德文原文"Er ist ungerecht, sobald er ihr widerspricht"译为"只要与生产方式相矛盾,就是非正义的",这从字面上讲也不存在什么误译的问题,但在含义上却有问题,即它也含有这是马克思本人对正义的看法的意思。由于其问题与第五句译文的问题相同，我这里就不再重述了。

重译的译文是："这个内容是正义的，只是在它与生产方式相符合，相适宜时；这个内容是非正义的，只是在它与生产方式相矛盾时。"

第七句：德文原文是，"Sklaverei, auf Basis der kapitalistischen Produktionsweise, ist ungerecht; ebenso der Betrug auf die Qualität der Ware"英译文是，"Slavery on the basis of capitalist production is unjust; likewise fraud in the quality of commodities"中央编译局的新、旧译本的译文都是，"在资本主义生产方式的基础上，奴隶制是非正义的；在商品质量上弄虚作假也是非正义的"。

中央编译局译文的误译首先表现在，这里的德文原文"Sklaverei"应译为"奴隶般的劳动"，而不应译为"奴隶制"。因为"Sklaverei"虽然可译为奴隶制，但奴隶制指的是一种社会经济制度，而在资本主义生产方式基础上根本就不可能存在奴隶制，因此，说"在资本主义生产方式的基础上，奴隶制是非正义的"，这话本身就讲不通。而"奴隶般的劳动"，即把劳动者当作奴隶使用，却是资本主义时代，特别是在马克思生活的那个时期依然存在的现象。此外，"Sklaverei"在这里是与"der Betrug auf die Qualität der Ware"（在商品质量上弄虚作假）相对应的，它指的也应是资本主义社会存在的一种具体情况，因此，应将其译为"奴隶般的劳动"而不应译为"奴隶制"。中央编译局译文的误译还表现在，这里的德文原文"Sklaverei, auf Basis der kapitalistischen Produktionsweise, ist ungerecht"应译为"基于资本主义生产方式的奴隶般的劳动是非正义的"，因为"auf Basis der kapitalistischen Produktionsweise"（基于资本主义生产方式）是修饰"Sklaverei"（奴隶般的劳动）的定语，而不是修饰"奴隶般的劳动是非正义的"的状语。

除上述误译以外，与第五、六句的情况一样，中央编译局的第七句译文也含有这样的意思：马克思认为，在资本主义生产方式的基础上，奴隶制是非正义的；在商品质量上弄虚作假也是非正义的。按照形式逻辑的同一律规则，第七句话中的德文原文"ungerecht"（非正义的）与第六句话中的德文原文"ungerecht"是同一概念。从语境上看，第七句话是对第六句话的进一步说明，说得更确切一点，是为第六句话提供两个例证。前边表明，第六句话的含义是，这个内容是非正义的,只是在它与资本主义生产方式相矛盾时,这样说来,第七句话的含义就是,例如,基于资本主义生产方式的奴隶般的劳动是非正义的,在商品质量上弄虚作假也是非正义的,因为它们都与作为其基础的资本主义生产方式相矛盾。这样说来,第七句话就没有中央编译局译文包含的那种意思。

重译的译文是:**基于资本主义生产方式的奴隶般的劳动是非正义的,在商品质量上弄虚作假也是非正义的。**

把我上面逐句重译的译文合在一起就是:**在这里,像吉尔巴特那样(见注)说什么天然正义是荒谬的。这种生产当事人之间进行的交易的正义性基于这一事实:这些交易是从生产关系中作为自然结果产生出来的。这些经济交易作为当事人的意志行为,作为他们的共同意志的表示,作为可以由国家强加给立约双方的契约,表现在法律形式上,这些法律形式作为单纯的形式,是不能决定这个内容本身的。这些形式只是表示这个内容。这个内容是正义的,只是在它与生产方式相符合,相适宜时;这个内容是非正义的,只是在它与生产方式相矛盾时。基于资本主义生产方式的奴隶般的劳动是非正义的,在商品质量上弄虚作假也是非正义的。(注释:一个用借款来牟取利润的人,应该把一部分利润付给贷放人,这是不证自明的天然正义的原则。)**

不难看出,除了对一些德文原文的不同译法以外,我的译文在含义上与中央编译局的译文存在巨大差别,这集中体现在马克思是如何批判吉尔巴特说的"天然正义"这一问题上。我的译文表明,马克思指出并论证了吉尔巴特说的"正义"是用借款来牟取利润的人和贷放人之间进行的前者把一部分利润付给后者的交易的正义性,而这些交易只是从资本主义生产关系中作为自然结果产生出来的,因此,吉尔巴特说的"正义"根本不是什么"天然正义"。中央编译局的译文则让人只能做这样的理解:马克思对吉尔巴特说的"天然正义"的批判,只体现在马克思另提出了自己的正义观点,即只要与生产方式相适应,相一致,就是正义的;只要与生产方式相矛盾,就是非正义的。

上述差别实际上涉及一个更具根本性的问题:正义在马克思的论著中是一种价值判断还是一种事实判断?从我读过的马克思有关正义问题的论著来看,正义在马克思的论著中只是一种价值判断,进而言之,不同的社会集团对什么是正义往往持有不同的看法。例如,在批评拉萨尔的"公平的分配"的主张时,马克思说,"什么是'公平的'分配呢? 难道资产者不是断言今天的分配是'公平'的吗? ……难道各种社会主义宗派分子关于'公平的'分配不是也有各种极不相同的观念吗?"①再如,针对当时工人运动中流行的"做一天公平的工作,得一天公平的工资"的口号,马克思说,"在雇佣劳动制度的基础上要求**平等的或甚至是公平的报酬**,就犹如在奴隶制的基础上要求**自由**一样。你们认为公道和公平的东西,与问题毫无关系。问题就在于:在一定的生产制度所必需的和不可避免的东西是什么?"②而中央编译局的译文却含有正义在马克思那里是一种事实判断的意思:只要与生产方式相适应,相一致,就是正义的;只要与生产方式相矛盾,就是非正义的。这一更具根本性的问题是我们当前研究马克思正义思想必须予以解决的问题,这也是我为什么对中央编译局的那段译文提出质疑的原因,希望能得到中央编译局的同志的回应。

---

① 《马克思恩格斯选集》第 3 卷,人民出版社 1995 年版,第 302 页。
② 《马克思恩格斯选集》第 2 卷,人民出版社 1995 年版,第 76 页。

十三、马克思正义观的三个根本性问题①

在 20 世纪七八十年代,英美一些学者曾就马克思与正义问题展开过一场大讨论。② 进入 20 世纪以来,我国一些从事马克思主义研究的学者也开始关注这一问题,并提出一些不同于英美学者的新见解。③ 笔者认为,无论是英美学者的见解还是我国学者的见解,说到底都是围绕三个根本性问题展开的:正义在马克思的论著中是价值判断还是事实判断? 马克思认为资本主义剥削是正义的还是不正义的? 马克思认为社会主义的按劳分配是正义的吗? 本文将就这三个问题谈些看法。

一、"正义"在马克思的论著中是价值判断而不是事实判断

在探讨马克思的正义观④之前,必须先弄清正义在马克思论著中的含义。仔细研读一下马克思以及恩格斯⑤的著作我们不难发现,他们有关正义的论

---

① 本文发表在《马克思主义与现实》2013 年第 5 期。

② 参见诺曼·杰拉斯的论文《关于马克思和正义的争论》,载于李惠斌、李义天编:《马克思与正义理论》,中国人民大学出版社 2010 年版,第 143—198 页。

③ 特别是南开大学的王新生教授和武汉大学的李佃来教授,他们近几年来连续发表多篇关于这一问题的论文。

④ 我这里使用"马克思的正义观"而不使用"马克思的正义理论"的提法,是因为在我看来,马克思对正义问题没做过全面系统的阐释,而只有一些散见于不同时期论著、针对不同问题的相关论述。

⑤ 我认为,在正义问题上,恩格斯持有与马克思相同的看法,并从不同方面对马克思的看法做了进一步的阐释和说明。

述大多与分配方式相关,因而,我们对马克思正义观的探讨,应集中在他的分配正义观上。① 以下是人们在讨论马克思的分配正义观时经常引用的两段话:

马克思在《哥达纲领批判》中说道,"难道资产者不是断言今天的分配是'公平'的吗? 难道它事实上不是在现今的生产方式基础上唯一'公平的'分配吗? ……难道各种社会主义宗派分子关于'公平的'分配不是也有各种极不相同的观念吗?"②

恩格斯在《反杜林论》中指出,"如果我们对现代劳动产品分配方式(它造成赤贫和豪富、饥饿和穷奢极欲的尖锐对立)的日益逼近的变革所抱的信心,只是基于一种意识,即认为这种分配方式是非正义的,而正义总有一天定要胜利,那就糟了,我们就得长久等待了"。③

从两段话不难看出,马克思和恩格斯讲的与正义相关的分配,指的是对劳动产品的分配。那他们讲的与分配相关的"正义"其含义又是什么呢? 这是一个不仅从这两段话,而且从马克思和恩格斯有关分配正义的所有论述都找不到明确答案的问题,因为他们虽多次谈到与分配相关的"正义",但却从未给它下过一个定义,也从未对它做过特别的说明。故此,我们只能做这样的推断,他们对这一概念的使用很可能是沿袭了那时人们通常的用法,即用正义指称"给每个人以其应得"。④ 这样说来,在这两段话中出现的"正义"("公平"),其含义也就是"给每个人以其应得"。

---

① 将马克思的正义观定位在分配上实际上也是很多英美学者的做法,例如齐雅德·胡萨米,参见李惠斌、李义天编:《马克思与正义理论》,中国人民大学出版社 2010 年版,第 44 页。

② 《马克思恩格斯选集》第 3 卷,人民出版社 1995 年版,第 302 页。

③ 《马克思恩格斯选集》第 3 卷,人民出版社 1995 年版,第 500 页。

④ 时至今日,人们对正义概念的用法依然如此。例如,G.A.科恩说:"但如果因为我的一些批评者坚持要求我必须仅以通常的话语说出我认为正义是什么,那对这些对此将感到满足的人来讲,我就给出正义是给每个人以其应有这一古老的格言。"(G.A.Cohen, *Rescuing Justice and Equality*, Harvard University Press, 2008, p.7.)戴维·米勒对"正义"概念的论述与 G.A.科恩大体相同:"在断定每一种关系模式具有其独特的正义原则时,我诉诸读者对我们所谓正义的'语法'的理解。依照查士丁尼的经典定义,作为一种一般意义上的德性的正义乃是'给予每个人应有的部分这种坚定而恒久的愿望'。"(《社会正义原则》,应奇译,江苏人民出版社 2008 年出版,第 39—40 页。)阿拉斯代尔·麦金泰尔也持有相同的看法,他认为,"正义是给予每个人——包括他自己——他所应得的东西以及不以与他们的应得不相容的方式对待他们的一种安排。"(A. MacIntyre, *Whose Justice? Which Rationality?* London: Duckworth, 1988, p.39.)

这里需要指出,虽然在日常用语中,与分配相关的"正义"其本身的含义是"给每个人以其应得",但由于人们对"每个人应得什么"往往存在不同的,甚至截然对立的理解,因此,任何一种分配正义主张都不会停留在"给每个人以其应得"这种抽象的要求上,而都会进一步表明它们要求"每个人应得什么"。于是就出现了这样一种情况,尽管每种分配正义都要求"给每个人以其应得",但由于对"每个人应得什么"存在不同的理解,因而,它们的内容实际上是各不相同的。那马克思的分配正义要求"每个人应得什么"?对此,马克思和恩格斯也没有明确的论述。不过,从马克思关于资本主义剥削和社会主义按劳分配的论述中,我们还是可以推断出他的分配正义要求"每个人应得什么"。对此我在本文的第二、三部分再展开论述。

如果说分配正义在马克思和恩格斯那里的含义是"给每个人以其应得",那他们讲的分配正义就是一种价值判断而不是事实判断。也正因为如此,他们在其著作中多次强调,在阶级社会中,不同阶级或社会集团对一种分配制度是否正义往往持有不同的看法,剥削阶级认为是正义的,被剥削阶级则认为是不正义的,反之亦然。对此,恩格斯有一段相关的论述:"希腊人和罗马人的公平认为奴隶制度是公平的;1789 年资产者的公平要求废除封建制度,在普鲁士的容克看来,甚至可怜的专区法对破坏永恒公平的破坏。所以,关于永恒公平的观念不仅因时因地而变,甚至也因人而异,'一个人有一个理解'。"①

我的上述理解可能会引起一些人的疑问,因为它与中央编译局翻译的马克思在《资本论》第三卷的一段涉及正义的论述存在明显的不一致。这段译文是这样讲的:

> 在这里,同吉尔巴特一起(见注)说什么天然正义,这是毫无意义的。生产当事人之间进行的交易的正义性在于:这种交易是从生产关系中作为自然结果产生出来的。这种经济交易作为当事人的意志行为,作为他们的共同意志的表示,作为可以由国家强加给立约双方的契约,表现在法律形式上,这些法律形式作为单纯的形式,是不能决定这个内容本身的。这些形式只是表示这个内容。这个内容,只要与生产方式相适应,相一

① 《马克思恩格斯文集》第 3 卷,人民出版社 2009 年版,第 323 页。

致,就是正义的;只要与生产方式相矛盾,就是非正义的。在资本主义生产方式的基础上,奴隶制是非正义的;在商品质量上弄虚作假也是非正义的。(注释:一个借钱为了获取利润的人,应该把利润的一部分给予贷出者,这是一个不言而喻的合乎自然正义的原则。)①

就这段译文来看,马克思这里讲的正义只是一种事实判断,即"只要与生产方式相适应,相一致,就是正义的;只要与生产方式相矛盾,就是非正义的"。但我认为,中央编译局的译文存在误译的问题。② 根据我的研究,马克思的这段话应该这样翻译:

> 在这里,像吉尔巴特那样(见注)说什么天然正义是荒谬的。这种生产当事人之间进行的交易的正义性基于这一事实:这些交易是从生产关系中作为自然结果产生出来的。这些经济交易作为当事人的意志行为,作为他们的共同意志的表示,作为可以由国家强加给立约双方的契约,表现在法律形式上,这些法律形式作为单纯的形式,是不能决定这个内容本身的。这些形式只是表示这个内容。这个内容是正义的,只是在它与生产方式相符合,相适宜时;这个内容是非正义的,只是在它与生产方式相矛盾时。基于资本主义生产方式的奴隶般的劳动是非正义的,在商品质量上弄虚作假也是非正义的。这是毫无意义的。

我的译文与中央编译局的译文之间的不同,集中体现在马克思是如何批判吉尔巴特说的"天然正义"的。我的译文表明,马克思这段话不是在讲自己对正义的看法,而只是指出并论证了,吉尔巴特说的"正义"是用借款来牟取利润的人和贷放人之间进行的,前者把一部分利润付给后者的交易的正义性,而这些交易只是从资本主义生产关系中作为自然结果产生出来的,因此,吉尔巴特说的"正义"根本不是什么"天然正义"。中央编译局的译文则让人只能做这样的理解:马克思对吉尔巴特说的"天然正义"的批判,只体现在他提出

---

① 《马克思恩格斯全集》第 25 卷,人民出版社 1974 年版,第 379 页。

② 对此,我曾在两篇论文中做了详细的论证,一篇名为《马克思认为"与生产方式相适应,相一致就是正义的"吗?——对中央编译局〈资本论〉第三卷一段译文的质疑与重译》(《马克思主义与现实》2010 年第 6 期),另一名为《正义在马克思的论著中是价值判断而不是事实判断——答李其庆译审》(《江海学刊》2011 年第 5 期)。

了自己对正义的看法,即只要与生产方式相适应,相一致,就是正义的;只要与生产方式相矛盾,就是非正义的。在我看来,中央编译局的译文不但存在误译的问题,而且还与马克思有关正义的其他论述相矛盾,因为除了中央编译局的这段译文以外,正义在马克思的论述中都只是价值判断,而非事实判断。难道马克思对正义概念本身会有两种截然不同的用法吗?

这里还有一个问题需指出,这就是一些学者往往把马克思、恩格斯讲的正义等同于他们讲的"历史的正当性"。[①] 恩格斯在谈到马克思对剥削的看法时讲过这样一段话:"马克思了解古代奴隶主,中世纪封建主等等的历史必然性,因而了解他们的历史正当性,承认他们在一定限度的历史时期内是人类发展的杠杆;因而马克思也承认剥削,即占有他人劳动产品的暂时的历史正当性……"[②]恩格斯这里讲的剥削的"历史正当性",其含义是剥削的历史必然性,即剥削在人类社会一定历史时期是不可避免的,并且还是推动这一时期历史发展的动力。这种"历史正当性"是一种事实判断,它显然不同于作为价值判断的"正义"。

二、资本主义剥削是不正义的,因为它无偿占有了本应属于工人的剩余产品

马克思的分配正义要求"每个人应得什么",首先体现在他对资本主义剥削,即资本主义分配制度的谴责上。仔细研究一下马克思有关资本主义剥削的论述我们可以看出,剥削这一概念在他那里具有两种不同的含义。

其一是指资本家对工人劳动的无偿占有。对此,马克思在《工资、价格和利润》讲过这样一段话:"假定预付在工资上的资本为100英镑。如果所创造出的剩余价值也是100英镑,那就表明这个人的工作日一半是无偿劳动,并且——如果我们用预付在工资上的资本价值去测量这个利润的话——我们就

① 例如艾伦·伍德,参见他的论文《马克思论权利和正义:对胡萨米的回复》,《马克思与正义理论》,李惠斌、李义天编,中国人民大学出版社2010年版,第89页。
② 《马克思恩格斯全集》第21卷,人民出版社1965年版,第557—558页。

可以说,利润率等于100%,因为预付的价值为100,而所实现的价值则为200。另一方面,如果我们不是只看预付在工资上的资本,而是看全部预付的资本,即假定为500英镑,其中有400英镑代表原料、机器等等的价值,那么我们就看到,利润率只等于20%因为这100英镑的利润只为全部预付资本的1/5。前一种表示利润率的方式,是表明有偿劳动和无偿劳动间的实在对比关系,即对劳动进行 exploitation(剥削——请允许我用这个法文字)的实在程度的唯一方式;后一种表示方式是通常习惯用的,并且它确实也适用于某几种目的,至少是非常便于掩盖资本家榨取工人无偿劳动的程度。"①马克思的这段话表明,资本家对工人的剥削就是对工人劳动的无偿占有。

其二是指资本家对工人劳动的无偿占有是不正义的。从马克思的相关论述不难发现,他还常常把资本家对工人的剥削,即对工人劳动的无偿占有,说成是对工人的"抢劫"和"盗窃"。例如,在《经济学手稿(1857—1858年)》中,他明确指出**"现今财富的基础是盗窃他人的劳动时间"**②。在《资本论》第一卷中,他把剩余产品称作"资本家阶级每年从工人阶级那里夺取的贡品";把逐年都在增长的剩余产品说成是"从英国工人那里不付等价物而窃取的";把资本家无偿占有的剩余价值视为"从工人那里掠夺来的赃物"③。对此,分析的马克思主义的创立者,G.A.科恩教授曾做过这样的分析:马克思认为资本主义剥削是资本家对工人的"盗窃",而"盗窃是不正当地拿了属于他者的东西,盗窃是做不正义的事情,而基于'盗窃'的体系就是基于不正义"④。他还进而指出,你能从某人那里盗窃的只能是完全属于那个人的东西,这样说来,马克思对资本主义剥削是不正义的谴责就"暗示着工人是他自己的劳动时间的正当的所有者"⑤。在我看来,科恩的分析是有道理的。因此,剥削在马克思那里的第二种含义是资本家对工人劳动的无偿占有是不正义的,而其之所以不正义,说到底是因为资本家无偿占有了本应属于工人的剩余产品。

---

① 《马克思恩格斯选集》第16卷,人民出版社1964年版,第154页。
② 《马克思恩格斯全集》第46卷下,人民出版社1980年版,第218页。
③ 《资本论》第一卷,人民出版社1975年版,第638、671、654页。
④ 转引自《马克思与正义理论》,中国人民大学出版社2010年版,第158页。
⑤ G.A.Cohen,*Self-ownership,freedom,and equality*.Cambridge University Press,1995,p.146.

对于剥削的第一种含义可能没人会提出质疑，因为马克思对其有过大量明确的论述。对于剥削的第二种含义却有不少人提出质疑，其中一种质疑讲的是：尽管马克思在一些地方确实把资本家对工人剥削说成是对工人的"抢劫"和"盗窃"，但由此却得不出他认为剥削不正义的结论，因为他从未明确讲过剥削是不正义的。① 对于这一质疑，一些英美学者已做出各种的回应②。我这里再补充两个反对这种质疑的论据。

论据一：马克思在《经济学手稿（1857—1858 年）》分析劳动和资本的关系时明确指出，"认识到产品是劳动能力自己的产品，并断定劳动同自己的实现条件的分离是不公平的、强制的，这是了不起的觉悟，这种觉悟是以资本为基础的生产方式的产物，而且也正是为这种生产方式送葬的丧钟，就像当奴隶觉悟到他**不能作第三者的财产**，觉悟到他是一个人的时候，奴隶制度就只能人为地苟延残喘，而不能继续作为生产的基础一样。"③马克思这里说的"认识到产品是劳动能力自己的产品，并断定劳动同自己的实现条件的分离是不公平的、强制的"，无疑是指当时工人对资本主义剥削的价值判断。从马克思对这一价值判断的高度评价——"了不起的觉悟"可以推断，马克思本人是认可这种这一价值判断的；而"认识到产品是劳动能力自己的产品"无疑含有这样的意思，即工人的劳动能力是属于工人自己的，因而劳动产品应归工人所有；资本家依靠对生产资料的占有而无偿占有工人创造的剩余产品，因而是不正义。可以认为，这段话表明，马克思认为资本主义剥削是不正义的，因为它无偿占有了本应属于工人的剩余产品。

论据二：恩格斯在 1884 年写的《马克思和洛贝尔图斯。"哲学的贫困"德文版序言》讲的一段话："李嘉图理论的上述应用，——认为全部社会产品，即**工人的**产品，属于唯一的、真正的生产者，即工人——直接引导到共产主义。但是，马克思在上述地方也指出，这种应用在经济学的形式上是错误的，因为这只不过是把道德运用于经济学而已。按照资产阶级经济学的规律，产品的

---

① 参见《马克思与正义理论》，中国人民大学出版社 2010 年版，第 169—173 页。

② 参见诺曼·杰拉斯的论文《关于马克思和正义的争论》，载李惠斌、李义天编：《马克思与正义理论》，中国人民大学出版社 2010 年版，第 143—198 页。

③ 《马克思恩格斯全集》第 46 卷上，人民出版社 1979 年版，第 460 页。

绝大部分**不是**属于生产这些产品的工人。如果我们说:这是不公平的,不应该这样,那末这句话同经济学没有什么直接的关系。我们不过是说,这些经济事实同我们的道德感有矛盾。所以马克思从来不把他的共产主义要求建立在这样的基础上,而是建立在资本主义生产方式的必然的、我们眼见一天甚于一天的崩溃上;他只说了剩余价值由无酬劳动构成这个简单的事实。但是,在经济学的形式上是错误的东西,在世界历史上却可以是正确的。如果群众的道德意识宣布某一经济事实,如当年的奴隶制或徭役制,是不公正的,这就证明这一经济事实本身已经过时,其他经济事实已经出现,因而原来的事实已经变得不能忍受和不能维持了。因此,在经济学的形式的谬误后面,可能隐藏着非常真实的经济内容。"①恩格斯这里讲的"李嘉图理论的上述应用,——认为全部社会产品,即**工人的**产品属于唯一的、真正的生产者,即工人——直接引导到共产主义",是指当时社会主义者的通常的做法。对此,恩格斯解释说,"现代社会主义,不论哪一派,只要从资产阶级政治经济学出发,几乎没有例外地都同李嘉图的价值理论相衔接。李嘉图在他的'原理'中,一开头就提出两个原理:第一,任何商品的价值仅仅取决于生产这个商品所需要的劳动量;第二,全部社会论点的产品分配于土地所有者(地租)、资本家(利润)和工人(工资)这三个阶级之间。在英国,早在 1821 年,就已经从这两个原理中做出了社会主义的结论,并且有一部分提得这样尖锐和这样果断,使得那些现在几乎完全被忘记了的、很大一部分靠马克思才再次发现的文献,在'资本论'出版以前,一直是不可超越的东西。"②说得再具体一点就是,对于李嘉图的商品的价值决定于劳动时间的原理,一些资产阶级经济学家提出了这样的非难:"如果一个产品的交换价值等于它所包含的劳动时间,一个工作日的交换价值就等于一个工作日的产品。换句话说,工资应当等于劳动的产品。但是实际情形恰好相反。"③这些资产阶级经济学家对李嘉图的这种非难后来被社会主义者抓住了。"他们假定这个公式在理论上是正确的,责备实际与理论相矛盾,要求资产阶级社会在实践中贯彻它的理论原则的臆想的结论。英国的社会主义者

① 《马克思恩格斯全集》第 21 卷,人民出版社 1965 年版,第 209 页。
② 《马克思恩格斯全集》第 21 卷,人民出版社 1965 年版,第 206 页。
③ 《马克思恩格斯全集》第 13 卷,人民出版社 1962 年版,第 52 页。

至少就是用这种方式把李嘉图的交换价值公式倒转过来反对政治经济学。"①

从恩格斯的这段话不难看出,他讲的"我们",指的是马克思和他本人;"产品的绝大部分**不是**属于生产这些产品的工人",指的是资本家对**工人**的剥削,即前者无偿占有了后者生产的剩余产品;"我们"说资本主义剥削"是不公平的,不应该这样",是基于"认为全部社会产品,即工人的产品属于唯一的、真正的生产者,即工人"这样一种道德意识,这种应用在经济学的形式上是错误的,因为这只不过是把道德运用于经济学而已;马克思(以及恩格斯)从来不把他们的共产主义要求建立在这样的基础上,而是建立由经济学揭示的资本主义生产方式的必然的、他们眼见一天甚于一天的崩溃上,所以,"马克思只说了剩余价值由无酬劳动构成这个简单的事实";道德意识不是没有任何意义的,因为"在经济学的形式的谬误后面,可能隐藏着非常真实的经济内容"。从这段话可以推断:虽然马克思、恩格斯反对当时的社会主义者把道德运用于经济学的做法,但他们并不反对后者的道德意识本身,并且认为这种道德意识是有意义的,进而言之,马克思恩格斯同当时的社会主义者一样,也认为资本主义剥削是不公平的,其理由也是"产品应当属于真正的生产者"。从这段话还可以推断,马克思以及恩格斯之所以不谈剥削是不正义的以及为什么是不正义的问题,这首先是因为当时的社会主义者已多次谈过这一问题,而且他们认同这些人的看法;此外还因为,他们认为共产主义的实现不是基于某种道德意识,而是基于历史发展的客观必然性,因而不能只停留在对资本主义剥削的道德谴责上,而应超越这种道德谴责去深入研究揭示这种客观必然性的政治经济学。

三、社会主义的按劳分配也存在不正义,因为它默认了因偶然的天赋和负担的不同所导致的人们实际所得的不平等

马克思的分配正义要求"每个人应得什么",还体现在他在《哥达纲领批

---

① 《马克思恩格斯全集》第 13 卷,人民出版社 1962 年版,第 52 页注释①。

判》中对社会主义按劳分配的弊病的论述上。让我们先来看看他有关"按劳分配"的几段论述①：

（1）每一个生产者，在作了各项扣除以后，从社会领回的，正好是他给予社会的。他给予社会的，就是他个人的劳动量。

（2）显然，这里通行的是调节商品交换（就它是等价的交换而言）的同一原则。内容和形式都改变了。因为在改变了的情况下，除了自己的劳动，谁都不能提供其他任何东西，另一方面，除了个人的消费资料，没有任何东西可以转为个人的财产。

（3）在这里**平等的权利**按照原则仍然是**资产阶级权利**，虽然原则和实践在这里已不再互相矛盾，而在商品交换中，等价物的交换只是**平均来说**才存在，不是存在于每个个别场合。

（4）虽然有这种进步，但这个**平等的权利**总还是被限制在一个资产阶级的框框里。生产者的权利是同他们提供的劳动**成比例的**；平等就在于以**同一尺度**——劳动——来计量。但是，一个人在体力或智力上胜过另一个人，因此在同一时间内提供较多的劳动，或者能够劳动较长的时间；而劳动，要当作尺度来用，就必须按照它的时间或强度来确定，不然它就不成其为尺度了。这种**平等的**权利，对不同等的劳动来说是不平等的权利。它不承认任何阶级差别，因为每个人都像其他人一样只是劳动者；但是它默认，劳动者的不同等的个人天赋，从而不同等的工作能力，是天然特权。**所以就它的内容来讲，它像一切权利一样是一种不平等的权利。**

（5）其次，一个劳动者已经结婚，另一个则没有；一个劳动者的子女较多，另一个的子女较少，如此等等。因此，在提供的劳动时间相同、从而由社会消费基金中分得的份额相同的条件下，其中一个人事实上所得到的比另一个人多些，也就比另一个人富些，如此等等。

（6）要避免所有这些弊病，权利就不应当是平等的，而应当是不平等的。

（7）但是这些弊病，在经过长久阵痛刚刚从资本主义社会产生出来

---

① 《马克思恩格斯选集》第3卷，人民出版社1995年版，第304—305页。

的共产主义第一阶段,是不可避免的。权利决不能超出社会的经济结构以及由经济结构制约的社会的文化发展。

这里的(1)讲的是按劳分配的含义,即每一个生产者,在作了各项扣除以后①,从社会领回的,正好是他给予社会的。他给予社会的,就是他个人的劳动量;(2)讲的是按劳分配的实现意味着资本主义剥削的消灭,因为除了自己的劳动,谁都不能提供任何其他东西,另一方面,除了个人的消费资料,没有任何东西可以转化为个人的财产;(3)讲的是按劳分配体现的"平等的权利按照原则仍然是资产阶级权利",即等价物交换的平等权利;(4)讲的是按劳分配存在的一个弊病,即虽然它不承认任何阶级差别,但它默认劳动者的不同等的个人天赋,从而不同等工作能力,是天然特权;(5)讲的是按劳分配存在的另一个弊病,即它使劳动者个人因家庭负担不同而实际所得不平等,即"一个人事实上所得到的比另一个人多些,也就比另一个人富些";(6)讲的是要避免上述弊病,权利就不应当是平等的,而应当是不平等的;(7)讲的是这些弊病在共产主义第一阶段是不可避免的,因为权利决不能超出社会的经济结构以及由经济结构制约的社会的文化的发展。

笔者认为,在马克思的这些论述中隐含着一种新的、不同于剥削是不正义的分配正义要求。前边表明,马克思之所以认为资本主义剥削是不正义的,是因为资本家无偿占有了本应属于工人的剩余产品,就此而言,按劳分配相对资本主义剥削是一种正义的分配原则,因为它使劳动者获得了他应得的与其劳动量相等的产品(当然是在作了各项必要的扣除以后)。然而,在讲完按劳分配消灭了剥削以后马克思又紧接着提出,按劳分配作为平等权利原则还存在两种"弊病",一是它默认了因劳动者个人天赋不同导致的所得不平等,二是它使劳动者个人因家庭负担不同而实际所得不平等。我们知道,"弊病"这一概念本身的含义是"缺点、欠缺或不足",那由此可以推断,马克思将它用在这

---

① 马克思在《哥达纲领批判》中列出了6项内容:1.用来补偿消耗掉的生产资料的部分;2.用来扩大再生产的追加部分;3.用来应付不幸事故、自然灾害等的后备基金或保险基金;4.同生产没有直接关系的一般管理费用;5.用来满足共同需要的部分,如学校、保健设施等;6.为丧失劳动能力的人等等设立的基金。参见《马克思恩格斯选集》第3卷,人民出版社1995年版,第302—303页。

里无疑含有这样的意思,即他认为上述两种情况都是"不应当",即不正义的。那它们为什么是"不应当"的? 对此,马克思没做进一步的明确说明。

不过,从他讲的第一个"弊病",即"默认劳动者的不同等的个人天赋,从而不同等工作能力,是天然特权"我们可以推断,其原因只能是劳动者的不同等的个人天赋是由偶然因素造成的,即不是由他们自己选择的,因而从道德上讲是不应得的,因此,由其导致的劳动者所得的不平等是不应当的。那对第二个"弊病"又应如何理解呢? 在回答这一问题之前,让我们再来看看马克思的原话:"一个劳动者已经结婚,另一个则没有;一个劳动者的子女较多,另一个的子女较少,如此等等。因此,在提供的劳动时间相同,从而由社会消费基金中分得的份额相同的条件下,其中一个人事实上所得到的比另一个人多些,也就比另一个人富些,如此等等。"仔细分析一下这些话可以看出,马克思讲这些话无非是要表明,尽管每个劳动者提供的劳动时间相同、从而由社会消费基金中分得的份额相同,但因其家庭负担不同,他们的实际所得是不平等的。具体说来就是,每个劳动者都要负担他自己及其家庭成员的生活,但每个劳动者家庭成员的状况往往不同,因而他们的负担也不相同,正是由于家庭负担不同,他们的实际所得是不平等的。将马克思这里举的两个例子展开来说就是:一个劳动者已经结婚,另一个没有结婚,那前者就要负担两个人的生活(马克思在这里假定妻子的生活是由丈夫负担的),而后者只需负责一个人的生活,因此,前者的实际所得只是后者的一半;一个劳动者的子女较多,另一个的子女较少,那前者要负担较多人的生活,后者则负担较少人的生活,因此,前者的实际所得要比后者少。如果再将这两个例子与马克思在讲完它们之后说的"如此等等"联系起来理解,那我们还可以进而做这样的推论:在马克思看来,除了上述两个例子讲的情况以外,造成劳动者不同负担的还有很多类似的情况。沿着马克思在这两个例子中的思路,我们可以再举出两个造成劳动者不同负担的例子:两个劳动者都已结婚,都各有三个子女,但前者还有两个需要负担的老人,后者则没有需要负担的老人,那前者的负担就比后者更多,因此,前者的实际所得就比后者要少;两个劳动者各有两个子女,前者的子女都是健康人,后者的子女都是残疾人,那后者的负担就比前者更重,因此前者的实际所得就比后者要多。无疑,这样的例子还可以举出很多。那马克思为什么认为由不同家庭负担导致的劳动者实际所得的不平等是不正义的？从马克思的两个例子及其"如此等等"的用语来看，其原因也在于劳动者不同的家庭负担是由各种偶然因素造成的，即不是他们自己有意选择的，因而从道德上讲是都不应得的，因此，由其导致的劳动者实际所得的不平等是不应当的。

以上表明，在马克思有关按劳分配的弊病的论述中隐含着一种不同于剥削是不正义的分配正义要求，即由偶然的天赋和负担的不同所导致的，进而言之，由非选择的偶然因素所导致的人们实际所得的不平等是不正义的。

说到这里人们也许会问，这不等于说马克思有两种不同的分配正义要求，一种是针对资本主义剥削的正义要求，另一种是针对社会主义按劳分配的正义要求吗？我认为实际情况就是如此。在我看来，马克思的分配正义要求也是因生产方式的不同而改变的，因为他明确讲过针对资本主义剥削的正义要求"是以资本为基础的生产方式的产物"①，由此我们可以推论，他针对社会主义按劳分配的正义要求则是与他讲的共产主义社会第一阶段，即"一个以生产资料公有为基础的社会中"②相关的。对此也许有人会问，在这两种分配正义要求背后是否还存在一种终极意义上的分配正义原则？我认为这样的东西在马克思那里是找不到的，因为他和恩格斯从来就不相信有什么"永恒的、不以时间和现实变化为转移的"③终极正义。

---

① 《马克思恩格斯全集》第46卷下，人民出版社1980年版，第218页。

② 《马克思恩格斯选集》第3卷，人民出版社1995年版，第303页。

③ 《马克思恩格斯选集》第3卷，人民出版社1995年版，第435页。

十四、历史唯物主义与马克思的正义观念①

　　在当前我国马克思主义哲学研究和政治哲学研究中,如何理解历史唯物主义与马克思正义观念的关系,是一个存在诸多争议且备受关注的问题。笔者认为,导致争议的原因无疑很多,但其中一个至关重要的原因是不少学者的见解缺少可信的本文依据。为此,本文将依据马克思和恩格斯的相关论述,谈谈何为历史唯物主义、何为马克思的正义观念,并对它们之间关系提出一些初步的看法。

一

　　笔者这里讲的历史唯物主义,是指作为马克思一生两大发现之一的、由他和恩格斯共同创立的历史唯物主义。在笔者看来,历史唯物主义是一种实证性的科学理论,说得具体一点就是,一种从人的物质生产这一经验事实出发,通过对社会结构和历史发展的考察以揭示人类社会发展一般规律的理论。这种理解的依据,是马克思(以及恩格斯)在《德意志意识形态》《〈政治经济学批判〉序言》《资本论》中对历史唯物主义的最为系统而集中的论述。

　　在《德意志意识形态》中,马克思和恩格斯对他们创立的历史唯物主义做了初次描述。他们指出:"在思辨终止的地方,在现实生活面前,正是描述人们实践活动和实际发展过程的真正的实证科学开始的地方。关于意识的空话

---

① 本文发表在《哲学研究》2015 年第 7 期。

将终止,它们一定会被真正的知识所代替。对现实的描述会使独立的哲学失去生存环境,能够取而代之的充其量不过是从对人类历史发展的考察中抽象出来的最一般的结果的概括。"①他们这里讲的"在思辨终止的地方",指的是以思辨为特征的德国哲学终止的地方;"真正的实证科学开始的地方",指的是"描述人们实践活动和实际发展过程的"的历史唯物主义开始的地方;取代关于意识的空话的"真正的知识",指的是历史唯物主义的实证科学的特性;而能够取代独立的哲学的"充其量不过是从对人类历史发展的考察中抽象出来的最一般的结果的概括",指的历史唯物主义理论本身。可以认为,马克思、恩格斯正是在这些论述中,将历史唯物主义明确定性为"真正的实证科学"。为了表明历史唯物主义的这一特性,他们还多次谈到它的从经验出发的考察方法。例如,"这种考察方法不是没有前提的。它从现实的前提出发,它一刻也不离开这种前提。它的前提是人,但不是处在某种虚幻的离群索居和固定不变状态中的人,而是处在现实的、可以通过经验观察到的、在一定条件下进行的发展过程中的人。"②他们还强调指出,不仅现实的个人、他们的活动以及他们的物质生活条件可以通过纯粹经验的方法来确认,而且社会结构和政治结构同生产的联系也应当根据经验来揭示:"……以一定的方式进行生产活动的一定的个人,发生一定的社会关系和政治关系。经验的观察在任何情况下都应当根据经验来揭示社会结构和政治结构同生产的联系,而不应当带有任何神秘和思辨的色彩。"③由此出发,他们进而提出,历史唯物主义主要考察社会结构和社会发展问题。关于社会结构,他们说,"这种历史观就在于:从直接生活的物质生产出发阐述现实的生产过程,把同这种生产方式相联系的、它所产生的交往形式即各个不同阶段上的市民社会理解为整个历史的基础,从市民社会作为国家的活动描述市民社会,同时从市民社会出发阐明意识的所有各种不同的理论产物和形式,如宗教、哲学、道德等等,而追溯它们产生的过程。"④关于社会发展,他们说,"这种观点表明,历史不是作为'产生于

---

① 《马克思恩格斯选集》第 1 卷,人民出版社 1995 年版,第 73—74 页。
② 《马克思恩格斯选集》第 1 卷,人民出版社 1995 年版,第 73 页。
③ 《马克思恩格斯选集》第 1 卷,人民出版社 1995 年版,第 71 页。
④ 《马克思恩格斯选集》第 1 卷,人民出版社 1995 年版,第 92 页。

精神的精神'消融在'自我意识'中而告终的,而是历史的每一阶段都遇到一定的物质结果,一定的生产力总和,人对自然以及个人之间历史地形成的关系,都遇到前一代传给后一代的大量生产力、资金和环境,尽管一方面这些生产力、资金和环境为新的一代所改变,但另一方面,它们也预先规定新的一代本身的生活条件,使它得到一定的发展和具有特殊的性质。"①"这些不同的条件,起初是自主活动的条件,后来却变成了自主活动的桎梏,这些条件在整个历史发展过程中构成各种交往形式的各种联系的序列,交往形式的联系就在于:已成为桎梏的旧交往形式被适用于比较发达的生产力,因而也适应于进步的个人自主活动方式的新交往形式所代替。新的交往形式又会成为桎梏,然后又为另一种交往形式所代替。由于这些条件在历史发展的每一阶段都是与同一时期的生产力的发展相适应的,所以它们的历史同时也是发展着的、由每一个新的一代承受下来的生产力的历史,从而也是个人本身力量发展的历史。"②可以认为,正是在《德意志意识形态》中,马克思、恩格斯明确提出历史唯物主义是"真正的实证科学"。

在对历史唯物主义做出经典表述的《〈政治经济学批判〉序言》中,马克思再次表明历史唯物主义具有实证科学的特征。他写道:"并且一经得到就用于指导我的研究工作的总的结果,可以简要地表述如下:人们在自己生活的社会生产中发生一定的、必然的、不以他们的意志为转移的关系,即同他们的物质生产力的一定发展阶段相适合的生产关系。这些生产关系的总和构成社会的经济结构,即有法律的和政治的上层建筑竖立其上并有一定的社会意识形式与之相适应的现实基础。物质生活的生产方式制约着整个社会生活、政治生活和精神生活的过程。不是人们的意识决定人们的存在,相反,是人们的社会存在决定人们的意识。社会的物质生产力发展到一定阶段,便同它们一直在其中运动的现存生产关系或财产关系(这只是生产关系的法律用语)发生矛盾。于是这些关系便由生产力的发展形式变成生产力的桎梏。那时社会革命的时代就到来了。随着经济基础的变更,全部庞大的上层建筑也或慢或快

---

① 《马克思恩格斯选集》第1卷,人民出版社1995年版,第92页。
② 《马克思恩格斯选集》第1卷,人民出版社1995年版,第123—124页。

地发生变革。在考察这些变革时,必须时刻把下面两者区别开来:一种是生产的经济条件方面所发生的物质的、可以用自然科学的精确性指明的变革,一种是人们借以意识到这个冲突并力求把它克服的那些法律的、政治的、宗教的、艺术的或哲学的,简言之,意识形态的形式。我们判断一个人不能以他对自己的看法为根据,同样,我们判断这样一个变革时代也不能以它的意识为根据;相反,这个意识必须从物质生活的矛盾中,从社会生产力和生产关系之间的现存冲突中去解释。"①马克思这里讲的指导他的研究工作的"总的结果",无疑是指由他以及恩格斯创立的历史唯物主义。这段论述表明,历史唯物主义的研究对象,是生产力、生产关系(经济基础)和上层建筑的相互关系和矛盾运动,进而言之,是通过社会结构的变革和社会发展阶段的演变所体现的人类社会发展的一般规律。而马克思强调的在考察社会变革时必须时刻把握的区别,即"一种是生产的经济条件方面所发生的物质的、可以用自然科学的精确性指明的变革,一种是人们借以意识到这个冲突并力求把它们克服的那些法律的、政治的、宗教的、艺术的或哲学的,简言之,意识形态的形式",则更明确地肯定了历史唯物主义的实证科学的特征。

在《资本论》第一卷"第二版跋"中,马克思又进一步肯定了历史唯物主义是一种实证性的科学。在谈到《卡尔·马克思的政治经济学批判的观点》一文的作者伊·伊·考夫曼时,马克思说,这位作者"从我的《政治经济学批判》序言(1895年柏林出版第4—7页,在那里我说明了我的方法的唯物主义基础)中摘引了一段话后说:

> 在马克思看来,只有一件事情是重要的,那就是发现他所研究的那些现象的规律。而且他认为重要的,不仅是在这些现象具有完成形式和处于一定时期内可见到的联系中的时候支配着它们的那个规律。在他看来,除此而外,最重要的是这些现象变化的规律,即它们由一种形式过渡到另一种形式,由一种联系秩序过渡到另一种联系秩序的规律。他一发现了这个规律,就详细地来考察这个规律在社会生活中表现出来的各种后果……所以马克思竭力去做的只是一件事:通过准确的科学研究来证

----

① 《马克思恩格斯选集》第2卷,人民出版社1995年版,第32—33页。

明社会关系一定的秩序的必然性,同时尽可能完善地指出那些作为他的出发点和根据的事实。为了这个目的,只要证明现有秩序的必然性,同时证明这种秩序不可避免地要过渡到另一种秩序的必然性就完全够了,而不管人们相信或不相信,意识到或没有意识到这种过渡。马克思把社会运动看做受一定规律支配的自然过程,这些规律不仅不以人的意志、意识和意图为转移,反而决定人的意志、意识和意图……既然意识要素在文化史上只起着这种从属作用,那么不言而喻,以文化本身为对象的批判,比任何事情更不能以意识的某种形式或某种结果为依据。这就是说,作为这种批判的出发点的不能是观念,而只能是外部的现象。批判将不是把事实和观念比较对照,而是把一种事实同另一种事实比较对照。对这种批判唯一重要的是,把两种事实尽量准确地研究清楚,使之真正形成相互不同的发展阶段,但尤其重要的是,同样准确地把各种秩序的序列、把这些发展阶段所表现出来的连贯性和联系研究清楚……但是有人会说,经济生活的一般规律,不管是应用于现在或过去,都是一样的。马克思否认的正是这一点。在他看来,这样的抽象规律是不存在的……根据他的意见,恰恰相反,每个历史时期都有它自己的规律。一旦生活经过了一定的发展时期,由一定阶段进入另一阶段时,它就开始受另外的规律支配。总之,经济生活呈现出的现象,和生物学的其他领域的发展史颇相类似……旧经济学家不懂得经济规律的性质,他们把经济规律同物理学定律和化学定律相比拟……对现象所做的更深刻的分析证明,各种社会机体象动植物机体一样,彼此根本不同……由于各种机体的整个结构不同,它们的各个器官有差别,以及器官借以发生作用的条件不一样等等,同一个现象却受完全不同的规律支配。例如,马克思否认人口规律在任何时候在任何地方都是一样的。相反地,他断言每个发展阶段有它自己的人口规律……生产力的发展水平不同,生产关系和支配生产关系的规律也就不同。马克思给自己提出的目的是,从这个观点出发去研究和说明资本主义经济制度,这样,他只不过是极其科学地表述了任何对经济生活进行准确的研究必须具有的目的……这种研究的科学价值在于阐明了支配着一定社会有机体的产生、生存、发展和死亡以及为另一更高的机体所代替的特殊规律。马克思的这本书确实具有这种价值。

> 这位作者先生把他称为我的实际方法的东西描述得这样恰当,并且在考察我个人对这种方法的运用时又抱着这样的好感,那他所描述的不正是辩证方法吗?①

从得到马克思高度肯定的考夫曼的这段话我们可以看到,马克思明确认可他的"辩证方法",即他的历史唯物主义具有考夫曼描述的那些实证科学的基本特征:"通过准确的科学研究来证明一定的社会关系秩序的必然性,同时尽可能完善地指出那些作为他的出发点和根据的事实";"把社会运动看作受一定规律支配的自然历史过程,这些规律不仅不以人的意志、意识和意图为转移,反而决定人的意志、意识和意图";"批判将不是把事实和观念比较对照,而是把一种事实同另一种事实比较对照";"经济生活呈现出的现象,和生物学的其他领域的发展史颇相类似";"这种研究的科学价值在于阐明了支配着一定社会机体的产生、生存、发展和死亡以及为另一更高的机体所代替的特殊规律"。

除了上述三处系统而集中的论述以外,马克思、恩格斯对历史唯物主义的实证科学的特征还有不少明确的表述。例如,马克思在《资本论》第一卷还指出,"我决不用玫瑰色描绘资本家和地主的面貌。不过这里涉及到的人,只是经济范畴的人格化,是一定的阶级关系和利益的承担者。我的观点是:社会经济形态的发展是一种自然历史过程。不管个人在主观上怎样超脱各种关系,他在社会意义上总是这些关系的产物。同其他任何观点比起来,我的观点是更不能要个人对这些关系负责的。"②恩格斯在马克思墓前的讲话则更清楚地表明了这一点:"正像达尔文发现有机界的发展规律一样,马克思发现了人类历史的发展规律,即历来为繁芜丛杂的意识形态所掩盖着的一个简单事实:人们首先必须吃、喝、住、穿,然后才能从事政治、科学、艺术、宗教等等;所以,直接的物质的生活资料的生产,因而一个民族或一个时代的一定的经济发展阶段,便构成基础,人们的国家设施、法的观点、艺术以至宗教观念,就是从这个

---

① 《资本论》第一卷,人民出版社 1975 年版,第 20—23 页。
② 《资本论》第一卷,人民出版社 1975 年版,第 12 页。

基础上发展起来的,因而,也必须由这个基础来解释,而不是像过去那样做得相反。"①

在我看来,对于历史唯物主义的理解和阐释必须依据马克思、恩格斯本人认可的相关论述,而一旦我们这样做了,那就不能否认历史唯物主义是一种实证性的科学理论。

二

仔细研读一下马克思论著我们可以发现,他涉及正义②问题的论述大体上可分为两类。一类是从历史唯物主义出发,对各种资产阶级、小资产阶级的正义主张,例如,吉尔巴特的"自然正义"、蒲鲁东的"永恒公平的理想"、拉萨尔的"公平的分配"的批判,和对当时工人运动中出现的各种错误口号,例如,"做一天公平的工作,得一天公平的工资"的批评。在这一类论述中,马克思指出并论证了正义属于社会意识,是对一定经济关系的反映;正义是人们对现实分配关系与他们自身利益关系的一种价值判断,不同阶级和社会集团对同一分配关系是否正义往往持有不同的看法;正义虽然说到底是对现实经济关系与评价主体利益之间关系的反映,但它的直接来源却是法权观念和道德观念,是法权观念或道德观念的最抽象的表现;正义随着经济关系的变化而变化,永恒的正义是不存在的。③ 另一类则隐含在对资本主义剥削的谴责和对社会主义按劳分配的批评中。笔者这里讲的马克思的正义观念,指的只是隐含在第二类论述中的马克思对什么是正义的、什么是不正义的看法。

那马克思认为什么是正义的,什么是不正义的? 在笔者看来,要弄清这一问题,首先要弄清正义概念本身在马克思相关论述中的含义。众所周知,对于

---

① 《马克思恩格斯选集》第3卷,人民出版社1975年版,第776页。

② 本文讲的"正义"在马克思恩格斯的德文原著中是用 Gerechtigkeit 表示的,这一概念在中文版的《马克思恩格斯全集》中有时也被译为"公正"或"公平",因此,国内很多学者都把"公平"、"公正"和"正义"作为同一概念来使用的,本文也遵循这种用法。

③ 参见笔者发表在《哲学研究》2000年第8期的论文《马克思和恩格斯的公平观》。

正义的含义,自柏拉图以来人们就存在种种不同的理解,因此,要弄清正义在马克思那里意指什么,就要看看他是如何使用这一概念的。进而言之,要弄清与历史唯物主义相关的马克思的正义观念,就要看看他在创立历史唯物主义以后是如何使用这一概念的。根据笔者对马克思著作的研读,他在创立历史唯物主义以后涉及正义的论述并不多,而且这些论述大多与分配问题相关①,以下是人们经常引用的几段论述:

(1)在谈到资本主义分配关系时,马克思说:"什么是'公平的'分配呢?难道资产者不是断言今天的分配是'公平'的吗?难道它事实上不是在现今的生产方式基础上唯一'公平的'分配吗?……难道各种社会主义宗派分子关于'公平的'分配不是也有各种极不相同的观念吗?"②

(2)在谈到工人争取提高工资的斗争时,马克思说:"他们应当屏弃**'做一天公平的工作,得一天公平的工资!'**这种**保守的**格言,要在自己的旗帜上写上革命的口号:**'消灭雇佣劳动制度!'**"③

(3)在谈到劳动和资本的关系时,马克思说:"认识到产品是劳动能力自己的产品,并断定劳动同自己的实现条件的分离是不公平的、强制的,这是了不起的觉悟,这种觉悟是以资本为基础的生产方式的产物,而且也正是为这种生产方式送葬的丧钟,就像当奴隶觉悟到他**不能作第三者的财产**,觉悟到他是一个人的时候,奴隶制度就只能人为地苟延残喘,而不能继续作为生产的基础一样。"④

(4)在谈到未来社会主义社会的按劳分配时,马克思说,"生产者的权利是同他们提供的劳动**成比例的**;平等就在于以**同一尺度**——劳动——来计量……但是,一个人在体力或智力上胜过另一个人,因此在同一时间内提供较多的劳动,或者能够劳动较长的时间;而劳动,要当作尺

---

① 当然,马克思也在其他意义上使用过正义概念,如出现在他 1871 年为国际工人协会起草的《共同章程》中的"真理、正义和道德"(《马克思恩格斯选集》第 2 卷,人民出版社 1995 年版,第 610 页),出现在《资本论》中的"对卖者也决不是不公平的"(《资本论》第一卷,人民出版社 1975 年版,第 219 页),等等。

② 《马克思恩格斯选集》第 3 卷,人民出版社 1995 年版,第 302 页。

③ 《马克思恩格斯选集》第 2 卷,人民出版社 1995 年版,第 97 页。

④ 《马克思恩格斯全集》第 46 卷上,人民出版社 1979 年版,第 460 页。

度来用,就必须按照它的时间或强度来确定,不然它就不成其为尺度了。这种平等的权利,对不同等的劳动来说是不平等的权利。它不承认任何阶级差别,因为每个人都像其他人一样只是劳动者;但是它默认,劳动者的不同等的个人天赋,从而不同等的工作能力,是天然特权。**所以就它的内容来讲,它像一切权利一样是一种不平等的权利。**"①

从这些论述不难看出,马克思讲的正义都与对劳动产品的分配相关。那他讲的与分配相关的"正义"其含义又是什么?这是一个不仅从这些论述,而且从马克思其他相关论述都无法找到确切答案的问题,因为尽管他多次讲到与分配相关的"正义",但从没给它下过一个定义,也没对它做出专门的说明。因此,我们可以推断,他在使用这一概念时可能是沿袭了当时人们的一般用法,即也用正义指称"给每个人以其应得"。②

这里有必要指出,尽管在日常用语中,与分配相关的"正义"意指的是"给每个人以其应得",但因为对于"每个人应得什么"人们往往存在不同的理解,因此,人们持有的正义观念,即什么样的分配是正义的,什么样的分配是不正义的,往往也是各不相同的。那马克思持有的与分配相关的正义观念——"给每个人以其应得"意指的又是什么?在我看来,这也是一个从马克思相关论述难以直接找到明确答案的问题,因为他持有的正义观念,只隐含在他对资本主义剥削的谴责和对社会主义按劳分配的批评上。

让我们先来看看马克思对资本主义剥削的谴责。我们知道,马克思不但从实证的意义上揭示了资本主义剥削体现为资本家对工人劳动的无偿占有,

---

① 《马克思恩格斯选集》第3卷,人民出版社1995年版,第304—305页。

② 时至今日,人们对正义概念的用法依然如此。例如,G.A.科恩说:"但如果因为我的一些批评者坚持要求我必须仅以通常的话语说出我认为正义是什么,那对这些对此将感到满足的人来讲,我就给出正义是给每个人以其应有这一古老的格言。"(G. A. Cohen, *Rescuing Justice and Equality*, Harvard University Press, 2008, p.7.)戴维·米勒对"正义"概念的论述与G.A.科恩大体相同:"在断定每一种关系模式具有其独特的正义原则时,我诉诸读者对我们所谓正义的'语法'的理解。依照查士丁尼的经典定义,作为一种一般意义上的德性的正义乃是'给予每个人应有的部分这种坚定而恒久的愿望'。"(戴维·米勒:《社会正义原则》,应奇译,江苏人民出版社2008年版,第39—40页。)阿拉斯代尔·麦金泰尔也持有相同的看法,他认为,"正义是给予每个人——包括他自己——他所应得的东西以及不以与他们的应得不相容的方式对待他们的一种安排。"(A.MacIntyre, *Whose Justice? Which Rationality?* London:Duckworth, 1988, p.39.)

而且还从规范的意义上谴责了资本家无偿占有工人劳动的不正义。在他的相关论著中,他多次把资本家对工人的剥削说成是对工人的"盗窃"和"抢劫"。例如,在《经济学手稿(1857—1858年)》中他明确指出,"现今财富的基础是盗窃他人的劳动时间"①。在《资本论》中,他把剩余产品视为"资本家阶级每年从工人阶级那里夺取的贡品"②;把逐年增长的剩余产品称作"从英国工人那里不付等价物而窃取的";③把资本家无偿占有的剩余价值看作"从工人那里掠夺来的赃物"④。对此,当代左翼学者,牛津大学的G.A.科恩教授曾做过这样的推论:在马克思看来,资本主义剥削是资本家对工人的"盗窃",而盗窃就"是不正当地拿了属于他者的东西,盗窃是做不正义的事情,而基于'盗窃'的体系就是基于不正义"。⑤ 由此,他进而推论,你能从某人那里盗窃的东西,只能是完全属于那个人的东西,因此可以认为,马克思对资本主义剥削是不正义的谴责,实际上"暗示着工人是他自己的劳动时间的正当的所有者"⑥。笔者认为,科恩的推论是能够成立的,因此,我们可以断定,马克思认为资本主义剥削之所以是不正义,从根本上讲,是因为资本家无偿占有了本应属于工人的剩余产品。

让我们再来看看马克思对社会主义按劳分配的批评。在《哥达纲领批判》中,马克思在讲完按劳分配的含义之后又接着指出,按劳分配虽然意味着资本主义剥削的消灭,但它还存在两种"弊病"。第一,它默认因劳动者个人天赋不同而导致的实际所得不平等。这表现在,"生产者的权利是同他们提供的劳动**成比例的**;平等就在于以**同一尺度**——劳动——来计量。但是,一个人在体力或智力上胜过另一个人,因此在同一时间提供较多的劳动,或者能够劳动较长时间;而劳动,要当作尺度来用,就必须按照它的时间和强度来确定,不然它就不成其为尺度了。这种**平等**的权利,对不同等的劳动来说是不平等

---

① 《马克思恩格斯全集》第46卷下,人民出版社1980年版,第218页。

② 《资本论》第一卷,人民出版社1975年版,第638页。

③ 《资本论》第一卷,人民出版社1975年版,第671页。

④ 《资本论》第一卷,人民出版社1975年版,第671页。

⑤ 转引自李惠斌、李义天编:《马克思与正义理论》,中国人民大学出版社2010年版,第158页。

⑥ G.A.Cohen, *Self-ownership, freedom, and equality*.Cambridge University Press,1995,p.146.

的权利。它不承认任何阶级差别，因为每个人都像其他人一样只是劳动者；但是它默认，劳动者的不同等的个人天赋，从而不同等工作能力，是天然特权。**所以就它的内容来讲，它像一切权利一样是一种不平等的权利。"**①第二，它使劳动者个人因家庭负担不同而实际所得不平等。这表现在："一个劳动者已经结婚，另一个则没有；一个劳动者的子女较多，另一个的子女较少，如此等等。因此，在提供的劳动时间相同、从而由社会消费基金中分得的份额相同的条件下，其中一个人事实上所得到的比另一个人多些，也就比另一个人富些，如此等等。"②我们知道，"弊病"这一概念意指的是"缺点、欠缺或不足"，由此我们可以认为，马克思将它用在这里无疑含有批评的意思，说的明确一点就是，上述两种情况都是"不应当的"，或不正义的。那它们为什么是"不应当"的？对此，马克思并没给出明确的说明。

然而，从马克思有关第一个"弊病"的论述我们可以推断，其原因只能在于，劳动者的不同等的个人天赋是由偶然因素导致的，也就是说，不是由他们自己选择的，因而从道德上讲是不应得的，由此说来，由其导致的劳动者所得的不平等是不应当的。那又应如何理解马克思讲的第二个"弊病"呢？让我们先来想想马克思在谈到这一弊病时讲的两种情况：一个劳动者已经结婚，另一个没有结婚，由于妻子的生活要由丈夫来负担（马克思肯定是这样假定的），那前者就要负担两个人的生活，而后者只负责一个人的生活，这样一来，前者的实际所得就只有后者的一半；一个劳动者子女较多，另一个子女较少，前者要负担较多人的生活，后者则负担较少人的生活，因此，前者的实际所得就比后者要少。如果再将这两种情况与马克思在讲完它们之后说的"如此等等"联系起来理解，那我们还可进而推论，这类情况实际上还有很多。例如，两个劳动者都已结婚，其中一个有两个健康的子女，另一个则有两个残疾的子女，因此，后者的负担比前者更重，并因而实际所得更少。再如，两个劳动者都已结婚，其中一个没有需要负担的老人，另一个则有两个需要负担的老人，后者的负担无疑比前者更多，并因而实际所得要少。类似的例子无疑还可以举

① 《马克思恩格斯选集》第3卷，人民出版社1995年版，第304—305页。
② 《马克思恩格斯选集》第3卷，人民出版社1995年版，第305页。

出很多。那马克思为什么认为由不同家庭负担导致的劳动者实际所得的不平等是"弊病",即不应当的? 如果我们对马克思讲的两种情况及其"如此等等"的用语做进一步的思考,那就可以认为,其原因也在于劳动者不同的家庭负担是由各种偶然因素造成的,换句话说,不是他们自己故意选择的,因此,从道德上讲是不应得的,所以,由它们导致的劳动者实际所得的不平等是不应当的。简言之,我认为在马克思对按劳分配的批评中,隐含着一种不同于剥削是不正义的新的分配正义观念,即由偶然的天赋和负担的不同所导致的,即由非选择的偶然因素所导致的人们实际所得的不平等是不正义的。

综上所述,马克思实际上持有两种不同的分配正义观念,一是涉及资本主义剥削的正义观念,另一是涉及社会主义按劳分配"弊病"的正义观念。对此,人们也许会问,马克思是否还持有一种超越这两种分配正义观念的终极意义上的分配正义观念? 笔者的回答是肯定没有,因为他和恩格斯从不相信有什么"永恒的、不以时间和现实变化为转移的"①终极正义。

三

如果说历史唯物主义只是一种实证性的科学理论,马克思的正义观念只是一种规范性的见解,那对它们之间关系就要做一种与我国学术界的传统理解不同的新理解。

在历史唯物主义与马克思正义观念的关系这一问题上,传统的理解认为,马克思是从历史唯物主义出发,以是否与生产方式相适应来判定一种分配是否是正义的:只要与生产方式相适应就是正义的;只要与生产方式相矛盾就是非正义的。这种理解的依据,来自中央编译局翻译的马克思在《资本论》第三卷中的一段话:

在这里,同吉尔巴特一起(见注)②说什么自然正义,这是荒谬的。生

---

① 《马克思恩格斯选集》第3卷,人民出版社1995年版,第435页。

② 注释:一个用借款来牟取利润的人,应该把一部分利润付给贷放人,这是不言而喻的天然正义的原则。

产当事人之间进行的交易的正义性在于：这种交易是从生产关系中作为自然结果产生出来的。这种经济交易作为当事人的意志行为，作为他们的共同意志的表示，作为可以由国家强加给立约双方的契约，表现在法律形式上，这些法律形式作为单纯的形式，是不能决定这个内容本身的。这些形式只是表示这个内容。这个内容，只要与生产方式相适应，相一致，就是正义的；只要与生产方式相矛盾，就是非正义的。在资本主义生产方式的基础上，奴隶制是非正义的；在商品质量上弄虚作假也是非正义的。①

笔者曾指出，这段译文存在严重误译的问题。② 在这里，我不再对误译问题做进一步的说明，而只想指出基于这段译文的传统理解存在的一个明显的错误——把正义理解为一种事实判断而不是一种价值判断。我们知道，在马克思和恩格斯的相关论述中，一种分配方式与生产方式相一致还是相矛盾，指的只是前者是后者的发展形式还是桎梏，是促进还是阻碍后者发展，由此说来，无论相一致还是相矛盾，都只是对它们之间关系的一种事实判断。相反，一种分配方式是正义的还是非正义的，指的则是不同社会群体对它做的"应当"还是"不应当"的价值判断。关于正义的价值判断的特征，马克思和恩格斯都有明确的论述。马克思在批判拉萨尔主张的"公平的分配"时指出："什么是'公平的'分配呢？难道资产者不是断言今天的分配是'公平的'吗？……难道各种社会主义宗派分子关于'公平的'分配不是也有各种极不相同的观念吗？"③恩格斯在谈到普鲁东的法权观时也指出："希腊人和罗马人的公平认为奴隶制度是公平的；1789 年资产者阶级的公平观则要求废除被宣布为不公平的封建制度。在普鲁士的容克看来，甚至可怜的专区法也是对永恒公平的破坏。所以，关于永恒公平的观念不仅因时因地而变，甚至也因人而异，这种东西正如米尔伯格正确说过的那样'一个人有一个理解'。"④如果说

---

① 《马克思恩格斯全集》第 25 卷，人民出版社 1974 年版，第 379 页。

② 参见我的论文《马克思认为"与生产方式相适应，相一致就是正义的"吗？——对中央编译局〈资本论〉第三卷一段译文的质疑与重译》，载《马克思主义与现实》2010 年第 6 期。

③ 《马克思恩格斯选集》第 3 卷，人民出版社 1995 年版，第 302 页。

④ 《马克思恩格斯选集》第 3 卷，人民出版社 1995 年版，第 212 页。

正义在马克思的论述中只是一种价值判断,那将其理解为一种事实判断显然就是错误的。

那又应如何理解作为一种实证性理论的历史唯物主义,与作为一种规范性见解的马克思正义观念的关系呢?这无疑是一个在我国学术界尚未引起人们重视,因而也从未可做过认真探讨的问题。以下是笔者对这一问题的几点初步的看法。

第一,历史唯物主义不涉及马克思的正义观念,马克思的正义观念也不涉及历史唯物主义。前边表明,历史唯物主义是一种从人的物质生产这一经验事实出发,通过对社会结构和历史发展的考察以揭示人类社会发展一般规律的理论,而马克思的正义观念只体现为马克思对资本主义剥削的谴责和对社会主义按劳分配的批评,因此,前者的内容与后者无关,后者的内容与前者也无关。

第二,历史唯物主义不是源自马克思的正义观念,马克思的正义观念也不是源自历史唯物主义。由于历史唯物主义是一种实证性的科学理论,这决定了它不可能源自规范性的马克思正义观念。换句话说,马克思不是从他的正义观念出发创立历史唯物主义的,这一点从马克思以及恩格斯有关历史唯物主义创立过程的论述就看得很清楚。① 历史唯物主义的实证性的特征还使它不可能成为马克思正义观念的来源,因为它只能对资本主义剥削和社会主义按劳分配做出事实性描述或判断,例如,它可以表明资本主义剥削体现为资本家对工人劳动的无偿占有,社会主义按劳分配体现为按照每个人提供的劳动分配生活资料,进而言之,它还可以表明资本主义剥削在一定历史时期具有必然性,社会主义实行按劳分配是因为生产力还没得到极大的提高。从这些事实性的描述或判断显然既推导不出资本主义剥削是不正义的,也推导不出社会主义按劳分配是不正义的。

那马克思的正义观念源自哪里?从马克思和恩格斯的相关论述看,马克思与剥削相关的正义观念是源自当时英国的社会主义者。对此,恩格斯曾有

① 参见马克思的《〈政治经济学批判〉序言》,《马克思恩格斯选集》第 2 卷,人民出版社1995 年版,第 32—33 页。

这样的说明："李嘉图理论的上述应用，——认为全部社会产品，即**工人的**产品属于唯一的、真正的生产者，即工人——直接引导到共产主义。但是，马克思在上述的地方也指出，这种应用在经济学的形式上是错误的，因为这只不过是把道德运用于经济学而已。按照资产阶级经济学的规律，产品的绝大部分**不是**属于生产这些产品的工人。如果我们说：这是不公平的，不应该这样，那末这句话同经济学没有什么直接的关系。我们不过是说，这些经济事实同我们的道德感有矛盾。所以马克思从来不把他的共产主义要求建立在这样的基础上，而是建立在资本主义生产方式的必然的、我们眼见一天甚于一天的崩溃上；他只说了剩余价值由无酬劳动构成这个简单的事实。"①这里说的"认为全部社会产品，即**工人的**产品属于唯一的、真正的生产者，即工人"，指的是当时英国社会主义者的主张②；"我们"，指的是马克思和他本人；"产品的绝大部分**不是**属于生产这些产品的工人"，指的是资本家对工人的剥削；"我们"说资本主义剥削"是不公平的，不应该这样"，是基于"认为全部社会产品，即工人的产品属于唯一的、真正的生产者，即工人"这样的道德意识，这种说法在经济学上是错误的，因为这只不过是把道德运用于经济学；马克思从来不把他的共产主义要求建立在这样的基础上，而是建立由经济学揭示的资本主义生产方式的必然的、一天甚于一天的崩溃上，所以，"马克思只说了剩余价值由无

---

① 《马克思恩格斯全集》第 21 卷，人民出版社 1965 年版，第 209 页。

② 对此，恩格斯做过这样的解释："现代社会主义，不论哪一派，只要从资产阶级政治经济学出发，几乎没有例外地都同李嘉图的价值理论相衔接。李嘉图在他的'原理'中，一开头就提出两个原理：第一，任何商品的价值仅仅取决于生产这个商品所需要的劳动量，第二，全部社会劳动的产品分配于土地所有者（地租）、资本家（利润）和工人（工资）这三个阶级之间。在英国，早在 1821 年，就已经从这两个原理中做出了社会主义的结论，并且有一部分提得这样尖锐和这样果断，使得那些现在几乎完全被忘记了的、很大一部分靠马克思才再次发现的文献，在'资本论'出版以前，一直是不可超越的东西。"（《马克思恩格斯全集》第 21 卷，人民出版社 1965 年版，第 206 页）具体说来就是，对于李嘉图的商品的价值决定于劳动时间的原理，一些资产阶级经济学家提出了这样的非难："如果一个产品的交换价值等于它所包含的劳动时间，一个劳动日的交换价值就等于一个劳动日的产品。换句话说，工资应当等于劳动的产品。但是实际情形恰好相反。"（《马克思恩格斯全集》第 13 卷，人民出版社 1962 年版，第 52 页的注释。）这些资产阶级经济学家对李嘉图的这种非难后来被社会主义者抓住了。"他们假定这个公式在理论上是正确的，责备实际与理论相矛盾，要求资产阶级社会在实践中贯彻它的理论原则的臆想的结论。英国的社会主义者至少就是这样把李嘉图的交换价值公式倒转过来反对政治经济学。"（《马克思恩格斯全集》第 13 卷，人民出版社 1962 年版，第 52 页的注释①）

酬劳动构成这个简单的事实"。从这段话可以推断,马克思涉及剥削的正义观念,是源自当时英国的社会主义者。而马克思涉及社会主义按劳分配弊病的正义观念,则是源自当时德国手工业者的共产主义。他在与恩格斯合著的《德意志意识形态》中批判"霍尔施坦的格奥尔格·库尔曼博士"时指出,"但是,共产主义的最重要的不同于一切反动的社会主义的原则之一就是下面这个以研究人的本性为基础的实际信念,即人们的**头脑**和智力的差别,根本不应引起**胃**和肉体**需要**的差别;由此可见,'按能力计报酬'这个以我们目前的制度为基础的不正确的原则应当——因为这个原理仅就狭义的消费而言——变为'**按需分配**'这样一个原理,换句话说:活动上,劳动上的**差别**不会引起在占有和消费方面的任何**不平等**,任何**特权**。"①马克思这里讲的"按能力计报酬"与他后来在《哥达纲领批判》中讲的按劳分配当然不是一回事,但他在这里对前者的批评却与他在《哥达纲领》批判中对后者的批评有内在联系,因而可以看作后者的来源。当然,马克思正义观念的来源可能不仅是上面讲的两种,但无论还有什么其他来源,它们都不可能是历史唯物主义。

第三,历史唯物主义并不否定马克思正义观念,马克思的正义观念也不否定历史唯物主义。从马克思的相关论述可以发现,无论是对资本主义剥削还是对社会主义按劳分配,他都同时既有基于正义观念的论述,又有基于历史唯物主义的论述。关于基于正义观念的论述,笔者在前边已经表明,这里我只引用两段基于历史唯物主义的论述。针对当时工人运动中流行的"做一天公平的工作,得一天公平的工资"的口号,马克思批评说,"在雇佣劳动制度的基础**上要求平等的或甚至是公平的报酬**,就犹如在奴隶制的基础上要求**自由**一样。你们认为公道和公平的东西,与问题毫无关系。问题就在于:在一定的生产制度所必需的和不可避免的东西是什么?"②他这里讲的"一定的生产制度所必需的和不可避免的东西"指的就是资本主义剥削具有的历史必然性。在表明按劳分配存在两个弊病以后,马克思进而指出:"但是这些弊病,在经过长久阵痛刚刚从资本主义社会产生出来的共产主义社会第一阶段,是不可避免的。

---

① 《马克思恩格斯全集》第3卷,人民出版社1960年版,第637—638页。

② 《马克思恩格斯选集》第2卷,人民出版社1995年版,第76页。

权利决不能超出社会的经济结构以及由经济结构制约的社会的文化发展。"①
这里讲的"不可避免"的,指的就是按劳分配两个弊病的历史必然性。由此不
难看出,历史唯物主义与马克思的正义观念并不相互否定,而是各讲各的问
题。这一点还可从马克思对它们的应用中得到证明。以对资本主义剥削的谴
责为例,马克思一方面从其持有的正义观念出发对资本主义剥削予以强烈谴
责,另一方面又坚决反对从正义观念出发解释它的存在和发展。他在谈到蒲
鲁东的永恒公平理想时指出:"如果一个化学家不去研究物质变换的现实规
律,并根据这些规律解决一定的问题,却要按照'自然性'和'亲合性'这些'永
恒观念'来改造物质变换,那末对于这样的化学家人们该怎样想呢? 如果有
人说,'高利贷'违背'永恒公平'、'永恒公道'、'永恒互助'以及其他种种'永
恒真理',那末这个人对高利贷的了解比那些说高利贷违背'永恒恩典'、'永
恒信仰'和'永恒神意'的教父的了解又高明多少呢?"②与此相关的另一个例
证,是马克思对英国殖民主义者入侵印度的看法。在《不列颠在印度的统治》
一文中,马克思先从道德上谴责了英国殖民主义者在印度的暴行:"从人的感
情上来说,亲眼看到这无数辛勤经营的宗法制的祥和无害的社会组织一个个
土崩瓦解,被投入苦海,亲眼看到它们的每个成员既丧失自己的古老形式的文
明又丧失祖传的谋生手段,是会感到难过的。"③但他紧接着又说,"的确,英国
在印度斯坦造成社会革命完全是受极卑鄙的利益所驱使,而且谋取这些利益
的方式也很愚蠢。但问题不在这里。问题在于,如果亚洲的社会状态没有一
个根本的革命,人类能不能实现自己的命运? 如果不能,那么,英国不管干了
多少罪行,它造成这个革命毕竟是充当了历史的不自觉的工具。总之,无论
一个古老世界崩溃的情景对我们个人的感情来说怎样难过,但从历史的观
点来看,我们有权同歌德一起高唱:'我们何必因这痛苦而伤心,既然它带
给我们更多快乐? 难道不是有千千万万生灵曾被帖木尔的统治吞没?'"④
由此不难看出,在马克思那里,基于人的感情谴责英国对印度的入侵是一个

① 《马克思恩格斯选集》第3卷,人民出版社1995年版,第305页。
② 《资本论》第一卷,人民出版社1975年版,第102页。
③ 《马克思恩格斯选集》第1卷,人民出版社1995年版,第765页。
④ 《马克思恩格斯选集》第1卷,人民出版社1995年版,第766页。

问题,对英国的入侵做一种历史唯物主义的说明则是另一个问题,它们之间并不相互否定。

当然,笔者对历史唯物主义与马克思正义观念关系看法还只是初步的,还有不少问题需做进一步的说明。希望我的看法能起到抛砖引玉的作用。

下　编
政治哲学

十五、拯救平等：G.A.科恩对罗尔斯差别原则的两个批判^①

近些年来，我国学术界对罗尔斯《正义论》的研究已取得很多成果，但对它以后的政治哲学研究的新进展，尤其是对西方左翼学者在这一领域的成就却关注不够。为此，本文将集中阐释著名的左翼政治哲学家、牛津大学 G.A.科恩教授在其代表作《拯救正义与平等》^②一书中从平等主义出发对罗尔斯差别原则提出的两个批判。

1. 差别原则没有证明基于刺激的不平等是正义社会的特征

科恩在《拯救正义与平等》一书中提出，他试图拯救"这样一个平等的命题：在一个分配正义占优势的社会中，人们在物质方面可能得到的利益大致上是平等的。分配正义不容许那种深层的不平等，即由对处境好的人提供经济刺激而驱动的不平等，而这种不平等正是为罗尔斯的差别原则所认可的一个正义的社会所展示的东西。"^③

众所周知，差别原则是罗尔斯讲的正义社会的一个基本原则，这一原则认为，"社会和经济的不平等（例如财富和权力的不平等）只要其结果能给每一

---

① 本文发表在《中国人民大学学报》2010 年第 1 期。
② *Rescuing Justice and Equality*, Harvard University Press, 2008.
③ *Rescuing Justice and Equality*, Harvard University Press, 2008, p.2.

个人,尤其是那些最少受惠的社会成员带来补偿利益,它们就是正义的。"①科恩指出,罗尔斯的这一说法表明,他之所以认为这些不平等是正义的,只是因为它们对于改善处境最差的人的境况是必要的。然而,认真阅读一下《正义论》中相关论述就不难发现,对罗尔斯讲的为差别原则所认可的不平等的必要性实际上可做两种解读,一种是严格的解读,即不平等的必要性只是对于使处境最差的人境况变好而言,它与人们的意图无关;另一种是不严格的解读,即不平等的必要性只在于给有才能的人以经济刺激,因为否则他们将不努力工作而这会使处境最差的人境况更坏,因而,它与有才能的人的选择即意图有关。科恩指出,在罗尔斯的著作中,对差别原则的这两种不相容的解读都能得到材料的支持。他对人们在正义社会中表示要矢志于差别原则精神的那些论述,是对它的严格的解读,这种解读与他对博爱的论述是一致的。然而,由于罗尔斯同时还赞同基于刺激的不平等,他又把这种与有才能的人的意图相关的不平等视为差别原则可以接受的。

在科恩看来,即使罗尔斯关于经济刺激的有利后果的因果性描述是真实的,而且无论差别原则本身正确与否,差别原则都没有证明基于刺激的不平等是罗尔斯本人讲的正义社会的特征。

首先,认为基于刺激的不平等是正义的与罗尔斯讲的正义社会的共同体特征相矛盾。罗尔斯描述的正义的社会,即他称之为秩序良好的社会,是一个其公民完全愿意遵从正义要求的共同体。所谓共同体,其基本含义是存在某种一致性,就罗尔斯说的作为一个正义社会的共同体而言,它指的是这一社会中每个人都是出于一种由正义原则赋予的正义感来行事。对于这一点,罗尔斯在其著作中有很多清楚的论述。例如,罗尔斯告诉人们,在正义的社会中,"每一个人都接受,并且知道别人也接受相同的权利和正义的首要原则","在日常生活中的各方都肯定并且遵守(那些)首要的正义原则"。而对那些原则的完全遵从意味着——用罗尔斯的话来讲就是,"他们的日常生活中"——他们按照它们来行事。而且,"在某种程度上按照那些原则行事",他们的"完全的自主性得到了实现","因为他们的正义感发挥了决定性的作用"。公民们坚定地信奉那种行为方式,他们"都有一种表现他们作为自由平等的道德的人的本性的欲望,而他们只有按照他们在原初状态会承认的原则去做才能充分表现这种本性。一旦所有的人努力按照这些原则去做并且都做到这一点,那么他们作为道德的人的本性,就个别地或集体地得到最充分的实现,他们的个人的和集体的善也就随之实现。"①。

不难看出,在罗尔斯的这些论述意指的是,在他所说的正义社会中,每一个公民的经济动机都是受正义原则制约的,而他讲的正义原则,无疑包括差别原则。前边表明,差别原则认可的不平等的正义性只在于它们对于改善处境最差的人的境况是必要的。这样说来,如果那些有才能的人在"他们的日常生活中"是"根据"一种致力于首要关注处境差的人的差别原则来行动,那他们怎能还要求那些基于刺激的不平等呢? 当他们要求这种不平等时,能认为他们的"作为道德的人的本质""得到最充分的实现"了吗? 罗尔斯在《正义论》还讲过这样一段话:"通过避免在一个平等自由的结构中利用自然和社会环境中的偶然因素,人们在他们的社会的结构中表达了相互尊重。"②如果是这样的话,那在罗尔斯讲的正义的社会中就不会存在要求那些基于刺激的不平等的人,因为他们将不会利用他们的偶然天赋和社会优势,而且这段话还说,如他们那样做他们就是缺少那一社会结构所要求的对其他人的尊重。既然这样,那罗尔斯为什么还认为基于刺激不平等是正义的呢? 科恩指出,这种认可包含这样一种意思,即处境最差的人从基于刺激的不平等这一点受益,只是因为如果取消了这种不平等有才能的人就将不努力工作从而降低生产,而其结果将无益于处境最差的人的境况的改善。因此可以说,差别原则如可用来辩护基于刺激的不平等,那只是在有才能的人违反差别原则本身的正义精神的时候,因为如果他们明确遵从作为正义原则的差别原则,他们就不需要导致不平等的经济刺激。这样说来,罗尔斯对基于刺激的不平等的认可就与他

---

① [美]罗尔斯:《正义论》,何怀宏、何包刚、廖申白译,中国社会科学出版社 1988 年版,第531 页。

② [美]罗尔斯:《正义论》,何怀宏、何包刚、廖申白译,中国社会科学出版社 1988 年版,第177 页。

对正义社会的理解相矛盾的,因为这种认可预先假定了一种非共同体的社会模式,在这一社会中,人们之间的关系被理解为获利的机会,或获利的障碍来考虑的,这显然与他讲的作为一个共同体的正义的社会的特征,即每一个公民的经济动机都是受正义原则制约的相矛盾。

其次,认为基于刺激的不平等是正义的与罗尔斯强调的正义社会的博爱观念不一致。在罗尔斯描述的正义社会中,博爱是一种"重要的价值"。① 在罗尔斯看来,认可基于刺激的不平等体现了对处境最差人的博爱,因为这种不平等会给他们带来更好的境况。对此科恩指出,这只是罗尔斯的一种幻想。因为这些人的更好的境况只是由那些比他们处境更好,而且也许好得多的人追逐私利给予的,而根本不是他所说的博爱的实现。

在《正义论》中,罗尔斯把博爱描述为"这样一种观念,即如果不是有助于境况较差者的利益,就不想获得较大的利益……一个家庭的成员通常只希望在能促进家庭其他成员的利益时获利。那么按照差别原则行动正好也产生这一结果。"②在科恩看来,只有对差别原则做严格解读时,按照这一原则行动才能产生罗尔斯所说的结果,因为"只希望在能促进其他成员的利益时获利"是与追求基于刺激的不平等的欲望不相容的。实际上,罗尔斯的"如果不是有益于境况较差者的利益,就不想获得更大的利益"这句话的含义是模棱两可的。这句话意指的是除非他们获得某种东西(无论多么少)吗? 如果是这样,那它就没有满足差别原则规定的把境况较差者的利益放在首位的准则,而且它也绝对满足不了博爱观念的要求。那这句话意指的是除非他们的所得并不会使境况较差者的所得少于需要的所得吗? 如果是后者,那在可行的选择足够多的条件下,它意指的是获取平等。为了说明这一点,科恩设计了这样一个例证:兄弟两个,A 和 B 都住在纽约,他们在那里的益处程度分别是 6 和 5。如果他们搬到芝加哥,他们的益处程度会分别上升到 10 和 5.1。如果他们搬到波士顿,他们的益处程度会分别上升到 8 和 7。罗尔斯的博爱观念与 A 提出他们搬到芝加哥相一致吗? 如果认为相一致,那是难以令人信服的。或者,

---

① *Rescuing Justice and Equality*, Harvard University Press, 2008, p.15.

② [美]罗尔斯:《正义论》,何怀宏、何包刚、廖申白译,中国社会科学出版社 1988 年版,第105—106 页。

罗尔斯的博爱观念讲的是把境况较差者的利益放在首位,那根据这一理由,就应选择波士顿,而且,在一个对再分配没有任何阻碍的可行的选择中,如兄弟俩在芝加哥每人都能有 7.5 的益处,其结果是平等。

科恩说,就他所论证的问题而言,可以考虑一下罗尔斯的这段话:"天赋更好的人(那些在自然天赋的分配中占有更幸运位置的人,而从道德上讲他们对此不是应得的)被鼓励去获取更多的利益——他们已经从这种分配的幸运位置受益了,但条件是他们应有利于较少天赋的人(那些在这种分配中占有更不幸位置的人,而从道德上讲他们对此也不是应得)善的方式培养和使用他们的自然天赋。"①他接着提出这样一个问题:如果根据差别原则的要求,即基本善方面的不平等被证明是正义的只是当它对于扩大较少天赋的人的善是必要的,那就这段话中所讲的"条件"而言,对天赋的培养和使用必须有多少贡献给较少天赋人的善?从所引用的那段话来看,可以认为,其数量在最好的情况下是尽可能的多,在最坏的情况下也有一定的数量,无论它有多小。但差别原则要求的却是较少天赋的人在基本善的流通中获得的同天赋更好的人一样多:

	天赋差的人	天赋更好的人
A 没有培养	5	5
B 培养和使用(Ⅰ)	6	9
C 培养和使用(Ⅱ)	7	8

根据对所引那段话讲到的条件的解读,并与那段话的其他内容相一致,B虽然比 A 展现为更不平等,但它是可以接受的,尽管对较少天赋的人不利(与C 相比)。但根据差别原则,B 是不能接受的,因为 C 是可能的,而且它的可能性确立了 B 中的不平等比对使较少天赋的人的境况变好而言是必要的不平等更大。然而,可行的选择通常还包括 D:

| D 培养和使用(Ⅲ) | 7.5 | 7.5 |

科恩说,除非因为如果平等地分配有天赋的人就不愿生产得更多,而这与罗尔斯的博爱观念不一致,为什么平等地分配增加的产品将会不可能呢?可

---

① [美]罗尔斯:《作为公平的正义》,姚大志译,上海三联书店 2002 年版,第123页。

见,运用差别原则很难证明基于刺激的不平等是公正的,因此差别原则将会要求 D。简言之,赞同基于刺激的不平等与罗尔斯描述的正义社会的博爱观念相矛盾,罗尔斯要么必须放弃赞同对有天赋的人经济刺激的,要么必须放弃他的博爱观念,而博爱观念却是值得坚持的。

第三,基于刺激的不平等在当代的存在虽有其合理性,但不能由此认为它们是正义的。罗尔斯说,"一个处在原初状态中的人将承认这些(为刺激所要求的)不平等的正义性,他若不这样做确实是目光短浅的"。① 科恩认为,这段话中的"目光短浅"虽然用词不当②,但它无疑包含的这样一种主张:不承认基于刺激的不平等的正义性将是错误的。他对这一主张的回应是,如果我们在完全遵从正义原则的假设中谈问题,那我们就既不需要也不应该承认基于刺激的不平等是正义的。

科恩指出,由于被罗尔斯构想为支配一个正义社会的原则,差别原则把现存的对使处境最差的人获益是必要的,但这种必要反映的是有天赋的人的意图的那些不平等,谴责为不正义。然而,如果考虑到那些不平等是必要的,那纵然因为上述理由,消除它们也将是草率的。换句话说,如果我们关心处境差的人,那我们有时也应当承认刺激的必要性,就如同我们有时甚至应当满足绑匪对赎金的要求一样。但我们这时不是在根据严格解读的差别原则行事,因为根据严格解读,它是支配一个社会的正义原则,即这一社会的人们都是由它所激励的。我们这时是在根据不严格解读的差别原则行事,这种不严格解读的差别原则赞同基于刺激的不平等,并被应用于那种为人们熟悉的不正义的社会中。根据刺激性的报酬确实不可避免地假设,那些基于刺激的不平等的存在可被证明是合理的,但由此不能得出在提供它们时没有出现不正义这样的结论。说得更明确一点,当有天赋的人是在他们得到丰厚的报酬才决定努力生产时,付给他们丰厚的报酬以使他们努力生产并因而使处境最差的人境

---

① [美]罗尔斯:《正义论》,何怀宏、何包刚、廖申白译,中国社会科学出版社 1998 年版,第 150 页。

② 科恩说,我们通常认为,目光短浅不是指对正义而是指对一个人自己利益缺少洞察力。无论怎样,一个在原初状态中的人都不会问他自己什么是正义。在既定的无知的前提下,他会从他的利益的观点来问自己什么是最好的选择。*Rescuing Justice and Equality*,Harvard University Press,2008,p.82.

况变好是合理的,但根据差别原则本身制定的标准,这些人此时的态度是不正义的。因此,根据严格的罗尔斯的正义的观点,赞同基于刺激的不平等的不严格解读的差别原则不是一个正义的基本原则,而是一个操纵人们的不正义的原则。而它之所以不是一个正义的基本原则,是因为它给予那些冒犯正义的追求自身利益最大化者以好处。

科恩说,当基于刺激的不平等对于使处境最差的人获益还具有必要性时,承认其存在的合理性是明智的,但认识到此时的社会不是建立在正义之上也是明智的。与此相关的一个更具普遍意义的关键问题是,人们不应该像罗尔斯在《正义论》中那样假定,"正义是社会制度的首要价值",而这意味着"如果法律和制度是不正义的时候,它们就必须改革或废除"。因为有时正义是达不到的,而且我们无奈地接受其他东西会更好。例如,当不付赎金就不能使孩子从绑匪那里回来,即当正义的结果无法获得时,那交付赎金,从而使所有的人(绑匪、父母和孩子)都比拒付赎金处境更好,几乎无疑是更可取的。此外,从传统的马克思主义的观点来看,正义在匮乏的条件下并不是制度的首要价值。在这样的条件下正义的分配不可能实现,如硬要实现它可能会使每个人的境况更差,因此,此时不正义的法律和制度不应"改革或废除"。而且马克思主义讲的匮乏不是指生活用品的缺少,而是指更为广泛的环境,即为了保证或许是相当合理的生活用品,大多数人必须花费他们的大部分时间从事那种与他们的自我实现相冲突的劳动。我们是否还在这样一种条件下是一个巨大的难题。但在这种条件下,容忍,乃至有时支持基于刺激的不平等可能是正确的,尽管实际情况是它与正义相矛盾。在有些时候,不严格解释的差别原则可被推荐为社会制度的首要美德,因为我们不能实现正义,而与刺激相伴随的不正义是我们能够得到的最好的不正义。

2. 差别原则没有确立罗尔斯视为正义的不平等的正义性

科恩指出,除了前边讲的根据差别原则为基于刺激的不平等的辩护以外,罗尔斯还根据差别原则对不平等的正义性做了另外的一种论证。这种论证始于这样一种主张，即对机会平等理想的恰当理解需要作为探究正义制度的自然出发点的平等本身，即没人拥有正当的权利要求得到比其他任何人更多的资源，无论是基于应得，还是根据任何其他先前的条件；然后提出，如果现实的情况是在某一不平等报酬体制下每一个人的境况都会更好，那拒绝这一体制无疑会是愚蠢的，①因此，人们不应当在平等的出发点止步，因为不平等被证明是正当的。这一论证被科恩称为"帕累托论证"②。科恩说，他在这里既不挑战差别原则，也不挑战帕累托法则，他的反对意见是要表明，这种论证并没有确立罗尔斯视为正义的不平等的正义性。

在反驳罗尔斯的论证之前，科恩先对这一论证本身做了进一步的说明。这一论证包括两个步骤。第一个步骤是从机会平等到平等。这里讲的机会平等不是自由至上主义者理解的机会平等，即只是不存在对任何人经济或社会的自我发展的法律障碍。在罗尔斯看来，这种机会平等容忍"自然和社会偶然因素"（天赋、出身、培养，等等）的深刻影响，而其"最明显的不正义之处就是它允许分配的份额受到这些从道德观点看是非常任性专横的因素的不恰当的影响。"③为此，在罗尔斯讲的机会平等中，无论自然的还是社会的优势都不对福利的不平等起作用。由此出发，罗尔斯把平等确立为唯一自明的分配正

---

① *Rescuing Justice and Equality*, Harvard University Press, 2008, pp.15-16.

② 对于帕累托论证涉及的几个基本概念的含义，科恩做了这样的说明：如果任何人在 A 中都比在 B 中处境更好，那状况 A 就是强帕累托更优（strongly Pareto-superior），如果至少一个人处境更好而没有人处境更差，那状况 A 就是弱帕累托更优（weakly Pareto-superior）。如果状况 A 对于状况 B 是帕累托更优，那状况 B 对于状况 A 就是帕累托次优（Pareto-inferior）。如果某种状况对于 A 是帕累托更优，那状况 A 就是帕累托次优（无条件地）。如果对于 A 不存在帕累托更优，那状况 A 就是帕累托最优（Pareto-optimal）：如果对于它不存在弱帕累托更优，那它就是强帕累托最优，如果对于它不存在强帕累托更优，那它就是弱帕累托最优。如果 A 和 B 对于对方都不是（即使是弱的）帕累托更优，那状况 A 与状况 B 就是帕累托不可比（Pareto-incomparable）。如果 A 的改变有益于某些人而不伤害任何人，那它就是弱帕累托改进（weak Pareto-improvement），如果 A 的改变有益于每一个人，那它就是强帕累托改进（strong Pareto-improvement）。每当帕累托改进可行时，帕累托法则（Pareto principle）都指令帕累托改进：强帕累托法则（甚至也）指令弱帕累托改进，而弱帕累托法则仅指令强帕累托改进。*Rescuing Justice and Equality*, Harvard University Press, 2008, pp.87-88.

③ ［美］罗尔斯：《正义论》，何怀宏、何包钢、廖申白译，中国社会科学出版社 1988 年版，第72—73 页。

义的基础,用他的话来讲就是,"自由而平等的道德个人根据什么原则来接受下述事实——即社会和经济的不平等受到社会运气、天赋机缘和历史偶然性的深刻影响呢? 由于各派都把他们自己看作是这样的个人,所以,对他们来说,一个明显的出发点就是,假设所有社会的首要善(包括收入和财富)都应当平等,每一个人都应拥有相等的份额。"①

第二个步骤是从平等支配的分配到由差别原则即支配的分配。由差别原则支配的分配在这里指的是帕累托更优(Pareto-superior)的不平等分配,即其中所有的人,特别是现在处于底层的人,都比他们在最初的平等状态中处境更好。罗尔斯认为,最初生活机会中的深层的不平等在现代社会是不可避免的,而差别原则告诉我们这些深层不平等是可证明为正当的。正因为如此,罗尔斯在《正义论》中多次讲到,当且因为基本善②的不平等体现了一种相对平等分配而言的帕累托更优选择时,就可证明它是正当的:

> ……各方就从一个确立所有人的平等的自由的原则开始,这一平等的自由包括机会的平等和收入与财富的分配平等。但却没有什么理由说这一接受应当是最终的。如果在社会基本结构中有一种不平等可以使每个人的状况都比最初的平等状况更好,为什么不允许这种不平等呢? 人们为了将来的较大回报,能够把一种较大的平等可能给予的直接得益③用来进行合理的投资。④

---

① [美]罗尔斯:《政治自由主义》,万俊人译,译林出版社 2000 年版,第 298 页。这里需要指出,原文中的 primary goods 在这里被译为"首要善",在何怀宏、何包刚、廖申白翻译的《正义论》中被译为"基本善"。本文不涉及这两种译法的问题,而只把它们当作同一概念使用。

② 科恩强调,严格地讲,是社会的基本善。根据罗尔斯本人的论述,基本善是"每个有理性的人都想要的东西",因为"不论一个人的合理生活计划是什么",它们"一般都对它有用"。"社会的基本善"是"社会掌握的"基本善,即"权利和自由、权力和机会,收入和财富",是自尊的社会基础。"别的基本善像健康和精力、理智和想象力都是自然赋予的,虽然对它们的占有也受到社会基本结构的影响,但它们并不在它的直接控制之下。"参见[美]罗尔斯:《正义论》,何怀宏、何包刚、廖申白译,中国社会科学出版社 1988 年版,第 62 页。

③ 科恩指出,这是对处境最差的人而言;处境较好的人直接从不平等得益。这一思想就是,我们抑制穷人以给富人更多的东西,作为一个结果,穷人处境后来变好。参见,*Rescuing Justice and Equality*,Harvard University Press,2008,第 95 页注释 24。

④ [美]罗尔斯:《正义论》,何怀宏、何包刚、廖申白译,中国社会科学出版社 1988 年版,第 150 页。

接着，

对全部基本善的平等划分，从接受某些不平等来改善每个人的境况这种可能性来看又是不合理的。①

再有，

设想……一种假设的最初安排，在这一安排中，所有的社会基本善都被平等地分配：每个人都有同样的权利和义务，收入和财富被平等地分享。事务的这种状态为判断情况的改善提供了一个基点。如果某些财富和组织权力的不平等将使每个人都比这一假设的开始状态更好，那它们就符合一般的观念。②

因此，

所有社会价值——自由和机会，收入和财富，自尊的基础——都要平等地分配，除非对这些价值中的一种或全部的不平等分配是为了每一个人的好处。③

科恩说，联系《正义论》的其他论述可以清楚地看到，在以上论述所建议的不平等中，那些比其他人做得更好的人是具有更多生产天赋的人，他们得到的基本善比他们那些更少天赋的同胞要多。那如何理解有天赋的人得到的更多的基本善呢？科恩说，要弄清这一点，我们有必要考虑一下罗尔斯在《作为公平的正义》中的一段话：

天赋更好的人（那些在自然天赋的分配中占有更幸运的位置的人，从道德上讲他们对此是不应得的）被鼓励去获得更多的利益——他们已经从这种分配的幸运位置受益了，但条件是他们应以有利于天赋更差的人（那些在这种分配中占有更不幸位置的人，而从道德上讲他们对此也不是应得到）善的方式来培养和使用他们的自然天赋。④

---

① ［美］罗尔斯：《正义论》，何怀宏、何包钢、廖申白译，中国社会科学出版社 1988 年版，第548 页。

② ［美］罗尔斯：《正义论》，何怀宏、何包钢、廖申白译，中国社会科学出版社 1988 年版，第62—63 页。

③ ［美］罗尔斯：《正义论》，何怀宏、何包钢、廖申白译，中国社会科学出版社 1988 年版，第62 页。

④ ［美］罗尔斯：《作为公平的正义》，姚大志译，上海三联书店 2002 年版，第 123 页。

罗尔斯这里讲的"更多的利益"也就是更多的社会的基本善，那"更多的利益"的确切含义是什么？看来天赋更好的人已经拥有的东西，即他们的（非社会的基本）天赋，被算作是与其他人的天赋相比较而言的好处，而这是一个"他们在天赋分配中的幸运位置"的问题。由此可以推断，他们被鼓励获得的"更多的利益"意指的是更大差别的利益，即与天赋差的人相比对他们已有的基本善的更大添加。这样说来，在罗尔斯所建议的帕累托更优的不平等中，有天赋的人比没有天赋的人拥有更多的基本善，对此罗尔斯说得非常清楚：报酬的不平等尤其是作为对有天赋人的鼓励而起作用的。

在做了上述说明以后，科恩接着指出，罗尔斯的论证是从社会的基本善是平等的，天赋的（非社会的基本）善是不平等的开始的，我们可以把这种状态称为 D1；然后移到对帕累托更优的选择，其中有天赋的人不仅享有他们最初的好处，而且享有更多的社会基本善的好处，我们可以把这一状态称为 D2。需要注意的是，在这一离开 D1 的移动中，天赋的不平等被一种社会的基本善的不平等加强而不是抵消了。科恩说，那些有天赋的人最终将得到更多社会的基本善会使人们对罗尔斯的论证感到意外，因为那一论证的第一部分，即把人们代入 D1 的那部分论证，主要强调的是更多天赋的情况证明不了分配结果的正当性。由此出发，科恩深入分析批判了罗尔斯为 D2 所做的辩护：不以一种不平等的情况取代 D1 是不合理的。

首先，罗尔斯对作为起始点的 D1 描述明显不充分。科恩说，"我们缺少有关 D1 的信息，即我们所要求的对它应让位于 D2 的建议做全面评价的信息，而且我相信，这种不充分的描述，即缺少信息，使得从 D1 到 D2 的滑动比否则将会出现的情况更顺利。"①我们只知道在 D1 中，"所有的社会基本善都被平等地分配，每个人都有同样的权利和义务，收入和财富被平等地分享。"②而这作为对起始点的描述至少在三个方面是不充分的。第一，由于我们仅知道有关社会基本善的情况，我们并不知道有天赋的人和没有的天赋人在 D1 中提供的劳动投入。我们既不知道他们在劳动上花费多少时间，也不知道他

---

① *Rescuing Justice and Equality*, Harvard University Press, 2008, p.98.

② ［美］罗尔斯：《正义论》，何怀宏、何包刚、廖申白译，中国社会科学出版社 1988 年版，第 62 页。

们的劳动有多么辛苦。第二,我们不知道基本善的最初的平等是什么,准确地讲,按照一种决定性的尺度,基本善的平等是什么。考虑一下收入和财富方面的善。就对非劳动所得的收入和财富而言,人们可以假定平等指的是在经济价值上相同,但对通过劳动所得的收入(简称劳动收入)而言,平等指什么就成问题了。因为劳动收入的平等在这里既可指工资率(即每一劳动时期的收入)的相同,因而可能是不同的周或年收入的相同,也可指周或年收入的相同,因而可能是不同的工资率,还可指其他什么方面相同。第三,从更总括的意义上讲,D1 中所定的收入和财富的相同是在什么水平上? 为什么它不以更高或更低的水平为起点? 科恩说,D1,即"最初的平等",是判断 D2 是对 D1 的改进基准尺度。如果我们缺少有关 D1 的信息,那我们就不能说 D2 是否和如何比 D1 更好。

其次,罗尔斯的论证前后不一致,其第一部分给出的选择平等作为正义出发点的理由,与他在第二部分给出的赞同背离作为正义出发点的平等的理由相矛盾。科恩说,我们姑且先把有关 D1 中劳动的辛苦程度及收入和财富水平的问题放在一旁。让我们假设 D1 中劳动收入的平等是每小时工资的平等,可称其为工资率 W;有天赋的人和没天赋的人劳动同样的时数并投入同等程度的努力,因为他们的"义务"是"同样的"①;由于投入同样的努力但更有天赋,有天赋的人比没有天赋的人生产得更多,尽管按照假定,他们没有得到更多的收入。很多人会把这看作是不公平的,但更有天赋的人的更多的产品在这里被视为应归于他们幸运的天赋这一在道德上没有道理的条件,因而,这种幸运天赋的结果在对初始平等的论证中是不受重视的。科恩接着说,根据前边讲的关于 D1 的那些假设,我们可以推断,在 D2,无论有天赋的人还是没有天赋的人都享受高于 W 的工资率,在那里,他们的工资率可分别称为 Wt 和 Wu。我们还知道 Wt 大于 Wu;知道能够使没有天赋的人得到 Wu 的,是当有天赋的人得到 Wt 时提供的超过他们在 W 提供的额外的生产能力;知道罗尔斯认为 Wu 和 W 之间的差额对于证明 Wt 和 Wu 之间的差额的正当性是必

---

① [美]罗尔斯:《正义论》,何怀宏、何包刚、廖申白译,中国社会科学出版社 1988 年版,第62 页。

要的。我们还要假设,没有天赋的人在 D2 生产的东西不多于他们在 D1 生产的东西。科恩强调,当然,上述假设只是充填罗尔斯的论证留下的某些空白的一种方式,但它是一种相当正常的方式,而且当起始点以此方式加以详细说明时,思考那一问题的结论就将是坚实的,而且其他可接受的说明也会产生相似的结论。

接着,科恩提出了一种他认为在实践上或许可行或许不可行,但在逻辑上是可能的分配,他把它称为 D3。在 D3 中,生产的数量同 D2 一样,但不同于 D2 的是,在 D3 中工资是相同的,即有天赋的人和没有天赋的人工资率都是 We,在那里,We 超过 W 和 Wu,但少于 Wt(用符号表示就是 Wt>We>Wu>W)。D3 相对于 D1 是帕累托更优,但与 D2 不同(它与 D3 是帕累托不可比①),D3 保持了平等,而且没有天赋的人在 D3 比在 D2 的处境更好,而有天赋的人的处境在 D3 比在 D2 不太好,这两种人的处境在 D3 都比在 D1 更好。用图表表示就是:

	D1		D2		D3
有天赋的人	W	<	Wt	>	We
	=		>		=
没有天赋的人	W	<	Wu	>	We

科恩说,如果 D3 是可行的,而且有天赋的人愿意在 We 的工资率上生产在 Wt 的工资率上生产的东西,那罗尔斯的主张,即面对可能的帕累托更优的不平等坚持平等就是非理性的,就会失去它的力量,因为一种保持了平等的帕累托改进的移动,其中没有人像一些人在 D2 那样穷,此时也是会实现的。我们可以假定,如果 D3 的确是可行的,那同 D1 相比而增加的产品,就还要完全归于有天赋的人的更大的生产率。但是,由于在 D3 中工资率是平等的,有天赋的人在 D3 中没有像他们在 D2 中那样因产品的增加而有更多的获利。

前边表明,罗尔斯的论证是这样的:对于基本善的不平等分配不存在任何理由(论证的第一步),除非一种不平等的分配有益于每一个人(论证的第二

---

① D2 和 D3 是帕累托不可比,是因为在每一状况中一些人都会比他们在另一状况中处境更好。

步）。现在我们看到,这一论证不能证明从 D1 到 D2 的移动是正当的,因为在 D2 是可能的地方,一般说来 D3 也是可能的,而相对于 D3,D2 不是一种使每一个人受益的不平等分配:处境最差的人在 D3 要比在 D2 更好。按照罗尔斯的第一步论证,D2 实际上展现的是一种不平等,一种缺少证明为正当的不平等。因为依据那些导致 D1 的假设,如果 D3 是可行的,那 D2 是不能证明为正当的。罗尔斯不能以没有人应得比其他人更多的东西为理由使平等成为正义的自然起点,然后因为对平等的背离有益于处境最差的人就背离平等,然后再宣布这一结果无疑是正义的。

总之,科恩认为罗尔斯的差别原则在一定程度上容忍了某种形式的不正义,而这也正是他提出要拯救正义和平等的原因。

十六、基于社会主义立场对自由至上主义的批判

——科恩对诺齐克"自我—所有权"命题的反驳①

马克思和恩格斯早在 100 多年前写的《德意志意识形态》中就指出:"哲学家们只要把自己的语言还原为它从中抽象出来的普通语言,就可以认清他们的语言是被歪曲了的现实世界的语言,就可以懂得,无论思想或语言都不能独自组成特殊的王国,它们只是现实生活的表现。"②当代西方政治哲学的发展再次印证了他们这一论断的真理性。

政治哲学在当代西方的复兴始自哈佛大学教授约翰·罗尔斯 1971 年出版《正义论》。此后不久,罗尔斯的同事,哈佛大学的另一个教授罗伯特·诺齐克于 1974 年出版了一本直接反对罗尔斯的著作《无政府、国家和乌托邦》,并进而引发了一场有多位著名学者相继加入的关于自由与平等关系的激烈争论。在这场争论中,以诺齐克为代表的坚持自由至上主义的学者声称,自由与平等是两种冲突的理想,而就它们的冲突而言,自由应比平等更可取;以罗尔斯为代表的主张平等主义的自由主义的学者则要么认为,平等与自由之间不存在真正的冲突,要么认为,如果它们之间确实存在冲突,自由应当让位于平等,因为正义要求平等,而正义高于所有其他政治价值;以牛津大学 G.A.科恩教授为代表的倡导社会主义的学者,则要求实现一种比罗尔斯主张的平等更为彻底的基于消灭所有制的平等,和以此为前提的实质性自由。然而,透过他

---

①　本文发表在《中国社会科学》2013 年第 11 期。

②　《马克思恩格斯全集》第 3 卷,人民出版社 1960 年版,第 525 页。

们之间纷繁复杂,甚至多少艰深晦涩的哲学激辩我们可以看到,他们的争论说到底都是当代资本主义社会存在的诸多矛盾的反映,是对如何应对这些矛盾而提出的不同主张。罗尔斯主张对资本主义进行改良,他的《正义论》在很大程度上是为西方国家正在实施的福利制度做论证。诺齐克主张维护更为纯粹的资本主义,他的《无政府、国家和乌托邦》成为后来执政的撒切尔、里根推行自由市场经济政策的理论依据。① 科恩则公开倡导取代资本主义的社会主义②,他在 1995 年出版的《自我—所有权、自由和平等》一书的第一章中明确提出,"这一章只是间接地批判诺齐克对资本主义所做的辩护。它的直接目的是反驳诺齐克反对资本主义的对手——社会主义的主要论证",③在 2008 年出版的《拯救正义与平等》中,又从理想的社会主义出发,批判了罗尔斯在正义和平等问题上的不彻底性及其改良资本主义的主张。④

在当代西方政治哲学关于自由与平等关系的争论中,科恩对诺奇克的"自我—所有权"命题的反驳非常值得我们关注,这不仅因为前者依据严谨的逻辑分析提出了使后者难以回应的诘问,从而推进了政治哲学本身的发展,还

---

① 此书于 1975 年获得美国国家图书奖(National Book Award)。

② 在什么是社会主义这一问题上,科恩与传统的马克思主义者一样,也认为社会主义是一种社会经济制度,其特征是公有制。他在 1997 年出版的《哲学家》杂志冬季号一篇对他的访谈中指出,把一个社会叫作社会主义是指它具有的经济形式,即一种在全体人民中存在的生产性资产的共有制(Shared ownership of productive assets)经济形式,而不是那些资产为个人所有的私有制经济形式。此外,在谈到相对中央计划的社会主义而言的各种市场社会主义时,科恩还强调指出,"市场社会主义之所以被称为是'社会主义的',是因为它废止了资本和劳动的之间的分离:在市场社会主义中,不存在一个与不拥有资本的劳动者相对立的资本家阶级,因为劳动者本身,即全部人口,拥有企业的资本。"(G.A.科恩:《为什么不要社会主义?》,段忠桥译,人民出版社 2011 年版,第 65 页。)这从另一个侧面表明,在科恩看来,社会主义是一种与资本主义私有制相对立的社会经济制度,其特征是生产性资产的共有制。

③ G.A.Cohen, *Self-ownership, freedom, and equality*. Cambridge : Cambridge University Press, 1995, p.19.

④ 这方面的内容可参见我的四篇论文:《拯救平等:G.A.科恩对罗尔斯差别原则的两个批判》,《中国人民大学学报》2010 年第 1 期;《差别原则只适用于社会的"基本结构"吗? ——科恩对罗尔斯正义理论的一个质疑》,《哲学研究》2010 年第 7 期;《规范原则以事实为根据吗? ——简述科恩对一个元伦理学问题的新见解》,《哲学研究》2011 年第 9 期;《是基本的正义原则还是理想的社会管理规则? ——G.A.科恩对罗尔斯的建构主义正义观的分析和批判》,《哲学动态》2012 年第 7 期。

因为前者的反驳虽然在西方学术界早已产生重大影响,①但却没引起我国学术界的重视。② 在我看来,造成后一种情况的原因主要有三个:一是我国的政治哲学研究一直存在有意无意地抬高西方自由主义和自由至上主义的学者,而忽略倡导社会主义的学者的倾向;二是不少学者对科恩应用的分析哲学的方法持有偏见或有畏难情绪;三是科恩的《自我—所有权、自由和平等》一书的中译本③存在太多的错误,致使不能直接阅读英文原著的读者根本无法弄懂科恩的思想。然而,无论从理论上讲还是从实践上讲,将科恩对诺奇克的反驳介绍给我国学术界都有重要意义,尤其是在诺齐克的主张已在我国流传并得到一些人的热捧的情况下。本文的写作正是出于这种考虑。

1. 诺齐克是如何从自由出发为不平等做辩护的?

在自由与平等的关系问题上,诺奇克宣扬的自由至上主义的观点集中体现在他的《无政府、国家和乌托邦》一书中。在此书中,诺奇克基于他的"自我—所有权"命题,即每个人都属于他自己,因而没有义务为任何其他人服务或生产,将资本主义的不平等说成是对每个人做自己愿做的事情的自由的反映。他还进而论证说,平等的实现只能以不正义为代价,因为保证和维持平等必定要侵犯人的"自我—所有权"。

科恩对诺齐克的关注始自 1972 年杰里·德沃金(Jerry Dworkin)向其概述诺齐克在其即将出版的《无政府、国家和乌托邦》一书中提出的一个反社会主义的论证,即后来为人们熟知的"张伯伦论证"。科恩认为,诺齐克的这一论证将会对自己所信奉的社会主义构成严重的挑战。在这本专著于 1975 年

---

① 关于科恩对诺奇克的反驳对当代西方政治哲学的重要影响,可参见威尔·金里卡的《当代政治哲学》,上海三联书店 2003 年版;应奇主编的《当代政治哲学名著导读》,江苏人民出版社 2009 年版。

② 例如,葛四友在介绍科恩的《自我—所有权、自由和平等》一书时几乎没涉及这个问题,参见他撰写的《科恩〈自我—所有权、自由和平等〉》(应奇主编:《当代政治哲学名著导读》)

③ G.A.柯亨:《自我所有、自由和平等》,李朝晖译,东方出版社 2008 年版。

出版后,科恩随后将主要精力投入对诺齐克的反驳和对政治哲学的研究。

科恩对诺齐克的首次反驳,是 1977 年发表在 *Erkenntnis*① 第 11 期的一篇题为《罗伯特·诺齐克和威尔特·张伯伦:模式如何维护自由》的论文。这篇论文虽然表明诺齐克的"张伯伦论证"不能证明确立社会主义原则将引起不正义和不自由,②但没涉及他的"自我—所有权"命题,并且回避了很多涉及自由、正义和强制之间的关系问题,其原因用科恩自己的话来讲,"当时我对这些问题的答案还不清楚,而且我还有机会在以后的研究再面对它们。"③科恩弄清诺齐克的自由至上主义的核心是"自我—所有权"原则,大约是在 1980 年。此后,他开始把反击的目标转向诺齐克从"自我—所有权"原则出发为不平等所做的辩护,并于 1986 年接连发表两篇论文——《自我—所有权、世界所有权与平等》和《自我—所有权、世界所有权与平等 II》,④从两个不同方面表明,诺齐克从"自我—所有权""这个前提推导出来的结论,即一旦奉行正义不平等就必然发生,实际上不是源于它"。⑤ 后来,他又在 1995 年出版的《自我—所有权、自由和平等》一书的第十章——"对自我—所有权命题的评价",对诺齐克为不平等辩护由以出发的前提,即"自我—所有权"命题本身,做了深入的剖析和有力的反驳。

科恩指出,诺齐克写作《无政府、国家和乌托邦》一书的目的是,"利用为社会主义者、自由主义者,以及诺齐克一类支持自由市场的右派分子共同赞同

---

①   *Erkenntnis*(《认识》)是一发表分析哲学论文的著名的哲学刊物。

②   关于科恩对"张伯伦论证"的批判,可参见我的两篇论文:《正义、自由与社会主义——G.A.科恩对诺齐克"张伯伦论证"的初次批判》,《马克思主义与现实》2012 年第 5 期;《正义、自由与私有财产——G.A.科恩对诺齐克"张伯伦论证"的再次批判》,《社会科学辑刊》2012 年第 6 期。这里顺便指出,我在这两篇论文中因为一时疏忽将诺齐克《无政府、国家和乌托邦》一书的出版时间误写为 1987 年,而这本书的实际出版时间是 1974 年。

③   G.A.Cohen, *Self-ownership, freedom, and equality*. Cambridge : Cambridge University Press, 1995, p.12.

④   前者发表在:*Justice and Equality Here and Now*, Frank Lucash ed., Ithaca, NY: Cornell University Press, 1986, p.108–135;后者发表在:*Social Philosophy and Policy*, Volume:3, Issue:02, 1986, pp.77-96。这两篇文章经修改后被收入他 1995 年出版的《自我—所有权、自由和平等》一书中,即其中的第三章和第四章。

⑤   Cohen, *Self-ownership, freedom, and equality*, p.13.

的自由,来为使社会主义者感到气愤和自由主义者感到担忧的不平等辩护。"①这样,诺奇克利用人们"共同赞同的自由"的策略使得不少人把他这本书说成是"自由至上主义"的著作。然而,这种说法实则是一种误导。因为研读这本书就不难发现,诺奇克首要信奉的不是自由,而是"自我—所有权"原则:每个人在道德上都是他自身及其能力的正当所有者,因而,只要不将这些能力用于侵犯他人,每个人(从道德上讲)都可自由地如其所愿地使用它们。正因为如此,诺奇克在书中虽然大谈自由,但他却从未给出一个可使人们从中引出"自我—所有权"原则的独立的自由概念,所以,他的真实的观点是,我们应当享有的自由的范围和性质,是依我们的"自我—所有权"的变化而改变的。由此可以认为,诺齐克所说的自由并不是自由本身,而只是一种类型的自由,即由"自我—所有权"原则所决定的自由。由于诺奇克把"自我—所有权"视为其理论的核心,所以,他从不认为没有财产的无产者的不自由与他坚信的自由在资本主义社会盛行的观点相矛盾,因为每天被迫出卖其劳动力的无产者仍是自我的所有者,而且事实上,为了出卖劳动力,无产者也必须是自我的所有者,因而,就此而言,他仍是自由的。

那诺奇克是如何从自由出发为不平等做辩护的呢?科恩说,诺齐克的辩护从根本上讲是从下述两个前提出发的。

第一个前提是"自我—所有权"原则。对此,诺奇克论证说,没人应是其他人的奴隶,无论是完全意义上的还是部分意义上的奴隶,这也就是说,没人可以正当地为其他人所有,每个人都正当地是自己的所有者,每个人都可以像对待他是其合法所有者的其他东西那样,对待他自身和他的能力。由于我不是奴隶,而是自己的完全的所有者,那么,如果我没有签约提供服务,你就不能命令我去提供它们。如果你有命令我提供它们的不受契约限制的权利,那就此而言,我就成了你的奴隶。由此可以推论,在一个福利国家中,重度残疾的人靠再分配的税收从身体健康的人那里抽取的收入来维持生活,实际上就是使一些人部分地成为另一些人的奴隶。概括起来,诺奇克对第一个前提的论证如下:

---

① G.A.Cohen, *Self-ownership, freedom, and equality*, p.112.

（1）没人在任何程度上是其他人的奴隶。因此

（2）没人为其他人完全或部分所有。因此

（3）每个人都为自己所有。因此

（4）只要不损害其他任何人，每个人都必须有做他想做的事的自由，而且无须帮助任何其他人。①

第二个前提是，处于自然状态的外部世界不为任何人全部或部分所有。从诺奇克对第一个前提的论证本身，人们无法得出广泛存在的不平等是正当的结论，因为当不平等开始出现时，人们拥有的肯定不是对自身的权利，而是对外部事物的权利，而后者是不能从对第一个前提的论证推导出来的。这样，要确立对外部事物的权利，诺奇克就需要一个进一步的前提，即第二个前提。对此，诺奇克论证说，处于自然状态的外部世界是先于人类而存在的，因此，尽管第一个前提包含每个人生来就拥有对自己的自然权利，但没有人生来就拥有对外部事物的任何自然权利。这样说来，任何人确立的对外部事物的任何权利，都必定源于对他自身权利的运用，而就对外部事物的初始权利的形成而言，是凭借每个人的占有一定数量天然资源的权利，条件是他不因此而损害任何人。在这里，不损害任何人的占有不过是（4）中认可的"天赋自由"的一个实例。简言之，第二个前提是：

（5）外部世界，在其处于自然状态时，不为任何人全部或部分地所有。

而（5）与（4）合起来能推断：

（6）每个人都可以为自己积聚不受数量限制的自然资源，只要他不因此而损害任何人。

那么，因占有不为任何人所有的自然资源而损害人，意指的又是什么？诺奇克的回答是，它指的是使一个人的生活比他会拥有的资源未被占有的情况更糟。然而，未被占有的资源，像公共的土地，由于组织和激励方面的原因，同已被私人占有并因而可转化为私人收益的资源相比，会较少用于生产，而从私

---

① 科恩说，这里需要指出，诺奇克并没有鼓励人们不去互相帮助。他禁止的是强制性的帮助，例如，他认为的再分配的税收所包含的强制性帮助。参见，G. A. Cohen, *Self-ownership, freedom, and equality*, p.68。

人占有并开发的资源获取足够的收益则是相对容易的,后一种情况使得占有者将有充足的东西补偿给后来失去机会占有那些资源的其他人,从而使非占有者的情况同他们会拥有资源未被占有的情况相比将不会更糟。依照这一思路,由那些抢在其他人之前将自然资源私有化的人继而对几乎所有事物的全面私有化,就很容易证明是正当的。由此可以进而推导出,那些构成人们称之为无产阶级的人,则或因行动太慢,或因出生得太晚,而已无任何东西可私有化,但他们的生活不会相应地更糟,因而,他们没有正当的不满可以表达。这样,由(6)就可以推断:

(7)数量不等的自然资源可以完全正当地为人口中的一部分人私人所有。

现在,如果每个人都拥有他自己,这是从(4)的意义上讲,和外部世界的资源被人口中的一部分人所独占,那根据对人的动机的通常假设——人们不是极度利他主义的,作为结果的经济状况将显现出广泛的不平等,无论平等是指什么,是收入的平等、利益的平等、满足需要的平等或其他什么平等。因而,由(4)和(7)可以推导出诺奇克所想要的结论,这一结论就是:

(8)广泛的状况不平等是不可避免的,或只有以侵犯人们对他们自己和对事物的权利为代价才可避免。

在表明诺奇克是如何从自由出发为不平等做辩护之后,科恩说,他是以三种方式来反驳诺奇克的。第一种方式是质疑诺奇克从(1)到(4)的推论,或者,从更一般的意义上讲,反驳他关于“自我—所有权”的诡辩。第二种方式是暂不拒绝诺齐克的“自我—所有权”观念,而反驳他从(6)推出(7)的关于损害的说法,具体说来就是,质疑他确定对一种私有财产的占有是否损害他人的检验标准,并论证他所谓的事实,即一个人的生活状况同他会拥有的资源未被私人占有的情况相比没有更糟,不能表明这个人没有受到损害。第三种方式也是暂不拒绝诺齐克的“自我—所有权”观念,而去质疑他的第二个前提(5),即外部世界最初是无主的,以迫使他接受另一种关于人与外部世界最初关系的观点——把外部世界看作为每一个人都参与的集体所有的,并进而表明,如果这种观点与“自我—所有权”原则相结合,广泛的条件不平等是可以避免的。

科恩对诺奇克的反驳实际上是先以第二种方式,再以第三种方式,最后才以第一种方式进行的。这在很大程度上是因为他在采用前两种方式反驳诺奇克时,"还没能发现如何反驳作为前提的自我—所有权本身"。[①] 故此,在他的《自我—所有权、自由和平等》一书中,以第二种方式反驳诺奇克的"自我—所有权、世界所有和平等"构成了第三章,以第三种方式反驳诺奇克的"自由和平等相容吗?"构成了第四章,而以第一种方式反驳诺奇克的"自我—所有权:对这一命题的评价"构成了第十章。下面,我将依科恩反驳诺奇克的实际进程,逐一阐释他的三个反驳。

2. 关于"损害"的说法

前面的论述表明,诺奇克为不平等的辩护实际上是从"自我—所有权"原则出发的,根据这一原则,每个人拥有自己实为一种道德权利,因而,从道德上讲,他有权支配自己。然而,诺奇克不仅认为人们有权拥有自己,而且认为他们还可通过适当运用自己的能力而成为数量不等的外部资源的所有者,并因而对它们拥有同样坚实的道德权利。进而言之,只要成为私有财产的外部资源是正当产生的,它们就可以免受剥夺和限制。"自我—所有权"与外部资源不平等分配的结合,很容易产生对所有物品的私有财产的巨大的不平等,但如果不平等是正当产生的,并因而在道德上受保护,那试图以私人财产为代价去减少不平等,就是对人们的"自我—所有权"的不可接受的侵犯,因而就是不正义的。

科恩指出,毋庸置疑,导致当今不平等的所有私有财产,都是来自某种曾经不是任何人的私有财产的东西;或来自某种东西,这种东西是来自某种曾经不是任何人的私有财产的东西;或来自某种东西,这种东西又是来自某种东西,而后者又来自某种曾经不是任何人的私有财产的东西,如此等等。如果说现在归私人所有的任何东西至少都要经过这样一个时刻,只是在这一时刻,原

---

① G.A.Cohen, *Self-ownership, freedom, and equality*, Cambridqe Univevsity Press, 1995, p.13.

本不归私人所有的东西才被转变为私人所有,那原本不是私人财产的东西为什么能全然正当地为人口中的一部分人私有呢?诺奇克本人清楚地知道,这是他在为不平等做辩护时无法回避的一个至关重要问题,故此,他在《无政府、国家和乌托邦》一书中用了两小节的篇幅①集中论述这一问题。

诺奇克的论述是从洛克的占有条件说起的。我们知道,洛克在谈到对原始自然资源的初始占有时提出,一个人可以占有混入他的劳动的东西,只要他给其他人留下足够多的和同样好的东西,并且不浪费自己得到东西。② 诺奇克对其中的一个条件——"劳动混入"提出怀疑,对其中的另一个条件——"占有者必须避免浪费"表示困惑,但同意其中的给其他人留下"足够多的和同样好的"这一条件。他进而强调指出,"关键的地方在于,无主物的占有是否使其他人的处境变坏了。"③换句话说,"如果其他人不能再自由使用这个物从而其地位变坏了,那么一个通常产生对原本无主物的永久的、可继承的所有权的过程就不会如此了。"④科恩认为,诺奇克的这些表述及后来对它们的详细说明,也就是他的占有条件理论。这一理论具体说来就是:对于一个无主的、人人可得的物体 O 的占有,需要满足这样的条件,即 O 从大众使用的退出没使任何人的前景比 O 仍为大众使用会有的前景更糟。如果任何人的境况,无论从哪方面看,同 O 仍然无主会有境况相比没有变得更糟,那么,这一条件肯定就得到了满足。此外,当某人的境况在某一相关方面恶化时,只要他的境况在其他方面得到的改善足以抵消这种恶化,这一条件也得到满足。因此,我正当地占有某物的条件是,当且仅当没人有任何理由更愿某物仍为大众使用,或者,有某种理由更愿某物仍为大众使用的任何人,在新的情况下得到他以前没有得到的某物,而它对他而言,至少与我使他失去的东西具有同样的价值。举例来讲:我圈起一块原本是公有地的沙滩,宣布它是我的,并公告使用它每人每天要付一个美元。因为我增加了这块沙滩的休闲娱乐性(也许是通过给

---

① 参见罗伯特·诺奇克:《无政府、国家和乌托邦》,姚大志译,中国社会科学出版社 2008 年版,第 208—218 页。

② 参见[英]洛克:《政府论》下篇,叶启芳、瞿菊农译,商务印书馆 1964 年版,第五章"论财产",第 17—32 页。

③ 罗伯特·诺奇克:《无政府、国家和乌托邦》,第 210 页。

④ [美]罗伯特·诺奇克:《无政府、国家和乌托邦》,第 213 页。

沙子涂上不同的色彩,或只是每天晚上清除乱丢的杂物),从而让所有使用它的人都认为花一美元使用它是值得的。同这块沙滩过去是免费的情况相比,以及它仍将无人占有的情况相比,他们现在更愿意花一美元在沙滩上待一天。因此,我对沙滩的占有满足了诺奇克的条件。

一些人也许认为,诺奇克的占有条件与洛克的占有条件基本相同,因而,满足诺奇克条件的占有不会产生让人信服的不满。但科恩指出,这只是一种错觉,因为诺奇克的条件远没有洛克的条件要求得那样高。让我们先来看看洛克的条件:

> 这种开垦任何一块土地而把它据为己有的行为,也并不损及任何旁人的利益,因为还剩有足够的同样好的土地,比尚未取得土地的人所能利用的还要多。所以,事实上并不因为一个人圈用土地而使剩给别人的土地有所减少。这是因为,一个人只要留下足供别人利用的土地,就如同毫无所取一样。谁都不会因为另一个人喝了水,牛饮地喝了很多,而觉得自己受到损害,因为他尚有一整条同样的河水留给他解渴;而就土地和水来说,因为两者都够用,情况是完全相同的。①

洛克这里讲了占有土地和水这两种情况。前一种情况我们无须再加以说明。就后一种情况而言,即使这个人没喝这条河的水,那任何人的境况也都绝不会因此而得到改善,因为就所涉及的其他人而言,他喝后剩下水的同以前完全一样。即使他把喝的水还给他们,他们的境况也不会变好,因为我们可以想象,这条河水量丰富,无论他们需要多少水,他们也不需要他喝的那份水。因此,只要是满足了洛克的条件的占有,人们的境况就不会比他们可能会有的境况更糟。

然而,满足了诺奇克的条件的占有情况却不是这样。说得更明确一点,即使满足了诺奇克的条件,仍可能出现使人们的境况比他们会有的境况糟得多的情况。这是因为,在诺奇克的占有条件的理论中,"与确认一种占有的正当性相关的唯一反事实的情况(counterfactual situation)②,是 O 仍将人人可

---

① [英]洛克:《政府论》下篇,第21页。
② 反事实的情况是指实际未发生但在其他条件下可能发生的情况。

得。"①但问题却在于,除了这种情况以外,还存在其他一些仅凭直觉就能想到的相关的反事实的情况,它们的存在表明,诺奇克的占有条件太不严格,和他武断地缩小了可供选择对象的类别,而正是依据这些可供选择的对象,我们才能对一种占有出现时发生的情况与确定一个人是否因它受到损害的观点作对照。科恩说,"人们可以同意诺奇克的看法,即决定一种占有的正当性的方式,是查看否则对所涉及人员可能或将会发生什么,但人们不能想当然地认为被占有的东西将会继续共同使用:忽视其他可能发生于它的事情是没有道理的"。②

为了表明诺奇克对其他可能的反事实的情况的忽视,科恩说,"让我们设想一个由两个拥有自我的人构成的世界"。③ 在这一世界中,人以外的一切东西都像洛克讲的那样是共同所有的,没人私人拥有任何东西,每人都可使用另一个人当下不使用的任何东西。这两个拥有自我的人,即 A 和 B,每人都从土地获取食物并且不阻碍另一个人获取食物的行为。A 能够从土地得到 m,B 能够得到 n,让我们假设,m 和 n 在这里是小麦的蒲式耳④数。人们可以说,m 和 n 代表了 A 和 B 在外部世界共同所有的情况下,通过运用每人各自拥有的能力所能获得的东西。(以下讨论的几种情况的相关特征,都可在后面给出的表 1 中找到)

现在假设,A 占有了全部土地。然后,他提出给 B 一份 n+p(p≥0)蒲式耳的工资让他到地里劳动,B 不得已同意了。在新协议下,A 本人得到 m+q,而 q 大于 p,因此,A 从这一变化中获得的追加的蒲式耳数要比 B 获得的多。换句话说,B 没有少得小麦,或许还增加了一些,但不管怎样,A 增加的比 B 增加的多。产量的增加,即从 n+m 到 n+m+p+q,要归功于 A 设计的劳动分工的生产效率,因为 A 是一个优秀的组织者。让我们把这种 A 占有后的情况称为实际情况,它是我们将与各种反事实的情况作对照的情况。

那么,A 的占有满足了诺奇克的条件了吗?要弄清这一点,我们必须对 B

---

① G.A.Cohen, *Self-ownership, freedom, and equality*, p.78.

② G.A.Cohen, *Self-ownership, freedom, and equality*, p.78.

③ G.A.Cohen, *Self-ownership, freedom, and equality*, p.79.

④ 英美制容量单位,1 蒲式耳小麦=27.216 千克。

在 A 占有后的情况,与如共同所有继续存在 B 会过的生活作比较。为了简单起见,让我们假设,B 会过上与他此前一样的生活,他将仍旧只获得 n 蒲式耳小麦。这样,如果以比较小麦的蒲式耳数的方式判定 B 的前景的变化,那 A 的占有明显满足诺奇克的条件。①

然而,共同所有继续存在只是一种反事实的情况,除此以外,还存在其他各种反事实的情况。

一种反事实的情况是,不是土地继续共同所有,而是 B 也许唯恐 A 那样做,因而抢先占有了 A 在实际情况中占有的土地。如果 B 也是一个优秀的组织者并抢先占有了土地,那他也可以获得附加的 q,并且也只付给 A 附加的 p [见表 1 中的 Ⅱ(a)]。这样说来,虽然 A 在实际情况中的占有满足了诺奇克的条件,但 A 似乎没有权利强迫 B 接受它,但根据诺奇克的观点,他的确有这样的权利。那为什么应当要求 B 接受所谓的"先来先受益"的信条呢? 也许 B 放弃占有是出于对 A 的尊重,但仅因为 A 比 B 更无情,他就应该获利吗? 可见,诺奇克的占有条件理论太缺少说服力。

另一种反事实的情况是,不是土地继续共同所有,B 是一个比 A 优秀得多的组织者,如果 B 占有土地,那 A 和 B 每人都会获得比他们在实际情况中获得的更多的小麦[见表 1 中的 Ⅱ(b)]。然而,即使在这种情况下,诺奇克的条件也会得到满足,因为它的满足与否不受如果 B 占有后可能发生的任何事情的影响。而这意味着,诺奇克的条件许可,并且保护其结果使每个人的状况都比他应有的状况更糟的占有。因此,尽管如果 B 占有土地会使他们两人的状况都变得更好,那 A 也有权阻止 B 占有 A 已经占有的土地,虽然他这样做是十分愚蠢或荒谬的。

还有一种不是土地继续共同所有的反事实的情况:只有 B 是一个好的组

① 科恩在这里还补充说,"不过,如果把服从另一个人的命令也看作 A 的占有对 B 的相关影响,那我们就不能说后者是否违背了诺奇克的限制性条件,因为我们还没有对 B 在 A 的命令下的不利方面做出评价。在评价人们维持后来的转变,例如,我们正在检验的转变的得失时,权利赋予理论家常常无视人们可能重视的他们对他人的权力关系的价值,这种无视令人诧异,因为假定的自由至上主义者自称保证人们的自主权和主宰人们自己生活的至高无上的重要性。不过,我将不会再用这一点来论证诺奇克关于私有财产形成的主张是不充分的。此后,我将只根据小麦的蒲式耳数评价有利和不利。"(G.A.Cohen, *Self-ownership,freedom,and equality*, p.80.)

织者,当 A 占有了土地之后,他向 B 提出,如要获得同样的 n+p 的工资,B 就要设计一种理想的劳动分工并在其中发挥其作用,而 B 为了生存而不愿饿死就接受了。此时,根据诺奇克的条件,A 的占有仍是正当的,尽管在这一情况下不仅是如[同Ⅱ(a)和Ⅱ(b)中的情况]B 也能设计生产效率的增长,而且他实际上设计出这种增长,此外,这种增长是 A 无能力提供的。这一情况表明,即使在私有化产生增加的价值时,私有者也不一定是价值的增加者,而且,如果人们认为价值的增加者应该得到回报,那人们应当注意到,诺奇克的条件并不能保证他们得到任何东西。要获得由私有化引起的生产增加的所有好处,仅仅作为占有者的他们无须对资源做任何事,除了使它们为他们所有以外。[关于表 1 中Ⅱ(c)的反事实的情况,将在本文的第三部分再涉及]

表 1　反事实的情况①

I.B 占有				
实际情况 （A 占有）	I.维持共同所有	（a）B 的才能 = A 的才能	（b）B 的才能> A 的才能	（c）B 的才能< A 的才能
A 得到　　m+q	m	m+p	m+q+r	m
B 得到　　n+p （q>p≥0）	n	n+q	n+p+s(r>0;s>0)	n

总之,诺奇克以两种方式改换了洛克的条件,一种是合理的,另一种是不合理的。合理的改换是,如果可以得到足够的补偿,那就允许不必留下"足够多的和同样好的东西"。这从原则上讲没有削弱洛克的条件,并且以适当概括的形式将其明确地表达出来。另一不合理的,即不可接受的改换是,"由于简单地不去考虑没有那种占有可能或将会发生什么,而只是基于外部世界将继续共同所有的特定假设去考虑将会发生什么,因而弱化了洛克的条件。这种改换无理地降低了断言 A 损害了 B 的标准。"②

以上是科恩以第二种方式对诺奇克的反驳,即暂不拒绝他的"自我—所有权"观念,而去质疑他的"损害"的说法。科恩的反驳表明,诺齐克无法证明

---

① G.A.Cohen,*Self-ownership,freedom,and equality*.Cambridge University Press,1995,p.81.

② G.A.Cohen,*Self-ownership,freedom,and equality*,p.83.

不平等是"自我—所有权"原则的必然结果,因为他讲的外部世界初始占有条件非但不可能由"自我—所有权"派生而来,而且还极不严格,因此,诺齐克的"自我所有原则"要求不平等的论证,是根本不能成立的。

3. 关于"外部世界最初是无主的"假定

科恩说,他在思考诺奇克为不平等所做的辩护时突然意识到,尽管"自我—所有权"原则讲每个人对自己都拥有完全的主权,但除了对人的权利以外,它并没有讲任何人对外部资源的权利,而没有这些资源,人们想要的东西是无法生产出来的。为什么对外部资源的不平等分配,以及由此导致的对所有物品的私有财产的巨大的不平等,会是实行一种只讲人的所有权的原则的必然结果?"从诺齐克给出的理由来看,答案似乎是,自我—所有权原则被认为隐含着这样一个原则,即一个易于容许形成对部分外部自然的不平等的私有财产的原则:建立这一原则会确保大量的分配不平等,无论后者是从何种程度上讲。"[1]通过进一步的思索,科恩发现,诺齐克从"自我—所有权"原则出发为不平等的辩护实际上是基于这样一个假定:外部世界最初是无主的,因而,实际上人人可得。然而,这一假定是轻率的,因为即使人们接受"自我—所有权"原则,那也无须赞同这一假定,而且他们完全可以提出一种与其根本不同的假定,即外部世界最初是人们联合所有或集体所有的,每一个人都对如何利用它拥有否决权,因而任何人都不能对其进行单方面的私有化。正是基于后一种假定,科恩开始以第三种方式反驳诺齐克为不平等所做的辩护,即也是暂不拒绝他的"自我—所有权"观念,而只去质疑他的外部世界最初是无主的假定,并进而论证,如果"自我—所有权"原则与外部世界是人们联合所有的假定相结合,那诺齐克讲的广泛的状况不平等就可以避免。

科恩的反驳是从前面表 1 给出的一种 B 占有土地的反事实的情况[见表 1 的 Ⅱ(c)]开始的。这种情况假定,B 缺少 A 的组织才能,并假定如果 B 占

---

① G.A.Cohen, *Self-ownership, freedom, and equality*, p.13.

有了土地,他不能指挥 A 生产出多于在共同所有下生产的东西。在这样的假定下,A 的占有还是正当的吗? 一些人也许会认为它是正当的,但科恩却指出,"即使这样,它的正当性也是有争议的。"①因为承认它是正当的就要想当然地假定,土地从一开始(在任何人经营之前)就不是为 A 和 B 联合所有或集体所有,因而,决定土地利用的正常方式就不是双方同意的民主协商,而是单方的决定。为什么我们不应把 A 占有之前的土地视为联合所有的,而非要像诺奇克想当然地认为是共同所有的?

在科恩的论述中,共同所有权与联合或集体所有权是两种不同的所有制形式。在共同所有权(common ownership)下,土地不为任何人拥有,因而,每个人都可主动地使用它,只要他不妨碍别人同样的使用。相比之下,在联合或集体所有权(joint or collective ownership)下,土地为所有的人一起拥有,每个人对它的利用都要服从集体的决定。当然,做出集体决定的适当程序也许很难确定,但联合所有权无疑不允许任何人单方将全部或部分土地私有化,无论他对其他人提供什么样的补偿。因此,就 A 和 B 的情况而言,如果原初状态是联合所有而非共同所有,那从道德上讲,B 就有权禁止 A 去占有,即使 B 会因他的禁止而获益。而且,B 可以有很好地理由行使这一权利,因为如果他阻止 A 去占有,那他此时就能以他做出让步并允许 A 去占有为条件,与 A 就他将能得到的产品份额进行讨价还价。这样一来,B 就可能获得超过 A 否则将会给他的数额,从而增加他的利益。由此说来,诺奇克要使自己为不平等所做的辩护得以成立"就必须假设,从道德上讲,世界的资源绝非是联合所有的,而只能是人人可得的,然而,他非但没有确定这一前提,甚至都不愿去阐明它,或表明他需要它的任何意识。"②

为了进一步表明在联合或集体所有制下"自我—所有权"不会导致分配的不平等,科恩说,让我们设想一个由两个人组成的社会,并根据他们各自的自然禀赋称他们为 Able(即有能力者)和 Infirm(即体弱者)。他们每人都拥有自己,并且两人联合拥有其他一切东西。只要具备适宜的外部资源,Able

①　G.A.Cohen,*Self-ownership*,*freedom*,*and equality*,p.83.

②　G.A.Cohen,*Self-ownership*,*freedom*,*and equality*,p.84.

就能产生出维持和改善生活的产品,但 Infirm 却没有任何生产能力。我们假定他们每个人都是理性的、自利的和互不关心的(即他们没有怨恨、仁爱和其他一切从根本上涉及他人福利的动机),而我们想要知道的是他们将会达成什么样的生产和分配的方案。

现在,Able 和 Infirm 得到的东西不仅取决于他们本身的能力和决定,而且还取决于从物质方面讲的外部世界的情况。我们可以区分出五种相互区别,并且合起来可以涵盖所有可能的物质生活的情况:

(1)Able 每天不能生产出一个人一天所需的东西,因此,Able 和 Infirm 都得饿死。

(2)Able 能生产出够一个人,或比这多些但不够两个人所需的东西。Infirm 允许 Able 生产他能生产的东西,因为只有怨恨和嫉妒才会让他不允许。这样一来,Able 活着而 Infirm 饿死。

(3)Able 能生产出刚好够维持他本人和 Infirm 生活的东西。故此,除非他生产出这样多的东西,否则 Infirm 就禁止他生产。Able 这样做了,他们两人都活下去。

(4)如果只是 Able 生产,那生产的数量就是由他的选择自主决定的,而且数量超出了维持 Able 和 Infirm 两人的生活所需。因此,他们对一定数量的剩余产品的分配进行讨价还价。达不成一致的代价是不生产,所以两个人都饿死。

(5)Able 能生产一定的剩余产品,但现在,更现实地讲,他可以改变它的数量,因此,Able 和 Infirm 不仅如(4)所讲的那样,将就谁获得多少讨价还价,而且还将就生产多少讨价还价。

上述情况中令人感兴趣的是(4)和(5),因为在这两种情况中都会出现讨价还价。在相关的哲学和经济学文献中,关于这种讨价还价会有什么结果人们是有争议的。但有一点是清楚的,这就是,那些进入讨价还价过程中的内容将是 Able 和 Infirm 的效用函数,包括对 Able 来说的劳动的负效用和对 Infirm 来说的体弱的负效用。用通俗一些的话来讲就是,重要的是他们的偏好,他们想要什么、不想要什么及其程度。科恩认为,在这里,要害的问题是,Able 的才能,仅就其本身而言,将不会使他得到额外的补偿。这是因为,虽然进行生产的是 Able，而不是 Infirm，但 Infirm 掌控一个生产的必要的条件（放宽他对土地使用的否决权），因此，尽管 Able 掌控两个生产的必要的条件（对土地的联合所有权和进行生产的能力），但这没有给 Able 在讨价还价上以任何优势。这就如同，如果一件物品的价格是 101 美元，你有 100 美元而我只有 1 美元，那么，如果我们两人都是理性的和自利的，如果我们两人联合购买它只是因为你提供获得它所需的更多的款项，那你将不会得到这一物品的更大份额。可见，对外部世界的联合所有可以阻止"自我—所有权"产生诺奇克讲的那种不平等。

科恩说，对于他的论证，有人提出一种看似致命的反对意见：肯定对外部世界的联合所有，就像 Able 和 Infirm 的情况表明的那样，会与实现"自我—所有权"的目的及预期的结果相矛盾。这些人指出，虽然在 Able 和 Infirm 情况中实现的那种平等没有违反"自我—所有权"原则，但对外部世界的联合所有使得其居民的"自我—所有权"仅是形式上的，他们不能利用他们的"自我—所有权"实现对他们自己生活的真正控制，因为他们想做任何事情都要服从其他人的否决权。如果没有其他人的同意我就什么也不能做，那我的"自我—所有权"还有什么意义？可见，对外部世界的联合所有将使同其结合的"自我—所有权"不起任何作用。

科恩承认，上述反对意见曾使他一时感到难以回应，"然而，基于进一步的反思，在似乎已被击败的险境中又显现出胜利"。① 为了表明这一点，科恩说，让我们回想一下我们争论的目的，这就是回击诺奇克的这一论点：尊重人民的"自我—所有权"要求扩大他们过他们自己生活的自由，而这与社会主义者珍视的状况平等是不相容的。针对诺奇克的这一论点，我们在前边做出的回应是，与诺奇克所讲的相反，"自我—所有权"与状况平等可以相容，因为一旦"自我—所有权"与对外部世界的联合所有相结合，其产生不平等的趋向也就消除了。对于我们的回应，那种反对意见说，对外部世界的联合所有使与之结合的"自我—所有权"成为只是形式上的，"然而，就眼下争论的目的而言，如能表明诺奇克为之辩护的自我—所有权本身就只是形式上的，那这种反对

---

① G.A.Cohen, *Self-ownership, freedom, and equality*, p.14.

意见就会消失,因为此时诺奇克就不能再坚持认为,自我—所有权必然产生状况的不平等(因为 Able 和 Infirm 的情况表明,仅仅形式上的自我—所有权是做不到这一点的)。"①诺奇克本人无疑认为,他赞同的"自我—所有权"决不不仅是形式上的。为此,他在《无政府、国家与乌托邦》一书的第三章辩解说,每个人都应自由地过他自己的生活,而这一需要是由构成"自我—所有权"的权利来保证的。但诺奇克同时还认为,处境最凄惨的无产者,即那些必须要么出卖他的劳动力给资本家,要么饿死的人,也享有这些权利。如若这样,那诺奇克就不能说 Able 的"自我—所有权"是形式上的,因为无论它是否确实仅是形式上的,就其引起的结果而言,它都不比无产者的"自我—所有权"更少。如果 Able 和无产者都缺少具有实际意义的"自我—所有权",那这是因为没有 Infirm 和资本家的同意,他们就不能做任何事。这会引出一个让诺奇克左右为难问题,因为对此他只能说:或者,资本主义没有给予无产者具有实际意义的"自我—所有权",因为无产者的"自我—所有权"远没有坚实到这种程度;或者,如果它坚实到这种程度,那真正的"自我—所有权"就允许状况平等的实现,因为 Able 的"自我—所有权"至少坚实得同无产者的一样,但在 Able 和 Infirm 的情况中,"自我—所有权"并没有产生不平等。

不难看出,科恩以第三种方式对诺奇克的反驳,最终使诺奇克陷入两难推理的困境:他"既不能以自我—所有权的实质内容被消除为由拒绝联合所有(而且彻底平等)的外部世界,也不能为很多人的自我—所有权同样没实质内容的不加改变的资本主义经济做辩护"②。这样一来,他的"自我—所有权"必然导致广泛的不平等的观点也就站不住脚了。

4. 关于自我—所有权命题的三个诡辩

科恩知道,仅以前边两种方式反驳诺奇克为不平等所做的辩护是不充分

①　G.A.Cohen, *Self-ownership,freedom,and equality*, pp.99–100.

②　G.A.Cohen, *Self-ownership,freedom,and equality*, p.14.

的,因为它们都没有涉及这一辩护由以出发的核心前提——"自我—所有权"命题本身。为此,他又进而以他讲的第一种方式,对诺奇克关于"自我—所有权"的诡辩做了深入的剖析和逐一的反驳。

诺奇克关于"自我—所有权"的第一个诡辩是,"如果你拒绝自我—所有权命题,你就是同意奴隶制。"①在诺奇克的论述中,拒绝"自我—所有权"命题的主要形式,是肯定服务其他人的非契约性义务。对此,他论证说,那些强制实行非契约性义务的原则,"创制了别人对人们及其行动和劳动的(部分)所有权。这些原则涉及一种转换,即从古典自由主义者的自我所有观念转换为对其他人们的(部分)所有权观念。"②科恩指出,诺奇克的这一论证利用了人们对他人拥有财产权的厌恶,即对奴隶制的厌恶,其目的"是通过向不相信自我—所有权的人们表明,拒绝自我—所有权就是赞同奴隶制,从而使他们发生转变。"③这一论证隐含的推理过程如下:

(1)如果 X 有非契约性的为 Y 做 A 的义务,那 Y 就拥有奴隶主拥有的那种支配 X 的劳动的权利。

(2)如果 Y 拥有奴隶主拥有的那种支配 X 的劳动的权利,那就此而言,X 就是 Y 的奴隶。

(3)任何人在何种程度上成为另一个人的奴隶,在道德上都是不能容忍的。因此,

(4)X 有非契约性的为 Y 做 A 的义务,在道德上是不能容忍的。

在科恩看来,这一论证的推理过程虽然成立,但它的前提(1)和(3)都有问题。由于对(3)的反驳比对(1)的反驳相对简单,所以,他先从对(3)的反驳开始。

关于(3),科恩说,让我们暂且考虑一种与奴隶制不同(但部分类似)的情况,即监禁的情况。假设你是一个无罪的人,而我把你强行扣押在一个房间 5 分钟。从规范的意义上讲,无论这种短暂的扣押是否算作短时的"监禁",无论把它说成监禁是否是言过其实,它与长期的监禁都存在重大的不同。对一

---

① G.A.Cohen, *Self-ownership,freedom,and equality*, p.230.

② [美]罗伯特·诺奇克:《无政府、国家和乌托邦》,第 206 页。

③ G.A.Cohen, *Self-ownership,freedom,and equality*, p.230.

个无罪之人的长期监禁肯定是不正当的,但对一个无罪之人的短暂的扣押则可能是正当的,例如,由于维持社会秩序的临时需要。这样说来,即便上述论证的前提(1)是正确的,以致再分配的税收就像诺奇克认为的那样,确实类似奴隶制下的强迫劳动,但从规范的意义上讲,有限的强迫劳动与具有奴隶特征的终身强迫劳动仍然存在重大的不同,因而不能将前者等同于后者。

在提出自己对(1)的反驳之前,科恩先转述了约瑟夫·拉兹(Joseph Raz)①反驳诺奇克的一个论证:在我母亲生病时虽然我有帮助她的义务,但她却没有免除我的这一义务的权利,因此,她拥有的权利,同我拥有的决定是否帮助她的权利相比并不更多;即使我的母亲确有免除我的这一义务的权利,她拥有的也不是奴隶主拥有的那种权利,即支配我必须履行那种义务的不受限制的权利;她不能吩咐我去做她任意想要我做的任何事。科恩说,从拉茨的论证可以推出三个递进弱化的论断:(1)我有对我母亲的义务无须意味着她拥有对我的任何权利;(2)虽然我的母亲也许确实对我拥有一种权利,虽然如果我没有履行我的义务,可能是她而不是别人会有抱怨,但她没有免除我的义务的权利,因此,没有那种奴隶主拥有的权利;(3)即使我的母亲确实有权免除我的义务,甚至有权禁止我履行它,那由此也不能认为,她拥有奴隶主那样的权利,即可以吩咐我去做她选择的任何事情的权利。这第三个最弱的论断,因而也是一个最难否定的论断,足以表明我对她的义务无须体现奴隶主拥有的那种权利,即诺奇克的论证所需的那种权利。简言之,"在一定的条件下,我何以有权用我的能力去帮助别人的问题,不是由任何人对一种权利的行使来决定的,而是由一种相关义务的存在来决定的。"②这就驳倒了诺奇克的论证,即只要我不拥有自己,我就是一个奴隶。因为奴隶制的特征是非契约性的义务,而当我缺少一种涉及我的能力或活动的某些方面的权利时,那也许是因为我有这样一种义务,但由此不能认为我就是一个奴隶,因为此时另一个人并不拥有我缺少的权利。

对于上述反驳有人提出异议。他们说,"自我—所有权"命题并不排除道

---

① 约瑟夫·拉兹,英国牛津大学、美国哥伦比亚大学法学教授。参见《自由的道德》,孙晓春、曹海军译,吉林人民出版社2011年版。

② G.A.Cohen,*Self-ownership,freedom,and equality*,p.232.

德义务,而只排除法律上的强制性义务,只有后者才表示奴隶制,而我对我母亲的义务则不是法律上的强制。如果不管我对我的母亲还有任何其他义务,国家都强加给我一种服务我的母亲,或服务一般而言的穷人的法律义务,这难道还不表明它对我的劳动具有奴隶主式的权利吗?科恩把这种异议称为"强制异议"。科恩认为,这种异议是不能成立的,因为前边讲的我母亲和我的关系不同于同奴隶主和我的关系的论证,同样可用在国家上。人们可以认为,国家没有权利免除我的那一义务,也就是说,它虽有责任向我收税,却没有权利决定我是否应将收入转让给穷人。因此,即便国家有权指导对我的劳动的这一特定的使用,但它没有权利处置我的劳动。我的母亲,或穷人并不因为国家强制实施他们对我拥有的任何权利,而对我拥有奴隶主那样的权利。简言之,我们相互之间都可能有强制性的义务,但这不意味着,任何人都拥有决定任何人劳动的奴隶主式的权利。实际上,这种义务构成了实行再分配国家的规范性的内容。在这样的国家,不存在与帮助人的能力的某些方面相关的自我—所有权,也不存在奴隶主和奴隶的关系。

诺奇克关于"自我—所有权"命题的第二个诡辩是,如果你拒绝"自我—所有权"命题,"你就是限制人的自主权"[1],其理由是当且仅当人们拥有自我—所有权时,他们才能控制自己的生活,或享有自主权。科恩说,诺奇克这里讲的自主权无疑是指一个人的选择范围,这样说来,"在对自我—所有权与自主权的关系考察中首先要注意,自主权是一个程度的问题,即一个人拥有的选择的数量和质量的问题。因此,自我—所有权有利于自主权的主张就需进一步明确。"[2]不能否认,如果一个人的"自我—所有权"在任何程度上都是不完全的,那他就没有自主权,而完全的"自我—所有权"可以保证更多的自主权。但诺奇克的主张却是,自主权在普遍而完全的"自我—所有权"下比在任何其他制度下都更多。这种主张显然是不能成立的。首先,至少在一个人们具有不同才能的世界中,"自我—所有权"是不利于自主权的。因为在这样的世界中,为"自我—所有权"所认可的对私利的追求,产生了没有财产的无产

---

① G.A.Cohen,*Self-ownership,freedom,and equality*,p.230.

② G.A.Cohen,*Self-ownership,freedom,and equality*,pp.236-237.

者,他们的生活前景对其限制太大,以致他们无法享有符合自主权观念的对他们自己生活的实质性的控制。因此,如果每个人都应享有程度合理的自主权,那至少在某些情况下,就必须对"自我—所有权"强行加以限制。其次,即使在一个由具有同等才能的个人构成的世界中,"自我—所有权"也无法实现自主权的最大化。因为自主权,即你在生活中拥有的选择范围,是依据两种情况的变化而变化的:一是你对自身权利的范围,你的选择范围的变化与它们成正比;二是其他人对自身和对其所有物的权利,你的选择范围的变化因它们的不同而不同。在很多情况下,如果不对"自我—所有权"加以某种限制,那就会使一些人的自主权比另一些人更少,甚至会使全体人员的自主权更少。如果我们当中没人有权利做某些事情,我们在自主权上就都能受益。可见,"自我—所有权"原则不能充分满足白主权的需要。也正因为如此,所以,"当自我—所有权以不利于自主权的方式被行使时,如果我们不得不在它和外部强加的必要限制之间做选择,那对自主权的信奉会建议选择后者。"①

诺奇克关于"自我—所有权"命题的第三个诡辩是,如果你拒绝"自我—所有权"原则,你就是"赞同把人仅仅作为手段限制人的自主权"②。诺奇克说,他肯定的权利"反映了康德主义的根本原则:个人是目的,而不仅仅是手段;没有他们的同意,他们不能被牺牲或被用来达到其他的目的。"③科恩指出,诺奇克这样讲无非是想把"自我—所有权"同康德的名字连在一起以抬高其权威性。在反驳诺奇克的这一诡辩之前,科恩说,为了清晰起见,让我们把这段引文中的"个人是目的,而不仅仅是手段"称为康德的原则,把其后的(分号后的)"没有他们的同意,他们不能被牺牲或用来达到其他的目的"称为诺奇克的同意原则。接着,他从三个方面对诺奇克进行了反驳。

第一,拒绝"自我—所有权"原则并不意味着拒绝康德的原则,肯定"自我—所有权"原则也不意味着肯定康德的原则。科恩说,诺奇克引用的康德

---

① G.A.Cohen, *Self-ownership，freedom，and equality*, p.237.

② G.A.Cohen, *Self-ownership，freedom，and equality*, p.230.

③ [美]罗伯特·诺奇克:《无政府、国家和乌托邦》,第37页。

的原则的完整表述说的是，"以这样一种方式行动，你永远把人决不仅仅当作手段，而永远同时当作目的，无论是对你自己还是其他的人"。① 不难看出，这一原则没有禁止我把另一个人当作手段，只要我同时把他的地位尊为一种独立的价值中心，它就允许我这样做。例如，当我把钱交给一个售票员并让他给我车票时，我当然是把他当作一种手段，因为我和他互动只是因为他是我获得车票的手段。而当我把钱投入自动售票机时，我无疑也把它当作一种手段。这样，在我对待机器的行为及它在我的目的中地位，与我对待售票员的行为及他在我的目的中的地位之间，显然存在某种共同的东西。我在这两种情况中采取的行为都是充当实现我的目的的手段，这是我为什么采取它的原因。然而，如果遵从康德的原则，那我在态度上的差别实际上就不是我没有把售票员当作手段，而是我把他也当作目的。因此，例如，如果机器坏了，那我只会生气，因为现在我买不到票；但如果是售票员出事了，假设他突然昏厥了，我则会尽力救助他，我因此而表明，我从未把他仅仅当作手段。当然，我的反应可能还不足以表明我把他当作全然康德意义上的目的，因为同相对清楚的不把人当作手段的观念相比，把人当作目的的观念并不特别清楚，而且康德也没对其做出很好的解释。但是，尽管康德的全部要求是什么可能还不清楚，但清楚的是，它要求的无论是什么，都与人们（势必）会把其他人当作通常意义上的工具来使用相一致的。科恩说，假设我认为，身体健康的人有一种义务，一种国家通过征税强迫他遵从的义务，即生产超出维持他们自己需要的剩余产品，以养活否则就会死去的残疾人。这样我就得反对"自我—所有权"原则。因为"自我—所有权"意味着，就使用你的能力而言，你对任何其他人都没有非契约性的、可被强制实施的义务。然而，在我致力反对"自我—所有权"时，我仍可忠于康德的原则。这是因为，虽然我认为身体强壮的人的劳动应被用作手段，而且在必要的时候还可违背他们的意志，以使那些不幸的人能得到帮助，但由此不能认为我不关心身体健康的人们本身：除了别的以外，我认为他们应当提供所说的服务，是因为我还相信提供这种服务不会损害他们的生活。可见，拒绝"自我—所有权"并不意味着拒绝康德的原则，因为你可以肯定后

---

① ［美］罗伯特·诺奇克：《无政府、国家和乌托邦》，第39页。

者而同时拒绝前者。同样,肯定"自我—所有权"也不意味着肯定康德的原则。因为遵从"自我—所有权"并不包含我对待其他人的态度,而且在康德的论述中,把其他人当作目的意指的是一种对待他们的特殊形式。以前边讲过的那个昏厥的售票员为例。我可以遵从他的"自我—所有权",但只把他完全作为手段来对待,并因此在他昏厥时不为他做任何事。当然,我不会威胁要揍他的鼻子,以让他更快把票给我,但这不意味着我一定把他当作目的。这是因为,正如我遵从他对其鼻子的所有权一样,我也能遵从英国铁路公司对其机器的所有权,并因而在机器出故障时不去乱敲它,但由此不能认为我把英国铁路公司当作目的。

第二,诺奇克的同意原则不同于康德的手段—目的原则,而"它们之间的不同体现在对允许你将另一个人用作手段的条件的满足上":[①]对康德而言,只要你把那个人(也)当作目的,你就可以利用他,而对诺奇克而言,只要你得到他的同意你就可以利用他。看出这两种条件的不同只需注意:一个作为雇主的资本家可以严格遵从诺奇克的同意要求,虽然他并不关心他的雇工的福利(或与他们作为目的的地位相关的其他东西),而向身体健康的人收税的国家虽然侵犯了诺奇克的同意要求,但却仍然尊重他们的人性。

科恩说,也许有人认为,康德在《道德形而上学原理》中的一段话,会对他在诺奇克的同意原则和康德的原则之间所做的区分提出质疑。这段话是这样讲的:

有意于对别人做出一种虚假承诺的人将立刻看出,他想把另一个人仅仅当作手段来利用,而后者并不同时在自身包含目的。因为我想通过这样一种承诺来为了我的意图而利用的人,不可能会赞同我对待他的方式,因而甚至包含着这个行为的目的。[②]

科恩说,根据他的理解,使这个做虚假承诺的人没能得逞的,不是他欺骗的那个人不同意,而是他不能同意前者意欲对待他的方式。与诺奇克不同,康德并不要求我与之打交道的那个人的实际的同意,而只要求可能的同意。而

---

① G.A.Cohen, *Self-ownership, freedom, and equality*, p.241.
② 《康德著作全集》第4卷,李秋零译,中国人民大学出版社2005年版,第437页。

"可能"在这里意指的是"规范意义上的可能",因此,康德要求的可能同意的标准,就不同于诺奇克要求的实际同意的标准。这样,在满足诺奇克要求的意义上,我可以实际上同意把我仅仅当作手段的行为,例如,同意被那个在"奴隶赌博"①中赢了我的那个人所奴役。但是,这显然不能证明,在康德的意义上,我会同意奴役我的那个人的行为,因为对康德而言,同意这一点是不可能的。反之,即使我拒绝对我的一种特殊对待,那由此也不能认为,在康德的意义上我不能同意它。因为康德的主题不是自我—所有权,因此,实际的同意和不同意对他来讲都不是关键问题。可见,前边讲的那种质疑是不能成立的。

第三,"自我—所有权"并不反映同意原则。科恩指出,在诺奇克那里,"自我—所有权"反映了未经人们同意就不能利用他们的原则,而这意味着,他把同意原则作为"自我—所有权"的基础或理由。然而,同意原则根本不起这样的作用,因为它只是"自我—所有权"的一个直接衍推:它明确表达的是这样一种权利,一种几乎覆盖"自我—所有权"原则本身覆盖的全部范围,而且再无什么其他东西的权利。你可以既同意"自我—所有权"观念,也(因而)同意它的主要衍推,但你不能认为它的衍推是"自我—所有权"的一个理由。

科恩的上述反驳表明,否认"自我—所有权"并不意味着赞同奴隶制、取消人的自主性和把人作为手段而不是作为目的,而肯定"自我—所有权"则会威胁人的自主性。科恩承认,严格说来,他并没有彻底驳倒诺奇克的"自我—所有权"命题,"然而,一旦它的真正性质被揭露,那就很难看出人们为什么还将被它所诱惑"。②

以上是科恩对诺奇克从"自我—所有权"原则出发为不平等所做的辩护的三个反驳。让我们以加拿大政治哲学家威尔·金里卡一段话来结束本文:

---

① 对此,科恩举例:A 和 B 在天资和情趣上完全相同,这两个人是如此喜爱拥有一个奴隶,以致每个人都愿意冒着成为一个奴隶的危险以换取同样的获得一个奴隶的机会,因此,他们抛硬币来决定,结果 B 输了,A 给他戴上了镣铐。(参见 G.A.Cohen, *Self-ownership, freedom, and equality*, p.47。)

② G.A.Cohen, *Self-ownership, freedom, and equality*, p.18.

"我认为科恩对诺奇克的批判完全是毁灭性的,他彻底拆解了诺奇克的论证。如果读过杰瑞①对诺奇克的批判之后,还有人支持后者的话,我认为是不可理解的。"②

① G.A.科恩的全名是杰拉尔德·阿伦·科恩(Gerald Allan Cohen),但他喜欢他的朋友叫他杰瑞·科恩(Jerry Cohen),或干脆叫他杰瑞。

② 转引自威尔·金里卡和卞绍祖的对话:《当代政治哲学前沿:多元立场、公民身份与全球视野》,《马克思主义与现实》2013 年第 2 期,第 91 页。

十七、社会主义优于资本主义在于它更平等

——G.A.科恩对社会主义的道德辩护①

一、20 世纪 90 年代以来,随着苏联社会主义制度的最终解体,社会主义的前途命运,特别是在发达资本主义国家的前途命运,日益成为英美马克思主义者的研究主题。从他们的相关研究成果来看,虽然他们都确信社会主义比资本主义更优越并最终会取代资本主义,但由于对社会主义的实现本身存在不同看法,因而在如何动员人民积极参加反对资本主义和创建社会主义的斗争的问题上形成两种截然不同的意见。一种意见以纽约大学的伯特尔·奥尔曼②为代表,他认为社会主义的实现是基于历史的必然性,它是资本主义制度自我否定的结果,它现今就已存在于资本主义社会中并仍在继续发展,当前很多人看不到这一点是因为不懂辩证法,因此,当今的社会主义者应加强对辩证法的宣传。另一种意见以牛津大学的 G.A.科恩教授为代表,他认为社会主义的实现要基于人们的意愿,而社会主义优于资本主义的一个重要方面就在于它更平等,但这一点在传统的马克思主义中却少有论证,因此,当今的社会主义者应更多地从道德方面为社会主义辩护,以激励人们主动投身实现社会主义的事业③。鉴于国内学术界对后一种意见尚缺少深入的了解,本文将集中阐释科恩对社会主义的道德辩护。

二、什么是社会主义? 在这一问题上,科恩与传统的马克思主义者一样,

---

① 本文发表在《学术月刊》2011 年第 5 期。
② 奥尔曼是美国纽约大学政治学教授、辩证法的马克思主义的代表人物。
③ 参见拙文《转向政治哲学与坚持辩证法——当代英美马克思主义研究的两个方向》,《哲学动态》2006 年第 11 期。

也认为社会主义是一种社会经济制度,其特征是公有制。他在 1997 年出版的《哲学家》杂志冬季号一篇对他的访谈中指出,"把一个社会叫做社会主义是指它具有的经济形式,即一种在全体人民中存在的生产性资产的共有制(Shared ownership of productive assets)经济形式,而不是那些资产为个人所有的私有制经济形式"。① 这里需要指出,科恩对社会主义的界定与传统马克思主义的界定略有不同。第一,他没有使用传统马克思主义使用的"生产资料"(the means of production)概念,而使用的是"生产性资产"(productive assets)概念。对此,虽然他没有做出明确的说明,但从他的相关论述来看,他说的"生产性资产"除包含传统马克思主义讲的生产资料以外,还包括生产者的劳动能力。② 第二,他没使用传统马克思主义使用的"公有制"(Public ownership)概念,而使用的是"共有制"(Shared ownership)概念。那什么是"共有制"呢? 在谈到"共有制"时科恩有这样一段论述:在需用生产性资产"生产物品的社会存在各种不同的共有制的情况"③,一种情况是通过国家支配那些资产,由国家做出关于使用那些资产的所有决定,这就是人们所说的中央计划的社会主义,这种社会主义已经灾难性地失败了;但社会主义经济还可采取非—中央计划的方式,而这种经济也是一种值得称为社会主义的经济,因为在那里用来生产物品的资产是共有的,例如,各种工人的集体所有制的方案。可以认为,科恩讲的"共有制"虽然与传统马克思主义讲的"公有制"在表述上略有不同,但这两者之间并不存在本质上的差别。此外,在谈到相对中央计划的社会主义而言的各种市场社会主义时,科恩还强调指出,"市场社会主义之所以被称为是'社会主义的',是因为它废止了资本和劳动的之间的分离:在市场社会主义中,不存在一个与不拥有资本的劳动者相对立的资本家阶级,因为劳动者本身,即全部人口,拥有企业的资本。"④这从另一个侧面表明,在科恩看来,社会主义是一种与资本主义私有制相对立的社会经济制度,其特征是生

---

① The Philosopher's Magazine/Winter,1997,p.38.
② 参见科恩:《马克思的历史理论——一种辩护》,段忠桥译,高等教育出版社 2008 年版,第 55、58—63 页。
③ The Philosopher's Magazine/Winter,1997,p.38.
④ G.A.Cohen,*Why Not Socialism*? Princeton University Press,2009,p.68.

产性资产的共有制。

三、在科恩看来,什么是社会主义与为什么想要社会主义是两个完全不同的问题。对前者的回答是一种事实判断,对后者的回答则是一种价值判断。科恩说,我们社会主义者想要社会主义的主要理由是,社会主义将为人们带来相当平等的生活前景,而这在资本主义下是不可能的。资本主义意味着私有制,这种私有制在任何所知的资本主义社会中不仅产生出生活方面的巨大差异,而且还产生出处在不平等的弱势一方的人们的贫困。我们社会主义者想要共有制是因为,这样我们就能建立平等的报酬形式,此外还因为集体的生产活动与生产性资产的私有完全不适应。他还论证说,他"对资本主义和社会主义的区分是依据所有制"①,这是因为,既然资本主义意味着私有制,而私有制导致了不平等,那取代私有制的唯一选择就是实行共有制的社会主义。为什么社会主义是唯一的选择呢? 对此,科恩的回答是:社会主义与资本主义在所有制方面是截然对立的,人们只能或者要资本主义的私有制,或者要社会主义的共有制,虽然在这二者之间可能存在大量的混合形式,但不存在独立的第三种所有制形式。

四、如何才能实现社会主义? 科恩认为,"社会主义,即作为一个整体的人民对资源的共同所有制,作为他们生活中最主要的事情,必须是人们愿意参加的"。② 由于社会主义的实现要基于人们自己的意愿,因而,任何人都不能把社会主义强加于人们。他还进而论证说,就当今发达资本主义国家而言,社会主义的实现只能通过自由民主的形式。这是因为,如果人们生活在专制国家,例如俄国沙皇专制统治下的国家,没有选举权,因而不能在政治上表达自己的意见,那就只能以暴力的方式表达他们的政治意愿,在这样的国家,社会主义的实现当然不能通过自由民主的形式;但如果人们生活在其意愿可以通过投票箱而得以表达的社会,那想以非—自由民主的方式实现社会主义的唯一理由就只能是社会主义与人们的意愿不一致,而如果与人们的意愿不一致,那社会主义就不可能实现。

① The Philosopher's Magazine/Winter,1997,p.39.

② The Philosopher's Magazine/Winter,1997,p.40.

五、科恩强调,如果说社会主义的实现要基于人们的意愿,而社会主义优于资本主义的一个主要方面就在于它更平等,那这就需要一种为社会主义所作的道德上的辩护。然而,在经典的马克思主义①看来,社会主义的实现不但与道德辩护无关,而且任何试图将社会主义的实现与某种道德辩护联系起来的做法,都会在实践上阻碍社会主义的实现。例如,马克思明确指出:"工人阶级企图实现的社会变革正是目前制度本身的必然的、历史的、不可避免的产物。"②马克思还严厉批评了将社会主义和共产主义基于某种公正要求的做法。他在致弗·阿·左尔格的一封信中指出:"在德国,我们党内流行着一种腐败的风气,在群众中有,在领导人(上等阶级出身的分子和"工人")中尤为强烈。同拉萨尔分子的妥协已经导致同其他不彻底分子的妥协:在柏林(通过莫斯特)同杜林及其'崇拜者'妥协,此外,也同一帮不成熟的大学生和过分聪明的博士妥协,这些人想使社会主义有一个'更高的、理想的'转变,就是说,想用关于正义、自由、平等和博爱的女神的现代神话来代替它的唯物主义的基础(这种基础要求人们在运用它以前进行认真的、客观的研究)。"③对此,科恩指出,虽然经典马克思主义的科学社会主义理论强调基于事实的历史必然性,但平等这一价值观念无疑仍是马克思主义者信仰结构中不可缺少的组成部分。实际上,所有的马克思主义者都信奉某种形式的平等,尽管他们中的许多人会拒绝承认他们信奉它,尽管也许没人能确切地说出他们信奉的平等原则是什么。但马克思和恩格斯却很少关注,因而也很少深入探究过平等问题。相反,他们把精力都用在了他们认为使平等最终得以实现的历史必然性上,用在那些有关普遍的历史,特别是有关资本主义历史的解释性的论题上。这是因为,在他们看来,经济上的平等从历史上看是不可避免的,从道德上讲也是正确的,既然经济上的平等最终会必然实现,那就没有必要花费更多的时间去探究为什么平等在道德上是正确的和究竟是什么使得它在道德上具有约束力。换句话说,在他们看来,既然经济上的"平等正在到来,而且它是受欢迎的,那从理论上去说明它为什么受欢迎,而不去说明如何使它尽快和尽

① 在科恩的著作中,经典的马克思主义通常指马克思、恩格斯本人的基本理论和主张。
② 《马克思恩格斯选集》第3卷,人民出版社2012年版,第159页。
③ 《马克思恩格斯选集》第4卷,人民出版社2012年版,第522页。

可能无痛苦地实现,将是浪费时间"。①

六、马克思恩格斯为什么确信经济平等最终必将实现? 科恩认为,这是因为他们"假定存在两个不可抗拒的共同起作用的历史趋势"②。一是有组织的工人阶级的兴起和壮大,其处于不平等的劣势一方的社会地位,使得它赞同平等,其在数量和力量上的不断增长,使得它能最终能夺取政权并推翻它成长于其中的不平等的资本主义社会。二是生产力的高度发展,这将导致物质财富的极大丰富,以至任何人实现其人生所需的任何东西,都可取自社会的公共储备而无须以牺牲他人为代价。然而,历史的发展现已表明,他们假定的这两个历史趋势实际上都没实现。

七、先看第一个趋势。科恩指出,在经典马克思主义的论述中,工人阶级具有这样四个特征:

(1)构成社会的大多数;

(2)生产社会财富;

(3)是社会中被剥削的人们;

(4)是社会中贫困的人们;

此外,工人阶级还具有由这四个特征引出的另外两个特征。由于他们是如此的贫困:

(5)无论革命的结果会是什么,他们在革命中不会失去任何东西;

而且由于(1)、(2)和(5),即工人阶级有能力(1)、(2)为了自身的利益(5)去改变社会,因此,

(6)工人阶级能够并将会改变社会。③

科恩进而指出,不管人们今天如何理解和使用"工人阶级"这一存在很大争议的概念,在当今先进的工业社会中,已不存在前边讲的汇集这样四个特征

---

① G.A.Cohen, *If You're an Egalitarian, How Come You're So Rich?* Harvard University Press, 2000, pp.103-104.

② G.A.Cohen, *If You're an Egalitarian, How Come You're So Rich?* Harvard University Press, 2000, p.104.

③ G.A.Cohen, *If You're an Egalitarian, How Come You're So Rich?* Harvard University Press, 2000, p.107.

于一身的工人阶级：他们（1）是社会依靠的生产者，（2）是被剥削者；（3）是社会的大多数（包括他们的家庭）；（4）是非常贫困的人。当然，现在还存在基本的生产者、受剥削的人和贫困的人，但他们都已不是集这四个特征于一身"工人阶级"。这种情况意味着，现在已不存在这样的社会群体，即一方面对向社会主义的转变具有强烈的愿望（因为它受剥削，和它贫困），另一方面又具有实现这一转变的现成的能力（因为它的生产能力，和它的数量）的社会群体。因此，就确信无产阶级会成为这样的群体而言，马克思恩格斯假设的第一个趋势没有成为现实。

八、再看第二个趋势。科恩指出，资本主义社会以来生产力的发展确实使整个人类社会的物质生活水平有了很大的提高，然而，现今生产力的发展却遇到了自然资源方面的障碍。技术知识没有停止发展，而且也不会停止发展。但生产能力，即将自然资源转变为使用价值的能力，却不能与技术知识的进步同步发展，因为现已证明，地球的资源没有丰富到能保证由于技术知识的不断进步而生产出无限多的使用价值的程度。① 如果这种情况是真实的，那马克思恩格斯假设的第二个趋势也没有成为现实。

九、由于马克思恩格斯假设的两个趋势都没有实现，他们为社会主义所做的基于历史必然性的论证也就在很大程度上失去了说服力。科恩论证说，如果他们讲的"工人阶级"即社会主义革命的旧有力量已不复存在，其他类似的力量也没有产生，而且也不会产生；如果他们预言的随着生产力无限增长而出现的物质财富的极大丰富至少目前看来还无法实现，因而人们在一个相当长的时期只能在相对匮乏的情况下追求社会主义，那社会主义者就必须改变过去那种基于必然性的论证方法，而应更多地从道德方面为社会主义做辩护。②

十、如果说人们选择社会主义的一个主要原因是它比资本主义更平等，那为社会主义做的道德辩护就主要体现在为社会主义平等所做的辩护上。社会主义平等的含义是什么？科恩说，他所谓社会主义平等，指的是"一种我视为

---

① G.A.Cohen, *If You're an Egalitarian, How Come You're So Rich?* Harvard University Press, 2000, pp.104−105.

② G.A.Cohen, *If You're an Egalitarian, How Come You're So Rich?* Harvard University Press, 2000, p.109.

正确的平等原则、正义认可的平等原则,这是一种激进的机会平等原则,我将称之为'社会主义的机会平等'"。① 为了使人们能准确把握他所讲的"社会主义的机会平等"的含义,科恩区分了三种形式的机会平等和三种相应的对机会的限制。第一种是资产阶级的机会平等,它消除了由社会地位造成的对生活机会的限制。第二种是"左翼自由主义的机会平等",这种机会平等超出了资产阶级的机会平等,因为它还反对那些资产阶级的机会平等没有涉及的由社会环境,即由出身和成长的环境造成的对生活机会的限制。这种机会平等的一种体现是在福利国家实行的对出身贫苦儿童实施早年教育(head-start education)的政策。第三种是他所说的"社会主义的机会平等",用他自己的话来说就是,"我称之为社会主义的机会平等纠正的则是这样的不平等,这种不平等是由作为非正义的更深层根源的天赋差异引起的,它超出了由非选择的社会背景强加的不平等,因为天赋的差异同样是非选择的"。② 科恩还特别指出,社会主义的机会平等力图纠正上述所有非选择的不利条件,即当事人本身不能被合理地认为对其负有责任的不利条件,无论它们是反映社会不幸的不利条件还是反映自然不幸的不利条件。一旦社会主义的机会平等得以实现,结果的差异反映的就只是爱好和选择的差异,而不再是自然和社会的能力与权力的差异。

十一、就为社会主义平等做道德辩护而言,科恩认为,社会主义者现在遇到的最大问题是必须在人们对其劳动产品的权利原则和利益与负担的平等原则之间做出抉择,而这一问题是由前边讲的"工人阶级"具有的两个特征——受剥削与贫困的分离所引起的。他论证说,在资本主义出现后的很长一段时间,广大工人群众既是社会财富的生产者,又是处在饥寒交迫状态下的人。一首曾在美国流传的社会主义老歌《永远团结》中的第二段歌词生动地描述了这一情况:

> 我们开垦荒地,建造城市,他们才能从事贸易;
>
> 我们开挖矿山,修建工场,铺设万里铁路线;

---

① G.A.Cohen, *Why not Socialism*? Princeton University Press, 2009, p.13.
② G.A.Cohen, *Why not Socialism*? Princeton University Press, 2009, p.17.

　　　　而如今,我们饥寒交迫,被遗弃在我们自己创造的奇迹中⋯⋯

　　从这段歌词可以看出,那些向往社会主义的饥寒交迫的人们,也正是那些创造了社会财富的人们。人们要求免除饥寒交迫不是因为他们不能从事生产,例如因为残疾、永久性的失业或照顾家里的老弱病残,而是因为他们已经从事了生产,因而不应当陷入饥寒交迫的境地。在这段的歌词中,两种补偿的要求,即生存需要的补偿和产品应归属劳动者的补偿被融合在一起,而在当时,将它们融合在一起是可能的,因为在那时被剥削的生产者与实际的贫困者大体上是重合的。因此,那时的社会主义者没有意识到第三行歌词的后半部分"被遗弃在我们自己创造的奇迹中",与前半部分"而如今,我们饥寒交迫"之间隐含的冲突,后半部分表达的是生产者应得的权利的信条,而前半部分表达的是更具平等主义色彩的信条。然而,"挨饿的人不一定是那些生产了挨饿者所需的物品的人,如果人们生产的东西只应属于生产出这些东西的人,那没有生产这些东西的挨饿的人对其就没有权利"。① 既创造财富又几乎不拥有任何财富,是那时的工人阶级的形象,由于这种形象把这两个特征融合在一起,从而掩盖了一个尖锐的问题:"我生产了它,故而我应拥有它"和"我需要它,如果得不到它我将会饿死或衰弱"。这两种主张不仅相互区别,而且存在潜在的矛盾。

　　十二、在当今发达资本主义国家,由于实际的贫困者与被剥削的生产者在很大程度上不再重合,上述两种主张的潜在矛盾便凸显出来。科恩指出,前一种主张体现在传统马克思主义的剥削理论中,这一理论认为资本家对工人的剥削是不正义的,因为工人是他自己能力的正当所有者,全部劳动产品都应归生产它的劳动者即工人所有。后一种主张则否认劳动者对其劳动产品的权利,并要求对极度贫困的人们提供援助,尽管这些人并不是生产者,也更不是受剥削者。这一矛盾的凸显使得现今的社会主义者不得不面对一个过去没遇到过的规范性问题:必须在人对其劳动产品的权利原则和利益与负担的平等原则之间做出抉择。因为一旦实际的贫困者与受剥削的生产者不在重合,即

---

　　① G.A.Cohen, *If You're an Egalitarian, How Come You're So Rich?* Harvard University Press, 2000, p.106.

前者不再是受剥削的工人阶级或工人阶级的一部分,关于剥削的理论就会与社会主义的平等要求发生矛盾,甚至与福利国家的最低原则形成对立。在这一问题上,科恩认为社会主义者应选择后一个原则而不是前一个原则,即应选择利益与负担的平等原则。①

十三、科恩反复强调,为社会主义平等做道德辩护的关键,不在于表明平等只是作为使贫困的人境况变好的手段才是重要,而在于表明平等本身作为一种目的是正确的,或者说,"平等本身就是好的"②。为了说明这一问题,他引用了罗纳德·德沃金对这一问题所作的一种论证:"设想一下,比如说,你是四个孩子的家长,你有资源在他们之中分配。在他们之中做不平等的分配显然是错误的。你不打算在他们之中不平等地分配你必须分配的东西,即使如果他们被不平等地对待,处在底层的一个孩子的状况将会比如果他们被平等地对待更好。你打算平等地对待他们是因为你认为这样做是恰当的:这是你和被平等对待的他们之间的正确的关系。"③科恩进而指出,我们面对的复杂的问题是,我们能否完全撇开我们任何一个人的特殊境况好与坏,而把我们从属的社会理解为我们共同构成的集体,一个以类似的方式将我们每一个人适当地联系起来的集体,以致如果我们的社会不平等地对待我们就是不适当的或不正义的。举例来说,假定我们生活的社会拥有极为丰富的资源,这能使每一个人都成为百万富翁,但它却这样来分配,以致使一些人成为半百万富翁,一些人成为超级百万富翁。此时不会有人对处在底层的人们境况如何糟糕而大惊小怪,这很难被看作是要紧的事情,但这一社会却仍会是不正义的,因为它没有平等地对待所有这些非常幸运的人。

十四、在科恩看来,从道德上论证社会主义比资本主义更优越并不是一件难事,因为资本主义意味着私有制,社会主义意味着某种形式的共有制,后者将比前者为人们带来更大的平等,因而会受到人们的欢迎。为了说明这一问题,科恩还别出心裁,提出一种看似简单平常,但却很有说服力的证明:设想我们十多个人进行野营旅行,我们带有用来实现我们计划的用品,例如,锅和盘

---

① G.A.Cohen, *Self-ownership,freedom,and equality*.Cambridge University Press,1995,p.146.
② The Philosopher's Magazine/Winter,1997,p.40.
③ The Philosopher's Magazine/Winter,1997,p.40.

子,食油、咖啡、钓鱼竿、小划艇、足球、纸牌,等等;在野营旅行中我们共同拥有和使用那些用品,而且我们都理解谁在什么时候、什么情况下和为什么要使用它们,因而在野营旅行途中不会存在可在原则上予以反对的不平等。再设想另一种野营旅行,在那里,每个人都坚持对自己带来的用具和自己的才能的私有权,因而对这样的问题要进行讨价还价,例如,一个人从另一个野营成员那里购买的是没削皮的土豆,那他将付给允许他使用其小刀削土豆的人多少钱,和因那些土豆现已削好,他要向其他人收多少钱,等等;因而在野营旅行途中会存在因私有权而导致的诸多的不平等。① 科恩说,毫无疑问,每个人都会喜欢体现着社会主义共有制原则的第一种野营旅行,而不喜欢体现着资本主义私有制的第二种野营旅行。

十五、科恩认为,社会主义是比资本主义更可取的所有制形式,这不存在任何问题,"但它面临的问题不在于可取性方面,而在于可行性方面"②。社会主义者现在遇到的主要问题是,他们不知道在所有制问题上如何在全社会范围模仿前边讲的第一种野营旅行,说得更明确一点就是,他们不知道如何在全社会范围内实现生产性资产的共有制。科恩指出,认为社会主义共有制是不可行的人通常提出两个理由,第一个理由与人的本性的限制有关,第二个理由与社会技术的限制有关。第一个理由是,人性是自私的,人们天生就缺乏满足社会主义共有制要求的那种慷慨,即使他们在野营旅行的特殊情况中会足够慷慨。第二个理由是,即使人们在适当的环境中会足够慷慨,那我们也不知道如何去利用这种慷慨,即我们不知道如何通过恰当的规则和刺激使慷慨转动社会经济的车轮,而人的自私则不同,我们知道如何很好地利用它。在科恩看来,第一个理由是不能成立的,因为毕竟几乎每一个人都既具有自私的倾向,也具有慷慨的倾向。第二个理由则值得社会主义者重视,因为社会主义者确实缺少恰当的设计社会组织方面的技术。总之,科恩认为,"我们的问题是设计的问题。它也许是一个无法解决的设计的问题,而且它无疑是一个被我们自私的倾向所烦恼的设计的问题,但它却是一个设计的问题,所以我认为,是

---

① G.A.Cohen,*Why Not Socialism?* Princeton University Press,2009,pp.13-15.

② The Philosopher's Magazine/Winter,1997,p.39.

一个我们已经把握到的问题。"①

十六、以上是对科恩对社会主义的道德辩护的简要阐释。我虽然不赞同科恩无视社会主义的必然性的看法,但非常赞同他的从道德方面为社会主义作辩护的思路。社会主义的最终胜利虽然说到底是基于客观的历史必然性,但这种必然性的实现离不开人的主观努力,而人的主观努力又是与他们的道德信念分不开的。在我看来,从道德方面为社会主义做辩护也是我们当前面临的一个新课题,就此而言,我们可以从科恩那里学到不少东西。

---

① G.A.Cohen, *Why Not Socialism?* Princeton University Press, 2009, p.58.

十八、关于分配正义的三个问题^①

——与姚大志教授商榷

近些年来,国内学术界对当代西方正义理论的研究,尤其是对罗尔斯的《正义论》以及由其所引发的各种争论的研究,取得了不少成果,这从我国近期出版的有关政治哲学的各种论著就看得十分清楚。相比之下,国内学术界对当今我国社会面临的日益凸显的正义问题却关注不够,就这一点而言,姚大志教授发表在《哲学研究》2011 年第 3 期的《分配正义:从弱势群体的观点看》一文应引起人们的重视,因为他在文中针对当前我国存在的"严重的不平等,贫富差距过大"问题,提出并论证了一种意在解决这一问题的分配正义主张。本人非常钦佩姚大志教授关注现实问题的勇气和为弱势群体代言的价值取向,但认为他对分配正义本身的理解存在一些问题,现提出来与他商榷,并希望通过深入的学术争论来推进对我国当前亟须解决的正义问题的研究。

1. 分配正义只涉及如何在人们中间分配财富、机会和资源,而不涉及人们在福利上得到不断改善

姚大志教授对其分配正义主张的论证,是从提出并回答"什么样的分配

---

① 本文发表在《中国人民大学学报》2012 年第 1 期。

是正义的"这一问题开始的。在回答这一问题之前,他先讲了这样一段话:"在分配正义问题上,人们抱有两个基本目的,一个是希望得到平等的对待,另一个是希望自己的福利能够得到不断改善。"①将这些话与他后面的相关论述联系起来我们可以发现,他讲这些话实际上是要表明,在他看来,分配正义问题不仅涉及人们在分配上得到平等对待,而且还涉及人们在福利上得到不断改善,进而言之,只有既使人们在分配上得到平等对待,又使人们在福利上得到不断改善分配,才是他认为的正义的分配。这样说来,姚大志教授在分配正义问题上实际上持有这样一种见解:人们在福利上得到不断改善,是与人们在分配上得到平等对待同等重要的决定一种分配是否正义的一个因素。在我看来,姚大志教授的这一见解是不能成立的。

首先,从当代西方政治哲学家的相关论述来看,分配正义,也即社会正义或经济正义②,只涉及社会或国家如何在人们中分配财富、机会和资源③,而不涉及人们在福利上的不断改善。罗尔斯在《正义论》中强调,"正义在此的首要主题是社会的基本结构(the basic structure),或更准确地说,是社会主要制度分配基本权利和义务,决定由社会合作产生的利益之划分的方式。"④《正义诸理论》的作者布莱恩·巴里也指出,"正义的主题是权利和特权、权力和机会的分配以及对物质资源的支配。从适当的广义的角度审视'资源'这个词,简约地说正义只是关注稀缺资源的分配——这些资源的分配造成了潜在

---

① 姚大志:《分配正义:从弱势群体的观点看》,《哲学研究》2011年第3期,第107页。

② 对此,戴维·米勒指出,"在绝大多数当代政治哲学家的著作中,社会正义被视作分配正义的一个方面,的确,这两个概念经常被相互替代使用。""例如,J.Rawls在 *A Theory of Justice*(Cambridge,Mass.:Harvard University Press,1971)中就是不加区别地谈论'正义'、'分配正义'和'社会正义'的。"(《社会正义原则》,应奇译,江苏人民出版社2008年版,第2页)塞缪尔·弗莱施哈克尔也指出,"'分配正义',又叫'社会正义'或'经济正义',是当今许多人的说法。"(《分配正义简史》,吴万伟译,译林出版社2010年版,第1页)

③ 关于分配的对象还有其他各种不同的见解和表述,如权利、资产、收入、基本能力等,为了使本文的论题更为集中,我这里不涉及分配对象的问题,而只沿用姚大志教授的财富、机会和资源的提法,并以其泛指所有的分配对象。

④ 〔美〕罗尔斯:《正义论》,何怀宏、何包钢、廖申白译,中国社会科学出版社2009年版,第6页。

的利益冲突。"①在分配正义问题上，罗纳德·德沃金的论述集中在应如何分配"资源"，阿玛蒂亚·森的论述集中在应如何分配"基本能力"，戴维·米勒的论述则集中在应是如何分配"收入和财富、工作和教育机会、医疗保健等等此类的资源"②。用约翰·罗默的话来讲就是，分配正义理论研究的是"一个社会或集团应该如何在有着竞争性需求的个人中间分配稀缺资源或产品"。③正因为如此，他们都不把人们在福利上的改善纳入分配正义问题的研究。当然，这不是说他们不关注人们福利改善的问题，而是说他们都不把它作为决定一种分配是否正义的一个因素。罗尔斯等人的看法虽不能作为理解分配正义问题的最终依据，但对我们理解这一问题无疑具有重要的参考价值。这样说来，从当代西方政治哲学家的相关论述来看，姚大志教授的那种见解是难以成立的。

其次，从分配正义概念本身的含义来看，分配正义问题也只与社会或国家如何在人们中分配财富、机会和资源相关，而与人们在福利上的改善无关。分配正义是"分配的正义"（distributive justice）的简称，由形容词"分配的"（distributive）和名词"正义"（justice）构成。这一概念中的"分配的"，指的是由社会或国家来分配④收入、机会和资源，那这一概念中"正义"的含义又是什么？我们知道，正义概念的提出可以追溯到 2500 年以前的柏拉图，在他之后的漫长的历史过程中，不同时期的人们往往赋予它各种不同的含义。就当代西方政治哲学涉及的"分配正义"概念中的"正义"而言，其含义通常被理解为"给每个人以其应有"。对此，G.A.科恩在其《拯救正义与平等》一书中讲过这样一段话："但如果因为我的一些批评者坚持要求我必须仅以通常的话语说出

① ［英］布莱恩·巴里：《正义诸理论》，孙晓春、曹海军译，吉林人民出版社 2004 年版，第374 页。

② ［英］戴维·米勒：《社会正义原则》，应奇译，江苏人民出版社 2008 年版，第 13 页。

③ J.Roemer, *Theories of Distributive Justice*, Harvard University Press, 1996, p.1.

④ 在这里对"分配的"的含义必须做广义的理解。戴维·米勒指出，"当我们说社会正义与一个社会如何把利益和负担分配给个人的方式有关时，我们千万不能过于从字面上来理解'分配'。具体说来，我们务必要避免那种认为存在着把资源定额地分配给人们的某些核心机构的想法。毋宁说，我们所关心的是社会制度和实践结合在一起影响不同的人们享用可获得的资源的方式，换句话说，我们所关心的是罗尔斯所谓'社会基本结构'的分配效应。"（《社会正义原则》，应奇译，江苏人民出版社 2008 年版，第 14 页）

我认为正义是什么,那对这些对此将感到满足的人来讲,我就给出正义是给每个人以其应有这一古老的格言。"①戴维·米勒对"正义"概念的论述与G.A.科恩大体相同:"在断定每一种关系模式具有其独特的正义原则时,我诉诸读者对我们所谓正义的'语法'的理解。依照查士丁尼的经典定义,作为一种一般意义上的德性的正义乃是'给予每个人应有的部分这种坚定而恒久的愿望'。这一箴言表明,存在着 A 将会给予 B 的待遇的某些模式以及他将会给予 C 的某些其他的模式(也许一样,也许不同),依此类推。正义意味着以适合于每个个体自己的方式对待每个人。它也意味着待遇是某种 B、C、D 等等应有的东西——换句话说,某种他们能够正当地要求的东西和 A 归属给他们的东西。"②阿拉斯代尔·麦金泰尔也持有相同的看法,他认为,"正义是给予每个人——包括他自己——他所应得的东西以及不以与他们的应得不相容的方式对待他们的一种安排"。③ 如果"分配正义"概念中的"正义"本身的含义就像上述学者所说的那样,是"给每个人以其应有",那不管人们对它做何种理解,它都不包含"人们在福利上得到不断改善"的意思,因为后者只是对人们福利状况的积极变化的一种客观描述,而不涉及"给每个人以其应有"的问题。这样说来,从分配正义概念本身的含义来看,姚大志教授的那种见解也难以成立。

第三,从姚大志教授本人讲的"分配正义的实质"和"分配正义的关键"来看,人们在福利上的不断改善也不能作为决定分配正义的一个因素。姚大志教授在他的这篇论文中说,"分配正义的实质是社会通过正义的制度和政策来分配收入、机会和资源,以帮助那些迫切需要社会正义来帮助的人"。④ 我们知道,"实质"即"本质",而本质的含义是事物本身所固有的、决定事物性质的根本属性。这样说来,如果根据姚大志教授所说的"分配正义的实质",那人们在福利上得到不断改善就不能作为分配正义的一个决定性因素,因为它与分配正义的本质规定无关。姚大志教授还说,"分配正义的关键在于解决

---

① G.A.Cohen, *Rescuing Justice and Equality*, Harvard University Press, 2008, p.7.
② [英]戴维·米勒:《社会正义原则》,应奇译,江苏人民出版社 2008 年版,第 39—40 页。
③ A.MacIntyre, *Whose Justice? Which Rationality?* London: Duckworth, 1988, p.39.
④ 姚大志:《分配正义:从弱势群体的观点看》,《哲学研究》2011 年第 3 期,第 108 页。

目前存在的严重不平等——贫富差距过大。"①这里讲的"分配正义的关键",无疑是指分配正义的最重要的作用。如果说"分配正义的关键"就在于解决严重不平等——贫富差距过大,那人们在福利上得到不断改善能起这种作用吗? 只要对姚大志教授的相关论述做一分析就不难发现,他说的改善虽然包含所有人的福利都将得到提高的意思,但还含有收入更多的群体会得到更大的提高的意思。(对于这一点,我在下一节会做进一步的说明。)我们知道,在存在"贫富差距过大"的情况下,即使人们的福利普遍得到提高,例如,都在原有的基础上提高了百分之十,那也不会缩小贫富差距而只会加大贫富差距,更何况姚大志教授讲的人们在福利上得到不断改善还含有收入更多的群体会得到更大的提高的意思呢! 如果人们在福利上得到不断改善并不能起到"解决目前存在的严重不平等——贫富差距过大"的作用,那为什么还将它作为决定分配正义的一个因素呢?

2. 正义的分配是平等主义的分配,不平等的
分配不能被看作是正义的

由于姚大志教授把人们在分配上得到平等对待和人们在福利上得到不断改善视为同等重要的决定分配正义的两个因素,因而,他对"什么样的分配是正义的分配?"这一问题,就先后给出两种不同的回答。

第一种回答是,"正义的分配应该是平等主义的"②,其中的"平等主义"指的是社会制度应该"平等待人,不应该对某一部分社会成员采取歧视态度"③,而"平等待人意味着每个人在财富、机会和资源的分配中也都是平等的"④。姚大志教授还进一步指出,这种分配的平等有强弱两种含义之分:在强的意义上,每个人在财富、机会和资源的分配中享有平等的一份;在弱的意

---

① 姚大志:《分配正义:从弱势群体的观点看》,《哲学研究》2011 年第 3 期,第 110 页。
② 姚大志:《分配正义:从弱势群体的观点看》,《哲学研究》2011 年第 3 期,第 109 页。
③ 姚大志:《分配正义:从弱势群体的观点看》,《哲学研究》2011 年第 3 期,第 109 页。
④ 姚大志:《分配正义:从弱势群体的观点看》,《哲学研究》2011 年第 3 期,第 109 页。

义上,每个人在财富、机会和资源的分配中享有平等的资格。而无论哪一种含义,都意味着正义的分配应该是平等主义的。对于正义的分配为什么应该是平等主义的,姚大志教授给出了两方面的理由:"一方面,每个人作为人类的一员是平等的,就此而言,平等是人的一种道德权利。另一方面,每一位公民在政治上都是平等的,在社会上都占有平等的地位,就此而言,平等是一种法律权利。"①

第二种回答是,"一种不平等的分配也能够被看作是正义的"②。对此,姚大志教授是这样论证的:(1)现在假设,按照"现有的平等分配方案",每一个相关的人都得到了平等的一份。(2)再假设,如果我们选择另外一种"不平等的分配方案",出于某种机制,这种不平等的分配方案会大大增加总体收入,从而使每个人的收入都增加了,即使对收入最少者也是如此,用流行的语言来讲,由于激励机制,这种不平等的分配把"蛋糕"做大了,所以每个人分到的份额也都增加了,尽管他们之间存在不平等。(3)收入更多的群体显然会赞成这种方案,因为这种不平等的分配使他们得到了新增收益中的大部分;而"如果收入更少的群体是理性的,而且不平等不是非常严重",那他们也会同意这种不平等的分配方案,即使另外一个群体会比他们收入更多一些。(4)"这样这种不平等分配就是正义的"。③

在什么样的分配是正义的这一问题上,姚大志教授虽然给出两种不同的、前后不一致的回答,但他实际上认可的是第二种回答。对此,姚大志教授给出的解释是:不平等的分配是现实的,但它不是正义的;平等的分配是正义的,但它是不可能的。"这种二律背反意味着在现实与理想之间存在一条难以逾越的鸿沟。为了跨越这条鸿沟,我们应该寻找能够摆脱这种二律背反的第三条道路。而为了找到这第三条道路,我们应该展现另外一种思路。现在让我们这样来思考:从正义的平等分配出发,在什么情况下,一种不平等的分配也能够被看作是正义的?"④正是基于这一思路,他在先给出第一种回答,即"正义

① 姚大志:《分配正义:从弱势群体的观点看》,《哲学研究》2011年第3期,第109页。
② 姚大志:《分配正义:从弱势群体的观点看》,《哲学研究》2011年第3期,第110页。
③ 姚大志:《分配正义:从弱势群体的观点看》,《哲学研究》2011年第3期,第110页。
④ 姚大志:《分配正义:从弱势群体的观点看》,《哲学研究》2011年第3期,第110页。

的分配应该是平等主义的"之后,又给出了第二种回答,即"一种不平等的分配也能够被看作是正义的"。

　　姚大志教授的上述两种回答在逻辑上显然是自相矛盾的。依照形式逻辑的同一律的要求,如果姚大志教授所提的问题是"什么样的分配是正义的?",那无论他对这一问题做出何种回答,在其回答中出现的"正义的"都应是内涵一致的同一概念。然而,在姚大志教授的两种回答中我们却发现了两种含义不同的"正义的"概念。第一种回答中的"正义的",其含义是"平等主义的",而"平等主义的"指的是每个人在财富、机会和资源的分配中都是"平等的";第二种回答中的"正义的"其含义则是一种"不平等",只不过这种不平等是加以限定的,即它会大大增加总体收入,从而使每个人的收入都有所增加,收入更多的群体虽然会得到新增收益中的大部分,但不平等不是非常严重。这两种含义不同的"正义的"概念,必然会使姚大志教授的两种回答出现自相矛盾。如果依据他的第一种回答,即"正义的分配应该是平等主义的",那他的第二种回答,即"一种不平等的分配也能够被看作是正义的"就不能成立,因为无论他对这种"不平等的"加以什么限定,这种"不平等的"还是"不平等的",而不是"平等主义的"。反之,如果依据他的第二种回答,那他的第一种回答就不能成立。

　　就什么样的分配是正义的这一问题而言,我原则上同意姚大志教授的第一种回答,①但不同意他的第二种回答。

　　前边表明,分配正义问题涉及的只是社会或国家如何在人们中分配财富、机会和资源。就当代西方政治哲学家在这个问题上的主张而言,几乎所有的人都认为正义的分配应是平等主义的,尽管他们对"平等主义的"含义,特别是有关平等的对象,即在哪些方面的平等,持有种种不同的看法。② 以他们当中影响最大的罗尔斯为例,他将其正义观表述为:"所有社会价值——自由和机会、收入和财富、自尊的社会基础——都要平等地分配,除非对其中一种价

---

　　① 我讲的"原则上同意"是指我也认为正义的分配是平等主义的,但我对平等主义的理解与姚大志教授的理解存在分歧。

　　② 参见韩锐:《正义与平等——当代西方社会正义理论综述》,《开放时代》2010 年第 8 期,第 134—140 页。

值或所有价值的一种不平等分配合乎每一个人的利益。这样,不正义就只是那种不能使所有人得益的不平等了。"①将正义的分配等同于平等的分配的人并不只是罗尔斯,戴维·米勒指出,在德沃金、阿玛蒂亚·森、G.A.科恩等人看来,正义与平等是同一种价值,"或者至少就分配正义而言是如此"。② 加拿大学者、《当代政治哲学》一书的作者威尔·金里卡对此还做了进一步的说明:"根据德沃金的看法,任何一种具有一定可信度的政治理论都分享着同一种根本价值——平等。这些具有一定可信度的不同类型的政治理论都是'平等主义'理论。假如'平等主义理论'是指平均分配收入,这种看法就肯定是错的。但在政治理论当中,还有另一种更抽象也更根本的平等理念——即是说,要把人'当作平等者'。对于这种更根本的平等理念,存在着多种阐释途径。一种理论是否是平等主义,只取决于它是否承认共同体内每一位成员的利益都同等重要。换句话讲,各种不同的平等主义理论都要求政府平等对待其公民:每个公民都有获得平等关照和平等尊重的权利。这种更根本的平等理念既出现在诺齐克的自由至上主义中,也出现在马克思的共产主义中。不同的只是,左派人士相信平等的收入和财富是平等待人的前提,而右派人士却相信对于劳动和财产的平等权利是平等待人的前提。"③正义的分配为什么应是平等主义的? 对此,当代西方政治哲学家给出了种种不同的理由。在我看来,其中最重要的理由有两个,一是应把人当作平等者来对待;二是不平等的分配是不公正的。可以说,随着经济的发展和社会的进步,正义的分配应是平等主义的观念已成为人们的共识。当然,这不是说已没有人对此持反对意见,但即使还有这样的人,他们也拿不出能摆到桌面上的理由。

不过,姚大志教授也许会这样的反问:罗尔斯的差别原则无疑是认可不平等的分配的,那罗尔斯为什么还把它称为正义原则之一? 如果罗尔斯可以把他的差别原则视为正义原则,那我的"一种不平等的分配也能够被看作是正义的"为什么不能成立? 对此我的回答是:首先,罗尔斯的差别原则本身是一

---

① [美]罗尔斯:《正义论》,何怀宏、何包刚、廖申白译,中国社会科学出版社 2009 年版,第 48 页。

② [英]戴维·米勒:《社会正义原则》,应奇译,江苏人民出版社 2008 年版,第 284 页。

③ [加]威尔·金里卡:《当代政治哲学》(上),刘莘译,上海三联书店 2004 年版,第 7—8 页。

个不彻底的正义原则,因为它容忍了基于刺激的不平等,对此我在一篇文章中曾有论述①;其次,即使我们姑且承认差别原则是正义原则,那罗尔斯认可的不平等也与姚大志教授认可的不平等存在重大差别。罗尔斯之所以认为差别原则是正义原则,是因为其出发点是"所有社会价值——自由和机会,收入和财富,自尊的基础——都要平等地分配",其落脚点是"除非对其中一种价值或所有价值的一种不平等分配合乎每一个人的利益"②用他的另一种表述讲就是,"社会和经济的不平等(例如财富和权力的不平等)只有在其结果能给每一个人,尤其是那些最少受惠的社会成员带来补偿利益时,它们才是正义的。"③而被姚大志教授视为正义的那种不平等分配却不是这样,其出发点是它能使每个人的收入都有所增加,其落脚点是收入更多的群体因这种不平等分配而得到新增收益中的大部分,和这种不平等不是非常严重并能得到理性的弱势群体的同意。不难看出,姚大志教授认可的不平等分配与罗尔斯的差别原则认可的不平等分配不是一回事,因此,以后者的正义性来证明前者的正义性是不能成立的。

3. 分配正义原则只是判断分配正义与否的原则, 而不是确定平等与福利的平衡点的原则

姚大志教授在谈到分配正义的关键在于"解决目前存在的严重的不平等——贫富差距过大"时强调,解决这一问题不能采取"拉平"的方式,即把其他群体的收入水平拉下来,以缩小与弱势群体的差距,这是因为,"'公平'要求分配正义不应该违反应得原则,'效率'要求分配正义不应以某些人的利益

---

① 段忠桥:《拯救平等:科恩对罗尔斯差别原则的两个批判》,《中国人民大学学报》2010年第1期。

② [美]罗尔斯:《正义论》,何怀宏、何包刚、廖申白译,中国社会科学出版社2009年版,第48页。

③ [美]罗尔斯:《正义论》,何怀宏、何包刚、廖申白译,中国社会科学出版社2009年版,第12页。

为代价，'目的'要求分配正义应该改善弱势群体的处境。"①他还进而指出，"在面对分配正义问题时，实际上的困难在于：人们知道选择的关键是保持平等与福利的平衡，但是不知道平衡点在哪里。因而需要一种分配正义的原则来确定平等与福利的平衡点。"②我同意姚大志教授反对以"拉平"来解决严重的不平等——贫富差距过大的意见，因为"拉平"并不是分配正义所要求的，但认为他的反对"拉平"的三个理由和他的"需要一种分配正义的原则来确定平等与福利的平衡点"的说法，都存在对分配正义本身的误解。

先看他的第一个理由。姚大志教授说，"公平"要求分配正义不应该违反应得原则。那他所说的应得原则中的"应得"的含义是什么？我们知道，"应得"在当代西方政治哲学中是一个为人们广泛使用的范畴，但在不同的哲学家那里往往具有不同的含义。③从姚大志教授的解释来看，他实际上先后讲了两种含义不同"应得"，只不过第一种"应得"是直接表明的，第二种"应得"是间接表达的。他先讲的"应得"是指，在客观条件，即家庭出身和自然天赋相同的情况下，"如果一个人是基于自己的主观努力而拥有更高的收入，那么他对于自己的收入就是应得的。"④而他所说的"主观努力"是就"更有抱负和更加勤奋"而言。从这种"应得"来看，他所说的"公平"要求分配正义不应该违反应得原则，指的是分配正义应允许基于主观努力的收入不平等的存在，否则就是不"公平"的。他后讲的"应得"则隐含在他接下来的一段解释中："我们只知道人们的收入是不平等的，但是没有办法区别哪些人的收入基于客观条件，哪些人的收入基于主观努力，更没有办法区别一个人的收入中哪些部分源于客观条件，哪些部分源于主观努力。因此，如果通过国家权力强行降低收入更高者的收入或剥夺他们的财富，那么就违反了应得原则，就侵犯了他们的权利。"⑤他这里说的"收入更高者的收入"，显然指的不仅是他们基于主观努

---

① 姚大志：《分配正义：从弱势群体的观点看》，《哲学研究》2011 年第 3 期，第 111 页。
② 姚大志：《分配正义：从弱势群体的观点看》，《哲学研究》2011 年第 3 期，第 112 页。
③ 戴维·米勒曾对这一概念的各种用法做了详细的说明和辨析，参见《社会正义原则》，应奇译，江苏人民出版社 2001 年版，第七章。
④ 姚大志：《分配正义：从弱势群体的观点看》，《哲学研究》2011 年第 3 期，第 111 页。
⑤ 姚大志：《分配正义：从弱势群体的观点看》，《哲学研究》2011 年第 3 期，第 111 页。

力的收入,而且还包括他们基于客观条件的收入,因为对于这两种收入是没有办法加以区别的;他这里说的"如果通过国家权力强行降低收入更高者的收入或剥夺他们的财富,那么就违反了应得原则",其含义是更高者的收入是"应得"的,而由于更高者的收入既包括基于主观努力的收入,又包括基于客观条件的收入,因此,隐含于这句话中的"应得"指的是包括基于主观努力的收入和基于客观条件的收入在内的总的收入。从这后一种"应得"来看,他所说的"公平"要求分配正义不应该违反应得原则,指的则是分配正义不仅应允许基于主观努力的收入不平等的存在,而且还应允许基于客观条件的收入不平等的存在,否则就是不"公平"的。姚大志教授虽然讲了两种含义不同的"应得",但其落脚点却是后一种"应得",原因正如他所说,"我们只知道人们的收入是不平等的,但是没有办法区别哪些人的收入基于客观条件,哪些人的收入基于主观努力,更没有办法区别一个人的收入中哪些部分源于客观条件,哪些部分源于主观努力"。我们知道,在当代西方政治哲学有关分配正义的论述中,基于客观条件的收入通常被认为从道德上讲是不应得的,对此姚大志教授也是同意的,因为他明确表示,"一个人出身于什么样的家庭或者具有什么样的自然天赋,这完全是偶然的,因而从道德的观点看,这不是应得的"①,"如果一个人出身于什么样的家庭和具有什么样的自然天赋是偶然的,并且从道德的观点看不是应得的,然而这种家庭出身和自然天赋导致了分配的不平等,使某些人得到了更多的收入,那么这些更多的收入在道德上就不是他们应得的,所产生的不平等就是应该加以纠正的。"但姚大志教授却以无法区别基于主观努力的收入和基于客观条件的收入为由,把本属于不应得的基于客观条件的收入也纳入"应得"之中,这显然是对分配正义本身的误解。

再来看他的第二个理由。姚大志教授说,"效率"要求分配正义不应以某些人的利益为代价,而他所说的"效率"是指"帕累托改善",即"假设有两种分配,第一种分配是现状,第二种分配是将要实行的;如果我们实行第二种分配以后,某些人的状况得到了改善,而其他人的状况则没有变化,那么第二种分

①　姚大志:《分配正义:从弱势群体的观点看》,《哲学研究》2011 年第 3 期,第 109 页。

配就是有效率的。"①那分配正义为什么要受"效率"的约束呢？对此，姚大志教授的回答是："一种没有效率的分配是不可取的，它以某些人的利益为代价；一种没有效率的分配也是不可行的，它没有持续下去的动力。"②在我看来，且不说姚大志教授将"效率"等同于"帕累托改善"是否能够成立，即使能够成立，他的这一理由也是有问题的。前边表明，分配正义问题只涉及社会或国家如何在人们中分配财富、机会和资源，而"帕累托改善"，按照姚大志教授的论述，"它可能是指某一部分的人的福利得到了提高，也可能是指另外一部分人的福利得到了提高，或者可能是指所有的人的福利都得到了提高"③。这样说来，"帕累托改善"实际上并不涉及分配正义问题，对此，姚大志教授也多少意识到了，因为他也承认，"这种'帕累托改善'对于分配正义的意义是不确定的"。④ 如果说"帕累托改善"与分配正义问题无关，那它怎能构成对分配正义的约束呢？在我看来，什么样的分配是正义的是一个问题，什么样的分配是可行的则是另一个问题。人们将平等主义的分配视为正义的，是基于应把人当作平等者来对待和不平等的分配是不公正的信念，正是基于这样的信念，即使在它因种种其他方面考虑，例如效率方面的考虑，而不能实行时，他们也不会对它的正义性产生动摇，并因此改变他们对分配正义本身的看法。以当前我国现行的分配政策为例，如果国家现在完全取消姚大志教授讲的基于客观条件的"不应得"的收入，那因此而降低收入的人也许会不再积极努力，而如果这些人不再积极努力，社会的总产品就会减少，并最终导致所有人的收入的降低，因此，国家目前还不能完全取消这种"不应得"收入。但我们能因此认为这种目前仍得继续实行的分配政策就是正义的吗？再以马克思描述的共产主义社会的"各尽所能，按需分配"为例，它目前肯定还不可行，但我们能因此认为它是不正义的吗？人们把一种分配视为可行的则是基于多方面的综合考虑，其中虽然也可能包对分配正义的考虑，但肯定还包括对效率在内的其他方面的考虑。姚大志教授的问题就在于，他以一种分配是否可行作为判断一

---

① 姚大志：《分配正义：从弱势群体的观点看》，《哲学研究》2011 年第 3 期，第 111 页。
② 姚大志：《分配正义：从弱势群体的观点看》，《哲学研究》2011 年第 3 期，第 111 页。
③ 姚大志：《分配正义：从弱势群体的观点看》，《哲学研究》2011 年第 3 期，第 111 页。
④ 姚大志：《分配正义：从弱势群体的观点看》，《哲学研究》2011 年第 3 期，第 111 页。

种分配是否正义的尺度,并进而把是否可行作为决定是否正义的一个因素,这显然也是对分配正义本身的误解。

最后看他的第三个理由。姚大志教授说,"目的"要求分配正义应该改善弱势群体的处境。对于这一理由,他是这样解释的:"分配正义的目的不是为了平等而平等,而是为了改善弱势群体的处境。如果我们单纯追求平等,那么只要把富人变成穷人就可以了。这不是分配正义的目的。分配正义的目的是提高弱势群体的福利水平,让他们过一种更好的生活。因此,它不仅关注平等——弱势群体成员与其他群体成员相比的福利之相对差距,而且更关心现状——弱势群体成员的福利之较低的绝对水平。他们需要帮助,是因为他们过着一种贫困的生活。由于他们处于一种不好的状况,所以需要提高他们的福利水平。如果不是仅仅他们处于这种贫困的状况,而是所有人都处于这种状况(如"文化大革命"时期),那么所有人的处境都需要改善。"①我的看法则与姚大志教授相反。在我看来,分配正义的目的指的是它所要达到的结果,而这一结果是什么则是由分配正义本身的性质所规定的。前边表明,分配正义的性质是由平等主义所规定的,因而分配正义的目的就是要实现平等主义的分配。当然,分配正义的实现无疑会改善弱势群体的处境,但由此却不能得出分配正义的目的就是改善弱势群体的处境的结论,因为从分配正义的目的来看,改善弱势群体的处境是基于他们没有受到平等的对待,而不是基于他们处境贫困。对此,G.A.科恩曾做过这样的论证:"假定我们生活的社会拥有极为丰富的资源,这能使每一个人都成为百万富翁,但它却这样来分配,以致使一些人成为半百万富翁,一些人成为超级百万富翁。此时不会有人对处在底层的人们境况如何糟糕而大惊小怪,这很难被看作是要紧的事情,但这一社会却仍会是不正义的,因为它没有平等地对待所有这些非常幸运的人。"②在姚大志教授的解释中,分配正义的目的只是为了改善弱势群体的处境,而弱势群体的处境之所以需要改善,又是因为他们过着一种贫困的生活。这样一来,分配正义就被等同于对穷人的同情和怜悯了,这显然还是对分配正义本身的误解。

---

① 姚大志:《分配正义:从弱势群体的观点看》,《哲学研究》2011年第3期,第111页。

② Mario Scannella,"The moral case for Marxism",The Philosopher's Magazine/Winter,1997,p.40.

在给出反对"拉平"的三个理由之后,姚大志教授进而提出,"在面对分配正义问题时,实际上的困难在于:人们知道选择的关键是保持平等与福利的平衡,但是不知道平衡点在哪里。因而需要一种分配正义的原则来确定平等与福利的平衡点。"姚大志教授对分配正义原则的这种理解是错误的。前边表明,分配正义只涉及如何在人们中间分配财富、机会和资源,而不涉及人们在福利上得到不断改善。由此说来,分配正义原则就只能是判断分配正义与否的原则,即告诉人们什么是正义的分配,或什么是不正义的分配的原则。进而言之,分配正义原则之所是分配正义原则,是因为它只是基于对分配正义本身的考虑,而不是对其他方面的考虑。姚大志教授对分配正义原则的理解却不是这样,在他看来,平等和福利都是分配正义所要求的,但这两者之间通常却是冲突的,因此,分配正义原则不但既要基于对平等的考虑,又要基于对福利的考虑,还要基于对这二者的平衡点的考虑。而在我看来,恰恰因为不是仅仅基于对分配正义本身的考虑,他理解的分配正义原则实际上并不是分配正义原则,而只是他心目中的兼顾平等和福利两个方面的理想的分配原则。

以上是对姚大志教授有关分配正义的理解的三点质疑,希望能得到他和学术界其他专家的关注和回应。

十九、古典政治哲学与现代政治哲学①

我国的政治哲学研究虽然早在 20 世纪 80 年代就已起步,但人们从一开始就对何为政治哲学存在各种不同理解。进入 21 世纪以来,随着政治哲学研究的迅速升温和将其作为一个学科来构建的呼声不断高涨,"什么是政治哲学"开始成为众多学者关注的热点问题。② 众所周知,政治哲学的起源和发展不是在我国而是在西方,因此,我国学者对这一问题的理解无不受到西方流行的政治哲学的影响,尤其是列奥·施特劳斯讲的古典政治哲学(classical political philosophy)和约翰·罗尔斯讲的现代政治哲学(modern political philosophy)的影响。然而,由于一些学者对这两种政治哲学缺少深入的研究和准确的把握,因而在有关何为政治哲学,进而言之,有关当今中国应建构怎样的政治哲学的研讨中,常常将它们混为一谈,甚至将它们合二而一。鉴于此,本文将先阐释这两种政治哲学的区别,接着表明受其影响在当今英美大学开设的两种政治哲学课程的区别,最后就我国的政治哲学建构为什么更应追随罗尔斯讲的现代政治哲学谈几点看法。

---

① 本文发表在《四川大学学报》2015 年第 4 期。

② 据我粗略地统计,目前已发表的相关论文有百余篇之多,其中包括一些知名学者的论文,如任剑涛的《政治哲学的问题架构与思想资源》(《江海学刊》2003 年第 2 期),万俊人的《关于政治哲学几个基本问题研究论纲》(《天津社会科学》2004 年第 2 期),陈晏清、王新生的《政治哲学的当代复兴及其意义》(《哲学研究》2005 年第 6 期),韩水法的《什么是政治哲学》(《中央党校学报》2009 年第 2 期),姚大志的《什么是政治哲学》(《光明日报》2013 年 9 月 24 日)。

一

从对政治哲学概念的提出和使用来看,施特劳斯无疑先于罗尔斯。他早在 1953 年出版的《自然权利与历史》一书中就对政治哲学有大量的论述,在 1959 出版的论文集《什么是政治哲学》中更是对其做了专门的论述。此外,他还在 1963 年与其弟子合编了一本在西方学术界至今仍具有重要影响的《政治哲学史》教材。从施特劳斯的相关论著来看,他讲的政治哲学实际上指的是以古希腊的柏拉图和亚里士多德为代表的古典政治哲学,这种政治哲学具有以下特征:

第一,它探求的是关于好生活或好社会的知识,简言之,关于善(the good)的知识。在"政治哲学"这一用语中,"政治"表示主题,即"政治哲学以一种与政治生活相关的方式处理政治事宜;因此,政治哲学的主题必须与目的、与政治行动的最终目的相同"。① 所有政治行动的目的不是变革就是保守:当人们渴望变革时,为的是让事态变得更好;当人们渴望保守时,为的是避免事态变得更坏。由此说来,所有的政治行动都是由某种有关更好或更坏的思考所引导的,而关于更好或更坏的思考就隐含着关于善的思考,因为如果我们不是对善有所思考,我们就不能有对更好和更坏的思考。因此,所有的政治行动从根本上讲都指向了关于善的知识,而"如果人们把获得有关好的生活、好的社会的知识作为他们明确的目标,政治哲学就出现了"。② 政治哲学自从在雅典诞生以来,它的这一含义就未改变。当然,人们对何为善这一问题的回答可能不同,但这一问题却是永恒的。所以,政治哲学不是历史的,"一种政治哲学不会仅仅因与之相关的历史处境尤其是政治处境的消逝而过时。因为,每一种政治处境都包含一切政治处境的本质要素:否则人们怎么能以可了解的方式把所有这些不同的政治处境明确称为政治处境呢?"③

① [美]施特劳斯:《什么是政治哲学》,李世祥等译,华夏出版社 2011 年版,第 2 页。
② [美]施特劳斯:《什么是政治哲学》,李世祥等译,华夏出版社 2011 年版,第 2 页。
③ [美]施特劳斯:《什么是政治哲学》,李世祥等译,华夏出版社 2011 年版,第 54 页。

第二,它"是用关于政治事物本性的知识取代关于政治事物的意见的尝试".① 政治哲学是哲学的一个分支,因此,对于它所探求的关于善的知识要从哲学上加以理解。与其他学科不同,哲学探求的是整全(the whole)的知识,即万事万物的本性的知识。探求意味着此类知识并非唾手可得,但缺乏这类知识并不意味着人们对整全毫无想法,因此,关于整全的各种意见(opinions),即对整全的各种表面、局部的看法必然先于哲学,而哲学就是试图用关于整全的知识(knowledge)取代关于整全的各种意见。与此相应,政治哲学探求的是政治事物的本性的知识。政治事物就其本性而言,受制于同意与反对、选择与拒绝、赞同与责怪,因此,它们不是中立的。由此说来,如果一个人不是严肃地依据好或坏、正义或非正义对其主张作出判断,即不是依据某种善或正义的标准来衡量它们,那他就没有把这些主张作为政治事物来理解。要做出正确的判断,人们就必须知道真正的标准,而政治哲学所要做的,就是努力获取真正的标准——关于善的知识,或者说,关于"政治事务的本性和正当的或好的政治秩序"②的知识,以取代关于政治事物的各种意见。

第三,它的现实着眼点是最佳政制(regime)。政治哲学探求的善,即好的生活或好的社会,或正当的或好的政治秩序,是通过现实的"政制"来体现的。政制不仅意指政府形式,即是民主制、寡头制还是君主制,因为"政制同时意味着一个社会的生活形式、生活风格、道德品位、社会形式、国家形式、政府形式以及法律精神".③ 政制赋予一个社会以其特性,因此,政制是一种特定的生活方式。这种生活方式取决于社会中某一类人的优势,取决于他们对社会的明显主宰,因此,政制是不同类别人的共同生活的形式,是社会的生活方式。由于社会生活是一种指向某个只有通过社会才能追求的目的的活动,因此,社会必须要以一种与那一目的相符的方式来组织、安排和建构,而这意味着,执掌政权的人必须趋向那一目的。政制具有多样性,因为每种政制不但都会提出自己的主张,而且还会使其主张超出任何社会的既定范围。正是政制的多

---

① [美]施特劳斯:《什么是政治哲学》,李世祥等译,华夏出版社 2011 年版,第 3 页。
② [美]施特劳斯:《什么是政治哲学》,李世祥等译,华夏出版社 2011 年版,第 3 页。
③ [美]施特劳斯:《什么是政治哲学》,李世祥等译,华夏出版社 2011 年版,第 25 页。

样性和各种政制之间的相互冲突迫使人们思考,在相互冲突的政制中哪种更好或最终哪种政制是最佳政制,因此,是"最佳政制的问题引导着古典政治哲学"。①

第四,它关注的主要问题是对所有政制都至关重要的善。在每种政制中都存在不同的利益集团,它们会在由谁来统治,或如何达成妥协,即在建构什么样的政治秩序才是最好的政治秩序问题上存在争议。此外,不同的政制也会提出对各自有益的主张,例如,在雅典人看来,民主制是最好的,而在巴比伦人看来,君主制是最好的。政治哲学强调在这些争议或不同主张中要区分开对属己之物的爱与对善的爱,认为最佳政制不是前者而是后者的体现。这种区分从最佳政制下好公民与好人的不同就看得很清楚。对好公民而言,只要爱国就够了,支持这一点的理由很简单,即国家是你自己的国家。好人则不同,好人爱的是善,因此,他只爱体现善的最佳政制,而不管自己是哪一种政制下的公民,可见,"善比属己性有更高的尊严,或者说最佳政制是比祖国更高的一种考虑"。② 因此,政治哲学关注的问题是对所有政制都至关重要的善,最佳政制不是体现在它对任何共同体都必定是好的,而是体现在它无论何时何地就善而言总是最好的。

第五,它是解决政治争论的最高权威。在政治生活中,人们往往持有各种不同的主张,而各种主张又都打着正义的旗号,这样一来,冲突的各方就需要有人来仲裁,而最具权威的仲裁者是政治哲学家,因为他们关注的不是有关具体政治问题的争论,而是"那些既极为重要又恒久不变的政治争论",③即关于什么是最好的政治秩序的争论。政治争论最终体现在法律与制度的构建上。立法者首先关注的是他为之立法的那一共同体,但他又必须提出并回答一切立法都无法回避的何为最好的政治秩序的问题,而要回答这一问题,他就得向政治哲学家请教,因为唯有政治哲学家才能掌握关于善的知识,掌握政治生活的真理,才具有回答这一问题的资格。因此可以说,政治哲学家是立法者之师,是政治问题的最终仲裁者。

---

① [美]施特劳斯:《什么是政治哲学》,李世祥等译,华夏出版社2011年版,第25页。
② [美]施特劳斯:《什么是政治哲学》,李世祥等译,华夏出版社2011年版,第27页。
③ [美]施特劳斯:《什么是政治哲学》,李世祥等译,华夏出版社2011年版,第68页。

罗尔斯在 1971 年出版的《正义论》中没有直接谈及政治哲学,在 1993 年出版的《政治自由主义》和在 2000 年出版的《道德哲学史讲义》中只在几处地方简单提到政治哲学,在 2001 年出版的《作为公平的正义》中也只以短短一节的篇幅谈了"政治哲学的四种作用"。不过,在其逝世后出版的,即 2007 年出版的《政治哲学史讲义》的"导论:论政治哲学"中,我们可以看到他对何为政治哲学的较为全面的论述。从罗尔斯的相关论述来看,他把其讲的政治哲学称为与古典政治哲学的不同的现代政治哲学,这种政治哲学的特征如下:

第一,它主要涉及政治正义和共同善的问题。政治哲学与其受众密切相关,由于其受众会因社会的不同而改变,因此,政治哲学所要探讨的问题实际上"取决于受众所在社会的社会结构及它所面临的紧迫问题"①。现代西方社会是宪政民主社会,政治哲学的受众是可以通过投票对所有的政治问题行使最终的宪法权威,而且如有必要可以通过修改宪法来行使这一权威的所有公民,因而,政治哲学涉及的主要问题是公民的基本权利与自由的问题,进而言之,是"关于政治正义和公共善以及哪种制度和政策能更好地促进政治正义和公共善"②的问题。所谓政治正义,指的是宪法的正义,它包括两个方面,一是"正义的宪法应是一种满足平等自由要求的正义程序",二是"正义的宪法应该这样构成:即在所有可行的正义安排中,它比任何其他安排更能产生出一种正义的和有效的立法制度。"③所谓共同善,指的是"旨在维持对每个人有利的条件并达到对每个人有利的目标"。④ 公民想要对基本权利与自由问题作出判断,就必须掌握并理解有关政治正义和公共善的理念,而政治哲学所要做的,就是要更为深刻和全面地阐释与它们相关的基本概念,如正义、自由、平等、民主、权威、权利和义务等等,因为"这些概念有助于我们澄清关于民主政

---

① [美]罗尔斯:《政治哲学史讲义》,杨通进、李丽丽、林航译,中国社会科学出版社 2011 年版,第 1 页。

② [美]罗尔斯:《政治哲学史讲义》,杨通进、李丽丽、林航译,中国社会科学出版社 2011 年版,第 5 页。

③ [美]罗尔斯:《正义论》,何怀宏、何包刚、廖申白译,中国社会科学出版社 2009 年版,第 173—174 页。

④ [美]罗尔斯:《正义论》,何怀宏、何包刚、廖申白译,中国社会科学出版社 2009 年版,第 182 页。

体的制度与政策的判断。"①

第二,它试图确立规范政治制度与政策安排的原则。与政治正义和公共善理念相关的那些基本概念表达的是一些政治价值,而政治正义和共同善则是对这些价值的合理的、系统的和连贯的说明。价值意指应当追求的东西,政治价值意指应当应用于政治制度与政策安排的东西,因此,政治正义和公共善对于政治制度与政策的安排将起规范的作用。与同样起规范作用的古典政治哲学讲的善不同,政治正义和公共善不是指人类生活的最高的善理念,即"一个有吸引力的理想"②,而是指人类理性的一种要求或命令,即"正当理性的权威规定,以及这些规定所产生的权利、责任和义务"③。进而言之,正当对于善具有优先性,即只有在政治正义和公共善的规定得以实现之后,人们的"注意力才转移到这些规定允许我们追求和珍视的那些善上"④。此外,古典政治哲学讲的善在很大程度上是"针对个人的"⑤,而政治正义和公共善则是针对政治制度与政策的安排,或者说,是针对政府的。简言之,政治哲学关注的是政治制度与政策安排的"正当性"问题,它试图为接受或拒绝特定政治制度与政策安排提供规范意义上的根据。

第三,它求助于人类理性的权威。如果说政治哲学的受众是所有公民,那它的可信性基于什么? 或者说它的权威性来自哪里? 在宪政民主社会中,政治哲学并不具有任何权威,因为政治哲学家只是提供对政治正义和公共善理念的阐释,而是否将他们阐释的理念转化为基本的制度则要由受众即全体选民来决定。因此,"政治哲学期待的是人类理性的信任,它潜在地求助于人类理性的权威。这种理性不过是合理的思考、判断、推理所共享的力量,就像成

---

① [美]罗尔斯:《政治哲学史讲义》,杨通进、李丽丽、林航译,中国社会科学出版社 2011年版,第 1 页。

② [美]罗尔斯:《道德哲学史讲义》,顾肃、刘雪梅译,中国社会科学出版社 2012 年版,第 4 页。

③ [美]罗尔斯:《道德哲学史讲义》,顾肃、刘雪梅译,中国社会科学出版社 2012 年版,第 2 页。

④ [美]罗尔斯:《道德哲学史讲义》,顾肃、刘雪梅译,中国社会科学出版社 2012 年版,第 2 页。

⑤ [美]罗尔斯:《道德哲学史讲义》,顾肃、刘雪梅译,中国社会科学出版社 2012 年版,第 2 页。

熟的完全正常的人（即所有正常的成年公民）在从事合理的思考、判断和推理时所表现出来的那样。"①政治哲学要求助于人类理性的权威，就要以一种合理而可信的方式向人们陈述政治正义和公共善的理念及其依据，以使人们能够合理地对它们做出判断。一些政治哲学的著作之所以在民主社会中产生了深远而持久的影响，原因就在于它们更为成功地求助了人类理性的权威。进而言之，政治哲学对人类理性的求助是否成功既不取决于官僚机构或由传统和根深蒂固的习惯所确认的机构的评估，也不取决于由专家组成的机构的评估，而是取决于每一个公民对其成果的评估。因此，"政治哲学家并不比其他公民拥有更多的权威，也不能对民主社会中的政治正义问题做出裁决，就像由物理学家组成的机构不能对物理学理论做出裁决那样。"②

第四，它是宪政民主社会的一般文化背景的一部分。在政治哲学如何介入并影响宪政民主政治的结果这一问题上，现代政治哲学与古典政治哲学存在明显的不同。古典政治哲学认为，政治哲学能够掌握关于好的生活或好的社会的真理，因此，这种观点试图寻求一个政治代理人来把这种真理转化成制度安排，而不管这一真理能否被人们自由地接受或理解。换句话说，"政治哲学关于真理的知识使它获得了影响，甚至控制政治结果的权威——通过说服或强制（如果必要）"。③ 现代政治哲学则把政治哲学视为社会一般文化背景的一部分，认为只是由于经常被引用和参考，它才成为社会基本政治理念的源泉。因此，在宪政民主制度下，"政治哲学能够恰到好处地做到的就是，影响某些通过合法的宪法程序建立起来的结构，然后，通过说服这些结构来否决多数民主的意志。"④政治哲学的大部分著作，都属于一般性的背景文化的一部分，公民们对政治正义和公共善以及哪种制度和政策能更好地促进政治正义

① ［美］罗尔斯：《政治哲学史讲义》，杨通进、李丽丽、林航译，中国社会科学出版社 2011年版，第 2 页。

② ［美］罗尔斯：《政治哲学史讲义》，杨通进、李丽丽、林航译，中国社会科学出版社 2011年版，第 3 页。

③ ［美］罗尔斯：《政治哲学史讲义》，杨通进、李丽丽、林航译，中国社会科学出版社 2011年版，第 3 页。

④ ［美］罗尔斯：《政治哲学史讲义》，杨通进、李丽丽、林航译，中国社会科学出版社 2011年版，第 4 页。

和公共善的理解,很多是来自这些著作,因此,政治哲学还具有教育的功能。可见,政治哲学主要不是通过日常政治来发挥其作用,它更多的是通过给公民(在他们介入政治之前)传授关于个人和政治社会的某些理想观念来发挥作用。因此可以说,"作为一般性的背景文化的一部分,政治哲学在为根本性的政治原则和政治理想提供源头活水方面发挥着不可替代的作用"。①

二

施特劳斯讲的政治哲学与罗尔斯讲的政治哲学显然是两种不同的政治哲学,为了更清楚地表明这一点,让我们再来看看因受他们的影响而在当今英美大学开设的两种不同的政治哲学课程:追随施特劳斯的政治哲学课程和追随罗尔斯的政治哲学课程。这两种课程的不同集中反映在它们各自使用的政治哲学教材的内容上。让我们以中国翻译出版的两本政治哲学教科书为例,一本是由深受施特劳斯影响的耶鲁大学史蒂芬·B.斯密什编写的《政治哲学》②,另一本是深受罗尔斯影响的伦敦大学学院乔纳森·沃尔夫编写的《政治哲学导论》③,看看它们之间有什么不同。

斯密什的《政治哲学》由耶鲁大学出版社2012年出版,是耶鲁大学公开课的教材。这本教材在其第一章"为什么是政治哲学"中,先对其讲所的政治哲学做了如下说明:

第一,政治哲学是对一切社会都必定遇到的政治生活的永恒问题的探究,这些问题包括"谁应当统治""应当如何处理冲突""应当怎样教育公民和政治家"等。"政治哲学旨在澄清各种塑造了政治探究的基本问题、基础概念与范畴",④因此,与其说它是政治科学的一个分支,不如说它是这门学科的根本

---

① [美]罗尔斯:《政治哲学史讲义》,杨通进、李丽丽、林航译,中国社会科学出版社2011年版,第6页。
② [美]斯密什:《政治哲学》,贺晴川译,北京联合出版公司2015年版。
③ [英]沃尔夫:《政治哲学导论》,王涛、赵荣华、陈任博译,吉林出版集团有限责任公司2009年版。
④ [美]斯密什:《政治哲学》,贺晴川译,北京联合出版公司2015年版,第1页。

和基石。

第二,了解"什么是政治哲学"的最好途径,是研习那些被公认为政治哲学大师的人的作品与思想,这些大师包括从柏拉图、亚里士多德,一直到马基雅维利、霍布斯,再到卢梭、托克维尔、阿伦特、施特劳斯等人。在这个问题上要反对两种错误看法:一是认为政治研究就像自然科学那样是一个不断进步的领域,因而无须再研究柏拉图、亚里士多德、马基雅维利等人的前科学的尚不成熟作品;二是认为一切政治思想都是历史的,即都是一定时间、地点与环境的产物,因而没有可能将那些政治哲学大师的著述联结起来。当然,"政治哲学研究中没有永恒的答案,只有永恒的问题",①那些大师在一些问题上也常常存在深刻的分歧,但也恰恰是因为这样,才能使我们走进他们的对话,首先倾听,接着思考,然后做出我们自己的判断。

第三,政治哲学的探求是从何为最佳政制入手的。政治哲学的切入点是政治行动,而一切政治行动的目的都是为了实现某种善的理念。政治哲学家称为善的东西,常常隐藏在各式各样的名号下,有时是"美好社会",有时是"正义社会",而它们都可简称为"最佳政制"。政制既指一种政府形式,即要么是由一人、少数或多数人统治,要么是这三种统治要素的某种混合或结合,又指一种包含道德和宗教实践、习惯、风俗和情感在内的使一个国家成其所是的整个生活方式。由于每种类型的政制都有其特殊性,并且与其他类型的政制处于相互对立的关系之中,因此,哪种政制是最佳政制的问题"总是指引着政治哲学"②。

第四,最佳政制和现存政制之间的张力,是政治哲学成为可能的前提。政治哲学必然涉及最佳政制与现存政制之间的关系问题。最佳政制包含着一种悖论,即它既是最佳的,但又是难以完全实现的。这就使得追求善的政治哲学家很难成为任何现存政制的好公民,因为除了最佳政制,他永远不会真正感到满意,永远不会对现存政制真正保持忠诚。然而,也恰恰是因为这一点,政治哲学的存在才有可能,因为最佳政制一旦实现,政治哲学就将变得毫无必要,

①　[美]斯密什:《政治哲学》,贺晴川译,北京联合出版公司2015年版,第4页。
②　[美]斯密什:《政治哲学》,贺晴川译,北京联合出版公司2015年版,第9页。

成为多余之物。因此,政治哲学存在于,而且也只能存在于"是"与"应当"、事实与理想之间的不确定的区域。进而言之,政治哲学存在的先决条件就是"一个不完美的社会,一个需要解释也必然需要政治批判的世界"①。

基于对政治哲学的上述说明,这本教材以何为最佳政制为主题,依据历史发展的线索依次讲授了索福克勒斯的《安提戈涅》(第 2 章)、柏拉图的《苏格拉底的申辩》和《克力同》(第 3 章)、柏拉图的《理想国》(第 4 章)、亚里士多德的《政治学》(第 5 章)、《圣经》(第 6 章)、马基雅维利的《君主论》和《李维史论》(第 7 章)、霍布斯的《利维坦》(第 8 章)、洛克的《政府论》(第 9 章)、卢梭的《社会契约论》(第 10 章)、托克维尔的《论美国的民主》(第 11 章)、施密特的《政治的观念》和康德的《论永久和平》(第 12 章)中的相关内容,并引导学生去思考这样一些政治哲学中的最基本的问题:最佳政制是否像古人相信的那样,是一种由少数佼佼者依习俗而统治的贵族共和制,还是像现代人相信的那样,是一种原则上仅仅由于所有的人都是这个社会的成员,因而政治职务要对所有人开放的民主共和制? 最佳政制是一个世世代代不懈追求人性完善的小型封闭社会,还是一个拥抱全人类的庞大的国际社会,或一个普世性的国际联盟? 最佳政制偏爱的是民主制中的普通民众,还是贵族制中拥有品位与财富的战士,或者甚至是神权政制中的教士?

沃尔夫的《政治哲学导论》由牛津大学出版社 1996 年出版,是一本被英美许多大学使用的颇为流行的教材。这本教材在"导言"中也先对其所讲的政治哲学做了说明:

第一,政治哲学的研究对象是那些规定政府应如何运作的准则或理想的标准。有人说,政治哲学的研究对象只涉及两个问题——(1)"谁得到了什么?"和(2)"谁说了算?"——这种说法虽不准确,但对于了解政治哲学的研究对象是什么却是一个有益的出发点。略做思考人们就可以想到,第一个问题涉及物质利益的分配,以及权利和自由的分配。依据什么人们才应当拥有财产? 人们应当享有什么样的权利和自由? 第二个问题涉及政治权力的分配。政治权力包括命令他人的权力,以及当他们不服从时使他们受到惩罚的权力。

---

① [美]斯密什:《政治哲学》,贺晴川译,北京联合出版公司 2015 年版,第 10 页。

谁应当拥有这种权力？这些问题都与政府直接相关,同时也是每一位公民在现实生活中都会遇到并且必须回答的,而政治哲学所要研究的,就是"在自治与政治权威之间寻求一个正确的平衡,或者换句话说,就是寻求政治权力的合理分配"①,进而言之,就是要对政治权威、民主、自由、分配正义等问题做出令人信服的说明。

第二,"政治哲学是一门规范性学科,它试图确立规范(规则或理想的标准)。"②描述性的研究试图发现事物是如何的,规范性的研究则试图发现事物应当如何,即什么是正当的,什么是正义的,或什么在道德上是正确的。一般说来,从事描述性政治研究的是政治科学家、社会学家和历史学家。例如,政治科学家关注在某个特定社会中实际存在的利益分配状况,比如说,在美国,谁拥有着财富？在德国,谁握有权力？从事规范性政治研究的政治哲学家也有充分的理由对这些问题感兴趣,但他们首先关注的却是另一类问题:支配利益(利益在这里不仅包括财富,而且也包括权力、权利和自由)分配的准则或原则应当是什么？政治哲学家所探究的问题不是"财产是如何分配的?"而是"如何分配财产才是正义的或公正的?"。不是"人们拥有什么样的权利和自由?"而是"人们应当拥有什么样的权利和自由?"。不是"支配社会利益分配的标准或规范是什么?"而是"支配社会利益分配的理想的标准或规范应是什么?"。

第三,政治哲学运用的主要是分析的方法。政府应当如何运作？这是一个不易回答问题。但尽管如此,还是有很多著名的哲学家,如古代的柏拉图、亚里士多德,近代的霍布斯、洛克、卢梭、康德、黑格尔,当代的罗尔斯、诺齐克都在努力回答这一规范性的政治问题,而且他们都取得了或多或少的积极成果。他们"一般都会运用与论证其他哲学问题的同样的方法来研究政治。他们划分事物间的区别,考察两个命题是否自相矛盾,论证两个或更多的命题之间是否存在逻辑上的一致。他们试图证明,令人惊讶的理论可以显而易见的

---

① ［英］沃尔夫:《政治哲学导论》,王涛、赵荣华、陈任博译,吉林出版集团有限责任公司2009年版,第2页。

② ［英］沃尔夫:《政治哲学导论》,王涛、赵荣华、陈任博译,吉林出版集团有限责任公司2009年版,第2页。

论点中推导出来。"①简言之,他们提供的是基于分析方法的各种论证。

第四,政治哲学的问题是人们无法回避的问题。每一个社会中都由某人或某些人掌握着政治权力,而财产也是以这种或那种方式分配的,因而政治哲学的问题涉及每一个人,或者说,是任何人都不能回避的。当然,任何一个个人对整个社会决定的影响都很可能是微不足道的,"但是我们每个人都具有一种潜在的影响力"②,这种影响力可以通过选举表现出来,也可以通过争论和讨论使我们的观点为人们所知晓而表现出来,不管争论和讨论是通过公众的舞台,还是通过私下的场合。那些不愿参与这些活动的人实际上也有政治态度,因为什么都不说和什么都不作实际上是对现状的认可。

基于对政治哲学的上述说明,这本教材主要讲述了政治哲学所要探讨的五个基本问题。第一章"自然状态"探讨的问题是:为什么一些人拥有批准控制其他人行为的法律的权力?对这个问题的探讨是先假定如果没有人拥有这样的权力,即在没有国家的"自然状态"下社会生活将会是什么样子?生活将会变得不能容忍吗?或者相反,会比现在更好?第二章"为国家辩护"探讨的是政治义务问题:假定我们承认生活在有政府的状态要比生活在自然状态下更好,这是否意味着我们有服从国家法令的道德义务?或者说,对此还存在其他的论证吗?第三章"谁应当统治?"探讨的是国家应当如何组织的问题,它应是专制的还是民主的?如果应是民主的,那民主的含义又是什么?第四章"自由的位置"探讨国家应当拥有多大的权力?或者反过来说,公民应享有多大的自由?第五章"财产的分配"探讨的是分配正义问题:公民的自由是否应当包括个人以任何自认为合适的方式获取和处置财产的自由?或者说,在自由或正义的名义下,政府可不可以对经济活动施加正当的限制?

以上表明,追随施特劳斯会导致一种政治哲学,追随罗尔斯则会导致另一种政治哲学,在它们之间不存在任何共同之处。

---

① [英]沃尔夫:《政治哲学导论》,王涛、赵荣华、陈任博译,吉林出版集团有限责任公司2009年版,第3—4页。

② [英]沃尔夫:《政治哲学导论》,王涛、赵荣华、陈任博译,吉林出版集团有限责任公司2009年版,第4页。

三

　　我之所以要表明施特劳斯讲的政治哲学和罗尔斯讲的政治哲学是两种不同的政治哲学,是因为它们都已对当今中国政治哲学的建构产生重要影响。①

　　从政治哲学传入我国的情况来看,施特劳斯讲的政治哲学要早于罗尔斯讲的政治哲学。早在 1985 年由商务印书馆翻译出版的詹姆斯·A.古尔德和文森特·V.瑟斯比主编的《现代政治思想》一书中,施特劳斯的论文《什么是政治哲学》就出现其中。相比之下,罗尔斯的《正义论》虽然在 1988 年就已被译成中文出版,但他对政治哲学做了较为集中论述的《作为公平的正义》却是直到 2002 年才被译成中文出版。不过,就对我国学者的实际影响来看,施特劳斯讲的政治哲学和罗尔斯讲的政治哲学却难分上下,因为只要检索一下近十来年涉及何为政治哲学的论著就可发现,一部分学者对这一问题的理解是基于施特劳斯的论述,一部分学者对这一问题的理解是基于罗尔斯的论述,还有一部分学者对这一问题的理解是基于对他们二者论述的综合。这里需要指出的是,其中不少学者对自己理解的政治哲学是基于施特劳斯的论述还是基于罗尔斯的论述缺乏自觉的意识,因而常常出现争论的双方虽然都在谈政治哲学,但所谈的政治哲学却只是他们各自理解的政治哲学的情况。

　　在我看来,如果仅从纯学术的意义上讲,对于何为政治哲学,人们基于各自的理由可以有不同的理解,因而很难说谁的理解是正确的,谁的理解是错误的。然而,当人们探讨政治哲学在当今中国的建构时,此时他们对何为政治哲学的理解,无疑含有他们理解的政治哲学是当今中国应建构的政治哲学的意思,说得更直白一点,他们实际上是将其理解的政治哲学视为当今中国应建构的那种政治哲学。前边表明,我国学者对何为政治哲学的理解主要有两种,一

---

　　① 　就政治哲学在当代英美的发展而言,施特劳斯讲的政治哲学同罗尔斯讲的政治哲学相比其影响要小得多。但就政治哲学在中国的发展来看,这两种政治哲学的影响却难分大小,甚至从某种意义上讲,前者的影响似乎更大。导致这种情况的原因是什么? 这是一个复杂的问题,对此我将另写论文专门论述。

种理解是基于施特劳斯的论述,另一种理解是基于罗尔斯的论述,而这就引出了一个我们现在已经面临而且必须予以回答的问题:我国的政治哲学建构应追随施特劳斯还是应追随罗尔斯?① 在对这个问题做出回答之前,让我们先来看看一种政治哲学之所以会出现和流行。

仔细考察一下可以发现,任何一种政治哲学的出现和流行,都与其创立者对所在社会面临的重大现实问题的正确把握密切相关。在谈到罗尔斯的《正义论》之所以是一本伟大的著作时,世界著名左翼政治哲学家,牛津大学教授G.A.科恩讲了这样一段话:"在造就《正义论》的伟大以及罗尔斯的全部成就中——如果同意我这样说的话,就如同黑格尔所做的那样——约翰·罗尔斯在思想上抓住了他的时代,或者更准确地说,抓住了他的时代中一个重大的现实问题。"②对于政治哲学与重大现实问题的关系,加拿大著名政治哲学家威尔·金里卡明确指出:"所有的政治哲学家一定是在现代社会的特殊需求、愿望和复杂的现实背景下对付一些共同的难题。理论家们就如何阐述这些难题和现实存有分歧,但如果不留意他们面对的共同问题,我们就将误解这些不同理论的意义与目的。"③就施特劳斯和罗尔斯而言,前者认为当代西方社会存在的重大现实问题是因现代性而引发的"文明的危机",这种危机源自现代政治哲学对古典政治哲学的反叛,因此,他力主复兴以追求善为宗旨的"古典政治哲学";后者则认为当代西方社会面临的主要问题是如何保障公民的基本权利与自由,因此,他倡导的现代政治哲学试图提出并论证规定政府应如何运作的准则。如果说任何一种政治哲学的出现和流行都与其创立者所理解的所在社会面临的重大现实问题密切相关,那当今中国社会面临的重大现实问题是什么? 可以说,正是由于在这个问题上人们存在不同看法,因而一些人认为在中国建构政治哲学应追随施特劳斯,而另一些人认为应追随罗尔斯。在我看来,与现今世界所有现代国家一样,当今中国社会面临的重大现实问题,也就是罗尔斯讲的如何保障公民的基本权利与自由的问题,尤其是与民主、自

① 还有人提出应完全抛开他们而另起炉灶,但我认为这种想法显然是荒谬的,因此,我这里就不涉及这一提议了。

② [英]G.A.科恩:《拯救正义与平等》,陈伟译,复旦大学出版社2014年版,第10页。

③ [加]威尔·金里卡:《当代政治哲学》,刘莘译,上海三联书店2004年版,第4—5页。

由、平等等政治价值直接相关的问题，尽管这些问题因我国国情的不同而具有特殊性。① 这一点不但可以从我国广大人民群众的普遍呼声得到证明，而且还可从党和政府将"民主、自由、平等"列入社会主义核心价值观得到佐证。如果说当今中国社会面临的重大现实问题是如何保障公民的基本权利与自由的问题，那就政治哲学在我国的建构而言，我们就不应追随施特劳斯而应追随罗尔斯。②

这里需要强调指出，我这里讲的追随罗尔斯只是就其讲的政治哲学的问题框架而言。从施特劳斯讲的政治哲学与罗尔斯讲的政治哲学的可以看出，它们之间的最主要的区别在于因研究对象不同而形成的不同的问题框架。施特劳斯讲的政治哲学以探求好的生活或好的社会的知识，即善的知识为目的，因而，它所涉及的问题都是有关"善"的问题，说得具体一点，都是有关理性与信念的关系、真理与信仰的关系、道德法则与统治技艺的关系，好公民与好人的关系、哲学家与立法者的关系等问题。罗尔斯讲的政治哲学以探求政府制度和政策的正当性为目的，因而，它所涉及的问题都是与国家存在、民主制度、公民权利、分配政策的正当性相关的问题。在同一问题框架下，人们对所涉及问题的回答却往往是不同的。以追随施特劳斯的斯密什的《政治哲学》为例，虽然它涉及的问题都与"善"相关，但它对何为"善"却给出了种种不同的理解，既有柏拉图的理解，也有亚里士多德的理解，既有马基雅维利的理解，也有施特劳斯的理解。再以追随罗尔斯的沃尔夫的《政治哲学导论》为例，它虽然涉及的都是与规定政府应如何运作的准则相关的问题，但它也同样给出了不同流派对这些问题的不同理解，如以罗尔斯为代表的左翼自由主义的理解、以诺齐克为代表的右翼自由至上主义的理解，和以科恩等人为代表的社会主义的理解。由此可以认为，政治哲学在我国的建构虽然应追随罗尔斯讲的政治哲学，但由此却得不出我们在民主、自由与平等的问题上都应赞同罗尔斯的观点的结论。进而言之，我们应从当今中国社会面临的重大现实问题的特殊性

———————

① 以平等问题为例，当今中国存在的不平等情况比西方发达国家要复杂得多，因为前者还存在后者已基本消灭的因社会地位导致的对机会平等的限制，如城乡二元户口的问题。

② 对于为什么不应追随施特劳斯而应追随罗尔斯，这里给出的理由只是最主要的，其他的理由我将另写论文做进一步的阐述。

出发,对这些问题给出基于我们自己价值判断的创新性的回答。

我国政治哲学的建构不可能也不必要无视西方现代政治哲学的发展,因此,我们总会面临如何批判地吸取西方学术界已取得的积极成果的问题。当然,人们对于吸取什么,批判什么会有种种不同的看法,甚至会出现激烈的争论。在我看来,这是极为正常的情况。不过,需要强调指出的是,人们的争论都应基于理性,基于说理,而不能基于其他因素。因为政治哲学的力量只在于说服人,正像马克思所说的,"理论只要说服人[ad hominem],就能掌握群众;而理论只要彻底,就能说服人[ad hominem]。"①我相信,只有大家都认同这一点,政治哲学在我国的建构就一定能得到顺利的发展,就一定能取得积极的成果。

---

① 马克思:《黑格尔法哲学批判》导言,载《马克思恩格斯文集》第 1 卷,人民出版社 2009 年版,第 11 页。

二十、正义是社会制度的首要价值吗？①

"正义是社会制度的首要价值"②是罗尔斯在其 1971 年出版的《正义论》中提出的一个著名论断。这一论断的含义是什么？这一论断能成立吗？近几年来，国内有不少学者在对这两个问题没做任何深入思考的情况下就将其直接用于当今的中国，说什么正义也是"我国社会主义制度的首要价值"。③ 对于罗尔斯的这一论断，西方一些学者早已提出异议，本文将基于当代西方著名政治哲学家，牛津大学教授 G.A.科恩的相关论述④，对这一论断的含义及其之所以不能成立作出进一步的说明和论证。

一

在判断"正义是社会制度的首要价值"这一论断能否成立之前，让我们先来看看它出现于其中的那段论述：

正义是社会制度的首要价值，正像真理是思想体系的首要价值一样。

---

① 本文发表在《哲学动态》2015 年第 9 期。

② 在《正义论》中文 1988 年版（何怀宏、何包刚、廖申白译，中国社会科学出版社）中，这一论断英文原文"Justice is the first virtue of social institutions"中的"virtue"被译为"价值"，在 2009 年版中，它被译为"德性"。笔者认为，"virtue"在这里译为"价值"比译为"德性"更准确，故此，本文引用的罗尔斯在《正义论》中的相关论述都出自 1988 年版。

③ 由于这类文章发表得很多，而且在互联网上很容易找到，这里就不一一列举了。

④ 参见 G.A.Cohen, *Rescuing Justice and Equality*, Harvard University Press, 2008, pp.84-85, 303-305。这本书已有中译本，陈伟译，复旦大学出版社 2014 年版。

一种理论,无论它是多么精致和简洁,只要它不真实,就必须加以拒绝或修正;同样,某些法律和制度,不管它们如何有效率和有条理,只要它们不正义,就必须加以改造或废除。每个人都拥有一种基于正义的不可侵犯性,这种不可侵犯性即使以整个社会的福利之名也不能逾越。因此,正义否认为了一些人分享更大利益而剥夺另一些人的自由是正当的,不承认许多人享受的较大利益能绰绰有余地补偿强加于少数人的牺牲。所以,在一个正义的社会里,平等公民的各种自由是确定不移的,由正义所保障的权利决不受制于政治的交易或社会利益的权衡。允许我们默认一种有错误的理论的唯一前提是尚无一种较好的理论,同样,使我们忍受一种不正义只能是在需要用它来避免另一种更大的不正义的情况下才有可能,作为人类活动的首要价值,真理和正义是决不妥协的。①

这段论述应成为我们理解"正义是社会制度的首要价值"这一论断的主要依据。那这一论断的含义是什么? 在回答这一问题之前,让我们先对这一论断中出现的三个概念,即"正义"、"社会制度"和"首要价值"的含义做一澄清。

通过对这段论述以及罗尔斯在《正义论》中其他地方相关论述的分析我们可以发现,这一论断中的"正义"具有如下含义:

第一,正义是指与社会基本制度(或主要制度)相关的分配正义。仔细研读一下《正义论》可以发现,罗尔斯讲的正义既不与私人联合体,例如企业相关,也不与范围较小的社会群体,例如社区相关,而只与社会基本制度相关。社会基本制度指的是政治宪法和主要的社会经济安排,它们包括对思想自由和良心自由的法律保护、竞争性的市场、生产资料的私人所有、一夫一妻制家庭等。在罗尔斯看来,一个社会是由基于共同利益而合作的一些个人组成的,由于在他们之间既存在利益一致的方面,也存在利益冲突的方面,因此"就需要一系列原则来指导在各种不同的决定利益分配的社会安排之间进行选择,达到一种有关恰当的分配份额的契约。这些所需的原则就是社会正义的原

---

① [美]罗尔斯:《正义论》,何怀宏、何包钢、廖申白译,中国社会科学出版社 1988 年版,第3页。

则,它们提供了一种在社会的基本制度中分配权利和义务的办法,确定了社会合作的利益和负担的适当分配"。①

第二,正义的主要对象是社会基本结构,即"社会主要制度分配基本权利和义务、决定由社会合作产生的利益之划分的方式"②。罗尔斯认为,社会基本结构确定人们的权利和义务,影响他们可望达到的状态和成就,而它之所以成为正义的主要对象,是因为它"包含着不同的社会地位"③,而这使得一些人的起点比另一些人的起点更为有利,并进而使出生于不同地位的人们有着不同的生活前景。此外,这类不平等是一种特别深刻的不平等,因为它们不仅涉及面广,而且影响到人们在生活中的最初机会。在罗尔斯看来,由于这类不平等不能通过诉诸功绩或应得而得到辩护,因此,它们应成为正义必须首先加以应用的对象。

第三,正义要求平等地分配所有社会基本善,除非一种不平等分配有利于最不利者。罗尔斯把社会基本结构分配的东西称为社会基本善,认为正义要求"所有的社会基本善——自由和机会、收入和财富及自尊的基础——都应被平等地分配,除非对一些或所有社会基本善的一种不平等分配有利于最不利者"。④ 对此,他给出两个前后衔接的论证:第一,在社会基本结构中存在因自然和社会的偶然因素,如天赋、出身等,所导致的对社会基本善分配的不平等,其"最明显的不正义之处就是它允许分配的份额受到这些从道德观点看是非常任性专横的因素的不恰当的影响"⑤,因此,正义要求所有社会基本善都应平等地分配,使每一个人都拥有相等的份额;第二,由自然和社会偶然因素所导致的对社会基本善品分配的不平等在现代社会是不可避

① [美]罗尔斯:《正义论》,何怀宏、何包刚、廖申白译,中国社会科学出版社 1988 年版,第4—5页。

② [美]罗尔斯:《正义论》,何怀宏、何包刚、廖申白译,中国社会科学出版社 1988 年版,第7页。

③ [美]罗尔斯:《正义论》,何怀宏、何包刚、廖申白译,中国社会科学出版社 1988 年版,第7页。

④ [美]罗尔斯:《正义论》,何怀宏、何包刚、廖申白译,中国社会科学出版社 1988 年版,第292页。

⑤ [美]罗尔斯:《正义论》,何怀宏、何包刚、廖申白译,中国社会科学出版社 1988 年版,第73页。

免的，因此，如果一种不平等可以有利于最不利者，那这种不平等的分配就是正义的。①

这一论断中的"社会制度"的含义是什么？前边表明，罗尔斯讲的正义，是与社会基本制度（或主要制度）相关的分配正义，因此，这一论断中的"社会制度"指的就是前边已讲过的政治宪法和主要的社会经济安排。这里需要强调指出，这一论断中的"社会制度"，指的不是目前尚不存在的、为人们所追求的理想的社会制度，而是现实存在的社会制度，因为只有基于这种理解，罗尔斯在那段论述中讲的对其论断的进一步说明，即"某些法律和制度，不管它们如何有效率和有条理，只要它们不正义，就必须加以改造或废除"，才有意义。

这一论断中的"首要价值"的含义又是什么？对于这一问题，罗尔斯没有给出直接的、明确的说明，而只是通过给出"正义是社会制度的首要价值，正像真理是思想体系的首要价值一样"这样一种类比，让人们去自己领悟。这一类比告诉我们：一种思想体系可以具有不是真理的其他价值，例如"精致和简洁"，但如果它缺少真理的价值，那它具有的其他价值也不能使其免受拒绝或修正；同样，一种社会制度可以具有不是正义的其他价值，例如"有效率和有条理"，但如果它缺少正义的价值，那它具有的其他价值也不能使其免受改造或废除。从这一类比我们可以推断，"首要价值"至少有这样两种含义：第一，它是一种社会制度可以具有的多种价值中的一种，因为就像一种思想体系除了具有真理价值以外还可以具有"精致和简洁"等其他价值一样，一种社会制度除了具有正义价值以外还可以具有"有效率和有条理"等其他价值；第二，它是一种社会制度必须首先具有（即实现）的价值，因为就像一种思想体系如果缺少真理这一首要价值，那即使它还具有其他价值也不能使其免受拒绝或修正一样，一种社会制度如果缺少正义这一首要价值，那即使它还具有其他价值也不能使其免受改造或废除。

如果我们对上述三个概念含义的理解是正确的，那"正义是社会制度的首要价值"这一论断的含义就是：分配正义是现存社会制度必须首先实现的价值。

① 对于罗尔斯的这种论证能否成立，人们有各种不同的看法。由于这些看法与本文的主题关系不大，故此这里不再对它们做进一步论说。

二

如果"正义是社会制度的首要价值"的含义如上所述,那这一论断能成立吗? 我认为它难以成立。

首先,罗尔斯用以说明它的那一类比本身就不能成立。前边表明,罗尔斯对这一论断的说明,是通过把正义与社会制度的关系类比为真理与理论体系的关系,并进而以真理是理论体系的首要价值,来类推正义是社会制度的首要价值。但正义与社会制度的关系真的就像真理与理论体系的关系吗? 对此,科恩曾提出明确的反对意见。他指出,正义和真理之间无疑存在某种密切关系,但罗尔斯对它们之间关系所作的那种类比却是不恰当的,因为"正义和社会制度之间的关系确切地讲并不像真理和思想体系之间的关系"①。真理可以是"思想体系"的首要价值,但它却不也是"表达"的首要价值,而表达,即通过口头或文字把思想表示出来,才是与社会制度相类似的。或者,无论怎样讲,社会制度与正义的关系更类似表达与真理的关系,而非思想体系与真理的关系。说得具体一点就是,一种陈述的真理性既不是它的合理表达的必要条件,也不是它的合理表达的充分条件,因为在通常的情况下,人们既不应被强求讲出所有的真理(或真话),也不应被强求只讲真理(或真话)。不应被强求讲出所有的真理(或真话)是因为,有些真理(或真话)不适合在某一环境中表达,或者在某一环境中太难以表达,因而,仅就表达真理(或真话)本身而言,有时人们能做到的至多是使谎言降到最低限度,只要想一想各种新闻报道这种情况就不难理解;不应被强求只讲真理(或真话)是因为,有时基于全面的考虑,不讲真理(或真话),甚至撒谎都可证明是合理的,例如,人们在面对劫匪的威逼时。正如不是所有的真理都适合表达一样,与此同理,也不是所有的正义都能,或都应由社会制度来实现,因为如同真理不是所有正当表达的必要条件一样,考虑到所有的因素,有些正义是社会制度一时无法实现的,有些正

①　G.A.Cohen, *Rescuing Justice and Equality*, Harvard University Press, 2008, p.303.

义是社会制度一时不应实现的,因而,社会制度有时对正义的某些偏离也是合理的。如果正义与社会制度的关系并不像真理与理论体系的关系,而只像真理与表达的关系,那以真理是理论体系的首要价值,来类推"正义是社会制度的首要价值"就是不能成立的。

其次,在实现正义的物质条件尚不具备时,正义不会成为社会制度的首要价值。在这一问题上,马克思主义的历史唯物主义观点,即正义的实现是受一定条件,特别是生产力的发展水平所制约的,具有很强的说服力。马克思在谈到在未来社会主义社会实行的"按劳分配"的两个"弊病"①,即两种不正义时指出,"但是这些弊病,在经过长久阵痛刚刚从资本主义社会产生出来的共产主义社会第一阶段,是不可避免的。权利决不能超出社会的经济结构以及由经济结构制约的社会的文化发展"。② 恩格斯则更明确地指出:"'正义'、'人道'、'自由'等等可以一千次地提出这种或那种要求,但是,如果某种事情无法实现,那它实际上就不会发生,因此无论如何它只能是一种'虚无缥缈的幻想'。"③在尚不具备实现正义所需的物质条件之前,如果硬要把正义作为社会制度的首要价值,即硬要强行实现正义,那只能使每个人的处境变得更差,用马克思的话来讲就是,"那就只会有贫穷、极端贫困的普遍化"④,因而,此时正义不会成为社会制度的首要价值。以当今中国的教育制度为例,让每一个孩子,无论是大中城市的孩子还是边远山区的孩子,无论是"富二代"还是"穷二代"享有同等的教育资源,无疑是正义的要求,但就当前我国经济和社会文化发展水平而言,做到这一点还不可能。如果我们以"正义是社会制度的首要价值"为由,要求当今中国的教育制度必须做到这一点,否则就必须加以"改革或废除",那结果会怎样呢? 结果仍然是做不到。可见,即使让每一个孩子

---

① 即默认因劳动者个人天赋不同而导致的实际所得不平等和因家庭负担不同而导致的实际所得不平等,参见《哥达纲领批判》(《马克思恩格斯选集》第 3 卷,人民出版社 1995 年版,第 304—305 页)。关于这两个"弊病"为什么是不正义的,可参见我的论文《当前中国的"贫富差距"为什么是不正义的? ——基于马克思〈哥达纲领批判〉的相关论述》,《中国人民大学学报》2013 年第 1 期。

② 《马克思恩格斯选集》第 3 卷,人民出版社 2012 年版,第 364 页。

③ 《马克思恩格斯全集》第 6 卷,人民出版社 1961 年版,第 325 页。

④ 《马克思恩格斯选集》第 1 卷,人民出版社 2012 年版,第 166 页。

享有同等教育资源是正义的要求,它也不会成为现今我国教育制度的首要价值。实际上,在正义尚无法实现的时候,我们无奈地接受其他东西会更好,尽管它们事实上与正义相矛盾。

第三,在多种价值并存的情况下,正义并不总是社会制度的首要价值。无论正义是否是社会制度的首要价值,社会制度都还具有或缺少其他价值,进而言之,社会制度所要实现的价值决不仅限于正义,它还要实现效率、稳定、和谐等多种价值。这些不同的价值,例如正义与效率,有时是相互冲突的,因而无法同时实现。因此,社会制度对于在何时及何种程度上首先实现哪种价值是有所选择的。按照罗尔斯"正义是社会制度的首要价值"的论断,无论在任何情况下,正义都必须是社会制度的首选,但实际情况却并非如此。这是因为,社会制度对首要价值的选择不是仅仅基于对正义的考虑,而是基于对其所面临的各种问题的综合考虑,当某些其他价值的实现比正义的实现更有助于问题的解决时,正义不会成为社会制度的首选。以改革开放初期的中国为例,由于那时迅速提高生产力是社会面临的最大问题,因此,那时社会制度在价值上的选择是把效率放在第一位,把公平放在第二位,即"效率优先,兼顾公平"。再如,当前我国的分配制度允许一些国企高管获得在很多人看来是过高的,因而是不正义收入。就此而言,要求适当降低他们的收入是正义的。但在目前的情况下将其收入降低无疑会导致这些人积极性下降,而这又会导致企业的利润下降,并最终导致人们福利的普遍下降。由于使大多数人获得更多福利是当前社会面临的紧迫问题,因此,尽管适当降低那些人的过高收入的要求是正义的,那它也不会得到国家分配制度的认可。可见,社会制度在价值的选择上总是既要考虑正义又要考虑其他价值,因此,正义不会总是社会制度的首要价值。

三

罗尔斯是当代最著名的政治哲学家,他怎么会提出"正义是社会制度的首要价值"这样一个难以成立的论断呢?这是值得我们进一步思考的问题。

科恩在其一篇生前没有公开发表的题为"如何研究政治哲学"的讲稿①中,曾谈到不少学者在涉及正义的争论中常常混淆了三个不同的问题,他的相关论述非常有助于我们的思考。

科恩指出,在政治哲学研究中有三个截然不同,但常常没有被区分开的问题,它们是:(1)什么是正义?②(2)国家应当做什么?(3)应当造成哪些社会事态? 一些学者将其中的两个问题或全部三个问题视为同一个问题;另一些学者虽然知道这些问题是不同的,但他们却想当然地认为,对它们中一个问题回答也就是对另外两个问题的回答,例如,他们想当然地认为,正义就是国家要做的事。这种情况无疑既损害了陈述的清晰性又损害了论证的严谨性。实际上,问题(1)是与问题(2)不同的问题,这是因为,不是国家应当作的每一件事都是那种它应当作的服务于正义的事,这就足以表明(1)与(2)的区别,即正义这一范畴不是国家应当作什么的范畴。反过来说,不是所有的正义都是由国家实现的,因为正义这一范畴不能确保所有的正义都由国家来实现。问题(2)与问题(3)也是不同的问题,这是因为,问题(2)对无论造成什么事态的主体——国家有一个限定,而问题(3)则没有这种限定。问题(3)与问题(1)也是不同的问题,因为正义不是为什么会造成这种社会事态而不是那种社会事态唯一原因,进而言之,应当造成的社会事态可以具有和缺少不同于正义的其他价值。③

从科恩对这三个问题的区分出发,我们可以发现,罗尔斯之所以会提出"正义是社会制度的首要价值"这一错误论断,原因之一他将问题(1)与问题(2)混在了一起。从问题(1)即"什么是正义"的来看,罗尔斯的论断把正义这一范畴说成是社会制度(即科恩讲的国家)必须首先做什么的范畴。然而,正义无论是什么,即无论人们对它做何种理解,都只是一种规范原则,即告诉人们应当做什么或不应当做什么的一般性指示。人们之所以会接受一种正义

①　此讲稿后来被收入科恩去世后出版的论文集 *On The Currency of Egalitarian Justice,and Other Essays in Political Philosophy*,Princeton University Press,2011,pp.225-236.

②　即什么是正确的正义原则。

③　*On The Currency of Egalitarian Justice,and Other Essays in Political Philosophy*,Princeton University Press,2011,p.227.

原则是因为它体现了人们的某种信念,而人们之所以持有这种信念,或之所以信奉一种正义原则,则不是因为他们预期国家必须首先实现它,换句话说,无论国家是否必须首先实现它,他们都信奉它。以前边讲过的当今中国的教育制度为例,即使人们知道受经济和社会文化发展水平所限,目前我国还无法实现使每一个孩子享有同等的教育资源,但他们依然认为这是正义的要求,因为他们坚信因偶然的成长环境不同所导致的在教育资源享有上的不平等是不正义的。由此说来,正义是什么,与国家是否必须首先实现它无关。罗尔斯的论断"正义是社会制度的首要价值"却把正义说成国家必须首先实现的价值,这显然是把问题(1)即"什么是正义",混同于(2)即"国家应当做什么"了。试问:如果某种正义因物质条件所限而没能成为社会制度的首要价值,那它还是正义吗?

从问题(2)即国家应当做什么来看,这一论断把正义说成国家必须首先实现的价值。前边指出,正义只是告诉人们应当做什么或不应当做什么的规范原则,它本身并不含有国家必须首先将其实现的意思。实际上,国家必须首先实现哪些价值,是由它管理社会事务的责任和它所面临的问题所决定的。由于国家面临的问题是多方面的,因而,它绝不会始终把正义作为必须首先实现的价值,进而言之,它绝不会只是在实现了正义之后,才去考虑实现其他价值。前边讲的我国在改革开放初期对"效率优先,兼顾公平"的选择,就充分表明了这一点。罗尔斯的"正义是社会制度的首要价值"的论断则把正义说成国家必须首先实现的价值,而这意味着,国家在没实现正义之前实现其他价值都是不应当的,这显然是把问题(2)即"国家应当做什么",混同于问题(1)即"什么是正义"了。试问:如果国家因各种原因没能首先实现正义,而是先实现了其他价值,那它就是在做不应当做的事吗?

也许有人会问,指出罗尔斯的论断不能成立,或者说,表明正义不是社会制度的首要价值,这样做有什么现实意义吗?在我看来,其意义重大。因为罗尔斯的这一论断,以及这一论断在我国的进一步演绎——正义是我国社会主义社会的首要价值,至少会使人们产生两种错误的看法:一是不去思考正义本身是什么,而是把国家目前能够实现的价值都视为正义的,从而把一些虽然已经实现但并非正义的价值视为是正义的;二是认为国家无论在什么情况下都必须首先实现正义,从而提出一些虽是正义的但目前却根本无法实现的要求。这两种看法显然都会妨碍正义在我国的实现,因而需要纠正。最后需要强调的是,表明正义不是社会制度的首要价值决不是要贬低正义,而是要使正义能够真正深入人心,能够真正得以实现。

二十一、当前中国的"贫富差距"
为什么是不正义的？

——基于马克思《哥达纲领批判》的相关论述①

　　进入 21 世纪以后，随着"贫富差距拉大"②在我国社会生活中日益凸显，"贫富差距"是否正义不但已成为上至政府下至百姓经常谈论的话题，而且也成为学术界关注的热点论题。然而，翻阅一下近期的相关论著就不难发现，对当前中国的"贫富差距"是否正义做深入探讨的多是从事西方经济学和西方哲学研究的学者，特别是从事当代西方政治哲学研究的学者③，而少有从事马克思主义研究的学者。马克思主义研究的一个重要使命是指导社会实践，"贫富差距"无疑是当今中国面临的重大现实问题，那为什么我国从事马克思主义研究的学者在这一问题上却出现了集体失语的情况？本文试图揭示导致这一情况的两个主要原因，并进而依据马克思在《哥达纲领批判》中有关按劳分配的论述，对当前中国存在的"贫富差距"为什么是不正义④的提出一种新论证。

---

① 本文发表在《中国人民大学学报》2013 年第 1 期。

② 据中新网报道（2012 年 5 月 23 日电，财经频道李金磊），数据显示，我国收入最高的 10%群体和收入最低的 10%群体的收入差距，已经从 1988 年的 7.3 倍上升到目前的 23 倍。

③ 例如，早在 2004 年，姚洋教授就主编了一本题为《转轨中国：审视社会公正和平等》的论文集，论文的撰写者主要是韩水法、邓正来、林毅夫、樊纲、张曙光等人；姚大志教授在《哲学研究》2011 年第 3 期发表的《分配正义：从弱势群体的观点看》一文，针对当前我国存在的"严重的不平等，贫富差距过大"问题，提出并论证了一种意在解决这一问题的分配正义主张；2011 年 12 月出版的一本题为《看懂中国贫富差距》的著作，其作者徐滇庆、李昕都是西方经济学方面的专家。

④ 本文讲的"正义"在马克思恩格斯的德文原著中是用 Gerechtigkeit 表示的，这一概念在中文版的《马克思恩格斯全集》中有时也被译为"公正"或"公平"，因此，国内很多学者都把"公平""公正""正义"作为同一概念来使用的，本文也遵循这种用法。

一

在我看来,导致上述失语情况的一个主要原因,是一些人对马克思有关正义的主张存在错误理解,尤其是下述两种错误理解。

一种错误理解,是认为马克思本人拒斥、批判正义。这种错误理解在我国传统的马克思主义教科书中虽早有体现①,但对其给出较为充分论证的是中山大学的林进平教授。他早在 2005 年与徐俊忠合写的论文《历史唯物主义视野中的正义观——兼谈马克思何以拒斥、批判正义》中就明确提出,"一般而言,正义都会被当作具有积极意义或者说是某种体现为善的价值理想。然而正义在马克思成熟时期的作品中,却有着与这种流行观点几乎不同的境遇:正义并不是马克思诉求的对象,而是马克思拒斥、批判的对象。"②在其 2009 年出版的《马克思的"正义"解读》一书中他又进而论证说,"马克思为何拒斥、批判正义? 这一问题如果单从理论角度考虑,当然可以认为是正义论存在着局限或缺陷,才使得马克思拒斥、批判正义。但是,一种有缺陷,甚至是错误的理论假如只是停留在理论之中,或封闭在个人的私人领域,对现实没有作用的话,也可以不必理会。但是,正义论者却是试图把他们的正义观念运用在具体的社会实践上。"③如果他的这些理解是正确的,那我国从事马克思主义研究的学者自然就无须回应"贫富差距"是否正义的问题了。然而,林进平的这种理解是不正确的。

首先,从"正义"这一概念本身的含义来看,说马克思拒斥、批判正义在逻辑上是难以成立的。什么是"正义"? 按照学术界的通常理解,正义的含义是"给每个人以其应得"。对此,牛津大学的 G.A.科恩教授在其《拯救正义与平

① 传统的马克思主义教科书往往只提及马克思、恩格斯对各种资产阶级、小资产阶级的正义观念的批判,而从不谈及他们自己的正义观念。

② 林进平、徐俊忠:《历史唯物主义视野中的正义观——兼谈马克思何以拒斥、批判正义》,《学术研究》2005 年第 7 期,第 56 页。

③ 林进平:《马克思的"正义"解读》,社会科学文献出版社 2009 年版,第 135 页。

等》一书中讲过这样一段话："但如果因为我的一些批评者坚持要求我必须仅以通常的话语说出我认为正义是什么,那对这些对此将感到满足的人来讲,我就给出正义是给每个人以其应得这一古老的格言。"①牛津大学的戴维·米勒教授对正义概念的理解与科恩大体相同："在断定每一种关系模式具有其独特的正义原则时,我诉诸读者对我们所谓正义的'语法'的理解。依照查士丁尼的经典定义,作为一种一般意义上的德性的正义乃是'给予每个人应有的部分这种坚定而恒久的愿望'。这一箴言表明,存在着 A 将会给予 B 的待遇的某些模式以及他将会给予 C 的某些其他的模式(也许一样,也许不同),依此类推。正义意味着以适合于每个个体自己的方式对待每个人。它也意味着待遇是某种 B、C、D 等应有的东西——换句话说,某种他们能够正当地要求的东西和 A 归属给他们的东西。"②著名伦理学家阿拉斯代尔·麦金泰尔也持有与科恩同样的看法,即"正义是给予每个人——包括他自己——他所应得的东西以及不以与他们的应得不相容的方式对待他们的一种安排。"③由于正义概念本身的含义是"给每个人以其应得",因此,从逻辑上讲,任何人都不会拒斥和批判正义。当然,对于与正义密切相关的"应得"意指什么,处于不同历史时期的不同阶级或社会集团的人们,往往持有不同的甚至截然相反的看法,但尽管如此,却没有一个阶级或社会集团的人们会反对"给每个人以其应得"的正义本身,相反,他们都把正义作为维护自身利益的口号。如果"正义"这一概念的含义就是"给每个人以其应得",那说马克思拒斥、批判正义在逻辑上显然就是不能成立的,因为马克思怎么会拒斥、批判"给每个人以其应得"呢?

其次,从马克思为国际工人协会起草的《协会临时章程》来看,他明确肯定了无产阶级的正义要求。依据马克思以及恩格斯的相关论述,正义是人们

① G.A.Cohen,*Rescuing Justice and Equality*,Harvard University Press,2008,p.7.不过,科恩接着补充说,"但就我而言,我对这一格言并不完全满意,因为仅就它本身来讲,这一格言与两种相互对立的有关正义和什么是人们应得的关系的观点的每一个都相容。根据这两种观点中的一个,正义的观念是由人民应得什么的信念而形成的;根据另一种观点,有关什么是人们应得的信念在于在来自最后阶段的(独立的可确认的)关于正义的信念。"

② [英]戴维·米勒:《社会正义原则》,应奇译,江苏人民出版社 2008 年版,第 39—40 页。

③ A.MacIntyre,*Whose Justice? Which Rationality?* London:Duckworth,1988,p.39.

对现存分配关系与他们自身利益关系的一种价值判断。由于自原始社会解体后出现了在生产关系中处于不同地位的阶级或社会集团，而同一生产关系又往往为它们带来不同的利益，因此，不同的阶级或社会集团总会从自身利益出发提出各自的正义要求。在资本主义社会中，虽然资产阶级的正义要求占据主导地位，但无产阶级也有自己的正义要求。正因为如此，马克思在1864年为国际工人协会起草的《协会临时章程》写道："这个国际协会以及加入协会的一切团体和个人，承认真理、正义和道德是他们彼此间和对一切人的关系的基础，而不分肤色、信仰或民族。"①在七年之后，即1871年为国际工人协会起草的《国际工人协会共同章程》中他又重申："加入协会的一切团体和个人，承认真理、正义和道德是他们彼此间和对一切人的关系的基础，而不分肤色、信仰或民族……"②在这个问题上恩格斯同马克思一样，也明确肯定了无产阶级的正义要求。他在1887年6月对"英国北方社会主义联盟纲领的修正"中写道："现今的制度使寄生虫安逸和奢侈，让工人劳动和贫困，并且使所有的人退化；这种制度按其实质来说是不公正的，是应该被消灭的。现在，劳动生产率提高到了这样的程度，以致市场的任何扩大都吸收不了那种过多的产品，因此生活资料和福利资料的丰富本身成了工商业停滞、失业、从而千百万劳动者贫困的原因，既然如此，这种制度就是可以被消灭的。我们的目的是要建立社会主义制度，这种制度将给所有的人提供健康而有益的工作，给所有的人提供充裕的物质生活和闲暇时间，给所有的人提供真正的充分的自由。请所有的人在这个伟大的事业中给予社会主义联盟以协助。赞同者应该承认他们彼此之间以及他们同所有的人之间的关系的基础是真理、正义和道德。他们应该承认：没有无义务的权利，也没有无权利的义务。"③如果马克思以及恩格斯都明确肯定无产阶级也有自己的正义要求，那说马克思拒斥、批判正义就是不能成立的。

第三，马克思虽然严厉批判过工人运动中出现的错误的正义要求，但也高度评价过工人阶级的正确的正义要求。针对当时工人运动中一度流行的"做

① 《马克思恩格斯全集》第21卷，人民出版社2003年版，第17页。
② 《马克思恩格斯选集》第3卷，人民出版社2012年版，第172页。
③ 《马克思恩格斯全集》第21卷，人民出版社1965年版，第570页。

一天公平的工作,得一天公平的工资"的口号,马克思指出,"他们应当摒弃'做一天公平的工作,得一天公平的工资!'这种保守的格言,要在自己的旗帜上写上革命的口号:'消灭雇佣劳动制度!'"①但由此却得不出马克思拒斥、批判工人阶级的任何正义要求的结论,因为仔细研究一下就不难看出,马克思这里批评的只是那种无视所有制关系的改变,从而把工人阶级的斗争只局限在分配领域的口号。实际上,马克思曾高度赞扬过工人阶级超出分配的局限而直指所有制关系的正义要求。例如,他在分析劳动和资本的关系时明确指出,"认识到产品是劳动能力自己的产品,并断定劳动同自己的实现条件的分离是不公平的、强制的,这是了不起的觉悟,这种觉悟是以资本为基础的生产方式的产物,而且也正是为这种生产方式送葬的丧钟,就像当奴隶觉悟到他**不能作第三者的财产**,觉悟到他是一个人的时候,奴隶制度就只能人为地苟延残喘,而不能继续作为生产的基础一样。"②从马克思的这段话能得出他拒斥、批判正义的结论吗? 显然不能!

另一种错误理解,是认为马克思主张只要与生产方式相适应、相一致就是正义的,只要与生产方式相矛盾就是非正义的。③ 按照这种理解,正义在马克思那里不是一种价值判断,而是一种事实判断,即判断正义与非正义的依据只在于与生产方式相一致还是相矛盾。如果马克思真是这样主张的,那我国从事马克思主义研究的学者也无须回应"贫富差距"是否正义的问题,因为这一问题只与价值判断相关,而与事实判断无关。但这种理解也是不正确的。

首先,这种理解的文本依据来自被误译的马克思的原文,即中央编译局翻译的马克思在《资本论》第三卷第 21 章"生息资本"中的一段话:

> 在这里,同吉尔巴特一起(见注)说什么自然正义,这是荒谬的。生产当事人之间进行的交易的正义性在于:这种交易是从生产关系中作为自然结果产生出来的。这种经济交易作为当事人的意志行为,作为他们的共同意志的表示,作为可以由国家强加给立约双方的契约,表现在法律

---

① 《马克思恩格斯选集》第 2 卷,人民出版社 2012 年版,第 69 页。
② 《马克思恩格斯文集》第 8 卷,人民出版社 2009 年版,第 112 页。
③ 这种理解在当前我国的马克思主义研究中非常流行,在几乎所有涉及马克思正义思想研究的论著中都可发现这种理解。

形式上,这些法律形式作为单纯的形式,是不能决定这个内容本身的。这些形式只是表示这个内容。这个内容,只要与生产方式相适应,相一致,就是正义的;只要与生产方式相矛盾,就是非正义的。在资本主义生产方式的基础上,奴隶制是非正义的;在商品质量上弄虚作假也是非正义的。① (注释:一个借钱为了获取利润的人,应该把利润的一部分给予贷出者,这是一个不言而喻的合乎自然正义的原则。)

对于这段译文存在的误译的问题,我曾在一篇论文②中做过详细的论证。受本文篇幅限制,我这里只给出我重译的译文,并简要指出它与中央编译局的译文的区别。我重译的译文是:

在这里,像吉尔巴特那样(见注)说什么天然正义是荒谬的。这种生产当事人之间进行的交易的正义性基于这一事实:这些交易是从生产关系中作为自然结果产生出来的。这些经济交易作为当事人的意志行为,作为他们的共同意志的表示,作为可以由国家强加给立约双方的契约,表现在法律形式上,这些法律形式作为单纯的形式,是不能决定这个内容本身的。这些形式只是表示这个内容。这个内容是正义的,只是在它与生产方式相符合,相适宜时;这个内容是非正义的,只是在它与生产方式相矛盾时。基于资本主义生产方式的奴隶般的劳动是非正义的,在商品质量上弄虚作假也是非正义的。(注释:一个用借款来牟取利润的人,应该把一部分利润付给贷放人,这是不证自明的天然正义的原则。)

我的译文与中央编译局的译文之间的区别,主要体现在马克思是如何批判吉尔巴特说的"天然正义"这一问题上。我的译文表明,马克思指出并论证了,吉尔巴特说的"正义"是用借款来牟取利润的人和贷放人之间进行的,前者把一部分利润付给后者的交易的正义性,而这些交易只是从资本主义生产关系中作为自然结果产生出来的,因此,吉尔巴特说的"正义"根本不是什么"天然正义"。中央编译局的译文则让人只能做这样的理解:马克思在批判吉尔巴特的"天然正义"时还提出了自己的正义观点,即只要与生产方式相适

---

① 《马克思恩格斯全集》第 25 卷,人民出版社 1974 年版,第 379 页。

② 段忠桥:《马克思认为"与生产方式相适应,相一致就是正义的"吗? ——对中央编译局〈资本论〉第三卷一段译文的质疑与重译》,《马克思主义与现实》2010 年第 6 期。

应、相一致,就是正义的,只要与生产方式相矛盾,就是非正义的。如果中央编译局的译文确实存在误译问题,那上述错误理解实际上也就失去了文本依据。

其次,这种理解与马克思以及恩格斯涉及正义问题的其他论述存在明显的矛盾。马克思、恩格斯在其著作中曾多次谈到正义问题,但除了上面给出的中央编译局的那段译文以外,他们都把正义视为一种价值判断,即不同阶级或社会集团的人们对于什么是正义的往往持有不同的看法。马克思在《哥达纲领批判》中谈到拉萨尔主张的"公平的分配"时说道:"什么是'公平的'分配呢? 难道资产者不是断言今天的分配是'公平的'吗? ……难道各种社会主义宗派分子关于'公平的'分配不是也有各种极不相同的观念吗?"①恩格斯在批判普鲁东的法权观时也指出:"希腊人和罗马人的公平认为奴隶制度是公平的;1789 年资产者的公平要求废除封建制度。在普鲁士的容克看来,甚至可怜的专区法也是对永恒公平的破坏。所以,关于永恒公平的观念不仅因时因地而变,甚至也因人而异,一个人有一个人的理解'。"②这些论述表明,正义在马克思和恩格斯那里是一种价值判断,而不是一种事实判断。这样说来,如果认为马克思、恩格斯在对正义概念的使用上是一以贯之的,那认为马克思还主张"只要与生产方式相适应,相一致,就是正义的;只要与生产方式相矛盾,就是非正义的",在逻辑上就是自相矛盾的。

第三,这种理解混淆了"正义"与"历史正当性"的不同含义。马克思在批评当时工人运动中流行的"做一天公平的工作,得一天公平的工资"的口号时强调指出,"在雇佣劳动制度的基础上要求**平等的或甚至是公平的报酬**,就犹如在奴隶制的基础上要求**自由**一样。你们认为公道和公平的东西,与问题毫无关系。问题就在于:一定的生产制度所必需的和不可避免的东西是什么?"③这里讲的"你们认为公道和公平的东西",是与正义相关的东西,而这里讲的"一定的生产制度所必需的和不可避免的东西"则是与"历史的正当性"相关的东西。关于"历史的正当性",恩格斯在谈到马克思对剥削的看法时有一段极为明确的论述:"马克思了解古代奴隶主,中世纪封建主等等的历

---

① 《马克思恩格斯文集》第 3 卷,人民出版社 2009 年版,第 432 页。
② 《马克思恩格斯文集》第 3 卷,人民出版社 2009 年版,第 323 页。
③ 《马克思恩格斯选集》第 2 卷,人民出版社 2012 年版,第 47 页。

史必然性,因而了解他们的历史正当性,承认他们在一定限度的历史时期内是人类发展的杠杆;因而马克思也承认剥削,即占有他人劳动产品的暂时的历史正当性……"①恩格斯这里讲的剥削的"历史正当性",其含义是剥削的历史必然性,即剥削在人类社会一定历史时期是不可避免的,并且还是推动这一时期历史发展的动力。由此不难看出,上述错误理解,即认为马克思主张"只要与生产方式相适应、相一致就是正义的,只要与生产方式相矛盾就是非正义的",其错误就在于将作为价值判断的"正义"等同于作为事实判断的"历史正当性"了。

总之,对马克思有关正义的主张的错误理解,特别是上述两种错误理解,是导致我国从事马克思主义研究的学者在"贫富差距"是否正义问题上出现集体失语的一个主要原因。

二

在我看来,导致上述失语情况的另一主要原因,是一些人还未摆脱马克思的剥削不正义的观念的束缚。

剥削在马克思的论著中是一个多次出现的重要概念,从他的相关论述来看,这一概念具有两种不同的含义。

其一是指资本家对工人劳动的无偿占有。对此,马克思在《工资、价格和利润》讲过这样一段话:"假定**预付在工资上**的资本为 100 英镑。如果所创造出的剩余价值也是 100 英镑,那就表明这个人的工作日一半是**无偿**劳动,并且——如果我们用预付在工资上的资本价值去测量这个利润的话——我们就可以说,**利润率**等于 100%,因为预付的价值为 100,而所实现的价值则为 200。另一方面,如果我们不是只看**预付在工资上**的资本,而是看**全部**预付的**资本**,即假定为 500 英镑,其中有 400 英镑代表原料、机器等等的价值,那么我们就看到,**利润率**只等于 20%因为这 100 英镑的利润只为**全部**预付资本的 1/5。前一种表示利润率的方式,是表明有偿劳动和无偿劳动间的实在对比关系,即对劳动进行 exploitation

---

① 《马克思恩格斯全集》第 21 卷,人民出版社 1965 年版,第 557—558 页。

〔剥削〕(请允许我用这个法文字)的实在程度的唯一方式;后一种表示方式是通常习惯用的,并且它确实也适用于某几种目的,至少是非常便于掩盖资本家榨取工人无偿劳动的程度。"①马克思的这段话表明,资本家对工人的剥削就是对工人劳动的无偿占有。在马克思、恩格斯的论述中,剥削不仅体现在资本家对工人劳动的无偿占有上,还体现在奴隶主对奴隶劳动和封建主对农奴劳动的无偿占有上,对此恩格斯有一段明确的表述:"现代资本家,也像奴隶主或剥削徭役劳动的封建主一样,是靠占有他人无酬劳动发财致富的,而所有这些剥削形式彼此不同的地方只在于占有这种无酬劳动的方式有所不同罢了。"②

其二是指资本家对工人劳动的无偿占有是不正义的。从马克思的相关论述不难看到,他还常常把资本家对工人的剥削,即对工人劳动的无偿占有,说成是对工人的"抢劫"和"盗窃"。例如,在《经济学手稿(1857—1858年)》中,他明确指出"**现今财富的基础是盗窃他人的劳动时间**"③。在《资本论》第一卷中,他把剩余产品称作"资本家阶级每年从工人阶级那里夺取的贡品的组成部分";把逐年都在增长的剩余产品说成是"从英国工人那里不付等价物而窃取的";把资本家无偿占有的剩余价值视为"从工人那里掠夺来的赃物"。④ 对此,科恩教授曾做过这样的分析:马克思认为资本主义剥削是资本家对工人的"盗窃",而"盗窃是不正当地拿了属于他者的东西,盗窃是做不正义的事情,而基于'盗窃'的体系就是基于不正义"。⑤ 他还进而指出,你能从某人那里盗窃的只能是完全属于那个人的东西,这样说来,马克思对资本主义剥削是不正义的谴责就"暗示着工人是他自己的劳动时间的正当的所有者"⑥。在我看来,科恩的分析是有道理的。因此,剥削在马克思那里的第二种含义是资本家对工人劳动的无偿占有是不正义的,而其之所以不正义,说到底是因为资本家无偿占有了本应属于工人自己的劳动。

---

① 《马克思恩格斯选集》第 16 卷,人民出版社 1964 年版,第 154 页。

② 《马克思恩格斯全集》第 19 卷,人民出版社 1963 年版,第 125 页。

③ 《马克思恩格斯选集》第 2 卷,人民出版社 2012 年版,第 783 页。

④ 《资本论》第一卷,人民出版社 1975 年版,第 638、671、654 页。

⑤ 转引自李惠斌、李义天编:《马克思与正义理论》,中国人民大学出版社 2010 年版,第 158 页。

⑥ G.A.Cohen, *Self-ownership, freedom, and equality*. Cambridge University Press, 1995, p.146.

对于剥削的第一种含义可能没人会提出质疑,因为马克思对其有过大量明确的论述。对于剥削的第二种含义却有不少人提出质疑,其中一种质疑讲的是:尽管马克思在一些地方确实把资本家对工人剥削说成是对工人的"抢劫"和"盗窃",但由此却得不出他认为剥削不正义的结论,因为他从未明确讲过剥削是不正义的。① 对于这一质疑,西方一些学者已做出各种不同的回应②。我在这里要提出一个反对这种质疑的新论据,这就是恩格斯在 1884 年写的《马克思和洛贝尔图斯。"哲学的贫困"德文版序言》讲的一段话:

> 李嘉图理论的上述应用——认为全部社会产品,即**工人的**产品,属于唯一真正的生产者工人——,直接引导到共产主义。但是,马克思在上述地方也指出,这种应用从经济学来看形式上是错误的,因为它只不过是把道德运用于经济学而已。按照资产阶级经济学的规律,产品的绝大部分并**不**属于生产这些产品的工人。如果我们说,这是不公平的,不应该这样,那么这首先同经济学没有什么关系。我们不过是说,这个经济事实同我们的道德感相矛盾。所以马克思从来不把他的共产主义要求建立在这样的基础上,而是建立在资本主义生产方式的必然的、我们眼见一天甚于一天的崩溃上;他只说了剩余价值由无酬劳动构成这个简单的事实。但是,从经济学来看形式上是错误的东西,从世界历史来看却可能是正确的。如果群众的道德意识宣布某一经济事实,如当年的奴隶制或徭役制是不公正的,那么这就证明这一经济事实本身已经过时,另外的经济事实已经出现,由此原来的事实就变得不能忍受和不能维持了。因此,从经济学来看的形式上的谬误背后,可能隐藏着非常真实的经济内容。③

恩格斯这里讲的"李嘉图理论的上述应用,——认为全部社会产品,即工人的产品属于唯一的、真正的生产者,即工人——直接引导到共产主义",是指当时社会主义者的通常的做法。对此,恩格斯解释说,"现代社会主义,不论哪

---

① 参见李惠斌、李义天编:《马克思与正义理论》,中国人民大学出版社 2010 年版,第 169—173 页。

② 例如诺曼·杰拉斯,参见李惠斌、李义天编:《马克思主义与正义理论》,中国人民大学出版社 2010 年版,第 177—179 页。

③ 《马克思恩格斯文集》第 4 卷,人民出版社 2009 年版,第 203—204 页。

一派,只要从资产阶级政治经济学出发,几乎没有例外地都同李嘉图的价值理论相衔接。李嘉图在他的'原理'中,一开头就提出两个原理:第一,任何商品的价值仅仅取决于生产这个商品所需要的劳动量,第二,全部社会论点的产品分配于土地所有者(地租)、资本家(利润)和工人(工资)这三个阶级之间。在英国,早在 1821 年,就已经从这两个原理中做出了社会主义的结论,并且有一部分提得这样尖锐和这样果断,使得那些现在几乎完全被忘记了的、很大一部分靠马克思才再次发现的文献,在'资本论'出版以前,一直是不可超越的东西。"①说得再具体一点就是,对于李嘉图的商品的价值决定于劳动时间的原理,一些资产阶级经济学家提出了这样的非难:"如果一个产品的交换价值等于它所包含的劳动时间,一个工作日的交换价值就等于一个工作日的产品。换句话说,工资应当等于劳动的产品。但是实际情形恰好相反。"②这些资产阶级经济学家对李嘉图的这种非难后来被社会主义者抓住了。"他们假定这个公式在理论上是正确的,责备实际与理论相矛盾,要求资产阶级社会在实践中贯彻它的理论原则的臆想的结论。英国的社会主义者至少就是用这种方式把李嘉图的交换价值公式倒转过来反对政治经济学。"③

从恩格斯的这段话不难看出,他讲的"我们",指的是马克思和他本人;"产品的绝大部分不是属于生产这些产品的工人",指的是资本家对工人的剥削,即前者无偿占有了后者生产的剩余产品;"我们"说资本主义剥削"是不公平的,不应该这样",是基于"认为全部社会产品,即工人的产品属于唯一的、真正的生产者,即工人"这样一种道德意识,这种应用在经济学的形式上是错误的,因为这只不过是把道德运用于经济学而已;马克思(以及恩格斯)从来不把他们的共产主义要求建立在这样的基础上,而是建立由经济学揭示的资本主义生产方式的必然的、他们眼见一天甚于一天的崩溃上,所以,"马克思只说了剩余价值由无酬劳动构成这个简单的事实";道德意识不是没有任何意义的,因为"在经济学的形式的谬误后面,可能隐藏着非常真实的经济内容"。从这段话可以推断:虽然马克思、恩格斯反对当时的社会主义者把道德运用于

---

① 《马克思恩格斯全集》第 21 卷,人民出版社 1965 年版,第 206 页。
② 参见《马克思恩格斯全集》第 13 卷,人民出版社 1962 年版,第 52 页的注释①。
③ 《马克思恩格斯全集》第 13 卷,人民出版社 1962 年版,第 52 页。

经济学的做法,但他们并不反对后者的道德意识本身,并且认为这种道德意识是有意义的,进而言之,马克思恩格斯同当时的社会主义者一样,也认为资本主义剥削是不公平的,其理由也是"产品应当属于真正的生产者"。从这段话还可以推断,马克思以及恩格斯之所以不谈剥削是不正义的以及为什么是不正义的问题,这首先是因为当时的社会主义者已多次谈过这一问题,而且他们认同这些人的看法;此外还因为,他们认为共产主义的实现不是基于某种道德意识,而是基于历史发展的客观必然性,因而不能只停留在对资本主义剥削的道德谴责上,而应超越这种道德谴责去深入研究揭示这种客观必然性的政治经济学。

简言之,恩格斯的这段话提供个这样一个佐证,这就是,虽然马克思在其论著中没有明确说出资本家对工人的剥削是不正义的,但他确实认为这种剥削是不正义。

随着马克思主义在中国的传播,马克思的剥削不正义的观念开始被中国的马克思主义者,特别是中国共产党人所接受①,但与此同时,他们却忽略了马克思以及恩格斯在剥削问题上的两个重要观点:一是剥削的消灭必须基于生产力的高度发展,因为"剥削阶级和被剥削阶级、统治阶级和被压迫阶级之间的到现在为止的一切历史对立,都可以从人的劳动的这种相对不发展的生产率中得到说明"②;二是在生产力没有达到足以使剥削彻底消灭的程度以前,人为地消灭剥削只能导致普遍的贫困,因为"生产力的这种发展(随着这种发展,人们的世界历史性的而不是地域性的存在同时已经是经验的存在了)之所以是绝对必需的实际前提,还因为如果没有这种发展,那就只会有贫穷、极端贫困的普遍化;而在极端贫困的情况下,必须重新开始争取必需品的

---

① 不过,他们对于剥削是不正义的以及为什么是不正义的问题,也没做过任何明确的论述。根据目前我所看到的相关文献,对这一问题给出明确论述的只有近期发表的一篇题为《深化对马克思主义关于剥削理论的认识》论文。这篇论文的作者谭劲松提出:"剥削作为一种社会现象或社会行为,它对社会公平公正有何作用和影响,我们应采用道德标准去衡量和评价。剥削作为一种社会现象或社会行为,就其实质而言,是无偿占有他人或社会的劳动,不管其采取什么手段和形式,剥削都是不劳而获,无耕而食,不织而衣,是对社会公平公正的破坏和践踏。"(《马克思主义研究》2007 年第 12 期,第 86 页。)从这段话不难看出,他之所以认为剥削即"不劳而获,无耕而食,不织而衣"是不正义的,也是因为不劳而获的剥削者占有了本应属于劳动者的产品。

② 《马克思恩格斯选集》第 3 卷,人民出版社 2012 年版,第 562 页。

斗争,全部陈腐污浊的东西又要死灰复燃。"① 由于这种忽略,再加之在解放前的中国,被剥削者,无论是农村中的贫雇农还是城市中的工人,又都确实是贫困者,于是,在很长一段时间内中国马克思主义者和中国共产党人一直认为,剥削不但是不正义的,而且还是导致被剥削者贫困的根本原因。这种认识从中国大革命时期传唱的两首革命歌曲就看得十分清楚:

《工农革命歌》:冲!冲!冲!我们是革命的工农!冲!冲!冲!我们是革命的工农!手挽手,勇敢向前冲,肩并肩,共同去斗争。地主、买办剥削,造成了我们的贫穷,帝国主义侵略,造成了民族灾难深重。流尽血和汗,落得两手空。我们创造了人类财富,他们享受;我们受尽了剥削、压迫,养肥寄生虫。②

《工农一家人》:工农弟兄们哪,我们是一家人哪,本是一条根哪,都是受苦人,工农本是一条根哪,工农本是一条根。我们盖的房,我们种的粮,地主买办黑心肠,都把我们剥削光。③

正是基于这种认识,中国共产党人,特别是夺取政权后的中国共产党人,一直把消灭剥削作为党的一项基本任务。从 1956 年党的八大到 1997 年党的十五大,历次党的代表大会通过的党章都包含"消灭剥削"的内容。④ 然而,我

① 《马克思恩格斯选集》第 1 卷,人民出版社 2012 年版,第 166 页。

② 《中国革命历史歌曲集》,花山文艺出版社 1998 年版。

③ 《中国革命历史歌曲集》,花山文艺出版社 1998 年版。

④ 1956 年通过的八大党章是这样写的:"中国共产党的任务,是继续采取正确的方法,把资本家所有制的残余部分改变为全民所有制,把个体劳动者所有制的残余部分改变为劳动群众集体所有制,彻底消灭剥削制度,并且杜绝产生剥削制度的根源。"1969 年通过的九大党章和 1973 年通过的十大党章是这样写的:"中国共产党的基本纲领,是彻底推翻资产阶级和一切剥削阶级,用无产阶级专政代替资产阶级专政,用社会主义战胜资本主义。"1977 年通过的十一大党章是这样写的:"中国共产党在整个社会主义历史阶段的基本纲领,是坚持无产阶级专政下的继续革命,逐步消灭资产阶级和一切剥削阶级,用社会主义战胜资本主义。党的最终目的,是实现共产主义。"1982 年通过的十二大党章和 1987 年通过的十三大党章是这样写的:"马克思和恩格斯运用辩证唯物主义和历史唯物主义,分析资本主义社会的发展规律,创立了科学社会主义理论。按照这个理论,经过无产阶级革命斗争的胜利,资产阶级专政必然为无产阶级专政所替代,资本主义社会必然被改造为生产资料公有、消灭剥削、各尽所能、按劳分配的社会主义社会;社会主义社会经过生产力的巨大发展和思想、政治、文化的巨大进步,最后必然发展为各尽所能、按需分配的共产主义社会。"1992 年通过的十四大党章和 1997 年通过的十五大党章是这样写的:"社会主义的本质,是解放生产力,发展生产力,消灭剥削,消除两极分化,最终达到共同富裕。"以上均引自《中国共产党历次党章汇编(1921—2002)》,中国方正出版社 2006 年版。

国新中国成立以后的历史发展却表明,剥削的消灭并没有带来贫困的消灭。1949 年新中国成立以后,随着土地改革以及后来的对农业、手工业和资本主义工商业的社会主义改造的完成,剥削现象在我国已基本消失,但广大农民和工人的贫困状态却没发生根本性的改变,这种状态到"文化大革命"后期发展到极端,以致使普遍的贫穷成了那时中国广大群众生活的真实写照。1978 年我国实行改革开放以后,在国家政策的鼓励和支持下,首先是三资企业,进而是私营经济在我国开始出现并得到快速发展,与此相应,早在 1956 年就已被消灭的剥削现象又再次出现并呈现逐渐扩大的趋势。由于三资企业和私营经济对我国经济的发展和贫困的消灭起了明显的促进作用,因此,在改革开放以后,虽然剥削不正义的观念在很多人的心目中还依然存在,但剥削不正义的问题却几乎再没有人提起。在 2002 年通过党的十六大党章中,"消灭剥削"不再出现,取而代之的是"消灭贫穷"。①

改革开放以来,我国广大人民群众的收入虽然都有了不同程度的提高,但"贫富差距"也随之出现,并在进入 21 世纪后迅速拉大。据中国经济网 2010 年 5 月 10 日报道:"近些年来,我国地区、城乡、行业、群体间的收入差距有所加大,分配格局失衡导致部分社会财富向少数人集中,收入差距已经超过基尼系数标志的警戒'红线',由此带来的诸多问题正日益成为社会各界关注的焦点。……收入最高 10%人群和收入最低 10%人群的收入差距,已从 1988 年的 7.3 倍上升到 2007 年的 23 倍。""贫富差距"的拉大不仅引起广大群众的普遍不满,而且也受到党和政府的高度关注。2010 年 9 月 13 日时任总理温家宝在第四届夏季达沃斯年会开幕式和企业家座谈会上指出:"我们现在存在的一个突出问题是社会收入分配不公,一部分人收入过高,还有相当的人生活在贫困线下。我们要采取有力措施,包括财税改革、收入分配改革来逐步改变收入分配不公的现象,这是推进社会公平正义、保持社会稳定的重要基础。"②温总理这里讲的"一部分人收入过高,还有相当的人生活在贫困线下",也就是本文所说的"贫富差距"问题,"社会收入分配不公"也就是本文所

---

① 《中国共产党历次党章汇编(1921—2002)》,中国方正出版社 2006 年版。
② 中国新闻网,2010 年 9 月 14 日。

说的"贫富差距"的不正义问题。那"贫富差距"为什么是不正义的？正是在这一问题上，一些还未摆脱马克思剥削不正义观念束缚的学者陷入了难以回应的困境。

首先，"贫富差距"中的贫者和富者不是以被剥削者和剥削者来界定的，而是以其收入的高低来界定的。换句话说，贫者指的不是被剥削者，而是指其收入低于国家规定的贫困线的人；富者指的不是剥削者，而是指其收入超过一定高限的人。① 正因为如此，当前我国农村贫困人口虽然收入很低，属于贫者的范围，但没人认为他们是被剥削者；与此相应，各类"明星"（如"影星""球星"等）以及国企的一些高管②尽管收入很高，但他们不能说是剥削者。当然，贫者中也有被剥削者，如私营企业的打工者，富者中也有剥削者，如私营企业主，但他们分属于贫者和富者却不是因为他们被人剥削和他们剥削了人，而是因为前者的收入过低和后者的收入过高。

其次，导致"贫富差距"的原因主要不是剥削，而是不同的身份等级、不同的生活环境和不同的天赋。先看贫者。农村贫困人口的贫困状态显然不是因为他们的劳动被人无偿占有，而是因为他们生活的自然环境和社会环境的恶劣③。城市贫困人口中的一部分是国企改革的下岗职工，他们的贫困状态也不是由剥削导致的，而是由我国经济发展多年积累的深层矛盾及改革开放的特殊进程造成的；另一部分是进城的农民工，他们既包括在私营企业打工的

① 关于"贫富差距"中"贫"和"富"的具体标准，即收入多少属于贫者，收入多少属于富者，目前我国尚无一个统一的、稳定的、权威的标准。例如，党中央在 2011 年决定将农民人均纯收入 2300 元（2010 年不变价）作为新的国家扶贫标准，这个标准比 2009 年提高了 92%。按照新标准，我国农村贫困人口将从 2688 万人增加到 1.28 亿人。但我国存在一个收入过高的富者群体和一个收入过低贫者群体却是一个不容置疑的事实，本文讲的"贫富差距"，指的就是这两个群体在分配收入上的差距。

② 据《经济参考报》2010 年 5 月 10 日发表的署名"新华社调研小分队"的调查报道——"中国贫富差距正在逼近社会容忍'红线'"报道，"上市国企高管与一线职工的收入差距在 18 倍左右，国有企业高管与社会平均工资相差 128 倍"。

③ 以贵州为例，据新华社北京 6 月 23 日电（记者林晖、周芙蓉），贵州省是全国贫困人口最多、贫困面最大、贫困程度最深的省份。截至 2011 年底，按 2300 元扶贫标准，贵州有贫困人口 1149 万人，贫困发生率 33%，占全国近 9.4%。贵州的贫困状况无疑与其自然环境和社会环境的恶劣有直接的关系。

人，也包括在国有企业打工的人①，由于他们之间在收入和待遇上无大差别，即都属于贫困人口，因而导致他们贫困的主要原因就不能说是剥削②。实际上，正如很多人所指出的，当前导致农民工贫困的主要的原因是我国存在的城乡二元体制，即他们在户籍、就业、社会保障、教育、医疗、住房等方面享受不到与城市人口同等的待遇。③ 再看富者。富者中的一部分人是各类"明星"以及大导演、大作家、大艺术家、大科学家等，这些人的收入都很高，但他们的高收入不是来自剥削，而是来自其具有的特殊才能；富者中的另一部分人是国企的高管，他们的收入也很高，但他们的高收入也不能说是来自剥削；富者中还有一部分人是私营企业主，他们的高收入有一部分无疑是来自剥削，但还有很大一部分是来自于政府部门的各种交易，例如，当前最富有的房地产开发商，其收入有相当大的部分来自于各级政府在土地买卖上的交易④。不难看出，当我们把贫者视为一个社会群体，把富者视为另一个社会群体时，导致二者收入差距的主要原因就不是剥削，而是他们不同的身份等级（如城市户口与农村户口）、不同的生活环境（如大城市与边远山区，穷人家庭与和富人家庭）和不同的天赋（如具有特殊才能的人与智力、体力低下的人）。

如果说"贫富差距"中的贫者和富者不是以被剥削者和剥削者来界定的，而是以收入的多少来界定的，导致"贫富差距"的原因主要不是剥削，而是不同的身份等级、不同的生活环境和不同的天赋，那依据马克思剥削不正义的观念就无法回应"贫富差距"为什么是不正义的问题。但我国一些从事马克思

---

① 据《工人日报》2012 年 5 月 25 日报道，在煤炭、建筑、纺织、冶金等行业，国有企业一线劳动力队伍中，农民工已占了很大比重。

② 按照传统马克思主义的剥削理论，私营企业中的农民工是受剥削的，国企中的农民工则不能说是受剥削的。当然，对后者是否受剥削存在很多争议，受篇幅限制，本书将不涉及这一问题。

③ 国家发改委城市和小城镇改革发展中心主任李铁在参加 2012 年 APEC 中国工商领导人论坛时表示，到现在为止，2.2 亿农民工仍被排斥在政府的公共服务范围之外。（中广网北京 6 月 26 日消息，记者 冯雅）

④ 中国社科院研究员唐钧认为，"房地产业的基本要素就是土地，卖房子实际上是卖土地。而对于土地，按现行土地用途管理政策，政府和房地产商既是'垄断买方'，又是'垄断卖方'，一方面从农民手里低价征地，另一方面向群众高价售房。房地产业产生的级差暴利，除了地方政府财政收入外，都被少数房地产商拿走了。"（引自《经济参考报》2010 年 5 月 10 日）

主义研究的学者至今仍未摆脱这种观念的束缚,因而,面对这一问题他们只能保持沉默,这是导致前边讲的集体失语的又一主要原因。

三

我国从事马克思主义研究的学者在"贫富差距"是否正义问题上的集体失语,使不少人认为马克思的正义观念已无法回应这一问题。为此,不少学者,包括一些研究马克思主义的学者,开始把目光转向在 20 世纪末被介绍到我国的当代西方政治哲的各种分配正义理论,特别是罗尔斯的《正义论》,并进而依据它们对我国当前存在的"贫富差距"是否正义提出各种论证。① 这种情况向我国从事马克思主义研究的学者提出了一个挑战:还能否依据马克思有关分配正义的论述对当前我国存在的"贫富差距"之不正义提出一种新论证?

对于所说的这种挑战,人们肯定会提出疑问:如果认为马克思剥削不正义的观念已无法回应当"贫富差距"是否正义的问题,那怎能再依据马克思有关分配正义的论述提出对这一问题的新论证呢? 这不等于说除了剥削不正义的观念,马克思还持有其他不同的分配正义观念吗? 在回答这这一疑问之前,让我们先来看看马克思在《哥达纲领批判》有关"按劳分配"的一些论述②:

(1)每一个生产者,在作了各项扣除以后,从社会领回的,正好是他给予社会的。他给予社会的,就是他个人的劳动量。

(2)显然,这里通行的是调节商品交换(就它是等价的交换而言)的同一原则。内容和形式都改变了。因为在改变了的情况下,除了自己的劳动,谁都不能提供其他任何东西,另一方面,除了个人的消费资料,没有任何东西可以转为个人的财产。

(3)在这里**平等的权利**按照原则仍然是**资产阶级权利**,虽然原则和实践在这里已不再互相矛盾,而在商品交换中,等价物的交换只是**平均来**

---

① 关于这些论证是否站得住脚,本人将在其他地方另做论述。
② 《马克思恩格斯选集》第 3 卷,人民出版社 2012 年版,第 363—364 页。

说才存在，不是存在于每个个别场合。

（4）虽然有这种进步，但这个**平等的权利**总还是被限制在一个资产阶级的框框里。生产者的权利是同他们提供的劳动**成比例的**；平等就在于以同一尺度——劳动——来计量。但是，一个人在体力或智力上胜过另一个人，因此在同一时间内提供较多的劳动，或者能够劳动较长的时间；而劳动，要当做尺度来用，就必须按照它的时间或强度来确定，不然它就不成其为尺度了。这种**平等的权利**，对不同等的劳动来说是不平等的权利。它不承认任何阶级差别，因为每个人都像其他人一样只是劳动者；但是它默认，劳动者的不同等的个人天赋，从而不同等工作能力，是天然特权。**所以就它的内容来讲，它像一切权利一样是一种不平等的权利。**

（5）其次，一个劳动者已经结婚，另一个则没有；一个劳动者的子女较多，另一个的子女较少，如此等等。因此，在提供的劳动时间相同、从而由社会消费基金中分得的份额相同的条件下，某一个人事实上所得到的比另一个人多些，也就比另一个人富些，如此等等。

（6）要避免所有这些弊病，权利就不应当是平等的，而应当是不平等的。

（7）但是这些弊病，在经过长久阵痛刚刚从资本主义社会产生出来的共产主义社会第一阶段，是不可避免的。权利决不能超出社会的经济结构以及由经济结构制约的社会的文化发展。

这里的（1）讲的是按劳分配的含义，即每一个生产者，在作了各项扣除以后①，从社会领回的，正好是他给予社会的。他给予社会的，就是他个人的劳动量；（2）讲的是按劳分配的实现意味着资本主义剥削的消灭，因为除了自己的劳动，谁都不能提供任何其他东西，另一方面，除了个人的消费资料，没有任何东西可以转化为个人的财产；（3）讲的是按劳分配体现的"平等的权利按照原则仍然是资产阶级权利"，即等价物交换的平等权利；（4）讲的是按劳分配

---

① 马克思在《哥达纲领批判》中列出了6项内容：1.用来补偿消耗掉的生产资料的部分；2.用来扩大再生产的追加部分；3.用来应付不幸事故、自然灾害等的后备基金或保险基金；4.同生产没有直接关系的一般管理费用；5.用来满足共同需要的部分，如学校、保健设施等；6.为丧失劳动能力的人等等设立的基金。参见《马克思恩格斯选集》第3卷，人民出版社2012年版，第363—364页。

存在的一个弊病,即虽然它不承认任何阶级差别,但它默认劳动者的不同等的个人天赋,从而不同等工作能力,是天然特权;(5)讲的是按劳分配存在的另一个弊病,即它使劳动者个人因家庭负担不同而实际所得不平等,即"一个人事实上所得到的比另一个人多些,也就比另一个人富些";(6)讲的是要避免上述弊病,权利就不应当是平等的,而应当是不平等的;(7)讲的是这些弊病在共产主义第一阶段是不可避免的,因为权利决不能超出社会的经济结构以及由经济结构制约的社会的文化的发展。

我认为,在马克思的这些论述中蕴含着一种新的、不同于剥削是不正义的正义观念。前边表明,马克思之所以认为资本主义剥削是不正义的,是因为资本家无偿占有了本应属于工人的劳动,就此而言,按劳分配相对资本主义剥削是一种正义的分配原则,因为它使劳动者获得了他应得的与其劳动量相等的产品(当然是在作了各项必要的扣除以后)。然而,在讲完按劳分配消灭了剥削以后马克思又紧接着提出,按劳分配作为平等权利原则还存在两种"弊病",一是它默认了因劳动者个人天赋不同导致的所得不平等,二是它使劳动者个人因家庭负担不同而实际所得不平等。我们知道,"弊病"这一概念本身的含义是"缺点、欠缺或不足",那由此可以推断,马克思将它用在这里无疑含有这样的意思,即他认为上述两种情况都是"不应当",即不正义的。那它们为什么是"不应当"的?对此,马克思没做进一步的明确说明。不过,从他讲的第一个"弊病",即"默认劳动者的不同等的个人天赋,从而不同等工作能力,是天然特权"我们可以推断,其原因只能是劳动者的不同等的个人天赋是由偶然因素造成的,即不是由他们自己选择的,因而从道德上讲是不应得的,因此,由其导致的劳动者所得的不平等是不应当的。那对第二个"弊病"又应如何理解呢?在回答这一问题之前,让我们再来看看马克思的原话:"一个劳动者已经结婚,另一个则没有;一个劳动者的子女较多,另一个的子女较少,如此等等。因此,在提供的劳动相同、从而由社会消费基金中分得的份额相同的条件下,某一个人事实上所得到的比另一个人多些,也就比另一个人富些,如此等等。"①仔细分析一下这些话可以看出,马克思讲这些话无非是要表明,尽

---

① 《马克思恩格斯全集》第25卷,人民出版社2001年版,第19页。

管每个劳动者提供的劳动时间相同、从而由社会消费基金中分得的份额相同，但因其家庭负担不同，他们的实际所得是不平等的。具体说来就是，每个劳动者都要负担他自己及其家庭成员的生活，但每个劳动者家庭成员的状况往往不同，因而他们的负担也不相同，正是由于家庭负担不同，他们的实际所得是不平等的。将马克思这里举的两个例子展开来说就是：一个劳动者已经结婚，另一个没有结婚，那前者就要负担两个人的生活（马克思在这里肯定假定妻子的生活是由丈夫负担的），而后者只需负责一个人的生活，因此，前者的实际所得只是后者的一半；一个劳动者的子女较多，另一个的子女较少，那前者要负担较多人的生活，后者则负担较少人的生活，因此，前者的实际所得要比后者少。如果再将这两个例子与马克思在讲完它们之后说的"如此等等"联系起来理解，那我们还可以进而做这样的推论：在马克思看来，除了上述两个例子讲的情况以外，造成劳动者不同负担的还有很多类似的情况。沿着马克思在这两个例子中的思路，我们可以再举出两个造成劳动者不同负担的例子：两个劳动者都已结婚，都各有三个子女，但前者还有两个需要负担的老人，后者则没有需要负担的老人，那前者的负担就比后者更多，因此，前者的实际所得就比后者要少；两个劳动者各有两个子女，前者的子女都是健康人，后者的子女都是残疾人，那后者的负担就比前者更重，因此前者的实际所得就比后者要多。无疑，这样的例子还可以举出很多。那马克思为什么认为由不同家庭负担导致的劳动者实际所得的不平等是不正义的？从马克思的两个例子及其"如此等等"的用语来看，其原因也在于劳动者不同的家庭负担是由各种偶然因素造成的，即不是他们自己有意选择的，因而从道德上讲是都不应得的，因此，由其导致的劳动者实际所得的不平等是不应当的。

以上表明，在马克思有关按劳分配的论述中确实隐含着一种不同于剥削是不正义的正义观念，即由偶然的天赋和负担的不同所导致的，进而言之，由非选择的偶然因素所导致的人们实际所得的不平等是不正义的。① 我认为，从马克思的这一正义观念出发，我们就能对当前我国存在的"贫富差距"之不正义提出一种新论证。

---

① 至于这两种不同的分配正义观念之间的关系，那则是一个需要进一步深入研究的问题。

前边表明，导致当前我国存在"贫富差距"的主要原因有三个，即不同身份的等级、不同的生活环境和不同的天赋。不同的身份等级主要表现在农村户口与城市户口两种不同的户籍身份上。据国家发改委城市和小城镇改革发展中心主任李铁提供的情况，目前我国有6.9亿的城市人口，其中有城市户籍的人口只占73.5%，没有城市户籍的农民工有2.2亿，到现在为止，这2.2亿农民工仍被排斥在政府的公共服务范围之外。① 农民工的农村户籍身份使他们在就业服务、社会保障、子女入园上学、住房租购等方面享受不到与拥有城市户籍身份的人同等待遇，这是导致他们处于贫困状态的一个重要原因。一个人生来就应拥有城市户口，另一个人生来就应拥有农村户口吗？如果拥有哪种户口完全是由偶然因素造成的，那让人们承受由此而导致的"贫富差距"就是不正义的。不同的生活环境表现在两个方面，一是所处的自然环境不同，二是所处的家庭环境不同。就前者而言，生在自然环境优越、经济发达的地区，获得高收入的机会就多，生在自然环境恶劣、经济落后的地区，获得高收入的机会就少，我国的贫困人口为什么大多分布在西部地区就充分证明了这一点。就后者而言，生在富人家庭获得高收入的机会就多，生在穷人家庭获得高收入的机会就少。为什么"富二代"与"穷二代"的差距引起人们的广泛不满，其原因就在于此。一个人就该生在贫穷落后的边远山区，另一个人就该生在经济发达的大城市吗？一个人就该是"富二代"，另一个人就该是"穷二代"吗？如果这些也都是由偶然因素造成的，那让人们承受由此而导致的"贫富差距"也是不正义的。不同的天赋不仅表现在人们的体力和智力上，而且还表现在一些人生来就具有某种特殊才能和一些人生来就具有某种残疾上。天赋差异无疑也是导致"贫富差距"的一个重要原因，但天赋差异更是由偶然因素造成的，因而，由其导致的"贫富差距"也是不正义的。简言之，依据马克思的由偶然因素导致的人们实际所得的不平等是不正义的观念，当前我国存在的"贫富差距"显然是不正义的。

对于这种新论证也许有人会提出质疑：你讲的马克思的由非选择的偶然因素导致的实际所得的不平等是不正义的观念，不也正是罗尔斯、科恩等人所

---

① 中广网北京6月26日消息（记者 冯雅）。

持有的观念吗? 如果这样,那你不是把他们的观点强加给了马克思吗? 我认为,这种质疑是不能成立的。

首先,马克思的正义观念与罗尔斯的正义观念有重大不同。不错,罗尔斯在谈到他的正义观的确立时的确说过,由于人们的自然天赋和社会出身是偶然任意的,不是道德上应得的,因而,"没有一个人应得他在自然天赋的分配中所占的优势,正如没有一个人应得他在社会中的最初有利出发点一样——这看来是我们所考虑的判断中的一个确定之点。"①但是,他并不认为由自然天赋的不同和社会出身的不同所导致的收入和财富分配的不平等是不正义的。对此,他论证说,"自然资质的分配无所谓正义不正义,人降生于社会的某一特殊地位也说不上不正义。这些只是自然的事实。正义或不正义是制度处理这些事实的方式。"②正是基于这一认识,他提出了差别原则,即"社会和经济的不平等应这样安排,使它们:在与正义的储存原则一致的情况下,适合于最少受惠者的最大利益"③,并把它作为他的正义原则组成部分。为了说明正义或不正义只是制度处理自然天赋和社会出身这些自然事实的方式,他还对差别原则与补偿原则的关系做了进一步的说明。他指出,补偿原则讲的是,由于出身和天赋的不平等是不应得,这些不平等就多少应给予某种补偿。但"补偿原则并不是提出来作为正义的唯一标准,或者作为社会运行的唯一目标的。它的有道理正像大多数这种原则一样只是作为一个自明的原则,一个要与其他原则相平衡的原则。例如,我们要相对于提高生活的平均标准的原则,或相对于推进共同利益的原则来衡量它。"④这也就是说,补偿原则讲的"出身和天赋的不平等是不应得"只是他的正义观念的一个成分,因而,"差别原则当然不是补偿原则,它并不要求社会去努力抹平障碍,仿佛都被期望在同

---

① [美]罗尔斯:《正义论》,何怀宏、何包钢、廖申白译,中国社会科学出版社 1988 年版,第104 页。
② [美]罗尔斯:《正义论》,何怀宏、何包钢、廖申白译,中国社会科学出版社 1988 年版,第102 页。
③ [美]罗尔斯:《正义论》,何怀宏、何包钢、廖申白译,中国社会科学出版社 1988 年版,第302 页。
④ [美]罗尔斯:《正义论》,何怀宏、何包钢、廖申白译,中国社会科学出版社 1988 年版,第101 页。

样的竞赛中在一公平的基础上竞争。"①罗尔斯的这些论述表明,他的正义观念与马克思的正义观念有重大的不同:前者承认"出身和天赋的不平等是不应得"的,因为它们是由偶然因素造成的,但认为由出身和天赋不平等所导致的社会和经济的不平等却不一定是不正义的,因为正义与不正义只在于社会制度处理它们的方式,而只要按照差别原则去处理,由出身和天赋不平等所导致的社会和经济的不平等就是正义的;后者则认为,由于天赋和负担的不同是由偶然因素造成的,因此,由它们导致的人们事实上所得的不平等是不正义的。

其次,马克思的正义观念与科恩的正义观念也有很大的不同。科恩对他的正义观念的集中表述是在一本名为《为什么不要社会主义?》的小册子中。在这本小册子中,他通过对一种野营旅行的描述,提出了一种他视为"正确的平等原则、正义认可的平等原则",并将其称为"社会主义的机会平等"。② 为了使人们能准确把握他所讲的"社会主义的机会平等"的含义,科恩先区分了三种形式的机会平等和三种相应的对机会的限制。第一种是资产阶级的机会平等,它消除了由社会地位造成的对生活机会的限制。第二种是"左翼自由主义的机会平等",这种机会平等超出了资产阶级的机会平等,因为它还反对那些资产阶级的机会平等没有涉及的由社会环境,即由出生和成长的环境造成的对生活机会的限制。第三种是他所说的"社会主义的机会平等",用他自己的话来说就是,"我称之为社会主义的机会平等纠正的则是这样的不平等,这种不平等是由作为非正义的更深层根源的天赋差异引起的,它超出了由非选择的社会背景强加的不平等,因为天赋的差异同样是非选择的。"③然后,他强调指出,他的社会主义的机会平等力图纠正上述所有非选择的不利条件,即当事人本身不能被合理地认为对其负有责任的不利条件,无论它们是反映社

---

① [美]罗尔斯:《正义论》,何怀宏、何包钢、廖申白译,中国社会科学出版社 1988 年版,第101 页。

② [英]G.A.科恩:《为什么不要社会主义?》,段忠桥译,人民出版社 2011 年版,第 23—24 页。

③ [英]G.A.科恩:《为什么不要社会主义?》,段忠桥译,人民出版社 2011 年版,第 26—27 页。

会不幸的不利条件还是反映自然不幸的不利条件。"一旦社会主义的机会平等得以实现,结果的差异反映的就只是爱好和选择的差异,而不再是自然和社会的能力与权力的差异。"①不难看出,科恩的正义观念与马克思的正义观念在一点上是相同的,即都认由非选择的偶然因素导致的不平等是不正义的,但它们之间也有很大的不同,即前者讲的由非选择的偶然因素导致的不平等,指的是机会的不平等,而后者讲的由非选择的偶然因素导致的不平等,指的则是实际所得的不平等。

可见,笔者所讲的马克思的正义观念,即由非选择的偶然因素导致的实际所得的不平等是不正义的观念,既不是罗尔斯持有的正义观念,也不是科恩持有的正义观念,而是马克思在 100 多年前,即 1875 年写的《哥达纲领批判》中蕴含的正义观念。② 因此,上面所说的那种质疑是没有道理的。

在结束本文之前,我还要再强调一个问题,这就是,尽管当前我国存在的"贫富差距"是不正义的,但由此却不能得出应将其立即消灭的结论。这是因为,首先,当代中国广大群众的价值追求是多方面,也就是说,除了正义以外,人们还追求自由、民主、福利、安全、共享、和谐等等价值,而这些价值在一定历史时期内是不能同时实现的,因此,人们对于在何时及何种程度上先实现哪些价值是有所选择的。就当前的我国情况而言,立即消除"贫富差距"虽然可以实现正义,但无疑将会带来每个人的福利的下降,因而,在获得更多福利是当下大多数人的追求的情况下,立即消灭"贫富差距"是得不到支持的。所以,我们目前能做的就只是在不使福利降低的情况下尽可能地缩小"贫富差别"。其次,正义的实现是受社会经济条件制约的。就我国当前存在"贫富差距"而言,尽管它是不正义的,但要消灭它却绝非一件易事,因为我们目前还不具备消灭它的客观条件。以前面讲过的"城乡二元体制"为例,尽管人们都认

---

① [英]G.A.科恩:《为什么不要社会主义?》,段忠桥译,人民出版社 2011 年版,第 27 页。

② 就我所知,无论是罗尔斯还是科恩都认真研读过马克思的《哥达纲领批判》,并对马克思论述的按劳分配的两个"弊病"做过评价。(John Rawls, *Lectures on the History of Political Philosophy*, Harvard University Press, 2008, pp.366–368; G.A.Cohen, *Self-Ownership, Freedom and Equality*, Cambridge University Press, 1995, pp.124–127.)至于马克思对按劳分配的"弊病"的论述是否对他们正义观念的形成有所影响,那是另一个值得探讨的问题。

为它是不正义的,但我们现在却还不能一下子取消它。① 总之,我们既不能因为正义的东西尚无法实现就把它视为不正义的,也不能因为某些东西现在能够实现就把它视为正义的,是否正义是一个问题,正义能否实现是另一个问题。

---

① 参见《发改委官员:户籍制度不能简单取消了之》,中国广播网,2012 年 6 月 26 日。

二十二、关于当今中国贫富两极分化的两个问题

——与陈学明教授商榷①

在近些年来我国的马克思主义研究中,热衷于概念演绎、文本考证和历史比较的论著很多,真正涉及当前我国存在的重大现实问题的却较少,就此而言,陈学明与姜国敏合作发表在《江海学刊》2016 年第 2 期的论文《论政治经济学在马克思主义中的地位》应当引起我们的重视,因为文中的一部分内容直接涉及当今中国的贫富两极分化问题。笔者十分赞赏陈学明教授注重现实的研究取向,但对他在文中提出的两个见解持有不同的看法,现提出来与他商榷,并希望通过深入的学术争论推进当前我国的马克思主义研究。

一

陈学明教授的第一个见解是,坚持"真正的马克思的立场",就不能对当今中国存在的贫富两极分化现象做道德(或政治哲学)②批判,而只能做政治经济学批判。

---

① 本文发表在《江海学刊》2016 年第 4 期。
② 在我看来,由于陈学明教授所说的道德批判指的是与"正义""不正义"相关批判,而"正义""不正义"在当今学界更多地被作为政治哲学范畴来使用,因此,用"政治哲学批判"比用"道德批判"在表述上更准确。故此,在本文的一些地方,笔者采用的是"政治哲学批判",而不是"道德批判"这样的表述。

在指出当今中国社会贫富两极分化越来越严重之后,陈学明教授说:"现在比较流行的一种意见,是把两极分化视为是一个涉及'正义'与'不正义'的道德问题。"①他这里说的"比较流行的一种意见"指的是哪些人的意见? 对此,陈学明教授不但没有明确指出,而且在接下来的论述中也没有给出任何能够体现这种意见的相关文献。当然,陈学明教授绝不是无的放矢,而且,如果我没猜错的话,他指的是我前几年提出并且至今坚持的意见。因为自 2012 年以来,我陆续发表了多篇从分配正义视角谈当前我国的贫富差距的论文,如《马克思主义研究应关注分配正义问题》(《中国社会科学报》2012 年 5 月 23 日)、《当前中国的"贫富差距"为什么是不正义的? ——基于马克思〈哥达纲领批判〉的相关论述》(《中国人民大学学报》2013 年第 1 期)、《马克思主义哲学研究应关注分配正义问题》(《光明日报》2014 年 3 月 19 日)、《从分配正义看收入差距问题》(《人民日报》2016 年 2 月 2 日)。当然,把贫富两极分化视为一个涉及"正义"与"不正义"问题的学者不仅是我一个人,但在这里我愿意作为这种意见的代表对陈学明教授做出回应。

陈学明教授接着对他所说的那种流行意见做了严厉的批评。他的批评由这样三个推断构成:(1)这种意见是"在道义的世界里,在伦理学范围内,抽象地谈论中国当前的不公平、不平等,从中得出经济领域的两极分化的结论";(2)这种意见"把解决不公平现象,寄希望于人们道德观念的变革,寄希望于人们'良心'的发现";(3)这种意见是"致力于从'老祖宗'那里找平等文化、和谐文化的思想传统和根据,以为只要把这些传统的公平正义观念移植到今天,当今中国就能消除两极分化,和谐社会就建立起来了"。② 然而,他的这三个推断都是不能成立的。

先看第一个推断。在我看来,"把两极分化视为是一个涉及'正义'与'不正义'的道德问题",讲的是认为两极分化与"正义"与"不正义"这样的道德问题相关,从这种看法可以推断这样做是在"道义世界里,在伦理学范围内"

① 陈学明、姜国敏:《论政治经济学在马克思主义中的地位》,《江海学刊》2016 年第 2 期,第 8 页。

② 陈学明、姜国敏:《论政治经济学在马克思主义中的地位》,《江海学刊》2016 年第 2 期,第 8 页。

谈论中国当前的不公平、不平等,但却推不出这样做是在道义世界里,在伦理学范围内"抽象地谈论中国当前的不公平、不平等,从中得出经济领域的两极分化的结论"。什么是"抽象地谈论"中国当前的不公平、不平等? 它指的是离开当今中国贫富两极分化的现实空谈"不公平、不平等"吗? 如果这就是陈学明教授指的"抽象地谈论",那他的说法不符合实际,因为只要看看我那几篇论文就不难发现,它们虽然都是在政治哲学范围内谈论中国当前的不公平、不平等,但无不是以当今中国现实存在的贫富差距为对象的。那它指的是以"公平、平等"这些抽象的政治哲学概念谈论当今中国的贫富两极分化吗? 如果这是陈学明教授指的"抽象地谈论",那这样做是无可非议的,因为任何一种学术研究都要运用抽象的概念,陈学明教授自己不也是以"资本、劳动"这样抽象的政治经济学概念谈论两极分化吗? 至于陈学明教授讲的"从中得出经济领域的两极分化的结论",则更难以成立。因为他讲的"从中",指的是从"在道义的世界里,在伦理学范围内,抽象地谈论中国当前的不公平、不平等"中,这中间的"中国当前的不公平、不平等"指的只能是在当今中国已经存在的贫富两极分化,如果在道义世界和伦理学范围内抽象谈论的"中国当前的不公平、不平等",是在当今中国已经存在的贫富两极分化,那由此怎能再"得出经济领域的两极分化的结论"呢? 在我看来,陈学明教授这样推断无非是要隐晦地表达他的这样一种见解:认为贫富两极分化与"正义"与"不正义"这样的道德问题相关,就是在道义世界和伦理学范围内从"抽象地谈论中国当前的不公平、不平等"中得出当今中国存在经济领域的两极分化的结论,而这就是从抽象的"不公平、不平等"这样的道德观念中得出当今中国经济领域存在两极分化的结论,因而是一种道德唯心论。但陈学明教授的推断显然不能成立,因为它不但缺乏事实依据,而且在逻辑上也讲不通。

再看第二个推断。在我看来,当今中国存在的贫富两极分化无疑涉及多方面的问题,正因为如此,它引起了包括经济学家、政治学家、社会学家、哲学家在内的诸多领域学者的关注。我和一些学者"把两极分化视为是一个涉及'正义'与'不正义'的道德问题",无非是认为两极分化的存在与"正义"与"不正义"问题相关,因而可以从政治哲学的视角对其进行研究,而陈学明教授却由此推断,持有这种看法就会"把解决不公平现象,寄希望于人们道德观念的变革,寄希望于人们'良心'的发现"。这一推断太武断了。因为认为贫富两极分化涉及"正义"与"不正义"问题是一回事,"把解决不公平现象,寄希望于人们道德观念的变革,寄希望于人们'良心'的发现"则是另一回事,从前者是推断不出后者的。进而言之,无论从逻辑上讲还是从事实上看,认为贫富两极分化涉及"正义"与"不正义"的人也可同时认为,解决不公平现象不应"寄希望于人们道德观念的变革,寄希望于人们'良心'的发现",而应通过经济和政治的变革。例如,马克思说过,无产者"认识到产品是劳动能力自己的产品,并断定劳动同自己的实现条件的分离是不公平的、强制的,这是了不起的觉悟,这种觉悟是以资本为基础的生产方式的产物,而且也正是为这种生产方式送葬的丧钟"①,由此能推断因为马克思高度认可无产者的这种公平意识,而这种公平意识又与资本主义生产方式的消灭相关,他就是将资本主义生产方式的消灭寄希望于人们道德观念的变革,寄希望于人们"良心"的发现吗? 再如,毛泽东在中华人民共和国第一届全国人民代表大会第一次会议上的开幕词《为建设一个伟大的社会主义国家而奋斗》中说过,"我们的事业是正义的。正义的事业是任何敌人也攻不破的"②,由此能推断由于他讲了"我们的事业是正义的",即认为我们的事业涉及正义问题,因而他就是把"我们的事业"的实现寄希望于人们道德观念的变革,寄希望于人们"良心"发现吗?

再看第三个推断。在我看来,一旦我们把"把两极分化视为是一个涉及'正义'与'不正义'的道德问题",那接下来就要进一步回答什么是"正义"或什么是"不正义"的问题,而要回答这一问题,我们自然就会从"老祖宗"即前人的相关论述中去寻找思想资源和理论依据。就我个人的研究而言,我对当前中国的"贫富差距"为什么是不正义的理解,就是来自马克思在《哥达纲领批判》中有关按劳分配的弊病的相关论述,这从我那篇论文的题目——《当前中国的"贫富差距"为什么是不正义的? ——基于马克思〈哥达纲领批判〉的相关论述》就看得很清楚。从"老祖宗"那里寻找公平正义观念,就是"以为只要把这些传统的公平正义观念移植到今天,当今中国就能消除两极分化,和谐

---

① 《马克思恩格斯文集》第 8 卷,人民出版社 2009 年版,第 112 页。
② 《毛泽东文集》第六卷,人民出版社 1999 年版,第 350 页。

社会就建立起来了"吗？这种推断也是武断的。因为从"老祖宗"那里寻找传统的公平正义观念，涉及的只是人们是去哪里寻求公平正义观念的问题，而"以为只要把这些传统的公平正义观念移植到今天，当今中国就能消除两极分化，和谐社会就建立起来了"，涉及的则是认为传统的公平正义观念将会起什么样的作用的问题，它们之间也不存在前者必然导致后者的关系。以我的那篇论文为例，在表明我是基于《哥达纲领批判》中的相关论述来论证当前中国存在的贫富差距是不正义的之后，我接着指出，"正义的实现是受社会经济条件制约的。就我国当前存在'贫富差距'而言，尽管它是不正义的，但要消灭它却绝非一件易事，因为我们目前还不具备消灭它的客观条件。"①可见，我确实是将马克思的公平正义观念应用于对当今中国贫富差距问题的研究，但我并不认为这样一来中国的贫富差距问题就解决了。所以，陈学明教授的第三个推断也不能成立。

在对"比较流行的一种意见"做了严厉批评之后，陈学明教授进而表明了他认为在贫富两极分化问题上应坚持的"真正的马克思的立场"："一个社会能不能平等与和谐，主要不取决于这一社会中的人们是不是拥有平等、和谐的观念，而主要在于这一社会中是不是具有平等、和谐的客观条件。所以，我们建构平等、和谐的社会，应当主要着力于批判和改变导致不平等、不和谐的社会生产关系，而不应当只把建构和谐社会当成观念的文化建设。"②不难看出，与"比较流行的一种意见"不同，陈学明教授的"真正的马克思的立场"不涉及贫富两极分化"正义与不正义"的问题，而只涉及贫富两极分化如何才能消灭，即"平等与和谐"如何才能实现的问题。在他看来，由于"平等与和谐"的实现主要在于是否具有实现它们的客观条件，因而，建构平等与和谐的社会就应主要着力于批判和改变导致不平等、不和谐的社会生产关系。不过，由于陈学明教授在对"真正的马克思的立场"说明中使用了"主要不取决""主要在于""应当主要着力""不应当只把"这样的表述，因而使人觉得他似乎也不完

① 段忠桥：《当前中国的"贫富差距"为什么是不正义的？——基于马克思〈哥达纲领批判〉的相关论述》，《中国人民大学学报》2013 年第 1 期，第 13 页。

② 陈学明、姜国敏：《论政治经济学在马克思主义中的地位》，《江海学刊》2016 年第 2 期，第 8 页。

全反对"把建构和谐社会当成观念的文化建设",并进而给从"正义与不正义"的视角研究贫富两极分化问题留有一些余地。但他的这些表述都是虚设的,因为只要将他对"真正的马克思的立场"的说明与他对"比较流行的一种意见"的批评联系起来看,这些表述就都失去了意义。实际上,他的"真正的马克思的立场"讲的是,对当今中国存在的贫富两极分化不能做政治哲学批判,而只能做政治经济学批判,用他自己的话来讲就是:"社会公众与一般理论界的思想倾向,即远离政治经济的分析批判、热衷于文化和意识形态的分析批判的路向,是互为表里、相互促进的。但在本文看来,我们马克思主义必须首先正本清源,充分认识到只有马克思主义的政治经济理论才是我们认识和解决当今中国两极分化现象的思想武器,并进而去廓清深厚思想传统的惯性和公共直观思维的非反思、非批判性。"①

对当今中国的贫富两极分化只能做政治经济学批判而不能做政治哲学批判,这是"真正的马克思的立场"吗? 让我们看看马克思本人的相关论述。

以马克思对资本主义剥削的批判为例。他在《资本论》及《资本论》的几个手稿中不但从政治经济学的角度科学揭示了资本家剥削工人的秘密,即对工人剩余劳动的无偿占有,而且还从道德的角度强烈谴责了资本主义剥削的不正义。在《经济学手稿(1857—1858年)》中,马克思明确指出"现今财富的基础是盗窃他人的劳动时间"②。在《资本论》第一卷中,他把剩余产品称作"资本家阶级每年从工人阶级那里夺取的贡品"③;把逐年都在增长的剩余产品说成是"从英国工人那里不付等价物而窃取的";④把资本家无偿占有的剩余价值视为"从工人那里掠夺来的赃物"。⑤ 我们知道,"盗窃""窃取""掠夺"指的都是不正当地拿了属于他人的东西,马克思用这些措辞难道不是从道德角度强烈谴责资本主义剥削的不正义,即无偿占有了本应属于工人自己的剩余劳动吗?

---

① 陈学明、姜国敏:《论政治经济学在马克思主义中的地位》,《江海学刊》2016年第2期,第8页。
② 《马克思恩格斯选集》第2卷,人民出版社2012年版,第783页。
③ 《资本论》第一卷,人民出版社1975年版,第638页。
④ 《资本论》第一卷,人民出版社1975年版,第671页。
⑤ 《资本论》第一卷,人民出版社1975年版,第655页。

再以马克思对当时工人运动中出现的公平要求为例。他虽然严厉批评过工人运动中出现的错误的公平要求,但也高度肯定过无产阶级正确的公平要求。就前者而言,针对当时工人运动中流行的"做一天公平的工作,得一天公平的工资"的口号,马克思明确表示,"他们应当摒弃'做一天公平的工作,得一天公平的工资!'这种保守的格言,要在自己的旗帜上写上革命的口号:'消灭雇佣劳动制度!'"①就后者而言,在分析劳动和资本的关系时,马克思明确指出,"认识到产品是劳动能力自己的产品,并断定劳动同自己的实现条件的分离是不公平的、强制的,这是了不起的觉悟,这种觉悟是以资本为基础的生产方式的产物,而且也正是为这种生产方式送葬的丧钟,就像当奴隶觉悟到他不能作第三者的财产,觉悟到他是一个人的时候,奴隶制度就只能人为地苟延残喘,而不能继续作为生产的基础一样。"②而后者表明的不正是马克思高度认可对资本主义生产方式的道德批判吗?

正因为对资本主义的道德批判是无产阶级革命不可缺少的组成部分,马克思和恩格斯都把正义写进了国际工人组织的纲领。马克思在 1871 年为国际工人协会起草的《共同章程》中写道:"加入协会的一切团体和个人,承认真理、正义和道德是他们彼此间和对一切人的关系的基础,而不分肤色、信仰或民族。"③恩格斯在 1887 年 6 月对"英国北方社会主义联盟纲领的修正"中写道:"现今的制度使寄生虫安逸和奢侈,让工人劳动和贫困,并且使所有的人退化;这种制度按其实质来说是不公正的,是应该被消灭的。现在,劳动生产率提高到了这样的程度,以致市场的任何扩大都吸收不了那种过多的产品,因此生活资料和福利资料的丰富本身成了工商业停滞、失业,从而千百万劳动者贫困的原因,既然如此,这种制度就是可以被消灭的。我们的目的是要建立社会主义制度,这种制度将给所有的人提供健康而有益的工作,给所有的人提供充裕的物质生活和闲暇时间,给所有的人提供真正的充分的自由。请所有的人在这个伟大的事业中给予社会主义联盟以协助。赞同者应该承认他们彼此

---

① 《马克思恩格斯选集》第 2 卷,人民出版社 1995 年版,第 97 页。
② 《马克思恩格斯全集》第 30 卷,人民出版社 1995 年版,第 455 页。
③ 《马克思恩格斯选集》第 2 卷,人民出版社 1995 年版,第 610 页。

之间以及他们同所有的人之间的关系的基础是真理、正义和道德。"①

当然,马克思和恩格斯多次强调,无产阶级革命的成功和共产主义社会的实现都不应只基于某种公平、正义的主张,因为公平、正义虽然涉及现存的经济关系,但都只是对它的价值判断,而不是对它的发展规律的科学认识,因而,它们既无助于对资本主义经济关系的科学研究,也不能用来指导无产阶级革命。为此,恩格斯明确指出,"如果我们对现代劳动产品分配方式(它造成赤贫和富豪、饥饿和穷奢极欲的尖锐对立)的日益逼近的变革所抱的信心,只是基于一种意识,即认为这种分配方式是非正义的,而正义总有一天一定要胜利,那就糟了,我们就得长久等待下去。"②但恩格斯的这段话同时还表明,他与马克思反对的是将无产阶级革命"只是基于一种意识",即认为这种分配方式是非正义的,换句话说,他们并不反对把这种意识也作为无产阶级革命获得成功的重要条件之一。

无疑,马克思恩格斯的相关论述涉及的只是对资本主义生产方式的道德批判,但由此我们可以进而认为,对当今中国的两极分化现象做政治哲学的批判是与他们的思想相符的。而这表明,陈学明教授所谓的"真正的马克思的立场",即对当今中国的两极分化现象不能做政治哲学的批判而只能做政治经济学的批判,是与马克思和恩格斯的思想相悖的。此外,自罗尔斯的《正义论》出版之后,分配正义已成为包括中国学者在内的全球学者普遍关注的问题,而陈学明教授的"真正的马克思的立场"却禁止我国的马克思主义研究关注分配正义问题,这样做是有助于还是有碍于马克思主义研究在我国的发展?

二

陈学明教授的第二个见解是,当今中国的贫富两极分化主要是由于"强资本"对"弱劳动"的剥削造成的,因而要限制体现资本和劳动关系的私营经济。

---

① 《马克思恩格斯全集》第 21 卷,人民出版社 1965 年版,第 570 页。
② 《马克思恩格斯选集》第 3 卷,人民出版社 1995 年版,第 500 页。

从陈学明教授的相关论述不难看出,他是这样论证他的见解的:(1)按照马克思的观点,"资本和劳动的关系,是我们全部现代社会体系所围绕旋转的核心",资本与雇佣劳动关系的实质,是资本家对剩余价值的占有、资本的自我增值与积累,而这必然会导致资本家与工人的两极分化;(2)当今中国实行的是社会主义市场经济、多种所有制形式和多种分配形式共同发展的经济制度,而这意味着一方面生产资料与货币又成了资本,另一方面劳动力又成了商品,这样,马克思所分析的资本主义社会那种资本与劳动之间的剥削与被剥削的关系,似乎又再现了;(3)当今中国存在着城乡差距、地区差距、行业差距等多种差距,但首要的还是劳动者与生产资料占有者之间的差距,这构成了我们今天的"轴心",其他差距都是围绕这一"轴心"旋转;(4)当今中国的要害在于"强资本、弱劳动"的力量对比,资方的经营管理者利用其优势地位和多种分配形式,其收入所得远远高于普通劳动者的工资性收入,而劳动者并没有分配到相应的利益份额,这就是当今中国两极分化现象的首要根源。对此,社会主义国家应通过正确的途径,即通过限制体现资本和劳动关系的私营经济来缩短和减轻其带来的痛苦。① 在我看来,陈学明教授的第二个见解也不能成立。

第一,陈学明教授讲的"资本家与工人的两极分化"与马克思的剩余价值理论相悖。熟悉马克思政治经济学著作的学者都知道,马克思从未讲过"资本家与工人的两极分化",而只讲过商品市场的两极分化。他在《资本论》第一卷"所谓原始积累"这一章中指出,"货币和商品,正如生产资料和生活资料一样,开始并不是资本。它们需要转化为资本。但是这种转化本身只有在一定的情况下才能发生,这些情况归结起来就是:两种极不相同的商品占有者必须互相对立和发生接触;一方面是货币、生产资料和生活资料的所有者,他们要购买他人的劳动力来增殖自己所占有的价值总额;另一方面是自由劳动者,自己劳动力的出卖者,也就是劳动的出卖者。自由劳动者有双重意义:他们本身既不像奴隶、农奴等等那样,直接属于生产资料之列,也不像自耕农等等那

---

① 陈学明、姜国敏:《论政治经济学在马克思主义中的地位》,《江海学刊》2016 年第 2 期,第 9 页。

样,有生产资料属于他们,相反地,他们脱离生产资料而自由了,同生产资料分离了,失去了生产资料。商品市场的这种两极分化,造成了资本主义生产的基本条件。"①不难看出,马克思这里讲的"两极分化",指的是在商品市场中发生的商品所有者的两极分化,即一极是少数人成为占有生产资料和生活资料的资本家,另一极是大多数人成为失去生产资料从而不得不出卖自己的劳动力以获取必不可少的生活资料的工人。

陈学明教授讲的"资本家与工人的两极分化",显然不是马克思讲的商品市场的两极分化,因为他讲的"资本家与工人的两极分化",指的是由资本家对剩余价值的占有、资本的自我增值与积累所导致的。那"资本家与工人的两极分化"本身意指什么?对此,陈学明教授没做任何说明。不过,从他对当今中国贫富两极分化现象的首要根源的说明来看,它指的是"资方的经营管理者"即资本家的"收入所得远远高于普通劳动者的工资性收入",而"劳动者并没有分配到相应的利益份额"。② 如果这就是陈学明教授讲的"资本家与工人的两极分化",那他对马克思资本与劳动关系理论的理解就是错误的。按照马克思的剩余价值理论,陈学明教授讲的劳动者(即受资本家剥削的工人,这一点我在后面将做专门的说明)在分配上获得的相应的利益份额,是由他的劳动力价值,即再生产它的社会必要劳动时间决定的,而"劳动力价值的最低限度或最小限度,是劳动力的承担者即人每天得不到就不能更新他的生命过程的那个商品量的价值,也就是维持身体所必不可少的生活资料的价值。"③因此,无论资本家通过剥削工人的剩余劳动而获得多高的收入,工人获得的相应的利益份额即他的工资收入,都不会低于他的劳动力价值的最低限度或最小限度,因而都不会出现"没有分配到相应的利益份额"的情况。对此,马克思还进过这样一段话:"由于一个国家的气候和其他自然特点不同,食物、衣服、取暖、居住等等自然需要本身也就不同。另一方面,所谓必不可少的需要的范围,和满足这些需要的方式一样,本身是历史的产物,因此多半取

---

① 《马克思恩格斯文集》第 5 卷,人民出版社 2009 年版,第 821 页。

② 陈学明、姜国敏:《论政治经济学在马克思主义中的地位》,《江海学刊》2016 年第 2 期,第 9 页。

③ 《马克思恩格斯全集》第 42 卷,人民出版社 2016 年版,第 162 页。

决于一个国家的文化水平,其中主要取决于自由工人阶级是在什么条件下形成的,从而它有哪些习惯和生活要求。因此,和其他商品不同,劳动力的价值规定包含着一个历史的和道德的要素。但是,在一定的国家,在一定的时期,必要生活资料的平均范围是一定的。"①这里讲的工人的"必要生活资料的平均范围是一定的",也表明工人"没有分配到相应的利益份额"的情况是不会出现的。

"资本家与工人的两极分化"是陈学明教授依据马克思关于资本与劳动关系的理论说明当今中国贫富两极分化的主要依据之一,但他讲的"资本家与工人的两极分化"不但在马克思那里根本找不到,而且还与马克思的剩余价值理论相悖,仅就这一点而言,他的第二个见解就不能成立。

第二,劳动者与生产资料占有者之间在收入上的差距,不是当今中国贫富两极分化的首要体现。当今中国的贫富两极分化意指什么?对此,陈学明教授没做任何明确的说明,而只说当今中国存在着城乡差距、地区差距、行业差距等多种差距,"但首要的还是劳动者与生产资料占有者之间的差距",并说"强资本、弱劳动"是当今中国两极分化现象的首要根源。从这些说法我们可以推断,他认为当今中国的贫富两极分化首要体现在劳动者与生产资料占有者之间在收入上的差距。那他讲的"劳动者"和"生产资料占有者"指的又是什么?对此,陈学明教授也没做任何明确的说明。不过,在他的文章中有这样几段与此相关的论述:(1)"当今中国的两极分化主要是由于资本与劳动之间的不平衡(或者说某种程度上的对立)造成的";(2)"我们实行社会主义市场经济,实行多种所有制形式和多种分配形式共同发展的经济制度。只要我们实施这样的经济制度,就意味着一方面生产资料与货币又成了资本,另一方面劳动力又成了商品";(3)"资方的经营管理者,包括处于直接生产过程之外的纯粹资本经营者,利用其优势地位和多种分配形式,其收入所得远远高于普通劳动者的工资性收入,这就是当今中国两极分化现象的首要根源"。从这些论述可以推断,他讲的"劳动者",实际上指的是当今中国私营企业的职工,他讲的"生产资料占有者",实际上指的是私营企业主。由此说来,他讲的当今

---

① 《马克思恩格斯文集》第5卷,人民出版社2009年版,第198—199页。

中国的贫富两极分化,指的是首要由私营企业职工与私营企业主在收入上的差距所体现的两极分化。

陈学明教授对当今中国的贫富两极分化的上述理解是不能成立的。这是因为,无论从"贫富两极分化"这一用语本身的含义来看,①还是从我国大部分学者的相关论著和研究报告来看,②当今中国贫富两极分化中的"贫",指的都是其收入低于国家规定的贫困线的人,当今中国贫富两极分化中的"富",指的都是其收入超过一定高限的人,③因而,当今中国的贫富两极分化,指的都是当今中国贫者和富者收入差距的明显拉大。由于贫富两极分化中的"贫"和"富"都是以其收入的高低来界定的,因此,当前我国农村大量的贫困人口虽然不是陈学明教授讲的"劳动者"即私营企业的职工,但也属于贫者的范围;与此相应,各类"明星"(如"影星""球星"等等)以及国企的一些高管④尽管不是陈学明教授讲的"生产资料占有者"即私营企业主,但也属于富者范围。进而言之,私营企业主中收入不高的人(例如,一些经营不太好的中小企业主)并不属于富者,私营企业职工中收入很高的人(例如,一些大型私营企业的高管)却属于富者。当然,低收入的私营企业职工与高收入的私营企业主之间在收入上的差距,在一定程度上也是当今中国贫富两极分化的体现,但笼统地说私营企业职工与私营企业主之间在收入上的差距是当今中国贫富两极分化的"首要"体现,却是毫无道理的。因为这样一来,那些非私营企业职

---

① 参见我的论文《当前中国的"贫富差距"为什么是不正义的? ——基于马克思〈哥达纲领批判〉的相关论述》,《中国人民大学学报》2013 年第 1 期,第 9—10 页。

② 例如,徐滇庆等:《看懂中国贫富差距》,机械工业出版社 2011 年版;我国贫富差距问题研究课题组编:《缩小我国贫富差距的理论与对策研究》,北京经济科学出版社 2011 版;谢宇,张晓波,李建新等著:《中国民生发展报告 2014》,北京大学出版社 2014 年版。相关的文章数量巨大,在网上很容易查到。

③ 至于"贫富差距"中"贫"和"富"的具体标准,即收入多少属于贫者,收入多少属于富者,目前我国尚无一个统一的、稳定的、权威的标准。例如,中央在 2011 年决定将农民人均纯收入 2300 元(2010 年不变价)作为新的国家扶贫标准,这个标准比 2009 年提高了 92%。按照新标准,我国农村贫困人口将从 2688 万人增加到 1.28 亿人。但我国存在一个收入过高的富者群体和一个收入过低贫者群体却是一个不容置疑的事实。

④ 据《经济参考报》2010 年 5 月 10 日发表的署名"新华社调研小分队"的调查报道——"中国贫富差距正在逼近社会容忍'红线'"报道,"上市国企高管与一线职工的收入差距在 18 倍左右,国有企业高管与社会平均工资相差 128 倍"。

工但生活在贫困线之下的数以千万计的农村贫困人口,和那些并非私营企业主的亿万富翁就都成了当今中国贫富两极分化中的"次要"体现,这种理解显然既不符合"贫富两极分化"概念本身的含义,也不符合当今中国的实际情况。

第三,马克思恩格斯讲的资本和劳动的关系,不是当今中国全部社会体系的"轴心"。在讲完"当今中国的两极分化主要是由于资本与劳动之间的不平衡(或者说某种程度上的对立)造成的"之后,陈学明教授紧接着引用了恩格斯的一段话,"资本和劳动的关系,是我们全部现代社会体系所围绕旋转的核心",并进而做了这样推论:(1)马克思所说的资本与劳动的关系是资本主义历史阶段的资本与劳动的关系;(2)按照马克思的设想,在社会主义条件下,生产资料不再成为资本,劳动也不再是雇佣劳动;(3)现实情况是我们仍处于社会主义初级阶段,由于我们实行社会主义市场经济,实行多种所有制形式和多种分配形式共同发展的经济制度,而这就意味着一方面生产资料与货币又成了资本,另一方面劳动力又成了商品,这样,马克思所分析的资本主义社会那种资本与劳动的关系似乎又再现了;(4)中国现阶段的社会主义市场经济体制下的资本与劳动的关系,与马克思当年所研究的有着重大的区别,前者体现的是资产阶级与无产阶级之间激烈对抗的阶级斗争关系,后者更多地体现为劳动所有权与资本所有权在对剩余的索取或分配当中所发生的对立统一关系;(5)既然在当前中国还存在着资本与劳动的关系,那么马克思当年从剩余价值分配完全导向资本自身增殖的角度探索两极分化的基本思路对我们就有借鉴作用和启示意义;(6)当今中国存在多种差距,但首要的还是劳动者与各种形式的生产资料占有者之间的差距,这种差距构成了我们今天的"轴心",其他差距都是围绕着这一"轴心"旋转。① 不难看出,陈学明教授虽然在他的推论中使用了"这意味着""似乎又再现了""有着重大的区别"这样的表述,但他推导出的结论却是:马克思说的资本和劳动的关系,即资本与劳动之间的剥削与被剥削的关系仍是当今我国全部社会体系所围绕旋转的"轴心"。在

---

① 陈学明、姜国敏:《论政治经济学在马克思主义中的地位》,《江海学刊》2016 年第 2 期,第 9 页。

我看来,陈学明教授的推论和结论都是不能成立的。

恩格斯的那段话出自他发表在 1868 年 3 月 21 日和 28 日《民主周报》上的为马克思的《资本论》所写的书评。认真读一下这篇书评就不难看出,恩格斯讲的"我们全部现代社会体系",指的是以当时英国、法国、德国为代表的资本主义生产方式已占统治地位的国家的社会体系,为此,他在书评中专门谈到英国工人争取为规定工作日而进行的斗争,谈到"德意志联邦国会"将讨论工厂管理法的问题。马克思恩格斯讲的资本和劳动的关系,即资本家无偿占有工人生产的剩余价值的关系,在当时以英国、法国、德国为代表的全部现代社会体系中无疑处于核心地位,但这种关系也是当今中国的全部社会体系的核心,或陈学明教授讲的"轴心"吗? 对此,我不这样认为。我们知道,新中国成立前的中国是一个半封建半殖民地的国家,资本和劳动的关系虽然有了一定的发展,但从整体上讲,前资本主义的经济关系仍占主导地位。新中国成立以后,我国不但在 1956 年基本完成了对资本主义工商业的社会主义改造,而且在此后的 22 年里,即直到 1978 年前,实行的都是坚决限制资本主义经济再产生的政策。然而,历史发展的客观规律是不以人的意志为转移的。依据马克思的历史唯物主义观点,在生产力水平还没有发展到使资本主义经济丧失其存在的理由时,硬要人为地消灭它只能导致经济发展的停滞,"文化大革命"后期中国经济的状况就是对这一问题的最好说明。正因为如此,在 1978 年以后,我国又开始实行鼓励私营经济发展的政策,此后,体现资本和劳动关系的私营企业开始逐渐增多,并在我国国民经济中已占有很大的比例。然而,私营经济在当今我国的全部社会体系中真的像陈学明教授讲那样已处于"轴心"的地位吗? 显然没有! 这首先是因为,在当今我国的全部社会体系中,尽管私营经济占有很大的比例,但国有经济占主导地位的情况没有改变,这体现在,国有经济不但控制着国民经济的发展方向、经济运行的整体态势和重要的稀缺资源,而且还控制着关系国民经济命脉的重要行业和关键领域。国有经济显然不是资本和劳动关系的体现。此外还因为,我国城乡还存在数量巨大的集体经济和个体经济,它们也不是资本和劳动关系的体现。可见,说体现马克思恩格斯讲的资本和劳动关系的私营经济是当今中国全部社会体系的"轴心",是不符合中国的实际情况的。

第四,解决当今中国贫富两极分化问题的正确途径不是消极限制私营经济,而是积极发展私营经济。从私营企业职工与私营企业主的收入差距是当今中国贫富两极分化的首要体现,和"强资本、弱劳动"是当今中国贫富两极分化现象的首要根源这样的理解出发,陈学明教授进而对应当如何解决贫富两极分化问题提出了自己意见:"不用马克思的政治经济学,不用马克思的政治经济学关于资本与劳动关系的理论来观察和分析,我们就不能认清当今中国的两极分化现象,不能客观地分析其中的因果和利弊,找到正确的解决途径,有哪些是现实条件的制约,是'既不能跳过也不能用法令取消'的'自然的发展阶段',又有哪些是能够通过社会主义有所作为,是'能缩短和减轻'的'分娩的痛苦'。对于迫切希望消除当今中国两极分化现象的人民大众来说,对于担负中国特色社会主义事业领导核心任务、扮演对社会主义市场经济的引导和驾驭角色的中国共产党人来说,对马克思的政治经济学批判的需求,从来没有像今天这样急切。"①这段话虽然说得很含蓄,但意思还是很清楚的:依据马克思的资本与劳动关系的理论,导致当今中国贫富两极分化的首要根源是体现资本和劳动关系的私营经济的存在,既然私营经济的存在是"既不能跳过也不能用法令取消"的"自然的发展阶段",那社会主义国家就应通过正确的途径,即通过限制私营经济来缩短和减轻其带来的痛苦。在我看来,陈学明教授的这一意见是错误的,因为他讲的正确途径并不利于当今中国贫富两极分化的消除。

前边表明,当今中国的贫富两极分化指的是贫者与富者收入差距的明显拉大。而当我们把贫者视为一个社会群体,把富者视为另一个社会群体时,导致二者收入差距的主要原因就不是陈学明教授所讲的"强资本"对"弱劳动"的剥削,而是他们不同的生活环境(如大城市与边远山区,穷人家庭与和富人家庭)、不同的身份等级(如城市户口与农村户口)和不同的天赋(如具有特殊才能的人与智力、体力低下人)。② 如果这三者是导致当今中国贫富两极分化

① 陈学明、姜国敏:《论政治经济学在马克思主义中的地位》,《江海学刊》2016 年第 2 期,第 9—10 页。
② 段忠桥:《当前中国的"贫富差距"为什么是不正义的? ——基于马克思〈哥达纲领批判〉的相关论述》,《中国人民大学学报》2013 年第 1 期,第 11—12 页。

的主要原因,那我们应当如何解决贫富两极分化问题呢?在我看来,就中国当今的情况而言,除了通过税收调节收入分配来缩小贫富差距以外,一个正确的途径是积极发展私营经济。

我们知道,彻底消除中国的贫富两极分化最终要依赖生产力的高度发展,由于生产力的发展不是一蹴而就的,因此,解决贫富两极分化问题要经历一个长期的过程。从当今中国贫富两极分化的现状来看,我们最亟须解决的问题是如何使生活在贫困线之下的上亿农村人口尽快摆脱贫困,而积极发展私营经济是解决这一问题的一个正确途径。不容否认,私营经济具有两重性,它一方面会产生一些富有的私营企业主从而扩大贫富差距,另一方面又会使大量农村贫困人口收入迅速提高从而缩小贫富差距。正因为如此,改革开放以来,我国私营经济的发展不但产生了像王健林、马云、宗庆后等拥有亿万财产的私营企业家,而且同时也使数亿农民通过到私营企业打工摆脱了贫困。当然,私营经济总是与剥削相连的,但其在消除贫富差距上的积极作用要远远大于其在剥削方面的消极作用,由此我们才能理解,为什么数以亿计的农民工即使受剥削也不愿待在贫困的农村。毋庸置疑,我国是社会主义国家,我们的最终目的是要实现共产主义,就此而言,积极发展私营经济只是我国在当今尚无更好途径的情况下所应选择的正确途径。在我看来,在当今的中国,私营经济在消除贫富两极分化上的作用就像它在发展生产力上的作用一样具有历史必然性,在这个问题上,马克思的一段话应对我们有所启发:"资本是生产的,也就是说,是发展社会生产力的重要的关系。只有当资本本身成了这种生产力本身发展的限制时,资本才不再是这样的关系。"①

---

① 《马克思恩格斯文集》第 8 卷,人民出版社 2009 年版,第 70 页。

二十三、对"伍德命题"文本依据的辨析与回应[①]

在马克思与正义的问题上,美国印第安纳大学教授艾伦·伍德的主张,尤其是他在 20 世纪 70—80 年代英美马克思主义者关于"马克思与正义"那场大讨论中提出的著名论断——"马克思并不认为资本主义是不正义的"[②],不仅曾在英美学界引起激烈争论,而且对我国学者当下的研究也产生了很大影响。从近些年来我国学者发表和出版的关于马克思与正义问题的论著不难看出,很多人都直接或间接地谈到伍德的这一论断。

伍德是在 1972 年发表的论文"马克思对正义的批判"中提出他的那个论断,并在 1979 年发表的论文《马克思论权利和正义:对胡萨米的回复》中对其做了进一步的解释和辩护。仔细研读一下这两篇论文可以发现,伍德的论断实际上是基于这样三个理由:(1)在马克思的论述中,正义概念是从司法角度对社会事实的合理性的最高表示;(2)对马克思来说,一种经济交易或社会制度如果与生产方式相适应就是正义的,否则就是不正义的;(3)根据马克思的说法,资本占有剩余价值不包含不平等或不正义的交换。伍德不但详细论证了这三个理由,而且还明确给出它们各自的文本依据,即恩格斯在《论住宅问

---

① 本文发表在《中国社会科学》2017 年第 9 期。

② *The Marxian Critique of Justice*, Allen W. Wood, Philosophy and Public Affairs, Vol. 1, No. 3. (Spring, 1972), p.245. 本文引用的伍德的这篇论文和他的另一篇论文 *Marx on Right and Justice: A Reply to Husami* 都已有中译文,收录在李惠斌、李义天编的《马克思与正义理论》(中国人民大学出版社 2010 年版)一书中。由于本人对这两篇中译文的一些译法持有不同意见,故对它们做了重译。

题》中的一段论述、马克思在《资本论》第三卷的一段论述和在《资本论》第一卷的一段论述。在我看来,伍德将这三段论述作为其理由的文本依据是不能成立,因为他对它们的解读都是错误的,而如果其理由的文本依据都不能成立,那他的那个论断自然也不能成立。

一

为了论证马克思不认为资本主义是不正义的,伍德先对正义(Justice)概念在马克思和恩格斯著作中的含义做了说明。

伍德说,在阅读马克思在《资本论》和其他著作中对资本主义生产方式的描述时,我们都会直觉地感到,他描述的是一个不正义的社会制度。然而,一旦我们探究马克思和恩格斯在他们的著作中对资本主义不正义的具体描述,我们会立即发现,他们不仅没有试图论证资本主义是不正义的,甚至没有明确讲过资本主义是不正义的或不公平的。不过,虽然早就有人指出马克思并不认为资本主义是不正义的①,但马克思为什么持有这种观点,这种观点又依赖怎样的"正义"概念,这些却很少被人理解。无疑,马克思和恩格斯在他们的论著中确实很少谈论社会或经济正义可能实现的方式,但他们"确实认真对待了'正义'概念,并且确实在他们的社会和社会实践观念中为它留有一席之地"。②

那正义概念在马克思和恩格斯的著作中意指什么?对此,伍德给出的回答是:正如恩格斯曾指出的,无论对于哲学家还是对于普通人,正义常常显现为"各社会的……基本原则,……用来衡量一切人间事物的标准,……在每一

① 例如罗伯特·塔克(Robert C. Tucker),参见他的 *The Marxian Revolutionary Idea* (New York, 1969), pp.37–48, 并参见他的 *Philosophy and Myth in Karl Marx* (Cambridge, Eng., 1961), pp.18–20, 222f.

② *The Marxian Critique of Justice*, Allen W. Wood, Philosophy and Public Affairs, Vol.1, No.3. (Spring, 1972), p.245.

冲突下人们所诉诸的最高裁判官。"①那为什么正义概念被人们赋予如此的重要性？伍德说,这是因为,"根据马克思和恩格斯的观点,从根本上讲,'正义'(Gerechtigkeit)乃是一个法律或法权(rechtlich)的概念,一个与法律(Recht)和人们在它之下拥有的权利(Rechte)相关的概念。对他们来说,权利概念和正义概念是可从司法角度判断法律、社会制度和人类行为合理性的最高标准。"②当然,这不是说传统的西方社会概念从根本上讲是一个法权概念,而是说根据该传统,社会整体是一个"国家"或"政体",在这一构架内,人们的行为是受法律和政治程序制约的。为了使人们准确把握马克思的正义概念,伍德还进而指出,"虽然马克思从未试图明确告诉我们这类法权的范围有多大,但很明显,所有这些概念的核心作用都与政治或司法(法律)制度相关,这些制度的功能就在于通过某种社会强加的制裁——无论是民事的、刑事的、还是道德性质的——规范个体或群体的行为。这些制度包括那些颁布、应用或执行法律的制度,能在其中制订或执行集体政治决定的制度,以及通过普遍接受的行为规则而规范个体的行为和实践的制度。当某事被称作'不正义的',或是宣称某个行为侵犯了某人的'权利'时,某种诉求就会向司法制度提出,即要求这些制度以它们通常的做法,或如果它们要履行其应有的社会功能所应采取的做法去行事。"③简言之,"在马克思的论述中,正义概念是从司法角度对社会事实的合理性的最高表示。"④

在伍德看来,由于正义在马克思的论述中是从司法角度对社会事实的合理性的最高表示,而依据马克思的历史唯物主义,司法属于"上层建筑",是占支配地位的生产方式的表现,因此,资本主义社会的"正义"概念,自然不具有资本主义是不正义的含义。他还明确提出,"任何提议把剩余价值从资本中

---

① 伍德这里引用的是恩格斯在《论住宅问题》中的相关论述,参见《马克思恩格斯文集》第3卷,人民出版社2009年版,第319页。

② *The Marxian Critique of Justice*, Allen W. Wood, Philosophy and Public Affairs, Vol. 1, No. 3. (Spring, 1972), p.246.

③ *The Marxian Critique of Justice*, Allen W. Wood, Philosophy and Public Affairs, Vol. 1, No. 3. (Spring, 1972), pp.267-268.

④ *The Marxian Critique of Justice*, Allen W. Wood, Philosophy and Public Affairs, Vol. 1, No. 3. (Spring, 1972), p.254.

清除并停止剥削工人的资本主义生产的'改革',本身就是一种最直接、最明确的不正义。它们将会以最明显的方式侵犯那些源于资本主义生产方式的基本财产权,并将一种与之完全不相容的分配制度强加给它。很难想象,一旦这种'正义的'分配方案被确立,那些好心肠的改革者会怎样使其得以实施。"①

伍德将马克思论述中的正义概念说成是从司法角度对社会事实的合理性的最高表示的文本依据是什么? 对此,他没给出马克思本人的任何论述,而只是在《马克思对正义的批判》一文的一个注释②中,让人们参见恩格斯《论住宅问题》中的一段话:

在社会发展的某个很早的阶段,产生了这样一种需要:把每天重复着的产品生产、分配和交换用一个共同规则约束起来,借以使个人服从生产和交换的共同条件。这个规则首先表现为习惯,不久便成了法律。随着法律的产生,就必然产生出以维护法律为职责的机关——公共权力,即国家。随着社会的进一步的发展,法律进一步发展为或多或少广泛的立法。这种立法越复杂,它的表现方式也就越远离社会日常经济生活条件所借以表现的方式。立法就显得好像是一个独立的因素,这个因素似乎不是从经济关系中,而是从自身的内在根据中,可以说,从"意志概念"中,获得它存在的理由和继续发展的根据。人们忘记他们的法起源于他们的经济生活条件,正如他们忘记他们自己起源于动物界一样。随着立法进一步发展为复杂和广泛的整体,出现了新的社会分工的必要性:一个职业法学家阶层形成了,同时也就产生了法学。法学在其进一步发展中把各民族和各时代的法的体系互相加以比较,不是把它们视为相应经济关系的反映,而是把它们视为自身包含自我根据的体系。比较是以共同点为前提的:法学家把所有这些法的体系中的多少相同的东西统称为自然法,这样便有了共同点。而衡量什么算自然法和什么不算自然法的尺度,则是

①　*The Marxian Critique of Justice*, Allen W. Wood, Philosophy and Public Affairs, Vol. 1, No. 3. (Spring, 1972), pp.268–269.

②　*The Marxian Critique of Justice*, Allen W. Wood, Philosophy and Public Affairs, Vol. 1, No. 3. (Spring, 1972), p.246, 注释 3.

法本身的最抽象的表现,即公平。于是,从此以后,在法学家和盲目相信他们的人们眼中,法的发展就只不过是使获得法的表现的人类生活状态一再接近于公平理想,即接近于永恒公平。而这个公平则始终只是现存经济关系的或者反映其保守方面,或者反映其革命方面的观念化的神圣化的表现。希腊人和罗马人的公平认为奴隶制度是公平的;1789 年资产者的公平要求废除封建制度,因为据说它不公平。在普鲁士的容克看来,甚至可怜的专区法也是对永恒公平的破坏。所以,关于永恒公平的观念不仅因时因地而变,甚至也因人而异,这种东西正如米尔柏格正确说过的那样,"一个人有一个人的理解"。①

如果伍德把恩格斯的这段话作为他的论断的一个理由,即"在马克思的论述中,正义概念是从司法角度对社会事实的合理性的最高表示"的文本依据,那肯定会使人们产生疑问,因为恩格斯在这段话中有关"正义"(justice)②概念的论述,与伍德的解读是格格不入的。

首先,在恩格斯的论述中,正义不是从"司法角度"对社会事实的合理性的最高表示,而只是法本身最抽象的表现,是法学家们用来衡量什么算自然法和什么不算自然法的尺度。恩格斯这里讲的"自然法",是相对于"实在法"即各民族和各时代的法的体系而言,它既不涉及某一民族或某一时代法律的特殊内容,也不涉及人们在某一法律下拥有的各种权利,而只涉及法学家对各民族和各时代的法的体系中多少相同的东西的认识。当然,法学家们对什么算自然法和什么不算自然法存在种种不同理解,但无论在哪种理解中,自然法意指的都是"所有这些法的体系中的多少相同的东西"。由于人们对什么算自然法和什么不算自然法存在不同理解,因而就需要一个衡量什么算自然法和什么不算自然法的尺度,而这个尺度,就是作为"法本身最抽象的表现"的正义。由此可见,恩格斯讲的正义绝非伍德解读的正义,因为前者涉及的是各民族和各时代的法的体系中的多少相同的东西,后者涉及的则是现实的司法制

---

① 《马克思恩格斯文集》第 3 卷,人民出版社 2009 年版,第 322—323 页。

② 在伍德引用的英译本,即 Karl Marx and Friedrich Engels, Selected Works(Moscow,1951),I,第 564—565 页中,在上述中译文中被译为"公平"的英文原文是"justice"。故此,我把中译文中出现的"公平",视为伍德讲的"正义"。

度;前者是衡量什么算自然法和什么不算自然法的尺度,而后者是从"司法角度"衡量社会事实的合理性的尺度;前者是法本身最抽象的表现,而后者是对社会事实的合理性的最高表示。

其次,在恩格斯的论述中,正义不是从司法角度"对社会事实的合理性"的最高表示,而只是现存经济关系的或者反映其保守方面,或者反映其革命方面的观念化的神圣化的表现。在恩格斯看来,正义虽是法本身最抽象的表现,但作为一种意识形态,从归根到底的意义上讲它也是现存经济关系的反映。然而,由于正义只是法本身最抽象的表现,即衡量什么算自然法和什么不算自然法的尺度,因此,它作为对现存经济关系的观念化的神圣化的表现,就既可反映现存经济关系的保守方面,即其束缚生产力发展的方面,也可反映现存经济关系的革命方面,即其促进生产力发展的方面。换句话说,当现存经济关系束缚生产力的发展时说它是正义的,是将其保守方面观念化和神圣化,当现存经济关系促进生产力发展时说它是正义的,是将其革命方面观念化和神圣化。但伍德讲的正义却与此相去甚远。按照他的解读,正义只是从司法角度对"社会事实的合理性"的最高表示,而"社会事实的合理性"意指的只是与生产方式的发展相适合,即恩格斯讲的"现存经济关系的革命方面",因而,正义只能反映"现存经济关系的革命方面",而不能反映"现存经济关系的保守方面"。

第三,在恩格斯的论述中,正义不是从司法角度对社会事实的合理性的"最高表述",相反,由于不同阶级或社会集团对同一生产方式是否正义往往持有不同的甚至根本相反的看法,因而,正义"不仅因时因地而变,甚至也因人而异"。在恩格斯看来,自原始社会解体后出现了在生产方式中处于不同地位的社会集团,而同一生产方式又往往为不同的社会集团带来不同的利益,因此,不同的社会集团总是从自身利益出发提出各自的正义尺度。由于每一社会集团都是以自己的正义尺度去衡量现存的生产方式,因而,对于同一生产方式,一些人认为是正义的,另一些人则认为是不正义的。这样说来,"正义"就不是对现存生产方式"是怎样的"事实判断,而只是对现存生产方式"应当怎样的"的价值判断。当人们说现存的生产方式是正义的时候,其说法意味着他们认为它应当继续存在,反之,当人们说现存的生产方式是不正义的时候,其说法意味着他们认为它不应当继续存在。也正是为了表明这一点,恩格斯才说,"希腊人和罗马人的公平认为奴隶制度是公平的;1789 年资产者的公平要求废除封建制度,甚至可怜的专区法也是对永恒公平的破坏。"①如果恩格斯认为关于正义"一个人有一个人的理解",那伍德说正义是从司法角度对社会事实的合理性的"最高表述",而"最高表述"只能是唯一的,显然也违背恩格斯的原意。

伍德的"在马克思的论述中,正义概念是从司法角度对社会事实的合理性的最高表示"的说法不但有悖于恩格斯那段话的原意,而且也与马克思的相关论述明显矛盾。下面是被伍德在《马克思对正义的批判》一文中引用的马克思在《哥达纲领批判》中批评拉萨尔时讲的一段话:

> 难道资产者不是断言今天的分配是"公平的"吗?难道它事实上不是在现今的生产方式基础上唯一"公平的"分配吗?……难道各种社会主义宗派分子关于"公平的"分配不是也有各种极不相同的观念吗?②

不难看出,马克思在回应"什么是'公平的'分配?"这一问题时,接连三次使用了"公平(的)"概念。他每次使用的"公平"概念都具有伍德讲的"正义是从司法角度对社会事实的合理性的最高表述"含义吗?

第一次显然不具有。在"难道资产者不是断言今天的分配是'公平的'吗?"这句话中,"今天的分配"无疑指的是资本主义分配,而"'公平的'分配"无疑意指"不偏不倚的"分配。由于只是资产者断言资本主义分配是"'公平的'分配",而其他阶级或社会集团的人,如无产者,或马克思在这段话中讲的"各种社会主义宗派分子"并不认为资本主义分配是"公平的"分配,因而,资产者断言的"公平的"分配就只是资产者做出的一种价值判断,而不是"从司法角度对社会事实的合理性的最高表述"。

第三次显然也不具有。在"难道各种社会主义宗派分子关于'公平的'分

---

① 《马克思恩格斯文集》第 3 卷,人民出版社 2009 年版,第 323 页。

② 《马克思恩格斯选集》第 3 卷,人民出版社 2012 年版,第 361 页。在伍德引用的英译本,即 Karl Marx and Friedrich Engels, Selected Works(Moscow, 1951), II,第 20 页中,在中译文中被译为"公平"的英文原文是"justice",也即伍德讲的"正义"。

配不是也有各种极不相同的观念吗?"这句话中,"'公平的'分配"无疑指的不是资本主义分配,尽管"公平的"的含义无疑也是"不偏不倚的"。由于各种社会主义宗派分子对"'公平的'分配"即"不偏不倚的"分配有各种极不相同的观念,因而,他们讲的"'公平的'分配"也是一种价值判断,而不是"从司法角度对社会事实的合理性的最高表述"。

第二次具有吗? 我认为也不具有。在"难道它事实上不是在现今的生产方式基础上唯一'公平的'分配吗?"这句话中,"它"指的也是资本主义分配方式,而"'公平的'分配"指的却不是"不偏不倚的"分配。这是因为,马克思第一次使用的"'公平的'分配",指的是资本家断言的"'公平的'分配",第三次使用的"'公平的'分配",指的是各种社会主义宗派分子认为的"'公平的'分配",而第二次使用的"'公平的'分配",则是马克思自己断言的"'公平的'分配"。马克思可能断言资本主义分配方式也是"不偏不倚的"吗? 显然不可能! 那马克思第二次使用的"'公平的'分配"其含义是什么? 我认为,其含义只是事实判断意义上的"相适合的"分配,用历史唯物主义的话语表述就是"具有历史必然性的"分配。因为马克思在这句话中讲的"它",指的是资本主义分配,"在现今的生产方式基础上",指的是资本主义分配基于资本主义生产方式,由此说来,对"难道它事实上不是在现今的生产方式基础上唯一'公平的'分配吗?"这句话只能做一种历史唯物主义的理解,即马克思认为资本主义分配事实上是在现今的生产方式基础上唯一"相适合的",即"具有历史必然性的"分配。对我的这种理解人们也许会提出疑问:马克思在这里为什么不使用"相适合的",而非要使用"公平的"这一看上去与他第一、第三次使用的"公平的"完全相同的表述呢? 我认为,马克思这样做大概是基于三个考虑:第一,他使用的"公平的"概念,其德文原文是"gerecht",而"gerecht"本身的含义有多种,其中既包括"不偏不倚的",也包括"相适合的";第二,他将三次使用的"公平的"都加上引号,已表明对它们各自的含义要基于各自的语境做特殊的理解;第三,"公平的"是《哥达纲领》中的用语,马克思沿用它既有行文上的考虑,也是为了表示讥讽。当然,我的理解也许存在这样或那样的问题,但不管怎样讲,马克思第二次讲的"'公平的'分配",也不是"从司法角度对社会事实的合理性的最高表述"。

以上表明,无论是从伍德让人们参见的恩格斯在《论住宅问题》中的那段话,还是从他自己引用的马克思在《哥达纲领批判》中的那段话,都推论不出"在马克思的论述中,正义概念是从司法角度对社会事实的合理性的最高表示"。因此,他把恩格斯那段话作为其第一个理由的文本依据是不能成立的。

二

在提出正义在马克思的论述中是从司法角度对社会事实的合理性的最高表示之后,伍德接着指出,虽然我们在马克思的著作中"没有发现他真的试图提供一种清楚而积极的权利或正义观念……但是,也不能认为马克思从来没有把正义作为合理的社会标准"①,因为马克思在《资本论》第三卷中讲过这样一段话:

> 生产当事人之间进行的交易的正义性在于:这种交易是从生产关系中作为自然结果产生出来的。这种经济交易作为当事人的意志行为,作为他们的共同意志的表示,作为可以由国家强加给立约双方的契约,表现在法律形式上,这些法律形式作为单纯的形式,是不能决定这个内容本身的。这些形式只是表示这个内容。这个内容只要与生产方式相适应,这个内容只要与生产方式相矛盾,在资本主义生产方式的基础上,在商品质量上弄虚作假也是非正义的。②

伍德说,这段话并不等于对马克思"正义理论"的清晰说明,但它非常具有启发性。虽然马克思在这段话中仅提到"交易"的正义性,但他的论述却足

---

① *The Marxian Critique of Justice*, Allen W.Wood, Philosophy and Public Affairs, Vol.1, No.3.(Spring,1972), p.255.

② *The Marxian Critique of Justice*, Allen W.Wood, Philosophy and Public Affairs, Vol.1, No.3.(Spring,1972), p.255.伍德说这段话是他根据马克思的德文原文翻译的。这里的中译文是本文作者依据伍德的英译文并参照马克思的德文原文翻译的。

以应用于"行为、社会制度甚至法律和政治结构"①,因为他说的交易的正义性确实表明了与正义概念及其在社会理论和实践中应有的作用相关的几个重要命题:(1)要根据正义在特定生产方式中的作用来看待正义概念;(2)正义是每种生产方式衡量自身的标准;(3)正义取决于受历史条件制约的生产方式所提出的具体要求;(4)行为或制度的正义性不依赖于结果或效果。② 简言之,"对马克思来说,一种经济交易或社会制度的正义与否取决于它与流行的生产方式的关系。一种交易如果与生产方式相适应,它就是正义的,如果与生产方式相矛盾,它就是不正义的。"③

正是基于上述解读,伍德提出,由于资本主义制度是同资本主义生产方式相适应的,至少在后者走向不稳定和最终瓦解之前是这样,因而马克思不认为资本主义制度是不正义的。他还论证说,"在资本主义生产中,交易的正义性依赖于这一事实,即它们产生于资本主义生产关系,并且对于作为一个整体的资本主义生产方式而言,它们是充分适合的。……如果没有剩余价值,如果工人没有进行无偿劳动,没有受剥削,那资本主义的生产方式也就没有可能。在资本主义条件下,对剩余价值的占有不仅是正义的,而且,任何阻止资本占有剩余价值的尝试都是绝对不正义的。"④

伍德对马克思那段话的解读正确吗? 对此,不少学者都提出了质疑。⑤受本文篇幅限制,我这里不对他们的质疑做出评价,而只依据我对那段话的解读来表明伍德解读是错误的。

伍德引用的那段话出自马克思《资本论》第三卷第21章"生息资本"。将

---

① *The Marxian Critique of Justice*, Allen W.Wood, Philosophy and Public Affairs, Vol.1, No.3. (Spring, 1972), p.255.

② *The Marxian Critique of Justice*, Allen W.Wood, Philosophy and Public Affairs, Vol.1, No.3. (Spring, 1972), pp.255-259.

③ *Marx on Right and Justice: A Reply to Husami*, Allen W.Wood Philosophy and Public Affairs, Vol.8, No.3.(Spring, 1979), p.268.

④ *The Marxian Critique of Justice*, Allen W.Wood, Philosophy and Public Affairs, Vol.1, No.3. (Spring, 1972), p.265.

⑤ 例如齐亚德·胡萨米,参见, *Marx on Distributive Justice*, Ziyad I.Husami, Philosophy and Public Affairs, Vol.8, No.1.(Autumn, 1978), pp.36-37。

伍德的引文与马克思的德文原文①加以对照，我们不难发现，马克思那段话由
七句话构成，其中的第一句话还含有一个注释，而伍德在引用马克思的那段话
时却略去了第一句话及其注释，也就是说，他的引文是从马克思那段话的第二
句开始的。在我看来，这是导致伍德解读错误的一个重要原因。下面是我对
那段话的逐句解读。

第一句："在这里，像吉尔巴特那样（见注）说什么天然正义是荒谬的。"这
句话中的注释讲的是，"一个用借款来牟取利润的人，应该把一部分利润付给
贷放人，这是不证自明的天然正义的原则"。

这句话中的"在这里"指什么？由于马克思在那段话之前先讲了这样一
段话——"很清楚，100镑的所有权，使其所有者有权把利息，把他的资本生产
的利润的一定部分据为己有。如果他不把这100镑交给另一个人，后者就不
能生产利润，也就根本不能用这100镑来执行资本家的职能"②，由此我们可
以推断，"在这里"指的是在谈论产业资本家或商业资本家为什么要把一部分
利润付给货币资本家这一问题时。那"像吉尔巴特那样（见注）说什么天然正

---

① 马克思这段话的德文原文是："Mit Gilbart（siehe Note）von natürlicher Gerechtigkeit hier zu
reden，ist Unsinn. Die Gerechtigkeit der Transaktionen，die zwischen den Produktionsagenten vorgehn，
beruht darauf，daβ diese Transaktionen aus den Produktionsverhältnissen als natürliche Konsequenz en-
tspringen. Die juristischen Formen，worin diese ökonomischen Transaktionen als Willenshandlungen der
Beteiligten，als Äuβerungen ihres gemeinsamen Willens und als der Einzelpartei gegenüber von Staats
wegen erzwingbare Köntrakte erscheinen，konnen als bloβe Formen diesen Inhalt selbst nicht
bestimmen. Sie drücken ihn nur aus. Dieser Inhalt ist gerecht，sobald er der Produktionsweise entspricht，
ihr adäquat ist. Er ist ungerecht，sobald er ihr widerspricht. Sklaverei，auf Basis der kapitalistischen
Produktionsweise，ist ungerecht；ebenso der Betrug auf die Qualität der Ware.（*Karl Marx Friederich En-
gels*，Band 25，Berlin：Dietz Verlag，1959，pp.351—352）中央编译局将这段话译为："生产当事人之
间进行的交易的正义性在于：这种交易是从生产关系中作为自然结果产生出来的。这种经济交
易作为当事人的意志行为，作为他们的共同意志的表示，作为可以由国家强加给立约双方的契
约，表现在法律形式上，这些法律形式作为单纯的形式，是不能决定这个内容本身的。这些形式
只是表示这个内容。这个内容，只要与生产方式相适应，相一致，就是正义的；只要与生产方式相
矛盾，就是非正义的。在资本主义生产方式的基础上，奴隶制是非正义的；在商品质量上弄虚作
假也是非正义的。"（《马克思恩格斯全集》第25卷，人民出版社1974年版，第379页。）我认为中
央编译局的译文存在误译的问题，参见我的论文《马克思认为"与生产方式相适应，相一致就是
正义的"吗？——对中央编译局〈资本论〉第3卷一段译文的质疑与重译》，《马克思主义与现实》
2010年第6期。故此，本文涉及这段话的中译文，都是我依据德文原文译出的。

② 《马克思恩格斯全集》第46卷，人民出版社2003年版，第379页。

义"指什么？从"注释"不难看出，它指的是吉尔巴特认为，"一个用借款来牟取利润的人，应该把一部分利润付给贷放人，这是不证自明的天然正义的原则"。这样说来，第一句话讲的是：马克思认为，在谈论产业资本家或商业资本家为什么要把一部分利润付给货币资本家这一问题时，像吉尔巴特那样说"一个用借款来牟取利润的人，应该把一部分利润付给贷放人，这是不证自明的天然正义的原则"，是荒谬的。

第二句："这种生产当事人之间进行的交易的正义性基于这一事实：这些交易是从生产关系中作为自然结果产生出来的。"

这句话中的"这种生产当事人之间进行的交易的正义性"指什么？联系第一句话不难看出，"这种生产当事人之间进行的交易"，指的是吉尔巴特说的"用借款来牟取利润的人"和"贷放人"之间进行的前者把一部分利润付给后者的交易，而"正义性"指的是前者把一部分利润付给后者是"应该的"。那"这些交易是从生产关系中作为自然结果产生出来的"指什么？联系马克思前边的论述，这其中的"这些交易"，指的仍是"用借款来牟取利润的人"和"贷放人"之间进行的前者把一部分利润付给后者交易，与此相应，这其中的"生产关系"指的是资本主义生产关系。这样说来，第二句话讲的是：马克思认为，吉尔巴特讲的"用借款来牟取利润的人"和"贷放人"之间进行的交易的正义性，即前者"应该"把一部分利润付给后者，是基于这些交易是从资本主义生产关系中作为自然结果产生出来的事实。

第三、四句："这种经济交易作为当事人的意志行为，作为他们的共同意志的表示，作为可以由国家强加给立约双方的契约，表现在法律形式上，这些法律形式作为单纯的形式，是不能决定这个内容本身的。这些形式只是表示这个内容。"①

联系前两句话来理解，这里出现的"这些经济交易"，指的仍是吉尔巴特说的"用借款来牟取利润的人"和"贷放人"之间进行的前者把一部分利润付给后者的交易，而马克思所以要在这里出现的"交易"前面加上形容词"经济的"，是因为他接下来要强调这些交易具有的"经济"特征。这里出现的"这个

---

① 《马克思恩格斯全集》第46卷，人民出版社2003年版，第379页。

内容"是"这些经济交易"的同义语。这里出现的"法律形式"是相对"这个内容"而言的,因此,它指的是吉尔巴特所说的那种交易在法律形式上的表现。马克思为什么在第二句话之后,即在指出"这些交易是从生产关系中作为自然结果产生出来的"之后,进而论述这些"经济交易"即"这个内容"和它的"法律形式"的关系?我认为,这是因为吉尔巴特所说的"天然正义原则",意指的只是一个用借款来牟取利润的人应该把一部分利润付给贷放人,进而言之,它只涉及法律手续上的"资本贷出"和"资本偿还",而不涉及这中间的资本的现实运动,即用借款来牟取利润的人把从贷放人那里得到的作为货币资本的贷款投入现实的生产过程——把货币支付出去购买生产资料(如果是产业资本)或购买商品(如果是商业资本)并获得利润,从而使人觉得他们之间的交易不是"从生产关系中作为自然结果产生出来的",而是由他们之间交易的法律形式所决定的。这是马克思要进而论述这些"经济交易"即"这个内容"和它的"法律形式"关系的原因所在。在马克思看来,吉尔巴特说的"用借款来牟取利润的人"和"贷放人"之间进行的前者把一部分利润付给后者的交易,从根本上讲是"经济"交易,因为前者要把从后者得到的作为货币资本的贷款投入现实的生产过程并获得利润,然后才能把获得的一部分利润付给后者。因此,这些"经济"交易虽然"作为当事人的意志行为,作为他们的共同意志的表示,作为可以由国家强加给立约双方的契约,表现在法律形式上",但这些"法律形式"只是表示而不能决定"这个内容",因为这个内容,即"这些经济交易"是从生产关系中作为自然结果产生出来的。

为了证实我的这些解读,我这里愿再引用马克思讲完那段话之后讲的两段话。第一段话:"第一次支出,使资本由贷出者手中转到借入者手中,这是一个法律上的交易手续,它与资本的现实的再生产过程无关,只是为这个再生产过程作了准备。资本的偿还,使流回的资本再由借入者手中转到贷出者手中,这是第二个法律上的交易手续,是第一个交易手续的补充。一个是为现实过程作了准备,另一个则是发生在现实过程之后的补充行为。因此,借贷资本的出发点和复归点,它的放出和收回,都表现为任意的、以法律上的交易为中介的运动,它们发生在资本现实运动的前面和后面,同这个现实运动本身无关。"①这段话表明,吉尔巴特说的用借款来牟取利润的人和贷放人之间进行的前者把一部分利润付给后者的交易,虽然要以法律上的交易手续为中介,但这"发生在资本现实运动的前面和后面,同这个现实运动本身无关"。第二段话:"货币作为资本贷放——以在一定时期以后流回为条件而放出货币——要有一个前提:货币实际上会当作资本使用,实际上会流回到它的起点。因此,货币作为资本进行的现实的循环运动,就是借入者必须把货币偿还给贷出者的那种法律上的交易的前提。"②这段话表明,吉尔巴特所说的用借款来牟取利润的人和贷放人之间进行的前者把一部分利润付给后者的交易,是以货币实际上会当作资本使用为前提的。从这两段话可以推断,马克思之所以要在第三句话讲的"交易"前面加上"经济的"形容词,并进而论述这些经济交易的"法律形式"是不能决定"这个内容"的,目的就是为了对第二句话讲的"这些交易是从生产关系中作为自然结果产生出来的"做进一步说明。简言之,第三、四句讲的是:马克思认为,吉尔巴特说的那些经济交易作为当事人的意志行为,表现在法律形式上,但这些法律形式是不能决定这个内容即经济交易本身的,它们只是表示这个内容。

第五句:"这个内容是正义的,只是在它与生产方式相符合,相适宜时。"

前边表明,在第三、四句话出现的"这个内容",指的是吉尔巴特所说的"用借款来牟取利润的人"和"贷放人"之间进行的前者把一部分利润付给后者的交易,这样,从逻辑上讲,在第五句出现的"这个内容"与第三、四句出现的"这个内容"是同一概念,指的也是吉尔巴特说的那种交易。与此相应,这里出现的"生产方式",指的则是资本主义生产方式,因为它是相对吉尔巴特说的那种交易而言。而这里出现的"相符合,相适宜",指的则是这个内容即吉尔巴特说的那种交易,是从生产方式即资本主义生产方式中"作为自然结果产生出来的"。我这样解读是因为,前边指出,马克思的第二句话是要表明,吉尔巴特所说的那种交易的正义性不是"天然的",因为那种交易是从特定的生产关系,即资本主义生产关系中作为自然结果产生出来。马克思的第

① 《马克思恩格斯全集》第46卷,人民出版社2003年版,第389页。
② 《马克思恩格斯全集》第46卷,人民出版社2003年版,第391页。

三、四句话是对第二句话的进一步说明,即这个内容也即吉尔巴特所说的那种交易,虽然通过法律形式表现出来,但这些法律形式不能决定这个内容。如果联系第二、第三和第四句话来理解,那我们可以做这样的推论:由于第五句话讲的"这个内容"也就是第二句话讲的"这些交易",第五句话讲的"生产方式"与第二句话讲的"生产关系"是同义语①,因此,第五句话讲的这个内容与生产方式"相适应,相一致",不过是对第二句话讲的这些交易是从生产关系中"作为自然结果产生出来的"的另一种表述。那"正义的"指的又是什么?前边表明,在注释中出现的"正义"、在第一句话出现"正义"和在第二句话出现的"正义",指的都是吉尔巴特所说的"正义",即那些用借款来牟取利润的人"应该"把一部分利润付给贷放人。这样说来,由于在第五句中出现的"正义的"不过是在前边几句话出现的"正义"的形容词形式,因此,其含义也是吉巴特说的"正义的",即那些用借款来牟取利润的人把一部分利润付给贷放人是"应该的"。这样说来,第五句话讲的是:马克思认为,吉尔巴特说这个内容(那些用借款来牟取利润的人把一部分利润付给贷放人)是正义的(应该的),只是在它与(资本主义)生产方式相符合、相适宜时(是从生产关系中"作为自然结果产生出来的")。

第六句讲的是:"这个内容是非正义的,只是在它与生产方式相矛盾时。"

联系第五句来理解,这里出现的"这个内容"指的也是吉尔巴特说的那种交易。这里出现的"生产方式",指的也是资本主义生产方式。这里出现的"非正义",指的则是"不应该"。而这里出现的"相矛盾",指的则是与第五句讲的"相符合、相适宜"的情况相反,即"这个内容"也即吉尔巴特说的那种交易,不是从生产方式即资本主义生产方式中"作为自然结果产生出来的"。这样说来,这句话讲的是:马克思认为,吉尔巴特说这个内容(那些用借款来牟取利润的人把一部分利润付给贷放人)是非正义的(不应该),只是在它与(资本主义)生产方式相矛盾时(不是从生产关系中"作为自然结果产生出

---

① 我们知道,在马克思的著作中,"生产关系"和"生产方式"这两个概念在含义上存在差别(关于这一问题,笔者在《马克思主义研究》1995 年第 3 期发表的一篇题为《对生产力、生产方式和生产关系概念的再考察》的论文中曾有论述),但就它们在这里出现的语境而言,即就它们在这里都是作为使吉尔巴特说的那些交易得以产生的"基础"而言,它们可被视为同义语。

来的")。

第七句:"基于资本主义生产方式的奴隶般的劳动是非正义的,在商品质量上弄虚作假也是非正义的。"

这句话中的"非正义的"与第六句话中的"非正义的"是同一概念,因而可以认为,第七句话是对第六句话的进一步说明,即为第六句话提供两个例证。这样说来,第七句话讲的是:基于资本主义生产方式的奴隶般的劳动是非正义的(不应该),在商品质量上弄虚作假也是非正义的(不应该),因为它们都不是从资本主义生产关系中作为自然结果产生出来的。

以上是我对马克思《资本论》第三卷那段话的解读。不难看出,由于伍德略去了那段话的第一句及其注释,他对那段话的解读与我的解读是大相径庭的。按照我解读,马克思那段话只是对吉尔巴特所谓的"天然正义的原则"的批判,说得具体一点就是,由于吉尔巴特所说的交易只是从资本主义生产关系中作为自然结果产生出来的,离开了资本主义生产关系,就不会有那些交易,而没有那些交易,也就不会有他所说的"天然正义的原则",因此,他所说的"天然正义的原则"并不是"天然"的,而是历史的,即以资本主义生产关系为基础的。而按照伍德的解读,马克思那段话不是在批判吉尔巴特的天然正义的原则,而是在提出自己对正义的看法,即任何交易,只要与生产方式相符合,相适宜,就是正义的;只要与生产方式相矛盾,就是非正义。

在我看来,伍德的解读是错误的,因为它与马克思那段话的原意明显相悖。如果伍德对马克思的那段话的解读是错误的,那他把它作为其第二个理由的文本依据就是不能成立的。

三

在提出"在马克思的论述中,正义概念是从司法角度对社会事实的合理性的最高表示",和"对马克思来说,一种经济交易或社会制度的正义与否取决于它与流行的生产方式的关系"之后,伍德转向"依靠资本占有剩余价值对马克思来讲是否不正义的问题"①,并进而为他的那个论断提出了第三个理由:根据马克思的说法,"资本占有剩余价值不包含不平等或不正义的交换"。②

伍德论证说,马克思认为,资本家付给工人的工资通常是其劳动力的全部价值,因而,依据商品交换的最严格规律,即"用等价物交换等价物",这是一种正义的交换,而且是资本家和工人之间的唯一交换;资本家是占有了剩余价值而没付等价物,但这与用工资交换劳动力无关,因为后者早在销售所生产的商品并实现其剩余价值的问题出现之前就已结束;资本家购买了一个商品(劳动力)并支付了它的全部价值,通过使用、利用这种商品,他现在创造出比他支付工资的价值更大的价值,这个剩余价值属于他,而不属于其他任何人;用马克思的话来讲就是,"这种情况对买者是一种特别的幸运,对卖者也绝不是不公平"③,因此,资本占有剩余价值不包含不平等或不正义的交换。④

伍德的全部论证显然都是以马克思的那句话,即"这种情况对买者是一种特别的幸运,对卖者也绝不是不公平"为文本依据的。在判断马克思的那句话能否作为伍德的文本依据之前,让我们先来看看马克思那句话的含义。那句话出自马克思的《资本论》第一卷第五章"劳动过程和价值增殖过程",是马克思讲的一大段话的最后一句:

> 劳动力的日价值是3先令,因为在劳动力本身中对象化了半个工作日,就是说,因为每天生产劳动力所必要的生活资料要费半个工作日。但是,包含在劳动力中的过去劳动和劳动力所能提供的活劳动,劳动力一天的维持费和劳动力一天的耗费,是两个完全不同的量。前者决定它的交换价值,后者构成它的使用价值。维持一个工人24小时的生活只需要半个工作日,这种情况并不妨碍工人劳动一整天。因此,劳动力的价值和劳

① *The Marxian Critique of Justice*, Allen W. Wood, Philosophy and Public Affairs, Vol. 1, No. 3. (Spring, 1972), p.260.

② *The Marxian Critique of Justice*, Allen W. Wood, Philosophy and Public Affairs, Vol. 1, No. 3. (Spring, 1972), p.263.

③ 《马克思恩格斯全集》第21卷,人民出版社2003年版,第439页。

④ 参见,*The Marxian Critique of Justice*, Allen W. Wood, Philosophy and Public Affairs, Vol. 1, No. 3. (Spring, 1972), pp.262-263。

动力在劳动过程中的价值增殖,是两个不同的量。资本家购买劳动力时,正是看中了这个价值差额。劳动力能制造棉纱或皮靴的有用属性,只是一个必要条件,因为劳动必须以有用的形式耗费,才能形成价值。但是,具有决定意义的,是这个商品独特的使用价值,即它是交换价值的源泉,并且是大于它自身的交换价值的源泉。这就是资本家希望劳动力提供的独特的服务。在这里,他是按照商品交换的各个永恒规律行事的。事实上,劳动力的卖者,和任何别的商品的卖者一样,实现劳动力的交换价值而让渡劳动力的使用价值。他不交出后者,就不能取得前者。劳动力的使用价值即劳动本身不归它的卖者所有,正如已经卖出的油的使用价值不归油商所有一样。货币占有者支付了劳动力的日价值,因此,劳动力一天的使用即一天的劳动就归他所有。劳动力维持一天只费半个工作日,而劳动力却能发挥作用或劳动一整天,因此,劳动力使用一天所创造的价值比劳动力自身一天的价值大一倍。这种情况对买者是一种特别的幸运,对卖者也绝不是不公平。①

不难看出,马克思的这段话旨在表明,劳动力的价值和劳动力在劳动过程中的价值增殖是两个不同的量,而资本家购买劳动力时,正是看中了这个价值差额。由于资本家支付了劳动力的日价值,因此,劳动力一天的使用即一天的劳动就归他所有。但劳动力维持一天只费半个工作日,而劳动力却能劳动一整天,因此,劳动力使用一天所创造的价值比劳动力自身一天的价值大一倍。由此我们可以推断,马克思在这段话最后讲的"这种情况对买者是一种特别的幸运",指的是资本家幸运地在市场上发现了劳动力这种特殊的商品,它的使用价值是价值的源泉,并且是大于它自身的价值的源泉;"对卖者也绝不是不公平",指的是由于资本家支付了劳动力的价值,因而依照商品经济的等价交换原则,对卖者即工人也绝不是不公平的。

在我看来,如果伍德的论证仅要表明,马克思认为,由于资本家付给工人的工资是其劳动力的全部价值,因而,根据商品经济的等价交换原则,这不是不公平的,那他把马克思那句话作为文本依据是可以成立的。然而,他的论证

① 《马克思恩格斯全集》第 42 卷,人民出版社 2016 年版,第 186—187 页。

实际上却还要进而表明,马克思认为:用工资交换劳动力是资本家和工人之间的唯一交换;资本家占有剩余价值与用工资交换劳动力无关;剩余价值是资本家利用他购买的劳动力创造的;资本占有剩余价值不包含不平等或不正义的交换。这样一来,他把马克思那句话作为文本依据就是不能成立的,因为他要进而表明的马克思持有的那些观点,不但与马克思的那句话毫不相干,而且还与马克思本人的相关论述明显相悖。

首先,马克思并不认为,用工资交换劳动力是资本家和工人之间的唯一交换,因为"资本和劳动的交换"不同于"简单交换"。从伍德的论证不难看出,当他说"用工资交换劳动力是资本家和工人之间的唯一交换"时,他讲的"用工资交换劳动力",指的只是资本家在流通领域中付给工人工资以换取工人劳动力的等价物与等价物的交换。马克思认为这是资本家和工人之间的"唯一交换"吗?只要读一下马克思的相关论述就不难发现,他不这样认为。马克思在《经济学手稿(1857—1858年)》指出,资本家支付给工人的工资不是一般意义的货币,而是作为资本的货币,即能够带来剩余价值的货币,与此相应,工人出卖给资本家的劳动力也不是一般意义的商品,而是能创造出比自身价值更大的商品,即作为使用价值的劳动。因此,"当我们考察资本和劳动的交换时,我们看到,这种交换分解为两个不仅在形式上而且在性质上不同的,甚至是相互对立的过程:(1)工人拿自己的商品,即作为使用价值的劳动(它作为商品同其他一切商品一样也有价格),同资本出让给他的一定数额的交换价值,即一定数额的货币相交换。(2)资本家换来劳动本身,这种劳动是创造价值的活动,是生产劳动;也就是说,资本换来这样一种生产力,这种生产力使资本得以保持和增值,从而变成了资本的生产力和再生产力,一种属于资本本身的力。"①在简单交换中不发生这种二重的过程:如果商品 a 同货币 b 相交换,而后者又同供消费用的商品 c(它是 a 本来交换的对象)相交换,那么商品 c 的使用即消费,完全是在流通以外进行的。进而言之,对商品 c 使用不但与这种交换关系的形式毫无关联,而且还是纯粹物质方面的事情,它只表示具有自然属性的个人 A 同他的个别需要之间的关系。简言之,在简单交换中,

---

① 《马克思恩格斯全集》第46卷上,人民出版社1979年版,第231页。

对于商品 c 如何处理,这是属于经济关系以外的问题。在资本和劳动的交换中,"用货币交换来的东西的使用价值表现为特殊的经济关系,用货币交换来的东西的一定用途构成两个过程的最终目的。因此,这一点已经在形式上把资本和劳动间的交换同简单交换区别开了,这是两个不同的过程。"①资本和劳动的交换同简单交换的区别不是通过外表上的对照或比较而产生的,而是在资本和劳动相交换的过程的总体中产生的。而第二个过程,即资本占有劳动的特殊过程与第一个过程的区别,"恰恰是资本和劳动间的交换同以货币为中介的商品交换的区别。"②从这些论述不难看出,马克思把"资本和劳动的交换"视为一个总体,它包括两个过程,一是资本家以一定数额的货币即工资同工人的劳动力相交换,二是资本家用换来的工人的劳动力使资本得以保持和增值。如果说这就是马克思讲的资本和劳动的交换,那伍德说"用工资交换劳动力是资本家和工人之间的唯一交换",显然就与马克思的论述相悖。

其次,马克思认为,资本家占有剩余价值与用工资交换劳动力密切相关,因为后者是前者的必不可少的前提和组成部分。在伍德看来,由于用工资交换劳动力早在销售所生产的商品并实现其剩余价值的问题出现之前就已结束,因而,尽管资本家占有了剩余价值而没付等价物,但这与用工资交换劳动力无关。但马克思却不这样认为。马克思在《资本论》第一卷第四章"货币转化为资本"中指出,剩余价值既不能从流通中产生,又不能不从流通中产生。这是因为,资本家要占有剩余价值,"就必须幸运地在流通领域内即在市场上发现这样一种商品,它的使用价值本身具有成为价值源泉的独特属性,因此,它的实际消费本身就是劳动的对象化,从而是价值的创造。"③这种特殊的商品就是劳动力。同任何其他商品的价值一样,劳动力的价值在它进入流通以前就已确定,因为在劳动力的生产上已经消费了一定量的社会劳动,但它的使用价值却只是在以后的力的表现中才实现。这也就是说,力的让渡和力的实际表现即力作为使用价值的存在,在时间上是互相分开的。商品是由他的买者使用的,因此,劳动力的所有者从进入资本家的工场时起,他的劳动力的使

① 《马克思恩格斯全集》第 30 卷,人民出版社 1995 年版,第 233 页。
② 《马克思恩格斯全集》第 30 卷,人民出版社 1995 年版,第 233 页。
③ 《马克思恩格斯选集》第 2 卷,人民出版社 2012 年版,第 163—164 页。

用价值,即劳动力的使用,劳动,就属于资本家了。马克思的这些论述表明,资本家之所以能够占有剩余价值,就在于他用工资交换工人劳动力,从而获得了使用后者的劳动力的权力,即迫使后者生产出超出自身劳动力价值的价值——剩余价值的权力。可见,离开了用工资交换工人劳动力,资本家就不可能占有剩余价值。由此说来,虽然资本家用工资交换工人劳动力"早在销售所生产的商品并实现其剩余价值的问题出现之前就已结束",但没有前者,就不会有后者,所以,伍德认为资本家占有剩余价值与用工资交换劳动力无关,也是与马克思的论述相悖的。

第三,马克思明确指出,剩余价值不是资本家创造的,因为它只是工人的剩余劳动时间的凝结。伍德说,"资本家购买了一个商品(劳动力)并支付了它的全部价值,通过使用、利用这种商品,他现在创造出比他支付工资的价值更大的价值。"伍德这里讲的"他",无疑指的是资本家;"使用、利用这种商品",无疑指的是资本家使用、利用他所购买的劳动力商品,即让工人从事劳动;而"创造出比他支付工资的价值更大的价值",无疑指的是创造出比资本家支付的劳动力价值更大的价值,即马克思所说的"剩余价值"。简言之,伍德认为,剩余价值是资本家通过消费他所购买的劳动力商品而创造的。马克思显然不这样认为。马克思指出,"每个商品的价值都是由物化在该商品的使用价值中的劳动的量决定的"①,而"把价值看作只是劳动时间的凝结,只是物化的劳动,这对于认识价值本身具有决定性的意义,同样,把剩余价值看作只是剩余劳动时间的凝结,只是物化的剩余劳动,这对于认识剩余价值也具有决定性的意义。"②由此说来,伍德讲的资本家通过消费他所购买的劳动力商品而创造的剩余价值,说到底也是一定劳动时间的凝结。那谁的劳动时间的凝结?按照伍德的说法似乎是资本家的劳动时间,因为伍德说"他"即资本家现在"创造出"比他支付工资的价值更大的价值。但在马克思看来,剩余价值只是"超出必要劳动的界限工的时间"③,即工人的剩余劳动时间的凝结。当然,伍德也许会说,对劳动力的使用、利用不是也要付出劳动吗?这种劳动不

---

① 《马克思恩格斯全集》第40卷,人民出版社2016年版,第178页。
② 《马克思恩格斯全集》第43卷,人民出版社2016年版,第243—244页。
③ 《马克思恩格斯全集》第43卷,人民出版社2016年版,第220页。

创造价值吗？对此，马克思曾清楚地指出："资本家例如支付劳动力一天的价值。于是，在这一天内，劳动力就像出租一天的任何其他商品（例如一匹马）一样，归资本家使用。商品由它的买者使用；劳动力的占有者提供他的劳动，实际上只是提供他已卖出的使用价值。"①这就表明，虽然资本家使用、利用了劳动力，但提供劳动的却只是劳动力的所有者，即工人，因而，剩余价值只能是工人的剩余劳动时间的凝结。换句话说，资本家是使用、利用了劳动力，但他并没提供任何创造价值的劳动。因此，伍德以资本家使用和利用了工人的劳动力为由，将工人创造的剩余价值说成是资本家创造的剩余价值，这显然也与马克思的论述相悖。

第四，马克思认为，资本占有剩余价值包含不平等的交换，因为剩余价值总是超出等价物的价值。伍德论证说，由于资本家付给工人的工资通常是其劳动力的全部价值，因而，资本占有剩余价值不包含不平等交换。但马克思却不这样认为。马克思指出，资本占有剩余价值，"这种情况只有当物化在劳动价格中的劳动小于用这种物化劳动所购买的活劳动时间时才是可能的。"②换句话说，只有当资本家购买的劳动力的价值小于劳动力实际创造的价值时，资本才能占有剩余价值。如果维持工人一个工作日的生存需要一个工作日，那么，资本就不存在，因为这样就等于工作日和它自己的产品相交换，从而资本就不能作为资本而增值。如果维持工人一个工作日的生存只需要半个工作日，那么，产品中的剩余价值就自然产生出来了，因为资本家在劳动价格中只支付了半个工作日，而在产品中得到的却是整个物化的工作日，也就是说，他在交换中对后半个工作日什么也没有支付。可见，在后一种情况中，资本家实际上没付任何等价物就白白获得了剩余价值。这种情况表明，"由于资本同作为等价物的劳动能力相交换，资本就不付等价物而获得了劳动时间（因为这个时间超过了包含在劳动能力中的时间）；资本借助交换的形式，不经交换就占有了他人的劳动时间。"③如果这就是马克思讲的资本对剩余价值的占有，那伍德讲的，由于资本家付给工人的工资通常是其劳动力的全部价值，因

---

① 《马克思恩格斯全集》第42卷，人民出版社2016年版，第177页。
② 《马克思恩格斯全集》第46卷上，人民出版社1979年版，第282页。
③ 《马克思恩格斯选集》第46卷下，人民出版社1980年版，第187页。

而资本占有剩余价值不包含不平等交换,就是与马克思的论述相悖的。

第五,资本占有剩余价值包含不正义的交换,因为资本家无偿占有了本应属于工人的剩余价值。伍德认为,由于资本占有剩余价值不包含不平等交换,因而也就不包含不正义的交换。而马克思则认为,由于资本占有剩余价值包含不平等的交换,而后者说到底是对工人创造的剩余价值的无偿占有,因而资本占有剩余价值也包含不正义的交换。当然,马克思对此并无明确的表述,而只是通过他在相关论著中多次把资本占有剩余价值说成是对工人的"盗窃"和"抢劫"间接地表明了他的看法。例如,在《经济学手稿(1857—1858年)》中他明确指出,"现今财富的基础是盗窃他人的劳动时间"①。在《资本论》中,他把剩余产品视为"资本家阶级每年从工人阶级那里夺取的贡品的组成部分"②;把逐年增长的剩余产品称作"从英国工人那里不付等价物而窃取的";把资本家无偿占有的剩余价值看作"从工人那里掠夺来的赃物"。对于马克思的这些说法,当代左翼学者,牛津大学的 G.A.科恩教授曾做过这样的推论:在马克思看来,资本占有剩余价值是资本家对工人的"盗窃",而盗窃就"是不正当地拿了属于他者的东西,盗窃是做不正义的事情,而基于'盗窃'的体系就是基于不正义"。③ 他还进而推论,你能从某人那里盗窃的东西,只能是完全属于那个人的东西,因此可以认为,马克思之所以认为资本占有剩余价值是不正义的,实际上"暗示着工人是他自己的劳动时间的正当的所有者"④。在我看来,科恩的推论是有道理的,而且这可以从马克思的一段话得到验证:"认识到产品是劳动能力自己的产品,并断定劳动同自己的实现条件的分离是不公平的、强制的,这是了不起的觉悟,这种觉悟是以资本为基础的生产方式的产物,而且也正是为这种生产方式送葬的丧钟,就像当奴隶觉悟到他不能作第三者的财产,觉悟到他是一个人的时候,奴隶制度就只能人为地苟延残喘,而不能继续作为生产的基础一样。"⑤如果说马克思认为资本在同劳动的

① 《马克思恩格斯选集》第2卷,人民出版社2012年版,第783页。
② 《马克思恩格斯全集》第43卷,人民出版社2016年版,第618页。
③ 转引自《马克思与正义理论》,中国人民大学出版社2010年版,第158页。
④ G.A.Cohen, *Self-ownership, freedom, and equality*. Cambridge University Press, 1995, p.146.
⑤ 《马克思恩格斯文集》第8卷,人民出版社2009年版,第112页。

交换中不付任何等价物就白白获得了剩余价值，并认为资本占有剩余价值是对工人的"盗窃"和"抢劫"，那伍德说马克思认为资本占有剩余价值不包含不正义的交换，也与马克思的论述相悖。

总之，伍德的论断——"马克思不认为资本主义是不正义的"是基于三个理由，即马克思认为正义概念是从司法角度对社会事实的合理性的最高表示，一种经济交易或社会制度如果与生产方式相适应就是正义的，资本占有剩余价值不包含不平等或不正义的交换。由于他对作为其三个理由的文本依据，即对马克思和恩格斯的三段论述的解读都是错误的，因此，他的三个理由都是不能成立的。如果他的三个理由都不能成立，那他的论断自然也不能成立。

二十四、马克思和恩格斯对正义概念的两种用法

——兼评伍德的两个误解①

在 20 世纪 70—80 年代英美马克思主义学者关于"马克思与正义"的那场大讨论中,时任美国斯坦福大学教授的艾伦·伍德提出了一个使不少人感到诧异的论断——"马克思并不认为资本主义是不正义的"②。伍德的论断不仅在英美学界引起激烈争论,而且对我国学者也产生了很大影响。只要翻阅一下近些年来我国学者关于马克思与正义问题的论著就不难发现,很多人都直接或间接地谈到伍德的论断,其中一些人还明确赞同或在很大程度上认可他的论断。③ 在我看来,伍德的论断是不能成立的,因为它与马克思和恩格斯本人的相关论述明显相悖。鉴于伍德的影响,为了推进我国学者对马克思正义思想的研究和开展真正意义上的国际学术交流,我在《中国社会科学》2017年第 9 期发表了一篇题为"对'伍德命题'文本依据的辨析与回应"(以下简称《辨析》)的论文,对伍德的论断提出了质疑。伍德(现任美国印第安纳大学教授)看到我的文章后很快写了一篇题为《马克思反对从正义出发批判资本主义——对段忠桥教授的回应》(以下简称《回应》)的文章,此文发表在《中国社会科学》2018 年第 6 期。

---

① 本文发表在《中国社会科学》2020 年第 6 期。
② Allen W. Wood, "The Marxian Critique of Justice", *Philosophy and Public Affairs*, Vol. 1, No. 3. (Spring, 1972), p.245.
③ 李佃来主编:《马克思与正义》,中国社会科学出版社 2018 年版。

不过,读完伍德的回应文章后我有些遗憾,因为他在文中只是通过偷换概念和转换论题来为他的论断做辩护,对我提出的质疑则没做出令人信服的回应。尽管如此,我觉得还是有必要对伍德的这篇文章做出回应,这不仅因为国内很多学者都有这样的期待,更因为这篇文章进而显露了伍德对马克思和恩格斯著作中的正义概念存在不少误解,而纠正这些误解对于深化我国学者对马克思正义思想的研究是十分必要的。本文将通过阐释马克思和恩格斯对正义概念的两种用法,对伍德的两个误解作出深入的分析和说明。

一

从伍德提出那一论断的论文,即发表在《哲学与公共事务》1972 第 1 期的《马克思对正义的批判》(以下简称《批判》),和为那一论断做辩护的两篇论文,即发表在《哲学与公共事务》1979 年第 8 期的《马克思论权利和正义:对胡萨米的回复》(以下简称《回复》)和发表在《中国社会科学》2018 年第 6 期的《回应》来看,他在其论断中讲的"资本主义",无疑指的是以资本家剥削工人为基本特征的资本主义分配关系。马克思认为资本主义分配关系是正义的,还是不正义的? 对于这个问题,伍德的回答是前者,我的回答则是后者。在我看来,导致我们分歧的一个深层原因,是伍德没有弄清马克思和恩格斯在相关论述中对正义(或公平)概念①的两种用法。

在谈到资本主义分配关系时,马克思和恩格斯虽然多次使用正义概念,却从没给它下过一个定义,也没对它的含义做过任何说明。由此我们只能做这样的推断,他们对正义概念的使用是沿袭了当时人们通常的用法,即用它来指

① "正义"这一概念在马克思和恩格斯的德文原著中是用"Gerechtigkeit"表示的,由于"Gerechtigkeit"在中文版的《马克思恩格斯全集》中有时也被译为"公平",国内很多学者都把"正义"和"公平"作为同一概念来使用;在本文涉及的伍德的三篇论文中,"正义"的英文原文是"justice",它在中译文中有时也被译为"公平";故此,我在本文中也把"正义"和"公平"作为同一概念来使用。

称"给每个人以其应得"。① 认真读一下他们的相关论述我们可以发现,他们对正义概念实际上有两种不同的用法。

第一种是基于历史唯物主义用法。由于正义的含义是"给每个人以其应得",因此,在涉及资本主义分配关系时,正义是一种道德评价。凡被认为是正义的分配关系,也即要求从道德上予以赞扬的分配关系,凡被认为是不正义的分配关系,也即要求从道德上予以谴责的分配关系。根据历史唯物主义,道德评价属于上层建筑中的意识形态,是由一定社会经济基础,即生产关系的总和所决定的。以下是马克思和恩格斯的两段相关论述:

马克思:"在雇佣劳动制基础上要求平等的报酬或仅仅是公平的报酬,就犹如在奴隶制基础上要求自由一样。什么东西你们认为是公道的和公平的,这与问题毫无关系。问题在于在一定的生产制度下什么东西是必要的和不可避免的。"②

恩格斯:"按照资产阶级经济学的规律,产品的绝大部分并不属于生产这些产品的工人。如果我们说,这是不公平的,不应该这样,那么这首先同经济学没有什么关系。我们不过是说,这个经济事实同我们的道德情感相矛盾。"③

从第一段论述来看,马克思讲的"雇佣劳动制"指的是资本主义生产关系,"公平的报酬"指的是在这一生产关系中处于被支配地位的工人提出的要求,由于工人认为的"公道的和公平的"属于意识形态中的道德评价,因而它

---

① 时至今日,人们对正义概念的用法依然如此。例如,G.A.科恩说:"但如果因为我的一些批评者坚持要求我必须仅以通常的话语说出我认为正义是什么,那对这些对此将感到满足的人来讲,我就给出正义是给每个人以其应有这一古老的格言。"(G.A.Cohen, *Rescuing Justice and Equality*,Harvard University Press,2008,p.7)戴维·米勒对"正义"概念的论述与G.A.科恩大体相同:"在断定每一种关系模式具有其独特的正义原则时,我诉诸读者对我们所谓正义的'语法'的理解。依照查士丁尼的经典定义,作为一种一般意义上的德性的正义乃是'给予每个人应有的部分这种坚定而恒久的愿望'。"(《社会正义原则》,应奇译,江苏人民出版社2008年版,第39—40页。)阿拉斯代尔·麦金泰尔也持有相同的看法,他认为,"正义是给予每个人——包括他自己——他所应得的东西以及不以与他们的应得不相容的方式对待他们的一种安排。"(A.MacIntyre, *Whose Justice? Which Rationality?* London:Duckworth,1988,p.39)

② 《马克思恩格斯全集》第16卷,人民出版社1964年版,第146页。

③ 《马克思恩格斯全集》第28卷,人民出版社2018年版,第215页。

与"在一定的生产制度下什么东西是必要的和不可避免的"这一涉及生产关系的问题无关。从第二段论述来看,恩格斯讲的"产品的绝大部分不是属于生产这些产品的工人"指的是实际存在的"经济事实",也即资本主义分配关系,"这是不公平的,不应该这样"指的是工人的道德感即道德评价,由于体现为"公平"的道德感属于上层建筑中的意识形态,它同研究经济事实的"经济学没有什么直接的关系"。

不难看出,在基于历史唯物主义的用法中,马克思和恩格斯讲的公平指的是人们对从属于生产关系的分配关系的道德评价。正是基于这种用法,他们认为不能从公平出发而只能从资本主义生产力和生产关系的矛盾运动和必然趋势出发,去说明和批判现存的资本主义制度,并一再强调无产阶级的解放事业不是基于某种公平观念的实现而是基于历史的必然性。他们还严厉批判了以蒲鲁东、杜林和拉萨尔为代表的各种小资产阶级的或各种社会主义宗派分子的正义要求,明确指出无论哪种正义要求都不能用于研究资本主义经济关系的政治经济学,更不能用来指导无产阶级革命。关于前一点,马克思在批判蒲鲁东的永恒公平理想时指出:"如果一个化学家不去研究物质变换的现实规律,并根据这些规律解决一定的问题,却要按照'自然性'和'亲和性'这些'永恒观念'来改造物质变换,那么对于这样的化学家人们该怎样想呢?如果有人说,'高利贷'违背'永恒公平'、'永恒公道'、'永恒互助'以及其他种种'永恒真理',那么这个人对高利贷的了解比那些说高利贷违背'永恒恩典'、'永恒信仰'和'永恒神意'的教父的了解又高明多少呢?"①关于后一点,恩格斯说,"如果我们对现代劳动产品分配方式(它造成赤贫和豪富、饥饿和穷奢极欲的尖锐对立)的日益逼近的变革所抱的信心,只是基于一种意识,即认为这种分配方式是非正义的,而正义总有一天定要胜利,那就糟了,我们就得长久等待下去。"②

第二种是基于不同阶级或社会集团的分配诉求的用法。在资本主义社会中,由于资本主义分配关系给处于不同地位的阶级或社会集团带来不同的利

---

① 《马克思恩格斯选集》第3卷,人民出版社2012年版,第196页。
② 《马克思恩格斯选集》第3卷,人民出版社1995年版,第500页。

益,而"正义"概念本身的含义是"给每个人以其应得",因此,尽管不同阶级或社会集团对"每个人应得什么"存在不同的,其至截然对立的理解,但他们都把"正义"或"公平"作为自己的分配诉求。以下是马克思和恩格斯的两段相关论述:

马克思:"什么是'公平的'分配呢?难道资产者不是断言今天的分配是'公平'的吗?难道它事实上不是在现今的生产方式基础上唯一'公平的'分配吗?……难道各种社会主义宗派分子关于'公平的'分配不是也有各种极不相同的观念吗?"①

恩格斯:"这样也就证明了,现代资本家,也像奴隶主或剥削农奴劳动的封建主一样,是靠占有他人无偿劳动发财致富的,而所有这些剥削形式彼此不同的地方只在于占有这种无偿劳动的方式有所不同罢了。这样一来,有产阶级的所谓现代社会制度中占支配地位的是公道、正义、权利平等、义务平等和利益普遍协调这一类虚伪的空话,就失去了最后的根据,于是现代资产阶级社会就像以前的各种社会一样被揭穿:它也是微不足道的并且不断缩减的少数人剥削绝大多数人的庞大机构。"②

在第一段论述中,马克思表明,不同的阶级或社会集团对于"今天的分配"即资本主义分配关系是否公平持有"极不相同的观念",资产者断言的"公平"不同于他本人断言的"公平"③,也不同于各种社会主义宗派分子断言的"公平"。在第二段论述中,恩格斯指出,现代资本家像奴隶主或封建主一样也是靠占有他人无偿劳动发财致富的,但有产阶级却把这说成是"公道、正义"的。

不难看出,在基于不同阶级或社会集团的分配诉求的用法中,马克思和恩格斯讲的公平指的是不同的阶级或社会集团提出的"给每个人以其应得"的分配诉求。正是基于这种用法,他们在谈到正义或公平时总要加上"资产者的""工人的""各种社会主义宗派分子的"这样的定语,以表明不同阶级和社

① 《马克思恩格斯选集》第3卷,人民出版社1995年版,第302页。
② 《马克思恩格斯全集》第19卷,人民出版社1963年版,第125页。
③ 对于马克思断言的"公平"的含义,我在《辨析》一文已做了详细的说明,参见《中国社会科学》2017年第9期,第22页。

会集团虽然都把"正义"和"公平"作为自己的分配诉求,但由于他们对"每个人应得什么"的理解是不同的,他们讲的正义或公平在内容上是各不相同的。

二

仔细读一下伍德的那三篇论文我们可以发现,他虽然没有弄清马克思和恩格斯对正义概念有两种用法,①但实际上也是基于这两种用法来阐释和使用马克思和恩格斯著作中的正义概念的。

我们先来看看伍德基于历史唯物主义的用法对马克思和恩格斯著作中正义概念所做的阐释:

第一,正义是一个司法或法律的概念。伍德指出,"根据马克思和恩格斯的观点,'正义'(Gerechtigheit)从根本上讲是一个司法或法律(rechtlich)的概念,一个与法律(Recht)和人们在它之下拥有的权利(Rechte)相关的概念。对他们来说,权利和正义概念是从司法的角度判断法律、社会制度和人类行为的最高理性标准。"②虽然马克思从未表明法律的范围有多大,但所有这方面概念的核心作用都与政治或司法制度相关,而这些制度的功能就在于通过施加某种社会强制性指令来规范个体或群体的行为。因此,"当某事被称作'不正义的',或是声称一种行为侵犯了某人的'权利'时,人们就会向司法机构提出某种诉求,要求它们以通常采取的方式,或以如果它们要履行其名副其实的社会职能所应采取的方式去行事。"③

第二,正义"是从司法角度判断社会事实合理性的最高标准"。④ 对于"司法角度"意指什么,伍德是这样解释的:社会生活的基础在于物质生活的

---

① 伍德在他的三篇文章中甚至没有一处提到马克思和恩格斯对正义概念有两种用法。

② Allen W. Wood, "The Marxian Critique of Justice", *Philosophy and Public Affairs*, Vol.1, No.3. (Spring, 1972), p.246.

③ Allen W. Wood, "The Marxian Critique of Justice", *Philosophy and Public Affairs*, Vol.1, No.3. (Spring, 1972), p.246.

④ 伍德:《马克思反对从正义出发批判资本主义——对段忠桥教授的回应》,《中国社会科学》2018年第6期,第194页。

社会生产,这是马克思历史唯物主义的基本命题;恩格斯在《论住宅问题》中把物质生产方式确立为法律体系及其相关概念得到真实证明的基础;但恩格斯认为,人们并没有(而且对大多数人来说,迄今仍然没有)意识到这一点,相反,"他们看待社会生活的基本前提是,法律或权利(Recht)以及法权或司法概念(Rechtsbegriffe)的立足点是独立于这些物质条件的,这就是所谓'司法角度'的内容。"①由于从属于司法角度的合理性标准并非独立于物质生产方式,相反,这些标准的内容是建立在现存生产关系的基础上,"因此,权利和正义这类概念,乃是从有限的司法角度出发、对社会生活的一种扭曲而含混的表述。"②

第三,正义是每种生产方式衡量自身的标准。伍德指出,"正如我们所看到的,在马克思的论述中,正义概念乃是从司法角度对社会事实的合理性的最高用语。然而,这种观点却总是一种依赖特定时期生产方式的政治权力或国家领域的观点。"③说得具体一点就是,正义作为衡量社会事实合理性的最高标准,只是在特定的生产方式背景下呈现于人类思维中的标准。例如,在古希腊奴隶制社会中,拥有奴隶被认为是正义的,高利贷行为则被认为是不正义的,然而,在资本主义生产条件下,直接的奴役行为却是不正义的,而放贷取息则是完全正义的。因此,"正义不是抽象的人类理性衡量人类行为、制度或其他社会事实的标准。毋宁说,它是每种生产方式衡量自身的标准。"④

第四,正义只服务于统治阶级的利益。伍德认为,对于马克思来说,如果一种生产方式是建立在阶级剥削的基础上,那么,这种生产方式中的正义制度,就可能会以被压迫者为代价而满足压迫者的需要。"因为我们可以论证说,如果一种交易是从现存的生产关系中自然产生的、与流行的生产方式相适

---

① 伍德:《马克思反对从正义出发批判资本主义——对段忠桥教授的回应》,《中国社会科学》2018年第6期,第194页。

② 伍德:《马克思反对从正义出发批判资本主义——对段忠桥教授的回应》,《中国社会科学》2018年第6期,第194页。

③ Allen W.Wood,"The Marxian Critique of Justice",*Philosophy and Public Affairs*,Vol.1,No.3.(Spring,1972),p.254.

④ Allen W.Wood,"The Marxian Critique of Justice",*Philosophy and Public Affairs*,Vol.1,No.3.(Spring,1972),pp.256-257.

应并在其中发挥具体作用,那么,它必然会服务或倾向于服务这种生产方式下的统治阶级的利益,它必然会增进或倾向于增进现存秩序的安全和稳定。"①

可以看出,伍德对马克思和恩格斯著作中正义概念的这些阐释,与我讲的马克思和恩格斯对正义概念的基于历史唯物主义的用法既存在一个明显的共同之处,即都认为正义属于上层建筑;也存在一个明显的不同之处,即伍德认为正义在马克思和恩格斯的著作中是一个法权概念,我则认为正义在马克思和恩格斯的著作中是一个道德概念。

我在《辨析》一文中已经表明,伍德将马克思恩格斯著作中的正义概念说成是法权概念的依据,只是恩格斯在《论住宅问题》中讲的一段话,而他对那段话的解读是错误的,②因而他的说法是不能成立的。我将马克思恩格斯著作中正义概念理解为道德概念的依据在前边已给出,即在马克思恩格斯基于历史唯物主义用法中,"不公平的,不应该这样"被视为一种"道德感"。

正义在马克思和恩格斯的著作中是一个法权概念还是一个道德概念,是一个必须弄清的至关重要的问题,因为它直接关涉伍德的论断,即"马克思并不认为资本主义是不正义的"能否成立。

按照伍德的阐释,正义在马克思和恩格斯的著作中是一个司法概念,而司法又是与政治国家直接相关的制度。由此出发,他论证说,"在马克思看来,政治国家以及与社会公共规则相联系的法律和权利概念既是由流行的生产方式所决定的,也是这种生产方式的异化的投影。"③因此,正义只服务于流行的即占支配地位的生产方式,"正如马克思所解释的,资本主义交易的正义仅仅在于它们在本质上是资本主义的,在于资本主义的占有和分配与服务于资本主义制度本身的正义标准是相适应的。"④由于正义只服务于占支配地位的生

① Allen W.Wood,"The Marxian Critique of Justice",*Philosophy and Public Affairs*,Vol.1,No.3.(Spring,1972),p.259.

② 段忠桥:《对"伍德命题"文本依据的辨析与回应》,《中国社会科学》2017 年第 9 期,第 20—21 页。

③ Allen W.Wood,"The Marxian Critique of Justice",*Philosophy and Public Affairs*,Vol.1,No.3.(Spring,1972),p.256.

④ Allen W.Wood ,"Marx on Right and Justice:A Reply to Husami",*Philosophy and Public Affairs*,Vol.8,No.3.(Spring,1979),p.269.

产方式,而且只服务于代表这一生产方式的统治阶级的利益,因此,"马克思并不认为资本主义是不正义的"。

然而,正义在马克思和恩格斯的著作中并不是一个司法概念,而是一个道德概念。根据历史唯物主义,道德属于上层建筑中的一种意识形态,是以善或恶,正义或不正义,公平或不公平等评价方式来调整人们之间关系的行为规范。道德的这一特征决定了,它既可体现占支配地位的生产方式的要求,也可体现不占支配地位的生产方式的要求,用马克思的话来讲就是,"财产的任何一种社会形式都有各自的'道德'与之相适应"。① 道德的这一特征还决定了,它既可体现为在一定生产方式中处于支配地位的阶级或社会集团的要求,也可体现为在一定生产方式中处于被支配地位的阶级或社会集团的要求,对此,恩格斯讲得非常清楚:"如果我们看到,现代社会的三个阶级即封建贵族、资产阶级和无产阶级都各有自己的特殊的道德,那么我们由此只能得出这样的结论:人们自觉地或不自觉地,归根到底总是从他们阶级地位所依据的实际关系中——从他们进行生产和交换的经济关系中,吸取自己的道德观念。……一切已往的道德论归根到底都是当时的社会经济状况的产物。而社会直到现在是在阶级对立中运动的,所以道德始终是阶级的道德;它或者为统治阶级的统治和利益辩护,或者当被压迫阶级变得足够强大时,代表被压迫者对这个统治的反抗和他们的未来利益。"②

如果说正义在马克思恩格斯的著作中是一个道德概念,不同阶级或社会集团所说的正义是各不相同的,那伍德断言"马克思并不认为资本主义是不正义的"就是难以成立的。这是因为,处于资本主义生产方式中的无产阶级也有自己的正义要求,站在无产阶级一边的马克思和恩格斯绝对不会认为资本主义是正义的,相反,他们必定认为资本主义是不正义的,对此,恩格斯有一段明确的论述:"现存制度使寄生虫安逸而奢侈,使工人劳碌而贫困,并且使所有的人退化;这种制度按其实质来说是不公正的,是应该被消灭的。"③

---

① 《马克思恩格斯选集》第3卷,人民出版社2012年版,第160页。
② 《马克思恩格斯选集》第3卷,人民出版社2012年版,第471页。
③ 《马克思恩格斯全集》第28卷,人民出版社2018年版,第652页。

三

我们再来看看伍德基于不同阶级和社会集团的分配诉求的用法对马克思恩格斯著作中正义概念的阐释和使用。仔细读一下伍德的三篇文章我们可以发现,他先后谈到出现在马克思和恩格斯著作中的七种不同阶级或社会集团所诉求的分配正义。

一是社会主义思想家讲的正义:"社会主义思想家(例如皮埃尔·蒲鲁东和斐迪南·拉萨尔)确实因为资本主义的不正义而谴责它,或者提倡某种形式的社会主义以确保正义、平等或人权。"①他们指出,工人为了一份相对固定的薪水而受雇于资本家,由资本家提供工具和原材料——亦即马克思所说的生产资料——并在劳动过程中通过使用它们而消耗其价值。但是,在这个过程结束时,工人所生产的商品价值却要比支付给他的工资价值以及生产资料所消耗的价值的总和多得多,因此,"在这些社会主义者看来,被马克思称为剩余价值的这部分价值,被资本家占有就是不正义的。"②

二是李嘉图式的社会主义者讲的正义:"马克思拒绝支持某些李嘉图式的社会主义者的论点,他们认为资本家与工人之间的交换是不正义的,因为他们的交换不是等价的。"③

三是资产阶级经济学家讲的正义:根据马克思的观点,支付给工薪工人的一般是其劳动力的全部价值,而"依据李嘉图的公式和商品交换的最严格规则,这是一种正义的交换,因为正义的交换是一种等价物的交换"。④

---

①　Allen W.Wood,"The Marxian Critique of Justice",*Philosophy and Public Affairs*,Vol.1,No.3.(Spring,1972),p.244.

②　Allen W.Wood,"The Marxian Critique of Justice",*Philosophy and Public Affairs*,Vol.1,No.3.(Spring,1972),p.260.

③　Allen W.Wood ,"*Marx on Right and Justice:A Reply to Husami*",*Philosophy and Public Affairs*,Vol.8,No.3.(Spring,1979),p.272.

④　Allen W.Wood,"*The Marxian Critique of Justice*",*Philosophy and Public Affairs*,Vol.1,No.3.(Spring,1972),p.262.

四是英国银行家和经济学家吉尔伯特讲的正义:"马克思在上下文中所表明的是,吉尔伯特试图通过宣称这是'自然正义的'来解释为什么借入资本的利息要付给贷款人。"①

五是小资产阶级讲的正义:小资产阶级讲的生产方式马克思有时称之为个人的、以自己的劳动为基础的私有制,在该制度下,"劳动者占有自己产品的全部价值,任何人剥夺这部分价值(比如说,通过欺诈性交换或是抢劫)对他都是不正义的。"②

六是工人群众所讲的正义:"马克思拒绝接受'公平的工资'和'做一天公平的工作,得一天公平的工资'这样的口号,因为他认为工人已经接受了这些口号所要求的东西。"③

七是马克思本人讲的正义:权利和正义从来都是建立在现存的生产关系的基础上,"一个交易与之相符合,就是正义的;一个交易与之相矛盾,就是不正义的。世界上没有在此之上或是超出它之外的正义标准。资本家对剩余价值的剥夺——资本家的抢劫或盗窃,工人必须交给资本家的贡品——符合资本主义的生产方式,符合资本家与工人之间的生产关系。因此,根据马克思的正义概念,资本家应当抢劫工人以及工人应当被迫向资本家进贡,乃是完全正义的。"④

不难发现,伍德讲的前六种不同阶级或社会集团所诉求的分配正义,都与我讲的马克思和恩格斯基于不同阶级和社会集团的分配诉求的用法有明显的共同之处,即正义在他们那里意指的都是"给每个人以其应得",都是一种道德评价,尽管由于对应得什么的理解各不相同,他们的分配诉求,即他们讲的正义,在内容上实际上是各不相同的。但第七种,即马克思讲的正义,却与我

① Allen W.Wood ,"*Marx on Right and Justice:A Reply to Husami*",*Philosophy and Public Affairs*,Vol.8,No.3.(Spring,1979),p.270.

② Allen W.Wood,"*The Marxian Critique of Justice*",*Philosophy and Public Affairs*,Vol.1,No.3.(Spring,1972),p.264.

③ Allen W.Wood,"*The Marxian Critique of Justice*",*Philosophy and Public Affairs*,Vol.1,No.3.(Spring,1972),pp.265-266.

④ 伍德:《马克思反对从正义出发批判资本主义——对段忠桥教授的回应》,《中国社会科学》2018年第6期,第202页。

讲的马克思和恩格斯基于不同阶级和社会集团的分配诉求的用法明显不同，因为它的含义不是"给每个人以其应得"，而是一种交易（即资本家剥削工人的交易）与现存的资本主义的生产方式相符合，进而言之，它不是一种道德评价，而是一种事实判断。

伍德对马克思正义概念做这种阐释的唯一的依据，是马克思在《资本论》第三卷的一段话，而我在《辨析》一文已经表明，他对那段话的解读是错误的，因而他的阐释是不能成立的。① 我在这里要进一步指出，伍德之所以在《回应》一文中仍坚持他的阐释，是因为他对马克思和恩格斯基于不同阶级和社会集团的分配诉求的用法存在一种误解，即马克思从来没有，而且也不会对资本主义是否正义发表看法，用他自己的话来讲就是，"关于资本主义正义或不正义的问题，马克思几乎没有说什么。……根据我对马克思的解读，之所以出现这种情况是因为对马克思来说，对于资本主义制度是正义的还是不正义的无论是做解释还是做评价，都几乎没有意义。"②然而，实际的情况却绝非如此。以下是马克思和恩格斯的两段相关论述。

马克思在《经济学手稿（1857—1858年）》中分析劳动和资本的关系时明确指出，"认识到产品是劳动能力自己的产品，并断定劳动同自己的实现条件的分离是不公平的、强制的，这是了不起的觉悟，这种觉悟是以资本为基础的生产方式的产物，而且也正是为这种生产方式送葬的丧钟，就像当奴隶觉悟到他不能作第三者的财产，觉悟到他是一个人的时候，奴隶制度就只能人为地苟延残喘，而不能继续作为生产的基础一样"。③ 马克思这里说的"认识到产品是劳动能力自己的产品，并断定劳动同自己的实现条件的分离是不公平的、强制的"，无疑是指当时工人对资本主义剥削的道德评价。从马克思对这一道德评价的赞扬——"了不起的觉悟"可以推断，马克思本人是高度认可这一道德评价的；而"认识到产品是劳动能力自己的产品"无疑含有这样的意思，即

---

① 参见段忠桥:《对"伍德命题"文本依据的辨析与回应》,《中国社会科学》2017 年第 9 期,第 23—27 页。

② Allen W.Wood ,"Marx on Right and Justice:A Reply to Husami", *Philosophy and Public Affairs*,Vol.8,No.3.(Spring,1979),p.271.

③ 《马克思恩格斯全集》第 30 卷,人民出版社 1995 年版,第 455 页。

工人的劳动能力是属于工人自己的,因而劳动产品应归工人所有,资本家依靠对生产资料的占有而无偿占有工人生产的剩余产品,因而是不公平的。这段话表明,马克思不但也认为资本主义剥削是不正义的,因为它无偿占有了本应属于工人的剩余产品,而且还高度评价了工人的这种觉悟,因为它是为资本主义生产方式送葬的丧钟。

恩格斯在 1884 年写的《马克思和洛贝尔图斯。"哲学的贫困"德文版序言》中讲了这样一段话:

> 李嘉图理论的上述应用——认为全部社会产品,即工人的产品,属于唯一的、真正的生产者工人——,直接引导到共产主义。但是,马克思在上述地方也指出,这种应用从经济学来看形式上是错误的,因为它只不过是把道德运用于经济学而已。按照资产阶级经济学的规律,产品的绝大部分并不属于生产这些产品的工人。如果我们说:这是不公平的,不应该这样,那么这首先同经济学没有什么直接的关系。我们不过是说,这个经济事实同我们的道德情感相矛盾。所以马克思从来不把他的共产主义要求建立在这样的基础上,而是建立在资本主义生产方式的必然的、我们眼见一天甚于一天的崩溃上;他只说了剩余价值由无酬劳动构成这个简单的事实。但是,从经济学来看形式上是错误的东西,在世界历史上却可以是正确的。如果群众的道德意识宣布某一经济事实,如当年的奴隶制或徭役制,是不公正的,这就证明这一经济事实本身已经过时,其他经济事实已经出现,由此原来的事实已经变得不能忍受和不能维持了。因此,从经济学来看形式的谬误后面,可能隐藏着非常真实的经济内容。①

这段话中的"李嘉图理论的上述应用,——认为全部社会产品,即工人的产品属于唯一的、真正的生产者,即工人——直接引导到共产主义"是就什么而言? 对此,恩格斯做了这样的解释:"现代社会主义,不论哪一派,只要从资产阶级政治经济学出发,几乎没有例外地都同李嘉图的价值理论相衔接。李嘉图在他的'原理'中,一开头就提出两个原理:第一,任何商品的价值仅仅取决于生产这个商品所需要的劳动量,第二,全部社会劳动的产品分配于土地所

---

① 《马克思恩格斯全集》第 28 卷,人民出版社 2018 年版,第 215 页。

有者(地租)、资本家(利润)和工人(工资)这三个阶级之间。在英国,早在1821年,就已经从这两个原理中做出了社会主义的结论,并且有一部分提得这样尖锐和这样果断,使得那些现在几乎完全被忘记了的、很大一部分靠马克思才再次发现的文献,在'资本论'出版以前,一直是不可超越的东西。"①说得再具体一点就是,对于李嘉图的商品的价值决定于劳动时间的原理,一些资产阶级经济学家提出了这样的非难:"如果一个产品的交换价值等于它所包含的劳动时间,一个工作日的交换价值就等于一个工作日的产品。换句话说,工资应当等于劳动的产品。但是实际情形恰好相反。"②这些资产阶级经济学家对李嘉图的这种非难后来被社会主义者抓住了。"他们假定这个公式在理论上是正确的,责备实际与理论相矛盾,要求资产阶级社会在实践中贯彻它的理论原则的臆想的结论。英国的社会主义者至少就是用这种方式把李嘉图的交换价值公式倒转过来反对政治经济学。"③

从恩格斯的这段话可以看出,他讲的"我们",指的是马克思和他本人;"产品的绝大部分不是属于生产这些产品的工人",指的是资本家对工人的剥削,即前者无偿占有了后者生产的剩余产品;"我们"说资本主义剥削"是不公平的,不应该这样",是基于"认为全部社会产品,即工人的产品属于唯一的、真正的生产者,即工人"这样一种道德意识,这种应用在经济学的形式上是错误的,因为这只不过是把道德运用于经济学而已;马克思(以及恩格斯)从来不把他们的共产主义要求建立在这样的基础上,而是建立由经济学揭示的资本主义生产方式的必然的、他们眼见一天甚于一天的崩溃上,所以,"马克思只说了剩余价值由无酬劳动构成这个简单的事实";道德意识不是没有任何意义的,因为"在经济学的形式的谬误后面,可能隐藏着非常真实的经济内容"。从这段话我们可以推断:虽然马克思、恩格斯反对当时的社会主义者把道德运用于经济学的做法,但他们并不反对后者的道德意识,并且认为这种道德意识是有意义的。进而言之,马克思恩格斯同当时的社会主义者一样,也认为资本主义剥削是不公平的,其理由也是"产品应当属于真正的生产者"。从

---

① 《马克思恩格斯全集》第21卷,人民出版社1965年版,第206页。
② 《马克思恩格斯全集》第28卷,人民出版社2018年版,第456页。
③ 《马克思恩格斯全集》第28卷,人民出版社2018年版,第214页。

这段话还可以推断,马克思以及恩格斯之所以很少谈及资本家对工人的剥削是不正义的,以及为什么是不正义的问题,这首先是因为当时的社会主义者已多次谈过这一问题,而且他们认同这些人的看法;此外还因为,他们认为共产主义的实现不是基于某种道德意识,而是基于历史发展的客观必然性,因而不能只停留在对资本主义剥削的道德谴责上,而应超越这种道德谴责去深入研究揭示这种客观必然性的政治经济学。

四

我在《辨析》一文提出,马克思对资本主义剥削是不正义的"并无明确的表述,而只是通过他在相关论著中多次把资本占有剩余价值说成是对工人的'盗窃'和'抢劫'间接地表明了他的看法。"[①]马克思之所以认为资本占有剩余价值是不正义的,说到底是因为"工人是他自己的劳动时间的正当的所有者"。[②]伍德反对我的观点,他在《回应》一文中说道:"然而,我们应该更仔细注意马克思在这个问题上的说法。政治经济学家阿道夫·瓦格纳(Adolph Wagner)声称,马克思之所以认为资本家对剩余价值的占有是错误的或不恰当的(Ungebührlich),是因为马克思觉得,靠资本赚钱是'对工人的抢劫'。就像'段文'[③]一样,瓦格纳也从'马克思认为剩余价值是抢劫'这个前提出发,推出如下结论,即马克思认为资本对剩余价值的占有是不恰当的或错误的。因此,'段文'对马克思的解读就跟瓦格纳的并无二致。如果'段文'是对的,那么马克思就应该赞成瓦格纳的推论,即如果资本家对剩余价值的占有是'抢劫',那么这种占有就是错误的、不正义的。可是,马克思同意瓦格纳对他的观点的论述吗? 不,他不同意。马克思对瓦格纳非常不满。他抗议瓦格纳

---

① 段忠桥:《对"伍德命题"文本依据的辨析与回应》,《中国社会科学》2017 年第 9 期,第 31 页。

② 段忠桥:《对"伍德命题"文本依据的辨析与回应》,《中国社会科学》2017 年第 9 期,第 32 页。

③ 指我的《辨析》一文。

对他观点的误解,因为瓦格纳把并不属于马克思的观点强加到马克思的头上。瓦格纳甚至是一个'蠢汉'(Dunkelmann),他混淆了真实情况,错误地表达了马克思的看法。"①故此,马克思是这样回应瓦格纳的:

> 这个蠢汉偷偷地塞给我这样一个论断:只是由工人生产的"剩余价值不合理地为资本主义企业主所得"。然而我的论断完全相反:商品生产发展到一定的时候必然成为"资本主义的"商品生产,按照商品生产中占统治地位的价值规律,"剩余价值"归资本家,而不归工人。②

> 在我的论述中,"资本家的利润"事实上不是(像瓦格纳说的——引者注)"仅仅对工人的剥取或'掠夺'"。相反地,我把资本家看成资本主义生产的必要的职能执行者,并且非常详细地指出,他不仅"剥取"或"掠夺",而且迫使进行剩余价值的生产,也就是说帮助创造属于剥取的东西;其次,我详细地指出,甚至在只是等价物交换的商品交换情况下,资本家只要付给工人以劳动力的实际价值,就完全有权利,也就是符合于这种生产方式的权利,获得剩余价值。③

伍德还强调指出,"请特别注意我这里引用的最后一句话。在第一部分,即分号之前,马克思同意说,剩余价值涉及'剥取'和'抢劫'。但就在这一句的结尾,马克思却断言,资本家与工人之间只有等价物的交换,而且资本家'完全有权利,也就是符合于这种生产方式的权利,获得剩余价值。'"④

在我看来,伍德引用的马克思的这两段话,以及他对这两段话的解读并不能构成反对我的观点的论据。

让我们先看第一段话。它是马克思在分析、批判瓦格纳关于"个体经济中的费用"的观点时,顺带讲的一段话。具体说来就是,瓦格纳在阐述其观点时偷偷塞给马克思一个论断(马克思还特别指出,是在瓦格纳的《政治经济学教科书》一书第 114 页的注释 3 中),即只是由工人生产的"剩余价值不合理

---

① 伍德:《马克思反对从正义出发批判资本主义——对段忠桥教授的回应》,《中国社会科学》2018 年第 6 期,第 201 页。

② 《马克思恩格斯全集》第 19 卷,人民出版社 1963 年版,第 428 页。

③ 《马克思恩格斯全集》第 19 卷,人民出版社 1963 年版,第 401 页。

④ 伍德:《马克思反对从正义出发批判资本主义——对段忠桥教授的回应》,《中国社会科学》2018 年第 6 期,第 201 页。

地为资本主义企业主所得"。在这段话中,马克思一方面揭露了瓦格纳的拙劣做法,另一方面表明,他的论断则完全相反:由于资本主义生产是更高阶段的商品生产,而按照商品生产中占统治地位的价值规律,即商品等价交换的原则,剩余价值归资本家而不归工人。

让我们再看第二段话。它是马克思针对瓦格纳的一个错误说法,即"只要这类证据还没有(换句话说,只要资本主义经济存在着),资本家的利润事实上也(瞧,这里露出了马脚)是价值的'构成'因素,而不是像社会主义者所想的那样,仅仅对工人的剥取或'掠夺'",①所讲的一段话。这里需要指出,伍德在引用这段话时有意略去了具有重要意义的最后一部分。以下是马克思的这段话,底下画线的部分是被伍德略去的:

什么叫"对工人的剥取",剥取他的皮,等等,无法理解。但是在我的论述中,"资本家的利润"事实上不是"仅仅对工人的剥取或'掠夺'"。相反地,我把资本家看成资本主义生产的必要的职能执行者,并且非常详细地指出,他不仅"剥取"或"掠夺",而且迫使进行剩余价值的生产,也就是说帮助创造属于剥取的东西;其次,我详细地指出,甚至在只是等价物交换的商品交换情况下,资本家只要付给工人以劳动力的实际价值,就完全有权利,也就是符合于这种生产方式的权利,获得剩余价值。但是所有这一切并不使"资本家的利润"成为价值的"构成"因素,而只是表明,在那个不是由资本家的劳动"构成的"价值中,包含他"有权"可以占有的部分,就是说并不侵犯符合于商品交换的权利。②

不难看出,在嘲笑了瓦格纳使用"剥取"这一不当之词后,马克思首先指出,"资本家的利润"③事实上不是"仅仅对工人的剥取或'掠夺'",因为获取利润的资本家是资本主义生产的必要的职能执行者,他不仅"剥取"或"掠夺",而且迫使进行剩余价值的生产,也就是说帮助创造属于剥取的东西。马

---

① 《马克思恩格斯全集》第 19 卷,人民出版社 1963 年版,第 401 页。

② 《马克思恩格斯全集》第 19 卷,人民出版社 1963 年版,第 401 页。

③ 根据马克思的政治经济学理论,利润和剩余价值在量上是等同的,但剩余价值指的是资本家对工人无偿占有的剩余劳动,而利润指的是资本家所认为的他的全部投资所得,利润的概念掩盖了剩余价值的本质。参见《马克思恩格斯全集》第 25 卷,人民出版社 1974 年版,第 56—57 页。

克思这里讲的"剥取"或"掠夺",指的就是资本家对工人的剥削,而"不是'仅仅'"和"不仅"这样的用语,表明资本家就是剥削了工人,即无偿占有了工人生产的剩余价值。马克思接着指出,甚至在只是等价物交换的商品交换情况下,资本家只要付给工人以劳动力的实际价值,就完全有权利获得剩余价值,而这种权利,也就是符合于资本主义生产方式的由商品等价交换原则而获得的权利。说得再具体一点就是,在资本主义生产方式中,由于工人的劳动力成为商品,依据商品等价交换的原则,资本家只要付给工人以劳动力的实际价值,工人的劳动力就成了由他购买并使用的商品,工人的劳动力生产的剩余价值自然也就归他所有。马克思最后指出,但是所有这一切,即一方面资本家是资本主义生产的必要职能的执行者,另一方面依据等价交换资本家有权获得剩余价值,并不使"资本家的利润"成为价值的"构成"因素,而只是表明,在那个不是由资本家的劳动"构成的"价值中,包含他"有权"可以占有的部分。这是因为,一个商品的价值只是由生产它所耗费的社会必要劳动时间所决定的,资本家没有劳动,因而体现为利润的价值不是由资本家的劳动构成的,但利润中却包含不劳动的资本家有权占有的部分,即由工人生产的剩余价值,因为他对剩余价值的占有并不侵犯符合于商品交换的权利。

如果我对马克思的这两段话的解读是正确的,那伍德将它们作为反对我的观点的论据就不能成立。因为我的观点讲的是,马克思在其相关论著中多次把资本家占有剩余价值说成是对工人的"盗窃"和"抢劫",而你能从某人那里"盗窃"和"抢劫"的东西,只能是完全属于那个人的东西,因此可以推断,马克思之所以认为资本家占有剩余价值是不正义的,实际上"暗示着工人是他自己的劳动时间的正当的所有者"。说得更明确一点就是,马克思是从工人的劳动能力是属于工人自己的,因而工人的劳动产品应"属于唯一的、真正的生产者,即工人"这一道德原则出发,谴责资本家无偿占有工人生产的剩余价值是不正义的。而伍德引用的马克思的两段话讲的却是,依据商品等价交换的原则,工人生产的剩余价值应归资本家而不归工人。可见,我的观点与马克思在这两段话中表达的观点涉及的是完全不同的两个问题,而且它们之间并不存在冲突,但伍德却把马克思的这两段话作为否定我的观点的论据,这显然是没有道理的。

以上表明,伍德对马克思恩格斯著作中正义概念存在两种误解,一是在基于历史唯物主义的用法中将正义阐释为"司法概念"而不是"道德概念",二是在基于不同阶级和社会集团的分配诉求的用法中认为马克思从未谴责资本主义的不正义。鉴于伍德在中国学界的影响,纠正他的误解对于我国学者正确理解马克思的正义思想无疑是十分必要的。

二十五、霍布斯的"自然状态"是基于英国内战的一种思想实验假设

——与陈建洪、姚大志二位教授商榷①

在西方政治哲学史上,霍布斯的地位可与柏拉图比肩,后者是古代政治哲学的奠基人,前者是近代政治哲学的开创者,如果说后者的成就主要体现在《理想国》中,那前者的贡献就主要体现在《利维坦》中。《利维坦》一书涉及内容广泛,其中影响最大且最为重要的,是霍布斯从假设的自然状态出发,以自然状态必定是战争状态为由,对国家权威的合法性所做的演绎论证。对于霍布斯讲的自然状态,我国学者的研究成果虽然不多,但也提出了一些新见解,尽管其中一些值得商榷。本文将通过对陈建洪教授的霍布斯认为自然状态是以美洲的原始部落为其"历史事实基础"的说法,和姚大志教授的霍布斯把"国家产生之前的原始时代"称为自然状态的说法的质疑,表明自然状态在霍布斯那里只是基于英国内战的一种思想实验假设。

一、自然状态是以美洲的原始部落
为其"历史事实基础"吗?

早在 10 年前,时任南开大学哲学系副教授的陈建洪(现为中山大学哲学系教授)在《学术月刊》2008 年第 6 期发表了一篇题为《论霍布斯的自然状态

---

① 本文发表在《世界哲学》2019 年第 9 期。

学说及其当代复活形式》的论文,谈到了霍布斯的自然状态到底只是一个理论假设还是以一定的历史事实作为基础的问题。在指出英国著名法学史家梅因认为霍布斯和洛克一样都"以人类的、非历史的、无法证实的状态作为他们的基本假设",和休谟同样认为"霍布斯所描绘的自然状态只是一个哲学虚构,是非历史的理论假设"之后,陈建洪提出,霍布斯本人其实提到了两种形式的自然状态,"第一种形式是无政府的自然状态,也就是一切个人和个人之间的战争倾向"①,第二种形式"指的是国与国之间的敌对和战争姿态"②,并认为就前者而言,霍布斯否认"他所提出的自然状态学说完全是一个非历史的理论假设。他虽然承认这种状况不会在整个世界普遍地出现,但又坚持这种状况确实有其历史事实基础,并以美洲的原始部落为例。"③本文将不涉及陈建洪关于第二种形式的自然状态的说法,④而只集中分析他关于第一种形式的自然状态(以下简称"自然状态")的说法,即自然状态是以美洲的原始部落为其"历史事实基础"的。

仔细读一下陈建洪的论文可以发现,他对其说法并没做什么论证,而只给出了霍布斯在《利维坦》的第十三章"论人类幸福与苦难的自然状况"⑤中的一段话作为其文本依据:

> 也许会有人认为这种时代和这种战争状态从未存在过,我也相信决不会整个世界普遍出现这种状况,但有许多地方的人现在却是这样生活的。因为美洲有许多地方的野蛮民族除开小家族以外并无其他政府,而小家族中的协调则又完全取决于自然欲望,他们今天还生活在我在上面

---

① 陈建洪:《论霍布斯的自然状态学说及其当代复活形式》,《学术月刊》2008 年第 6 期,第 67 页。

② 陈建洪:《论霍布斯的自然状态学说及其当代复活形式》,《学术月刊》2008 年第 6 期,第 68 页。

③ 陈建洪:《论霍布斯的自然状态学说及其当代复活形式》,《学术月刊》2008 年第 6 期,第 68 页。

④ 尽管我认为他的这一说法不能成立,但受主题和篇幅的限制,本文将不涉及这个问题。

⑤ 这一章的标题"论人类幸福与苦难的自然状况"其英文原文是"Of The Natural Condition Of Mankind As Concerning Their Felicity, And Misery",这其中出现的"自然状况",即"The Natural Condition",指的是人类幸福与苦难的"自然状况",它与本文所要讨论的霍布斯讲的"自然状况",其英文原文是"the condition of nature"无关。

所说的那种野蛮残忍的状态中。①

在我看来,陈建洪将这段话作为其文本依据有断章取义之嫌,因为这段话只是霍布斯一段完整论述(第十三章的第 12 自然段)的前一部分,其后一部分,而且对于理解霍布斯的原意是至关重要的一部分,即

> 不论如何,我们从原先在一个和平政府之下生活的人们往往会在一次内战中堕落到什么样的生活方式这种活生生的事实中可以看出,在没有共同权力使人畏惧的地方,会存在什么样的生活方式。②

则被陈建洪略去了。如果以霍布斯的这段完整论述为依据,那陈建洪的说法就是难以成立的。

首先,这段论述讲的"美洲有许多地方的野蛮民族",并不含有他们处在人类历史发展原始阶段的意思,因而,霍布斯不可能将其作为"自然状态",即这段论述中讲的"这种时代和这种战争状态"的历史事实基础。不难看出,对于"美洲有许多地方的野蛮民族",霍布斯只讲了"除开小家族以外并无其他政府,而小家族中的协调则又完全取决于自然欲望,他们今天还生活在我在上面所说的那种野蛮残忍的状态中"。而他所说的"那种野蛮残忍状态",指的是"在没有一个共同权力使大家慑服的时候"③人们所处的战争状态。说的再具体一点就是,"在这种状况下,产业是无法存在的,因为其成果不稳定。这样一来,举凡土地的栽培、航海、外洋进口商品的运用、舒适的建筑、移动与卸除须费巨大力量的物体的工具、地貌的知识、时间的记载、文艺、文学、社会等都将不存在",④"最糟糕的是人们不断处于暴力死亡的恐惧和危险中,人的生活孤独、贫困、卑污、残忍而短寿。"⑤可见,霍布斯把美洲许多地方的野蛮民族还生活在野蛮残忍的状态中作为一个例子,只是为了表明在"没有一个共同权力使大家慑服的时候",人们只能过野蛮残忍的生活。然而,陈建洪却把这段论述讲的"美洲有许多地方的野蛮民族"说成是"美洲的原始部落",而且对

---

① [英]霍布斯:《利维坦》,黎思复、黎廷弼译,商务印书馆 1995 年版,第 95 页。
② [英]霍布斯:《利维坦》,黎思复、黎廷弼译,商务印书馆 1995 年版,第 95—96 页。
③ [英]霍布斯:《利维坦》,黎思复、黎廷弼译,商务印书馆 1995 年版,第 94 页。
④ [英]霍布斯:《利维坦》,黎思复、黎廷弼译,商务印书馆 1995 年版,第 94—95 页。
⑤ [英]霍布斯:《利维坦》,黎思复、黎廷弼译,商务印书馆 1995 年版,第 95 页。

后者意指什么并则没做任何说明。按照学界的通常理解,"美洲的原始部落"指的是在美洲存在的、处于人类历史发展最初阶段的、由若干血缘相近的氏族组成的群体。如果说这就是陈建洪讲的"美洲的原始部落",那他把霍布斯讲的"美洲有许多地方的野蛮民族"说成是"美洲的原始部落",实际上是把霍布斯强调的前者的"野蛮性",即由于"没有一个共同权力使大家慑服"而仍处于野蛮残忍的状态中,偷换为"原始性",即前者还处在人类历史发展的最初阶段。这样一来,陈建洪的说法,即霍布斯的自然状态"确实有其历史事实基础,并以美洲的原始部落为例",实际上讲的是,霍布斯的自然状态,是对可以"美洲的原始部落"为例的人类历史发展最初阶段的概括,这显然与霍布斯本人的论述相悖。

其次,这段论述讲的"这种时代和这种战争状态",既体现在"美洲有许多地方的野蛮民族"还生活在野蛮残忍中,也体现在"和平政府之下生活的人们"会因一次内战而陷入野蛮残忍的生活方式中,因而,霍布斯不可能只将前者作为其历史事实基础。对此,霍布斯讲得非常清楚。在讲完"美洲有许多地方的野蛮民族"还生活在野蛮残忍状态中后,他紧接着指出:"不论如何,我们从原先在一个和平政府之下生活的人们往往会在一次内战中堕落到什么样的生活方式这种活生生的事实中可以看出,在没有共同权力使人畏惧的地方,会存在什么样的生活方式。"前边表明,霍布斯这里讲的"这种时代和这种战争状态"指的是"在没有一个共同权力使大家慑服的时候"人们所处的战争状态,而战争状态必然导致野蛮残忍的生活状态。美洲有许多地方的野蛮民族还生活在野蛮残忍状态中,是因为"没有共同权力使人畏惧";在一个和平政府之下生活的人们往往会在一次内战中堕落到野蛮残忍的生活方式中,同样也是因为"没有共同权力使人畏惧"。此外,霍布斯这段话中的"不论如何"的表述,还蕴含着这样的意思:即使不存在还生活在野蛮残忍状态中的"美洲有许多地方的野蛮民族","这种时代和这种战争状态"还可以通过在和平政府之下生活的人们的内战而体现出来。这样说来,陈建洪的美洲的原始部落是自然状态的"历史事实基础"的说法就更难以成立了,因为如果自然状态还可以通过和平政府之下生活的人们的内战而体现出来,那说自然状态是基于美洲原始部落这样的"历史事实",在逻辑上显然是讲不通的。

陈建洪的说法不能成立,还可以从霍布斯在《利维坦》中涉及自然状态的相关论述得到证实。仔细读一下《利维坦》我们就不难发现,霍布斯虽然多次直接谈到自然状态,但从不提及"美洲有许多地方的野蛮民族"。以下是他的四段有代表性的论述:

(1)在单纯的自然状态下,因恐怖而订立的契约是有约束力的。比方说,当我约许向敌人付出赎金或劳务以赎生命时,我就受到这种信约的约束。因为这是一种契约。其中一方得到的利益是生命、另一方则将为此而获得金钱或劳务。因此,象在单纯的自然状况那类情形下,没有其他法律禁止其履行时,这类信约便是有效的,因此,战争中的俘虏如果受人信赖将付还赎金时,就有义务付还。如果一个弱国的国王由于畏惧而和一个强国的国王订立了于己不利的和约时,他就有义务要遵守,除非是象前面所说的一样,因出现了引起恐惧的新的正当理由而重新开战。甚至是在一个国家之中,如果我被迫允诺付与赎金而从强盗那里赎身出来,在民法没有为我解约以前,我就必须付与。①

(2)联盟一般是为了互相防卫,而国家则等于是全体臣民结合起来组成的联盟,所以臣民的联盟在一个国家之中绝大部分是没有必要的,而且带有非法图谋的色彩。这样一来,这种联盟便是非法的,一般都称之为私党或阴谋集团。因为联盟是人们根据信约联合而成的,如果像单纯的自然状况一样不将权力交给任便一个人或会议来强制履行信约,那么联盟就只有在没有出现正当的互不信任的理由时才是有效的。因此,没有使各方畏服的人类权力建立于其上的国家联盟,在其持续存在时期中,便不但是合法的,而且是有利的。②

(3)一旦主权落到不慎重对待公帑或轻启战端、将公共钱财冒险使用于持久或耗资的战争的君主或议会手中,便会使政府解体,并陷入单纯的自然状况和战争状况之中。③

(4)单纯自然状况——也就是既非主权者又非臣民的人所具有的那

---

① [英]霍布斯:《利维坦》,黎思复、黎廷弼译,商务印书馆1995年版,第105页。
② [英]霍布斯:《利维坦》,黎思复、黎廷弼译,商务印书馆1995年版,第184页。
③ [英]霍布斯:《利维坦》,黎思复、黎廷弼译,商务印书馆1995年版,第194页。

种绝对自由的状况,是一种无政府状况和战争状况;引导人们摆脱这种状况的法则是自然法;国家没有主权便是没有实质内容的空话,不能立足;臣民在一切不违反神律的事情上应当绝对服从主权者。①

第一段论述表明,在单纯的自然状态下可能存在"一个弱国的国王由于畏惧而和一个强国的国王订立了于己不利的和约",而"一个弱国的国王和一个强国的国王"显然都与"美洲有许多地方的野蛮民族"无关。第二段话表明,在单纯的自然状态下可能存在"不将权力交给任便一个人或会议来强制履行信约"的情况,而"一个人或会议"显然也与"美洲有许多地方的野蛮民族"无关。第三段话表明,陷入单纯的自然状况和战争状况的一种情况,是"主权落到不慎重对待公帑或轻启战端、将公共钱财冒险使用于持久或耗资的战争的君主或议会手中",这里讲的"君主或议会"无疑也与"美洲有许多地方的野蛮民族"无关。第四段话表明,单纯自然状况——也就是既非主权者又非臣民的人所具有的那种绝对自由的状况,这显然也与"美洲有许多地方的野蛮民族"无关。如果霍布斯多次直接谈到的自然状态都与"美洲有许多地方的野蛮民族"无关,那陈建洪说霍布斯的自然状态"确实有其历史事实基础,并以美洲的原始部落为例",就是毫无依据的。

二、"自然状态"是国家产生之前的原始时代吗?

在如何理解霍布斯讲的自然状态问题上,吉林大学姚大志教授提出了一种与陈建洪略有不同的看法:"霍布斯把国家产生之前的原始时代称为'自然状态',并认为17世纪美洲的印第安人就处于'自然状态'之中。"②这种看法意味着,霍布斯讲的"自然状态"是指国家产生之前人类历史经历过的一个"原始时代",17世纪美洲的印第安人就处在这种状态中;国家产生之后"自然状态"就结束了;霍布斯提出"自然状态"是为了论证国家不是从来就有的,

---

① [英]霍布斯:《利维坦》,黎思复、黎廷弼译,商务印书馆1995年版,第276页。
② 姚大志:《当代西方政治哲学》,北京大学出版社2011年版,第15页。

而是从"自然状态"中产生出来的。姚大志是在他 2011 年出版的《当代西方政治哲学》一书论述霍布斯的那一节提出上述看法的,但他在那里只是简单表明了他的看法,而没对其做任何论证。

姚大志说"霍布斯把国家产生之前的原始时代称为'自然状态'",这种说法有依据吗? 据我所知,霍布斯在其论著中从未使用过"原始时代"这一概念,因此,也不会把国家产生之前的原始时代称为"自然状态"。那姚大志讲的"国家产生之前的原始时代"的含义是什么? 对此,他没做任何说明。我猜想,他的"国家产生之前的原始时代"这一概念可能是来自恩格斯的《家庭、私有制和国家的起源》,因为恩格斯在这本书中使用过"原始时代"概念,①并专门论述了国家是在"原始时代"后期才产生的。如果我的猜想是对的,那姚大志的说法,即"霍布斯把国家产生之前的原始时代称为'自然状态'",显然就是不能成立的。

仔细读一下《利维坦》我们可以发现,霍布斯只进过还生活在野蛮残忍的状态中的"美洲有许多地方的野蛮民族",而未讲过"17 世纪美洲的印第安人"这样的话。由此说来,他不可能认为"17 世纪美洲的印第安人就处于'自然状态'"之中,更不可能以"17 世纪美洲的印第安人"为例,来论证"自然状态"是国家产生之前的原始时代。那姚大志讲的"17 世纪美洲的印第安人"是来自哪里呢? 就我看过的霍布斯的文献而言,我猜想,它可能来自霍布斯的《论公民》②中的两段论述。

第一段是霍布斯本人在《论公民》第一章第 13 节讲的:

> 显而易见,永久的战争与人类的保存或个人的保存是多么的不相容。而战争因为争斗者的平等,不可能以战胜而终结,这种战争以其自然是永久性的。因为获胜者本身如此经常地面临各种危险的威胁,以至于如果最强大的人能幸存至因年迈而死的话,那就得算是一个奇迹了。我们现今的世纪可以美洲印第安人为这方面的例子。我们还可以看到,许多如今文明繁荣的民族,过去却是人口稀少、未予开化、短命、贫穷而简陋,他

---

① 参见《马克思恩格斯选集》第 4 卷,人民出版社 1995 年版,第 5、33 页。

② 《论公民》与《利维坦》同为霍布斯的政治哲学代表作,前者出版于 1642 年,后者出版于 1651 年。

们缺乏和平和社会所提供的所有那些让生活舒适和便利的东西。任何人若相信应该停留在那种一切人都被允许为所欲为的状态中,他就是自相矛盾的。因为就自然的必要性而言,每个人都顾及自己的利益,但无人相信人人相互为敌——从天性上说所有人都属于这种状态——的战争对他是有利的。因而,相互的恐惧就会使我们相信,我们必须从这样一种状态中摆脱出来,寻求联盟[socii];其结果就是,如果我们必须要进行战争的话,就不再是对所有人的战争了,也不是孤独无援的战争了。①

第二段是《论公民》英文新译本"导言"的作者理查德·塔克(Richard Tuck)讲的:

但我们在自然中可以合法去做的事情远不足以产生不可解决的冲突,或造成这样一种状态,即[用预示了《利维坦》中的那段名言的话来说]"人口稀少、未予开化、短命、贫穷而简陋,他们缺乏和平和社会所提供的所有那些让生活舒适和便利的东西"(第 1 章第 13 节)。霍布斯给出了这种情况的一个例子,"现今世纪"的"美洲印第安人",即北美的土著居民。……他在这里用这个具体的例子强调自然状态对霍布斯来说不完全是有时被人认为的思想实验——霍布斯相信,那是一种可能的状态,尽管他并不相信历史上所有的社会都得从这种状态开始。的确,如果那种状态——如果它是那种承担不可能存在的状态,[比如像]罗尔斯所设想的"原初状态"——那么,它就会失去作为一种构成威胁的东西的力量,而正是对这种东西的顾虑使我们去服从自己的主权者。②

在第一段论述中出现了"我们现今的世纪可以美洲印第安人为这方面的例子"这样的表述,由于这句话是霍布斯本人讲的,因此,其中的"我们现今的世纪",无疑指的是霍布斯生活的 17 世纪。由此我们可以推断,姚大志教授讲的"17 世纪美洲的印第安人"有可能来自这段论述。然而,即使姚大志教授讲的"17 世纪美洲的印第安人"就是这段论述讲的"美洲印第安人",那由此能得出他的那种看法吗?我认为不能。认真分析一下可以发现,这段论述讲

① [英]霍布斯:《论公民》,应星、冯克利译,贵州人民出版社 2002 年版,第 9—10 页。
② [英]霍布斯:《论公民》,应星、冯克利译,贵州人民出版社 2002 年版,第 260—261 页。

的"我们现今的世纪可以美洲印第安人为这方面的例子"中的"这方面",指的是"战争因为争斗者的平等,不可能以战胜而终结";这段论述讲的"我们现今的世纪",指的是霍布斯生活于其中的17世纪的英国,说得再具体一点就是正在发生内战的17世纪的英国①;因此,"我们现今的世纪可以美洲印第安人为这方面的例子",指的是在当时英国内战出现的"一切人都被允许为所欲为的状态",可以以当时美洲印第安人的生活状态为例子。从这段论述我们还可以推断,霍布斯这里讲的"一切人都被允许为所欲为的状态",也就是他后来在《利维坦》中讲的"自然状态",由于这种状态既可出现在"现今的世纪",即出现在17世纪的英国,也可出现在17世纪的美洲印第安人之中,因此,如果姚大志是以霍布斯的这段论述为依据,那他的看法,即"自然状态"是国家产生之前的原始时代和17世纪美洲的印第安人就处于"自然状态"之中,便是不能成立的。

在第二段论述中,塔克明确讲了,霍布斯给出了这种情况的一个例子,即"'现今世纪'的'美洲印第安人',即北美的土著居民",并认为霍布斯用这个具体的例子强调,自然状态对他来说"不完全是有时被人认为的思想实验",而是一种可能的状态。姚大志的看法也可能来自这段论述,由于霍布斯讲的"现今世纪"指的是17世纪,因此,"现今世纪"的美洲印第安人可以理解为17世纪的印第安人。然而,在我看来,这段论述也不能作为姚大志看法的依据。这是因为,第一,塔克认为,霍布斯在《论公民》中只是用"现今世纪"的"美洲印第安人",作为"人口稀少、未予开化、短命、贫穷而简陋,他们缺乏和平和社会所提供的所有那些让生活舒适和便利的东西"这种情况的例子。因此,从塔克的说法既推不出"自然状态"是"国家产生之前的原始时代",也推不出17世纪美洲的印第安人就处于"自然状态"之中。第二,塔克认为,霍布斯用北美的土著居民这个具体的例子,是强调自然状态对他来说不完全是有时被人认为的思想实验,而是一种可能的状态,但霍布斯并不相信历史上所有的社会都得从这种状态开始,因此,从塔克的说法也既推不出"自然状态"是"国家

---

①　英国内战指的是1642—1651年在英国议会派与保皇派之间发生的一系列武装冲突及政治斗争,霍布斯写作《利维坦》时正值英国内战爆发时期。

产生之前的原始时代",也推不出 17 世纪美洲的印第安人就处于"自然状态"之中。

姚大志的说法不能成立,也可以从霍布斯在《利维坦》中涉及自然状态的相关论述得到证实。前边表明,霍布斯在《利维坦》虽然多次谈到自然状态,但从不提及"美洲有许多地方的野蛮民族"的情况,更不用说 17 世纪美洲的印第安人的情况了。如果说霍布斯在谈到自然状态时从未提及"17 世纪美洲的印第安人",那姚大志的说法,即"霍布斯把国家产生之前的原始时代称为'自然状态',并认为 17 世纪美洲的印第安人就处于'自然状态'之中",显然也是毫无依据的。

三、"自然状态"是霍布斯基于 17 世纪英国内战而做的一种思想实验假设

我在这里之所以对陈建洪和姚大志的看法提出质疑,是因为他们的看法不仅与霍布斯本人的论述明显相悖,而且还是对他提出的"自然状态"的严重误解。前边表明,无论是陈建洪还是姚大志,他们实际上都把霍布斯讲的自然状态,看作是对国家产生之前的人类原始时代的经验概括,只不过陈建洪认为"美洲有许多地方的野蛮民族"是自然状态的"历史事实基础",姚大志认为 17 世纪的美洲的印第安人是自然状态的例证。然而,在我看来,"自然状态"只是霍布斯基于 17 世纪英国内战而做的一种思想实验假设,即让人们设想在文明社会①中政府(国家)一旦解体或被推翻,人类的生活状况将会怎样,进而言之,他假设了一种不存在政府的自然状态,并通过思想实验表明,在这种状态下文明社会必然会陷入战争状态,人类的生活必然会陷入野蛮残忍的状态,因此,政府(国家)的存在是绝对必要的。

这里需要指出,霍布斯写作《利维坦》一书的主要目的,是试图将英国从

---

① "文明社会"是霍布斯在《利维坦》中使用的一个概念,它意指的是像当时英国、法国及西欧一些国家所处的社会。

当时的内战危险中拯救出来。因此,他讲的处于"自然状态"的人,实际上既不是陈建洪讲的"美洲有许多地方的野蛮民族",也不是姚大志讲的"17 世纪的美洲的印第安人"那样的尚未进入文明社会的人,而是处于文明社会中的人,特别是 17 世纪正处于内战时期的英国人。故此,在他笔下的处于"自然状态"中的人,都具有自私,贪欲,争斗、猜疑、虚荣等特征,用他自己的话来讲就是,"但人性既然已经成为现在这个样子了,拨出公共土地或任何一定量的收入给国家都是没有用的;一旦主权落到不慎重对待公帑或轻启战端、将公共钱财冒险使用于持久或耗资的战争的君主或议会手中,便会使政府解体,并陷入单纯的自然状况和战争状况之中。"①对此,卢梭曾一针见血地指出,"所有这些人不断地在讲人类的需要、贪婪、压迫、欲望和骄傲的时候,其实是把从社会里得来的一些观念,搬到自然状态上去了;他们论述的是野蛮人,而描述的却是文明人。"②

霍布斯的"自然状态"是为了论证国家存在的必要性而在头脑中设计出的一种假设状态,换句话说,是其在思想实验中做出的一种假设。正因为如此,他在《利维坦》中凡讲到"自然状态"时,几乎都加上了"单纯的"这样的定语,即将自然状态表述为"单纯的自然状态"(the condition of mere nature)。③仔细读一下《利维坦》我们可以发现,霍布斯在书中先后 16 次谈到"自然状态",其中 15 次都加上"单纯的"这一定语,而所谓"单纯的"(mere),其含义无非是"纯粹的",即排除了现实中各种干扰因素,因而真正体现了事物本质的。与此相应,他在《利维坦》中对自然状态的描述,从不基于具有具体时间和地点的历史事实,而只讲基于演绎逻辑而必然发生的情况。以下他的几段论述:

> 因为在自然状态下,人人都是法官,根本无所谓控告,而在文明国家中,紧跟着控告而来的就是惩罚,惩罚既是强力,人们就没有义务不抵抗;控告父亲、妻子或恩人等使之判刑后本人会陷入痛苦之境时,情形也是这

---

① [英]霍布斯:《利维坦》,黎思复、黎廷弼译,商务印书馆 1995 年版,第 194 页。

② 卢梭:《论人类不平等的起源和基础》,商务印书馆 1962 年版,第 71 页。

③ 这里需要指出,在《利维坦》的中译本中,"Natural Condition"在一些地方被译为"自然状态",在一些地方被译为"自然状况",我这里不评价中译者为何要做这种区分,而把"自然状态"和"自然状况"视为同一概念。

样。因为这种控告者的证据,如果不是自愿提供的,在本质上就应当认为是不可靠的,因而也就是不足为据的;而当一个人的证据不可信时,他就没有义务提供。①

因为在单纯的自然状况中,权力的不平等除了在战争的情况以外是无法看出的。②

在单纯的自然状态下,正像前面所说明的一样,所有的人都是平等的,根本没有谁比较好的问题存在。现今所存在的不平等状态是由于市民法引起的。③

但现在问题在于单纯的自然状况,我们假想其中既没有婚姻法,也没有关于子女教育的法规,而只有自然法和两性相互之间以及其对子女的自然倾向。在这种状况下,要不是父母双方相互之间对于子女的管辖权问题自行订立契约加以规定,便是完全没有规定。如果加以规定的话,权利便根据契约实行。④

当然,同所有的思想实验一样,霍布斯假设的"自然状态"虽然在现实中无法得到检验,但它绝非是凭空的虚构,而是一种完全可能的事态。也正因为如此,他的"自然状态"的假设,至今仍是国内外学界研究国家权威的合法性的一个重要思想资源。

---

① [英]霍布斯:《利维坦》,黎思复、黎廷弼译,商务印书馆 1995 年版,第 106 页。这是霍布斯在谈到自然状态时唯一一次没有加上"单纯的"定语的一段话。
② [英]霍布斯:《利维坦》,黎思复、黎廷弼译,商务印书馆 1995 年版,第 107 页。
③ [英]霍布斯:《利维坦》,黎思复、黎廷弼译,商务印书馆 1995 年版,第 117 页。
④ [英]霍布斯:《利维坦》,黎思复、黎廷弼译,商务印书馆 1995 年版,第 154—155 页。

二十六、质疑施特劳斯《霍布斯的政治哲学》中的三个见解①

霍布斯(1588—1679)是西方政治哲学史上一个划时代的人物,他不但是近代政治哲学的开创者,而且对后世政治哲学的发展产生了深远而持久的影响。正因为如此,对霍布斯政治哲学的研究在当代西方学术界一直占有一席之地,特别是在施特劳斯1932年出版了《霍布斯的政治哲学》之后,由知名学者撰写的一大批高水平的论著相继出版和发表。② 相比之下,我国学者对霍布斯政治哲学的研究却相对落后,这既体现在高质量的成果还为数不多,还体现在已有的成果在很大程度上深受施特劳斯《霍布斯的政治哲学》一书的影响。③ 本人认为,施特劳斯在《霍布斯的政治哲学》一书中虽然提出不少独到而深刻的见解,但其中一些却是基于明显的主观臆断,因而难以成立。为此,本文将根据霍布斯本人的相关论著,对施特劳斯在《霍布斯的政治哲学》一书的三个主要见解提出质疑,以求对霍布斯的思想做出准确的阐释。

---

① 本文发表在《中国人民大学学报》2019年第6期。

② 参见A.P.马尔蒂尼:《霍布斯》,王军伟译,华夏出版社2015年版,第七章"霍布斯在当代"。

③ 据我所知,国内学者涉及霍布斯的著作主要有:王利的《国家与正义》,上海人民出版社2008年版;王军伟的《霍布斯政治思想研究》,人民出版社2010年版;孔新峰的《从自然之人到公民》,国家行政学院出版社2011年版;吴增定的《利维坦的道德困境》,生活·读书·新知三联书店2012年版;李猛的《自然社会——自然法与现代道德世界的形成》,生活·读书·新知三联书店2015年出版,至于施特劳斯对它们的影响,我将另外撰文再谈。

一

施特劳斯在《霍布斯的政治哲学》中提出,虽然"霍布斯试图把他的政治哲学放在近代自然科学的基础之上"①,并认为"他在政治哲学方面的成就,要归功于运用了一种新的方法,就是伽利略赖以把物理学提升到科学地位的那个方法"②,而且"这个新方法是他的政治学说的决定性的特色"③,但霍布斯本人实际上还是确信"政治哲学本质上独立于自然科学"④。对于施特劳斯的这一见解,当代研究霍布斯的知名学者 A.P.马尔蒂尼曾有这样的概括:对于霍布斯政治哲学与其对现代科学的利用之间的关系,施特劳斯认为"它们之间'相互独立''毫不相干'"。⑤

为了证实他的见解,施特劳斯给出这样一个主要的论据:"惟其如此,他才能在写作他的体系的前两个部分的多年之前,就先行写作并发表第三部分《论公民》"⑥,用霍布斯本人在《论公民》一书"前言"中的话来讲就是,"在顺序上是最后的部分,在时间上却最先产生;因为我认识到,它以自身的原则为基础,这些原则已经在经验那里得到充分的证明,因而不需要前两部分"。⑦施特劳斯的论据能够成立吗? 让我们先看看他引用的霍布斯这段话的出处——霍布斯在《论公民》一书"前言"中的一大段论述:

> 我把哲学当成智力享受,我正在从它的各个分支中汇集成第一原理。我将它们分成三部分,准备按部就班地写完:第一部分讨论物质及其一般特性;第二部讨论人及其特有的禀赋和感情;第三部分讨论国家和公民的义务。因此,第一部分包含着第一哲学以及物理学的部分原理,对时间、

---

① 施特劳斯:《霍布斯的政治哲学》,申彤译,译林出版社 2012 年版,"前言",第 3 页。
② 施特劳斯:《霍布斯的政治哲学》,申彤译,译林出版社 2012 年版,第一章,第 2 页。
③ 施特劳斯:《霍布斯的政治哲学》,申彤译,译林出版社 2012 年版,第一章,第 3 页。
④ 施特劳斯:《霍布斯的政治哲学》,申彤译,译林出版社 2012 年版,第一章,第 7 页。
⑤ A.P.马尔蒂尼:《霍布斯》,王军伟译,华夏出版社 2015 年版,第 219 页。
⑥ 施特劳斯:《霍布斯的政治哲学》,申彤译,译林出版社 2012 年版,第 7 页
⑦ 施特劳斯:《霍布斯的政治哲学》,申彤译,译林出版社 2012 年版,第 7 页。

空间、起因、力、关系、比例、数量、形状和运动这些概念作透彻的阐述。第二部分涉及想象、记忆、理解、推理、欲望、意志、善、恶、道德、不道德以及诸如此类的题目。至于第三部分的内容,我前面已经说过。就在我充实其内容,理顺其思路,缓慢而艰难地写作之时(因为我在作透彻的思考,而不是在拼凑修辞练习),适逢我的国家处在内战爆发前的几年,被统治的权利和公民应当服从的问题搞得沸沸扬扬,而这正是战争将至的前兆。这就是我为何要把其他部分搁在一边,匆忙完成这第三部分的原因。结果是顺序中的最后一部分却最先问世。这尤其是因为我认识到,它无须前面两部分,因为它有着运用理性获知的原理作为自己的基础。①

不难看出,霍布斯在这段论述中表达了这样几层意思:(1)他正在做的事情是从哲学的各个分支中汇集第一原理;(2)他将哲学的各个分支分成三部分,第一部分讨论物质及其一般特性,第二部讨论人及其特有的禀赋和感情,第三部分讨论国家和公民的义务;②(3)就在他准备按部就班地充实这三部分的内容,理顺这三部分的思路,缓慢而艰难地写作之时,英国出现内战的前兆,于是他将已经开始写作的第一、第二部分先搁在一边,而匆忙完成了第三部分,即《论公民》;(4)第三部分的最先问世还在于他认识到完成它无须在完成第一、第二部分之后,因为它有着运用理性获知的原理作为自己的基础。如果我的以上解读是正确的,那施特劳斯的论据就难以成立。

首先,霍布斯在这段论述讲得很清楚,他研究的哲学是一个三位一体的,即由三个部分共同构成的体系。这样说来,作为这一体系第三部分的讨论国家和公民义务的政治哲学,就是这一体系的一个有机组成部分,并与这一体系的第一部分(讨论第一哲学以及物理学的部分原理,即施特劳斯讲的"自然科

---

① 霍布斯:《论公民》,应星、冯克利译,贵州人民出版社2003年版,第13页。这里需要指出,在这段论述中出现的,"结果是顺序中的最后一部分却最先问世。这尤其是因为我认识到,它无须前面两部分,因为它有着运用理性获知的原理作为自己的基础",与我前边引用的出现在申彤译的施特劳斯的《霍布斯的政治哲学》中的那段话,即"在顺序上是最后的部分,在时间上却最先产生;因为我认识到,它以自身的原则为基础,这些原则已经在经验那里得到充分的证明,因而不需要前两部分",在翻译上略有不同,因不涉及原则问题,为了行文方便,以下涉及《论公民》的引文,我都引自应星、冯克利译本。

② 与这三部分相对应的是霍布斯的3部著作,即1642年出版的《论公民》,1655年出版的《论物体》和1658年出版的《论人》。

学")和第二部分(讨论人及其特有的禀赋和感情),存在相互依存、相互渗透和相互贯通的内在联系。因此,从逻辑上讲,说霍布斯本人实际上确信"政治哲学本质上独立于自然科学"让人难以置信。

其次,霍布斯的论述表明,他在写作第三部分即政治哲学之前,已经着手第一和第二部分的写作。因为霍布斯是这样讲的:他先是准备"按部就班地写完",即按照第一、第二、第三部分的顺序依次将它们写完,但在他"充实其内容,理顺其思路,缓慢而艰难地写作之时",英国出现内战的前兆,故而他"把其他部分搁在一边,匆忙完成这第三部分"。他这里讲的"其内容"和"其思路",显然不仅指第三部分的内容和思路,而是包括第一、第二部分在内的整个哲学体系的内容和思路。而这意味着,在匆忙完成第三部分之前,他已着手第一、第二部分的写作。由此说来,施特劳斯说霍布斯是"在写作他的体系的前两个部分的多年之前,就先行写作并发表第三部分《论公民》",就不仅与霍布斯本人的说法明显冲突,而且也与实际情况相左。①

第三,霍布斯明确指出,他之所以把前两部分先搁在一边而匆忙完成第三部分,原因在于当时英国出现了内战的前兆,而第三部分的内容,即对"统治的权利和公民应当服从的问题"的探讨,与他意欲将英国从内战的危险拯救出来直接相关。换句话说,霍布斯首先完成第三部分即《论公民》的写作并非因为它与前两部分的写作无关,而只是因为当时英国的政治险境和他本人的政治抱负。可见,从霍布斯将前两部分先搁在一边而匆忙完成第三部分,根本得不出这表明霍布斯本人确信"政治哲学本质上独立于自然科学"的结论。

第四,霍布斯确实讲了,他认识到完成第三部分的写作"无须前面两部分,因为它有着运用理性获知的原理作为自己的基础",但由此也推不出他确信"政治哲学本质上独立于自然科学"。这是因为,霍布斯这里讲的"无须前面两部分",显然意指的是无须先完成前面两部分的写作也可以进行第三部分的写作,而不是第三部分的写作与前两部分的写作完全无关。此外,从霍布

---

① 实际上,作为第一部分成果的《论物体》虽然于 1655 年出版,但霍布斯开始考虑写作这样一部著作却可追溯到 1630 年,并在 1640 年写的对笛卡儿《第一哲学沉思集》的反驳中确立了他的《论物体》的核心观点和基本立场。参见段德智的"试论《论物体》在霍布斯哲学体系中的基础地位——《论物体》中文版译者序",商务印书馆 2019 年 1 月出版。

斯讲的第三部分"有着运用理性获知的原理作为自己的基础"可以推断,构成其哲学体系的前两部分无疑也都"有着运用理性获知的原理作为自己的基础",如果说这三个部分就此而言情况相同,那从第三部分"有着运用理性获知的原理作为自己的基础",也推不出这三个部分都是"相互独立"和"毫不相干"的。

实际上,只要认真读一下《论公民》,我们就会发现,霍布斯多次把第一、第二部分的内容作为他论述第三部分的出发点和依据。以下是两段相关论述:

> 我们必须看到,善与恶是我们加在事物上表明欲望或反感的名称。人们的欲望各自不同,就如他们的脾性、习惯和观点各不相同一样。人们在感官所感知的事物上(如味觉、触觉和嗅觉)也可见到这种差别,而在与日常生活行为相关的各种事情上更能见到这种差别。一个人要褒扬的东西即称之为善,反之则贬为恶。事实上,同一个人在不同的时候对同一个事物都褒贬不一,这种情况必然引起不合和冲突。因此,只要人是从不同的尺度(它是由不同时候欲望的变化引起的)来判断善恶,人就始终处在战争状态中。①

> 就自然体的运动而言,我们要考虑三个因素:物体能运动的内因;导致实际发生某种特定的运动的外因;以及运动本身。国家的情况与之相似。②

第一段论述表明,霍布斯是把人们因欲望不同而产生的对善与恶的不同认识,作为人们之所以会处于战争状态的一个原因来讲的,"欲望、善、恶"显然是他的哲学体系第二部分所讨论内容,而战争状态则是他哲学体系的第三部分即"国家和公民的义务"所讨论的内容。第二段论述表明,霍布斯是从第一部分讨论的内容即自然体的"运动"出发,进而论述第三部分讨论的"国家的情况"的。

以上表明,施特劳斯以霍布斯《论公民》"前言"中的一段话为依据,推断

① 霍布斯:《论公民》,应星、冯克利译,贵州人民出版社2003年版,第38—39页。
② 霍布斯:《论公民》,应星、冯克利译,贵州人民出版社2003年版,第120页。

霍布斯本人确信"政治哲学本质上独立于自然科学",是根本不能成立的,因为他的依据和推断都是基于对霍布斯本人论述的断章取义和主观臆断。

在我看来,就霍布斯的政治哲学与自然科学的关系而言,施特劳斯引用的霍布斯本人那些说法要更可信。因为无论从《论公民》还是从《利维坦》来看,霍布斯的政治哲学非但不是独立于自然科学的,恰恰相反,而是以他当时接受的自然科学的新成果,特别是通过伽利略获知的分解—综合的方法、物质运动守恒定律为基础和出发点的。

我们先来看看分解—综合的方法。在《论公民》一书中霍布斯说道:"就我的方法而言,我认为,辞章之常规结构尽管条理清晰,单凭它却是不够的。我要从构成国家的要素入手,然后看它的出现、它所采取的形式,以及正义的起源,因为对事物的理解,莫过于知道其成分。对于钟表或相当复杂的装置,除非将它拆开,分别研究其部件的材料、形状和运动,不然就无从知晓每个部件和齿轮的作用。同样,在研究国家的权利和合民的义务时,虽然不能将国家拆散,但也要分别考察它的成分,要正确地理解人性,它的哪些特点适合,哪些特点不适合建立国家,以及谋求共同发展的人必须怎样结合在一起。"①霍布斯这里讲的他的方法,即先将每个物体分解成最简单的元素进行分析,然后看它会在什么条件下出现,是他通过伽利略而获知的帕多瓦学派的分解—综合的方法。② 用罗尔斯的话来讲,正是基于这一方法,霍布斯才能进而提出,要"理解文明社会,即伟大的利维坦,我们就必须拆解它,把它分解为多个的元素或要素——即人类——并分析这些元素",而"把文明社会当做被拆解了的或被分解成元素的对象来分析,那么,我们就会得出自然状态的概念。"③可见,如果不是基于分解—综合这一自然科学的方法,霍布斯就提不出"自然状态"这一其政治哲学中最重要的概念。

再来看看物质运动守恒定律。在伽利略等自然科学家的影响下,霍布斯也坚信世界上所有的事物都是运动着的物质,并把伽利略的运动守恒定律应用到他的政治哲学中。他在《利维坦》一书中提出,由于所有生命都是运动中

---

① 霍布斯:《论公民》,应星、冯克利译,贵州人民出版社2003年版,第9页。
② 参见王军伟:《霍布斯政治思想研究》,人民出版社2010年版,第72—73页。
③ 罗尔斯:《政治哲学史讲义》,杨通进、李丽丽译,中国社会科学出版社2011年版,第30页。

的物质,因此,要理解个人的本质,必须首先懂得"躯体"或者说物质。"由于生命只是肢体的一种运动,它的起源在于内部的某些主要部分,那么我们为什么不能说,一切像钟表一样用发条和齿轮运行的'自动机械结构'也具有人造的生命呢?是否可以说它们的'心脏'无非就是'发条','神经'只是一些'游丝',而'关节'不过是一些齿轮,这些零件如创造者所意图的那样,使整体得到活动呢?"①由此他进而提出,"物体一旦处于运动之中,就将永远运动,除非受到他物阻挡"。② 故此,"一个人对于时常想望的事物能不断取得成功,也就是不断处于繁荣昌盛状态时,就是人们所谓的福祉,我所说的是指今生之福。因为心灵永恒的宁静在今世是不存在的。原因是生活本身就是一种运动,不可能没有欲望,也不可能没有畏惧,正如同不可能没有感觉一样。"③可以说,正是从人们对"福祉"的不断追求这一基于物质运动守恒定律的前提出发,霍布斯才能进而提出自然状态即战争状态这一其政治哲学中最重要的论断。

总之,无论是根据其本人的直接论述,还是根据《论公民》和《利维坦》中的相关内容,霍布斯的政治哲学都与他接受的伽利略等自然科学家的观点密不可分。因此,施特劳斯的理解,即霍布斯本人实际上确信"政治哲学本质上独立于自然科学",是完全站不住脚的。

二

众所周知,霍布斯在政治哲学上的最大贡献,是从假设的自然状态出发,以自然状态必定是战争状态为由,对国家权威的合法性所做的演绎论证。对于霍布斯的这一贡献,施特劳斯在其《霍布斯的政治哲学》中提出了两个明显武断的见解:第一,霍布斯认为"虚荣自负"是每一个人针对每一个人的战争状态的根源;第二,霍布斯认为国家的起源只是并只能是人们的"相互恐惧"。在本文的这一部分,我先对他的第一个见解提出质疑。

---

① [英]霍布斯:《利维坦》,黎复思、黎延弼译,商务印书馆1985年版,第1页。
② [英]霍布斯:《利维坦》,黎复思、黎延弼译,商务印书馆1985年版,第6页。
③ [英]霍布斯:《利维坦》,黎复思、黎延弼译,商务印书馆1985年版,第45页。

　　施特劳斯提出,霍布斯的政治哲学的基础是他的人性理论,这一理论被归结为"两条最为确凿无疑的人性公理"。第一条是"自然欲望公理",而"人的自然欲望,其基础在于人在端详他自己的权力时,所体验到的欢愉满足,也就是虚荣自负。因此,人的自然欲望的根源,不是感性知觉,而是虚荣自负。"①由此他进而提出,"霍布斯断言,每一个人针对每一个人的战争状态,必然发源于人类本性"②,即人的虚荣自负,说得具体一点就是,"虚荣自负任其滋长蔓延,势必造成殊死搏斗,而且由于'每一个人都希望共处的人对自己的估价和自己对自己的估价相同',每个人都放纵自己的虚荣自负,势必导致'每一个人针对每一个人的战争状态'"。③ 当然,施特劳斯也明确说了,"霍布斯自己从来也没有完成对他的根本论断所作的论证,这是因为,是否直截了当地把人的自然欲望归结为虚荣自负,并明确地以此作为他的出发点,连他自己都拿不定主意。"④"出于这个原因,在为每一个人针对每一个人的战争状态列举渊源的时候,他就在最终的压卷之作《利维坦》中,把虚荣自负放在最后的位置了。"⑤但尽管如此,"虚荣自负"是导致战争状态原因仍可视为霍布斯政治哲学中的一个根本论断。

　　在我看来,施特劳斯理解过于武断,因为它与霍布斯本人的说法及其相关论述明显相悖。施特劳斯说的"每一个人针对每一个人的战争状态",无疑也就是霍布斯说的自然状态下"每一个人对每个人的战争"⑥,而对于导致战争状态的原因,霍布斯本人在他的《利维坦》中有明确的说法:"在人类的天性中我们便发现:有三种造成争斗的主要原因存在。第一是竞争,第二是猜疑,第三是荣誉。第一种原因使人为了求利,第二种原因使人为了求安全,第三种原因则使人为了求名誉而进行侵犯。"⑦由此说来,施特劳斯讲的"虚荣自负",即霍布斯讲的"荣誉",至多只是霍布斯讲的导致战争状态的一个原因,而且

---

① ［英］霍布斯:《利维坦》,黎复思、黎延弼译,商务印书馆1985年版,第13页。
② ［英］霍布斯:《利维坦》,黎复思、黎延弼译,商务印书馆1985年版,第14页。
③ ［英］霍布斯:《利维坦》,黎复思、黎延弼译,商务印书馆1985年版,第26页。
④ 施特劳斯:《霍布斯的政治哲学》,申彤译,译林出版社2012年版,第14页。
⑤ ［英］霍布斯:《利维坦》,黎复思、黎延弼译,商务印书馆1995年版,第15页。
⑥ ［英］霍布斯:《利维坦》,黎思复、黎延弼译,商务印书馆1995年版,第93—94页。
⑦ ［英］霍布斯:《利维坦》,黎思复、黎延弼译,商务印书馆1995年版,第94页。

是处于第三位的原因,但施特劳斯却认为霍布斯实际上是把它当作归根结底意义上的唯一原因。

为了进一步表明施特劳斯的理解不能成立,让我们再来分析一下霍布斯讲的导致自然状态下"每一个人对每个人的战争"的三个原因。

第一个原因是竞争。对此,霍布斯有这样一段论述:

> 由这种能力上的平等出发,产生达到目的的希望的平等。因此,任何两个人如果想取得同一东西而又不能同时享用时,彼此就会成为仇敌;他们的目的主要是自我保全,有时则只是为了自己的欢乐;在达到这一目的的过程中,彼此都力图摧毁或征服对方。①

从这段话及其上下文我们可以发现,霍布斯讲的自然状态下的竞争,是以这样三个假设为前提的:

第一,能力上的平等使得任何人都认为,就获取某一东西而言,他与其他人拥有同样的机会。霍布斯还特别指出,"自然使人在身心两方面的能力都十分相等,以致有时某人的体力虽则显然比另一人强,或是脑力比另一人敏捷;但这一切总加在一起,也不会使人与人之间的差别大到使这人能要求获得人家不能像他一样要求的任何利益,因为就体力而论,最弱的人运用密谋或者与其他处在同一种危险下的人联合起来,就能具有足够的力量来杀死最强的人。"②由于人们在能力上是平等的,他们自然会产生在获取同一东西上每个人的机会都是平等的想法,即产生达到目的的希望的平等。

第二,生活必需品的稀缺使得任何人都不能放弃获取某物的机会。霍布斯这里讲的"任何两个人如果想取得同一东西而又不能同时享用",暗示着在自然状态下人们所需的物品是稀缺的,因为如果人们所需的物品是丰富的,那竞争的情况就不会出现。而且,这种稀缺主要体现在生活必需品上,即那些他们必须得到否则就会危及其生存的东西上,因为从《利维坦》中的相关论述来看,在大部分时间,人们欲求东西的是为了"自我保全",只在某些时候才是为了"快乐"。由于人们要获取的东西既是稀缺的,又是必不可少的,因而彼此

---

① [英]霍布斯:《利维坦》,黎思复、黎廷弼译,商务印书馆1995年版,第93页。
② [英]霍布斯:《利维坦》,黎思复、黎廷弼译,商务印书馆1995年版,第92页。

都力图摧毁或征服对方。

第三,心理上的利己主义使得每个人都只关注自己的利益而不顾他人。霍布斯在这里讲得很明确,自然状态下人们竞争的目的,主要是"自我"保全以及"自己"的快乐,因此,所有的人都会把追求自我保存和自己的快乐置于优先地位。

简言之,能力的平等、生活必需品的稀缺和心理上的利己主义必然导致人们的竞争,并使竞争成为造成战争状态的首要原因。对于这一原因,施特劳斯在谈到霍布斯论每一个人针对每一个人的战争状态的根源时,竟然忽略不谈。

第二个原因是猜疑。猜疑为什么也是造成自然状态成为战争状态的一个原因? 对此,霍布斯是这样论述的:

> 由于人们这样互相疑惧,于是自保之道最合理的就是先发制人,也就是用武力或机诈来控制一切他所能控制的人,直到他看到没有其他力量足以危害他为止。这并没有超出他的自我保全所要求的限度,一般是允许的。同时又由于有些人把征服进行得超出了自己的安全所需要的限度之外,以咏味自己在这种征服中的权势为乐;那么其他那些本来乐于安分守己,不愿以侵略扩张其权势的人们,他们也不能长期地单纯只靠防卫而生存下去。其结果是这种统治权的扩张成了人们自我保全的必要条件,应当加以允许。①

霍布斯这里讲的"人们这样互相疑惧"中的"疑惧",也就是他紧接着讲的"猜疑"②。从这段话的上下文来看,由于在竞争中人们彼此都力图摧毁或征服对方,于是就出现了侵犯他人和被人侵犯的可能性,而且"侵犯者本人也面临着来自别人的同样的危险",因此,"猜疑"在这里意指的是,人们猜疑别人会侵犯自己,会危及自己的安全。这种猜疑会使人们采取最合理的自保之道即先发制人,"也就是用武力或机诈来控制一切他所能控制的人,直到他看到没有其他力量足以危害他为止"。在这样做的过程中,一些人没有超出他的自我保全所要求的限度,一些人则超出了自己的安全所需要的限度,这使得前

---

① [英]霍布斯:《利维坦》,黎复思、黎延弼译,商务印书馆 1985 年版,第 93 页。
② 在《利维坦》的英文版原文中,中译本中出现的"疑惧"和"猜疑"是一个词,即 diffidence。"疑惧"出现在中文版第 93 页,"猜疑"出现在第 94 页,它们中间只隔着一段话。

者也不能长期地单纯只靠防卫而生存下去,因而,猜疑就构成了造成自然状态成为战争状态的又一个原因。不过,与"竞争"不同,"猜疑"不是使人求利,而是使人求安全,用霍布斯的话来讲就是,"在第一种情形下(即竞争),人们使用暴力去奴役他人及其妻子儿女与牲畜。在第二种情形下则是为了保全这一切"。①

简言之,猜疑别人会侵犯自己会危及自己的安全,并因而采取先发制人的做法,是造成战争状态的第二个原因。对于这一原因,施特劳斯在谈到霍布斯论每一个人针对每一个人的战争状态的根源时,竟然也忽略不谈。

第三个原因是荣誉。对于荣誉为什么也是造成自然状态成为战争状态的一个原因,霍布斯是这样论述的:

> 在没有权力可以使大家全都慑服的地方,人们相处时就不会有快乐存在;相反地他们还会有很大的忧伤。因为每一个人都希望共处的人对自己的估价和自己对自己的估价相同。每当他遇到轻视或估价过低的迹象时,自然就会敢于力图尽自己的胆量(在没有共同权力使大家平安相处的地方,这就足以使彼此互相摧毁)加害于人,强使轻视者作更高的估价,并且以诛一儆百的方式从其他人方面得到同样的结果。②

从这段话可以看出,荣誉在这里意指的是,在尚不存在可以使大家全都慑服的权力的自然状态下,每一个人都希望共处的人对自己的估价和自己对自己的估价相同,而不能有任何的轻视或低估。由此可以推断,荣誉是对自己权力的热衷,即通过高估自己去追求尚不存在的统治他人的权力。一个人的荣誉一旦受到其他人轻视,这个人就会加害于轻视者,强使轻视者作更高的估价,而这必然引发他们之间的战争。对于荣誉与竞争和猜疑的不同,霍布斯讲了这样一段话:"在第三种情形下,则是由于一些鸡毛蒜皮的小事,如一言一笑、一点意见上的分歧,以及任何其他直接对他们本人的藐视。或是间接对他们的亲友、民族、职业或名誉的藐视。"③可见,与基于利益考虑的竞争和基于安全考虑的猜疑不同,荣誉只是基于对权力的考虑。当然,权力并非与利益和

---

① 在《利维坦》的英文版原文中,第 94 页。
② 在《利维坦》的英文版原文中,第 93—94 页。
③ [英]霍布斯:《利维坦》,黎复思、黎延弼译,商务印书馆 1985 年版,第 94 页。

安全毫无关系,而且一旦获得可使人们的利益和安全得到进一步的保障,但为荣誉而争斗毕竟不同于为利益和安全而争斗,这在霍布斯的论述中是看得很清楚的。

简言之,荣誉,即为了获得尚不存在的统治他人的权力,是造成战争状态的第三个原因。对于这一原因,施特劳斯谈到霍布斯论每一个人针对每一个人的战争状态的根源时,却将它的作用极力夸大,把其说成是造成战争状态的根本性的、唯一的根源。

以上表明,依据霍布斯本人的说法和相关论述,导致自然状态是战争状态的原因有三个,即竞争、猜疑和荣誉,而荣誉,即施特劳斯所讲的"虚荣自负"只是其中的一个原因,而且还是排在竞争和猜疑之后的第三位的原因。由此说来,施特劳斯的理解,即霍布斯认为"虚荣自负"是每一个人针对每一个人的战争状态的唯一的和根本性的根源,完全是基于他的主观臆断,因而根本不能成立。

三

施特劳斯认为,作为霍布斯政治哲学基础的人性公理的第二条是"自然理性公理","它教导每一个人,逃避反自然的死亡,这是可能对自然发生的最严重的危害"。[1] 然而,"霍布斯对死亡是首要的、最大的、至高无上的邪恶这一断言,毕竟难以默认。因为他知道,一个悲惨痛苦的生活,跟死亡比较起来,可以是更大的邪恶。因此,最大的和至高无上的邪恶,不是死亡本身,而是极度痛苦折磨中的死亡,或者,看起来好像与此相同,是暴力造成的横死。"[2]所以,霍布斯认为惟一值得提出来的,"不是痛苦折磨中的死亡本身,而只是威胁着一个人的、被他人手中的暴力所造成的横死"。[3] 由此,施特劳斯进而推断,在霍布斯那里,法律和国家的起源"是出自对死亡的恐惧,也就是出自情

---

[1]　施特劳斯:《霍布斯的政治哲学》,申彤译,译林出版社 2012 年版,第 17—18 页。

[2]　施特劳斯:《霍布斯的政治哲学》,申彤译,译林出版社 2012 年版,第 19 页。

[3]　施特劳斯:《霍布斯的政治哲学》,申彤译,译林出版社 2012 年版,第 20 页。

感上对死亡的不可避免的、因而是必然的和确定无疑的厌恶。这个恐惧是一种相互的恐惧,就是说,是每个人对每个他人作为自己的潜在谋杀者所怀有的恐惧"。① 正是这种恐惧,"迫使人们达成共识、建立信任,实现联合,使他们为了对付这个公敌,保障尽可能地长治久安,得以有可能完成对国家的奠基;此时此刻,人为的国家就应运而生了"。② 对于他的这一理解,施特劳斯还给出了文本依据:"迟至《法律、自然和政治的原理》,在为国家下定义这个核心问题上,霍布斯仍然断定,国家的目的,除了和平和防御以外,还在于共同福祉。这样,他就缄默不宣地接受了亚里士多德在国家起源的原因与国家存在的原因之间("活着"与"幸福地生活"之间)所作的区分。另一方面,在随后的著述与此相对应的段落中,他更忠实于他自己的意图,把国家的必要性和可能性,仅从对暴力造成的死亡的恐惧来理解;在那里,他略去了共同福祉,从而否定了亚里士多德学说中的那个区别。"③简言之,施特劳斯认为,霍布斯最终是把国家的起源仅仅归因于人们害怕暴力造成的死亡。

在我看来,施特劳斯的上述理解同样过于武断,因为从他给出的依据,即他说的霍布斯"随后的著述与此相对应的段落"(由于《法律、自然和政治的原理》发表于 1640 年,因此,"随后的著述"主要指 1642 出版的《论公民》和 1651 出版的《利维坦》),根本找不到可以支持他那种理解的任何相关论述。

让我们先来看看霍布斯在《论公民》的第五章"论国家的起因和产生"中的几段相关论述:

> 人的行动出于他们的意志,而他们的意志出于他们的希望和恐惧。因此,当遵守法律比不遵守法律似乎给他们自己带来更大好处或更小坏处时,他们才会愿意去遵守。因此,每个人对安全和自我保存的希望都在于公开或密谋用他的能力和技术去胜过他的同伴一筹。我们从这里可以看到,当自然法为人所知时,并不能保障它们会被遵从。因此,只要人还没有得到免予被攻击的安全保障,他原初的权利就会继续存在,无论他愿意和能够用什么样的方式去保护自己。这种权利也即对所有东西的权

---

① 施特劳斯:《霍布斯的政治哲学》,申彤译,译林出版社 2012 年版,第 20 页。
② 施特劳斯:《霍布斯的政治哲学》,申彤译,译林出版社 2012 年版,第 26 页。
③ 施特劳斯:《霍布斯的政治哲学》,申彤译,译林出版社 2012 年版,第 40 页。

利,或战争的权利。①

我们因此得考虑什么东西能够提供这样的安全。可以想到的唯一的途径是,所有人都为自己找到足够的援助,以便任何攻击行为对双方来说都是如此危险,以至于他们都认为按兵不动比大动干戈略胜一筹。……还需要更多的因素,需要有一种让人恐惧的东西使得人们在和平和相互帮助以求得公共利益上的这种一致无法摧毁私人利益与公共利益发生冲突时的不一致。②

既然在同一个目标上若干意志的联合不足以维持和平和稳固的自卫,那就要求在对和平和自卫来说必不可少的事情上,大家有一个单一的意志[una voluntas]。要出现这种情况,只有每个人都使自己的意志服从某个单一的意志,即某个人[Hominis]或会议[Conciliurn]的意志。他们的服从方式是,在对共同的和平来说必不可少的事上,无论这个人或会议的意志是什么,都会被看成是所有人[omnes et singuli]的意志。我说的"会议"指的是一群这样的人[coetus],他们的任务是考虑对所有人的公共利益来说,什么是该做的,什么是不该做的。③

当他们每个人通过与其他人的协议迫使自己不能违抗他已经服从的那个人或会议的意志时,也即不能阻止那个人或会议用财富和力量来对付除他自己以外的其他人时(因为他被理解成保存了使他自己免遭暴力侵袭的权利),这种使所有人的意志都服从某个人或会议的意志的情况就会出现。这就叫"联盟"(union)。……这样形成的联盟被称作是"国家"或"公民社会"。……国家[按其定义]是这样一个人格,即它的意志通过若干人的协议被看成是他们大家的意志,它可以为共同的和平和防卫而运用他们的力量和资源。④

前述已足以说明,出于自我保存的激情,一群自然人是如何以及通过什么步骤将相互的恐惧联结成一个法人的——我们给这个法人取名为

---

① [英]霍布斯:《论公民》,应星、冯克利译,贵州人民出版社2003年版,第53页。
② [英]霍布斯:《论公民》,应星、冯克利译,贵州人民出版社2003年版,第54—55页。
③ [英]霍布斯:《论公民》,应星、冯克利译,贵州人民出版社2003年版,第57页。
④ [英]霍布斯:《论公民》,应星、冯克利译,贵州人民出版社2003年版,第57—58页。

"国家"。但那些因为恐惧而屈从的人，不是臣服于一个他们都恐惧的人，就是臣服于他们相信会给他们提供保护的人。战败者通过前者避免被杀；未战败者通过后者避免战败。前一种方式在自然权力存在时就开始有了，它可说是国家的自然起源；后一种源于加盟各方的协商和决策［a consilio & constitutione］，它是通过设计而来的国家的起源［origo ex instituto］。①

从以上论述不难看出，霍布斯认为，国家的起源说到底是因为"每个人对安全和自我保存的希望"。正是为了获得"免予被攻击的安全保障"，最终导致了"每个人都使自己的意志服从某个单一的意志"的"联盟"即国家的出现。施特劳斯说霍布斯在"随后的著述与此相对应的段落"中"把国家的必要性和可能性，仅从对暴力造成的死亡的恐惧来理解"，而以上引文表明，至少霍布斯在《论公民》中不是这样讲的。

让我们再来看看霍布斯在《利维坦》中的相关论述。在第十七章"论国家的成因、产生和定义"的一开始，霍布斯就讲了这样一段话：

> 我们看见天生爱好自由和统治他人的人类生活在国家之中，使自己受到束缚，他们的终极动机、目的或企图是预想要通过这样的方式保全自己并因此而得到更为满意的生活；也就是说，要使自己脱离战争的悲惨状况。②

这段话表明，霍布斯认为人类是天生爱好自由和统治他人的，而人类之所以要生活在国家之中，即使自己受束缚，其终极动机、目的或企图是想要通过这样的方式保全自己，并因此而得到更为满意的生活。可以认为，霍布斯这里讲的人类"保全自己并因此而得到更为满意的生活"，指的就是国家的成因，或者说，就是国家的起源。

人类"要使自己脱离战争的悲惨状况"，是霍布斯讲的国家的成因或起源的另一种说法。

对于战争造成的悲惨状态，霍布斯在《利维坦》的第十三章"论人类幸福

① ［英］霍布斯：《论公民》，应星、冯克利译，贵州人民出版社2003年版，第59页。
② ［英］霍布斯：《利维坦》，黎复思、黎延弼译，商务印书馆1985年版，第128页。

与苦难的自然状态"中做了明确的描述：

> 在这种状况下，产业是无法生存的，因为其成果不稳定。这样一来，举凡土地的栽培、航海、外洋进口商品的运用、舒适的建筑、移动与卸除须费巨大力量的物体的工具、地貌的知识、时间的记载、文艺、文学、社会等等都将不存在。最糟糕的是人们不断处于暴力死亡的恐惧和危险中，人的生活孤独、贫困、卑污、残忍和短寿。①

从这段话不难看出，他描述的自然状态下因人与人的战争所造成悲惨状况，主要体现在两个方面：一是存在死亡和不安全的危险；二是缺少舒适生活所需的物品。而人们想要从这两方面的悲惨情况中摆脱出来，就构成了国家成因，这与前边讲的国家的成因，即人们想要保全自己并因此而得到更为满意的生活，是对同一问题的两种不同说法。正是从人们想要脱离战争的悲惨状况这一前提出发，霍布斯提出，"如果要建立这样一种能抵御外来侵略和制止相互侵害的共同权力，以便保障大家能通过自己的辛勤劳动和土地的丰产为生病生活得很满意，那就只有一条道路：把大家所有的权力和力量付托给某一个人或一个能通过多数的意见把大家的意志化为一个意志的多人组成的集体"，而"这一点办到之后，像这样统一在一个人格之中的一群人就称为国家，在拉丁文中称为城邦。这就是伟大的利维坦(Leviathan)的诞生。"②

简言之，在《利维坦》中，霍布斯明确提出了构成国家起源的两个根本原因：一是人们得到安全保障的需要，二是人们得到满意生活的需要。施特劳斯不可能没读过《利维坦》中的相关论述，但他却断言霍布斯此时"把国家的必要性和可能性，仅从对暴力造成的死亡的恐惧来理解"，而且还略去了共同福祉，这不是无中生有的臆断又是什么？

以上是我对施特劳斯在《霍布斯的政治哲学》一书的三个主要见解提出的质疑，希望能得到相关专家的批评和指正。

---

① [英]霍布斯：《利维坦》，黎复思、黎延弼译，商务印书馆1985年版，第94—95页。
② [英]霍布斯：《利维坦》，黎复思、黎延弼译，商务印书馆1985年版，第131—132页。

二十七、关于"自然状态是战争状态"的两个问题

——与李猛教授商榷①

　　"自然状态是战争状态",是英国近代政治哲学家霍布斯为论证国家存在的必要性而提出的一个基于思想实验的著名学说。不过,后世学者对这一学说却提出了种种不同理解。在国内学术界,一种有代表性的理解是由北京大学李猛教授提出来的。他早在2014年发表的一篇论文中就指出,"对霍布斯主张自然状态是战争状态的学说,一直缺乏准确充分的理解"②,并在2015年出版的《自然社会——自然法与现代道德世界的形成》(以下简称《自然社会》)一书中提出:霍布斯讲的自然状态,指的是在没有人为建立的共同权力的条件下自然人性的基本状况;霍布斯对自然状态何以是战争状态提供了两个论证,一是基于自然平等的人性冲突的自然激情论证,二是基于无限自由的法权矛盾的自然权利论证。在我看来,李猛的这些理解难以成立,因为它们非但在霍布斯的论著中找不到文本依据,而且还与霍布斯本人的相关论述明显相悖。为此,本文将通过对李猛的理解和霍布斯的相关论述的分析,对霍布斯讲的"自然状态"指的是什么,和他为什么认为"自然状态是战争状态"提出一些不同的理解,以就教于李猛教授。

---

①　本文发表在《南国学术》2020年第1期。
②　李猛:《自然状态为什么是战争状态?——霍布斯的两个证明与对人性的重构》,《云南大学学报》(社会科学版)2014年第13卷第5期,第16页。

一

弄清霍布斯的"自然状态是战争状态"这一学说的含义,无疑先要弄清他讲的"自然状态"指的是什么? 对于这个问题,李猛在《自然社会》一书中是这样讲的:

> 根据霍布斯最早阐述自然状态学说的《法的原理》中的说法,所谓"自然状态"(the estate of nature),是指"我们的自然将我们置于"的状态,或"人在仅仅考虑其自然"(men considered in mere nature)所处的状态。霍布斯在描述这个"纯粹自然"的状态时,既从正面规定了其基本特征,也明确指出了自然状态中不存在的人类生活方式,这两方面的规定一同构成了霍布斯对人性的自然状况的整体理解。①

他这里讲的"两方面"的规定具体说来就是:一方面,"人单纯从自然角度考虑的本性不过是指人在身体和心智方面全部自然能力和力量的总和"②;另一方面,"自然状态中没有政治社会才能建立的人为制度和公共权力"③。在分别论述了这两方面的具体内容之后,李猛对"自然状态"指的是什么作了如下概括:

> 自然状态指的是在没有人为建立的共同权力——因此排除与"政治体"有关的人为秩序与生活方式——的条件下自然人性的基本状况。霍布斯试图使用这一概念来把握在排除人为权力的条件下人性的自然面目。因此,我们不仅不能将霍布斯的"自然状态"理解为人类历史发展的原始阶段,也同样不能仅仅将它视为一个用来论证绝对权力必要性的思

---

① 李猛:《自然社会——自然法与现代道德世界的形成》,生活·读书·新知三联书店2015年版,第106—107页。

② 李猛:《自然社会——自然法与现代道德世界的形成》,生活·读书·新知三联书店2015年版,第107页。

③ 李猛:《自然社会——自然法与现代道德世界的形成》,生活·读书·新知三联书店2015年版,第112页。

想实验或单纯形式性的逻辑虚构,而只能将其看作是统摄霍布斯对人性的实质理解的总体性概念。①

简言之,"自然状态"指的是在没有人为建立的共同权力的条件下自然人性的基本状况。李猛的上述理解能够成立吗? 我认为不能。

首先,李猛的理解缺少可信的文本依据。

我们知道,1640 年完成的《法的原理》②、1642 年和 1647 年出版的《论公民》和 1650 年出版的《利维坦》是霍布斯政治哲学的三部代表作。不过,尽管霍布斯在《法的原理》中就已提出"自然状态"概念,但他明确提出"自然状态是战争状态",并对自然状态何以是战争状态做出全面、深入的论证却是在《论公民》和《利维坦》中。这样说来,李猛仅以《法的原理》中的说法作为理解何为"自然状态"的依据,而只字不提《论公民》和《利维坦》中的相关论述,这种做法本身就使得其理解缺少可信性。更为要紧的是,李猛说他的理解,即"所谓'自然状态'(the estate of nature),是指'我们的自然将我们置于'的状态,或'人在仅仅考虑其自然'(men considered in mere nature)所处的状态",是根据《法的原理》中的说法,即其英文版第十四章第二段话中的说法,但从这段话却根本找不到他所说的根据。为了把这一问题说得更清楚,我把对理解第二段话具有重要意义的第一段话也在下面给出:

第一段话:In the precedent chapters hath been set forth the whole nature of man, consisting in the powers natural of his body and mind, and may all be comprehended in these four: strength of body, experience, reason, and passion.③

---

① 李猛:《自然社会——自然法与现代道德世界的形成》,生活·读书·新知三联书店 2015 年版,第 113—114 页。

② 这本书的英文书名是 *The Elements of Law Natural and Politic*,国内学者张书友将其译为《法律要义——自然法与民约法》,应星、冯克利将其译为《法、自然和政治的原理》,申彤将其译为《法律、自然和政治的原理》,张军伟将其译为《自然法和政治法原理》,李猛将其译为《法的原理》。我这里不对这几种译法做任何评论,为了行文方便,姑且就沿用李猛的译法。

③ *Thomas Hobbes The Elements of Law Natural and Politic*, Oxford University Press, 1994, p.77.

我的译文①:在前几章中已经阐释了人性之总体,它由人身体和心智的自然力量构成,并且可以从体力、经验、理性和激情这四个方面来理解。

第二段话:In this chapter it will be expedient to consider in what estate of security **this our nature hath placed us**, and what probability it hath left us of continuing and preserving ourselves against the violence of one another. And first, if we consider how little odds there is of strength or knowledge between men of mature age, and with how great facility he that is the weaker in strength or in wit, or in both, may utterly destroy the power of the stronger; since there needeth but little force to the taking away of a man's life; we may conclude that **men considered in mere nature**, ought to admit amongst themselves equality; and that he that claimeth no more, may be esteemed moderate.②(着重标示是我加的,它们是李猛引文的英文出处)

我的译文:这一章则应该考虑一下我们的人性把我们置于什么样的安全状态,以及它给我们留下了怎样的可能性,使我们能够持续保护我们自己免受彼此的暴力侵害。首先,如果我们考虑到,成年人之间在力量或知识上的差别是多么的小,和弱者无论在力量或智慧上,或在这两者上运用多大能力,都可能会彻底摧毁强者的力量;因为夺去一个人的性命只需很小的暴力;我们可以得出这样的结论:仅从人性上看,人们应该承认他们之间的平等;不再更多索取的人,可被看作是适度的人。

如果我译文是正确的,那李猛的理解就无根据可言。

第一,无论在第一段话还是在第二段话,霍布斯都没有提及"自然状态"(the estate of nature),由此说来,李猛说的所谓"自然状态"是指什么,实际上并不是霍布斯本人讲的"自然状态"是指什么,而是他自己讲的"自然状态"是指什么。诚然,第十四章标题,即"Of the Estate and Right of Nature"可译为"自

---

① 霍布斯的 *The Elements of Law Natural and Politic* 已有一个中译本,即由张书友译的《法律要义——自然法与民约法》(中国法制出版社 2010 年版),由于它的文言文的表述方式和译文的准确性受到人们的质疑,这里及后面给出的译文都由我直接译自牛津大学 1994 年版的这本书的英文版。

② *Thomas Hobbes The Elements of Law Natural and Politic*, Oxford University Press, 1994, p.78.

然状态与自然权利",就此而言,我们可以说霍布斯在这一章中使用了"自然状态"概念,但他对这一概念本身却没做任何说明和界定。认真读一下第十四章的全文我们可以发现,其中只有两段论述可以认为与标题中出现的"自然状态"相关:

(1)Seeing then to the offensiveness of man's nature one to another, there is added a right of every man to every thing, whereby one man invadeth with right, and another with right resisteth; and men live thereby in perpetual diffidence, and study how to preoccupate each other; the estate of men in this natural liberty is the estate of war.①

我的译文:既然人本性上就彼此相争,加之每一个人对每一事物都有权利,故此,一个人有侵犯之权,另一个人就有抵抗之权;这样一来,人们终日生活在猜疑之中,并谋划相互间如何先发制人;人的这种自然自由的状态就是战争状态。

(2)The estate of hostility and war being such, as thereby nature itself is destroyed, and men kill one another...②

我的译文:敌对和战争的状态就是这样,从而人性本身被摧毁,人们互相残杀……

由于除了在标题中使用了"the estate"(状态)以外,霍布斯只在这两段话中使用了"the estate"这一概念,因而我们可以推断,霍布斯在标题中讲的"自然状态",意指的是(1)中讲的"人的这种自然自由的状态",即"战争状态",和(2)中讲的"敌对和战争的状态"。如果这一推断能够成立,那尽管霍布斯在第十四章标题中使用了"自然状态"概念,这也不能成为李猛的理解,即"自然状态"指的是在没有人为建立的共同权力的条件下"自然人性的基本状况"的根据。

第二,无论在第一段话还是在第二段话,霍布斯都没有"的状态"和"所处的状态"这样的用语。李猛将"this our nature hath placed us"译为"我们的自

---

① *The Elements of Law Natural and Politic*, Oxford University Press, 1994, p.80.
② *The Elements of Law Natural and Politic*, Oxford University Press, 1994, p.80.

然将我们置于",将"men considered in mere nature"译为"人在仅仅考虑其自然",并在这两句话后面分别加上"的状态"和"所处的状态"这样的用语,从而使人觉得"'我们的自然将我们置于'的状态",或"'人在仅仅考虑其自然'所处的状态"都是霍布斯本人在《法的原理》中的说法。但实际情况却并非如此。前边表明,"this our nature hath placed us"出现在"in what estate of security this our nature hath placed us",即"我们的人性把我们置于什么样的安全状态"这句话中。由此说来,且不讲李猛将"this our nature"译为"我们的自然"是否合适①,仅从他把霍布斯讲的"in what estate of security"理解为"的状态"来看,这本身就有问题,因为他在这里有意略去了其中的"security"(安全)②。霍布斯的原话讲的是我们的人性把我们置于"什么样的安全状态",李猛将其理解为我们的自然将我们置于"的状态",这样的理解能说是以霍布斯本人的说法为根据吗? 前边表明,"men considered in mere nature"出现在"men considered in mere nature,ought to admit amongst themselves equality",即"仅仅从人性上看,人们应该承认他们之间的平等"这句话中。由此说来,且不讲李猛将其中的"men considered in mere nature"译为"人在仅仅考虑其自然"是否合适③,仅就他在其后面加上他自己的"所处的状态"这样的用语来看,这本身也有问题。因为从"men considered in mere nature,ought to admit amongst themselves equality"这句话来看,其中的主语是"men"即"人们",其中的谓语是"ought to admit amongst themselves equality"即"应该承认他们之间的平等",其中的"considered in mere nature"即"仅从人性上看"只是状语。然而,李猛却将"men considered in mere nature"从"men considered in mere nature,ought to admit amongst themselves equality"这句话中单独拿出来,并后面进而加上了他

---

① 我认为,这里出现的"this our nature"应译为"我们的人性",因为从上下文来看,这里出现的"nature"指的是在第一段话中出现"the whole nature of man"中的"nature",将它应译为"人性"更贴切也更容易为人理解。

② 我说李猛有意漏译是因为他在《自然社会——自然法与现代道德世界的形成》一书的117页说,"恰恰因为自然平等,使自然本性无法处于'安全状态'(estate of security)",并在注释中表明"安全状态"(estate of security)是出自《法的原理》英文版第十四章的第二段话。

③ 我认为,从上下文来看,将这里出现的"nature"译为"人性"也更为贴切和更令人容易理解。

自己的"所处的状态"这样的用语,从而把霍布斯讲的"仅仅从人性上看,人们应该承认他们之间的平等",理解为"'人在仅仅考虑其自然'(men considered in mere nature)所处的状态",这样的理解能说是以霍布斯本人的说法为依据吗?

其次,李猛的理解本身存在偷换概念和循环定义的逻辑错误。对于霍布斯的"自然状态"概念指的是什么,李猛还通过对"自然"是什么和"自然"不是什么的阐释,做出了如下说明:

他在对"自然"是什么,即"正面规定"自然状态基本特征的阐释中指出,"在霍布斯看来,人单纯从自然角度考虑的本性不过是指人在身体和心智方面全部自然能力和力量的总和;而且,大家都将这些力量视为是'自然的',并普遍将这些力量作为人的定义所包括的基本内容(比如我们会将人定义为"理性的""动物")。"①说得再具体一点,霍布斯在分析构成人的自然状态的"自然能力"时认为,所有这些"身体和心智的自然能力"都可以归纳为四种,即"体力、经验、理性和激情",其中"经验"构成人性的枢纽,自然状态下的人是凭借其社会生活的经验预见彼此行为,从而为确保自身安全进行权衡和采取行动。简言之,"自然状态"指的是纯粹从自然角度考虑的人性状况,即"自然人性的基本状况"。

他在对"自然"不是什么,即表明"自然状态概念的否定意涵"②的阐释中又指出,"霍布斯本人对自然状态的对立面有准确的表述。在《论公民》中,自然状态被称为是'人在政治社会之外的状态'。在《利维坦》中,自然状态则被更加明确地描述为'没有共同权力威慑所有人'的状况。这一表述清楚地规定了政治社会与自然状态的根本区别。前者具有通过契约人为建立的可见的'共同权力'或者说'公共权力',而后者只存在私人的权力和力量,即所谓'自然能力或力量'。"③简言之,"自然状态"指的是相对"政治社会"而言的"没有

---

① 李猛:《自然社会——自然法与现代道德世界的形成》,生活·读书·新知三联书店2015年版,第107页。

② 李猛:《自然社会——自然法与现代道德世界的形成》,生活·读书·新知三联书店2015年版,第112页。

③ 李猛:《自然社会——自然法与现代道德世界的形成》,生活·读书·新知三联书店2015年版,第112页。

共同权力威慑所有人"的状况,即不存在国家的状况。

不难看出,在李猛对"自然"是什么和"自然"不是什么的阐释中,"自然"被他用作"自然状态"的"简称",或者说同义语。然而,他在阐释"自然"是什么时赋予自然状态的含义,与他在阐释"自然"不是什么时赋予自然状态的含义,却完全不同。就前者而言,"自然"即自然状态指的是"自然人性的"基本状况,就后者而言,"自然"即自然状态指的是"没有共同权力威慑所有人的"状况。这样一来,他对何为"自然状态"的定义,即"自然状态"指的是在没有人为建立的共同权力的条件下"自然人性的基本状况",就不但存在明显的偷换概念的问题,而且还存在明显的循环定义的问题,因为"没有人为建立的共同权力的条件"本身指的就是"自然状态",再说"自然状态"指的是在没有人为建立的共同权力的条件下"自然人性的基本状况",就等于说"自然状态"指的是在"自然状态"的条件下自然人性的基本状况。

第三,李猛的理解与霍布斯本人在《论公民》和《利维坦》中涉及"自然状态"的论述明显相悖。在《论公民》和《利维坦》中,霍布斯多次谈到"自然状态",以下是其中直接涉及"自然状态"意指什么的 10 处论述,前 5 处出自《论公民》,后 5 处出自《利维坦》:

1. 在公民社会(civil society)之外,人的状态(也许可以称之为自然状态)无非就是所有人相互为敌的战争。①

2. 因为在自然状态中的人也即处在战争状态中的人在力量及其他能力上自然的平等,他们不可能预期能获得长久的保存。②

3. 人处在自然状态中,就是处在不受任何民法约束的情形中。③

4. 自然状态首先是这样一种状态,即没有什么东西是别人的(因为自然将一切东西给了所有人)状态,故而就不太可能去侵占别人的东西。其次,它是所有东西部共有的状态,所以,所有形式的性结合都是合法的。再次,它是战争的状态,因此杀人也是合法的。第四,它是所有规定皆出自每个人自己的判断的状态,这些规定也包括可归于每个人父母的荣耀

---

① [英]霍布斯:《论公民》,应星、冯克利译,贵州人民出版社 2003 年版,第 11 页。
② [英]霍布斯:《论公民》,应星、冯克利译,贵州人民出版社 2003 年版,第 10—11 页。
③ [英]霍布斯:《论公民》,应星、冯克利译,贵州人民出版社 2003 年版,第 19 页。

的规定。最后,它是没有公共法庭的状态,因此,就没有结出证词——无论对错——的实践。①

5. 自然状态,即绝对自由的状态,比如既非统治者也非臣民的人所处的状态,是无政府和相互为敌的状态。②

6. 在单纯的自然状态下,因恐怖而订立的契约是有约束力的。③

7. 在自然状态下,人人都是法官,根本无所谓控告,而在文明国家中,紧跟着控告而来的就是惩罚,惩罚既是强力,人们就没有义务不抵抗。④

8. 在单纯的自然状态下,正像前边所说明的一样,所有的人都是平等的,根本没有谁比较好的问题存在。现今所存在的不平等状态是由于市民法引起的。⑤

9. 当个人的欲望就是善恶的尺度时,人们便处于单纯的自然状态(即战争状态)。⑥

10. 单纯自然状况——也就是既非主权者又非臣民的人所具有的那种绝对自由的状况,是一种无政府状况和战争状况;引导人们摆脱这种状况的法则是自然法;国家没有主权便是没有实质内容的空话,不能立足;臣民在一切不违反神律的事情上应当绝对服从主权者。⑦

不难看出,李猛的理解,即"自然状态"指的是在没有人为建立的共同权力的条件下"自然人性的基本状况",在这 10 处论述中不但找不到任何根据,而且还与它们明显相悖。

那么,霍布斯的"自然状态"概念究竟指的是什么? 我认为,从上面给出那些论述及霍布斯在《论公民》和《利维坦》中的其他相关论述来看,"自然状态"指的是相对人在"公民社会"下的状态而言的一种状态,即一种假设的一旦在不存在国家时人的状态,用霍布斯的话来讲就是,"在公民社会(civil so-

---

① [英]霍布斯:《论公民》,应星、冯克利译,贵州人民出版社 2003 年版,第 149—150 页。
② [英]霍布斯:《论公民》,应星、冯克利译,贵州人民出版社 2003 年版,第 163 页。
③ [英]霍布斯:《利维坦》,黎复思、黎延弼译,商务印书馆 1985 年版,第 105 页。
④ [英]霍布斯:《利维坦》,黎复思、黎延弼译,商务印书馆 1985 年版,第 106 页。
⑤ [英]霍布斯:《利维坦》,黎复思、黎延弼译,商务印书馆 1985 年版,第 117 页。
⑥ [英]霍布斯:《利维坦》,黎复思、黎延弼译,商务印书馆 1985 年版,第 121 页。
⑦ [英]霍布斯:《利维坦》,黎复思、黎延弼译,商务印书馆 1985 年版,第 276—277 页。

ciety)之外,人的状态(也许可以称之为自然状态)"。进而言之,"自然状态"是一个关系概念,它指的是存在于两个人之间的一种关系,即由于没有国家,他们对于对方都不拥有任何权威(authority),而且也没有第三个人对他们二人拥有任何权威。如果在所有的二人组合中都存在这样的关系,那通过延伸,"自然状态"就存在于所有这样组合的人中。① 用霍布斯的话来讲就是,"自然状态"是"非统治者也非臣民的人所处的状态","在自然状态下,人人都是法官","单纯自然状况——也就是既非主权者又非臣民的人所具有的那种绝对自由的状况"。由于"自然状态"是一种不存在任何权威的"无政府状况",加之"所有的人都是平等的",而且"没有什么东西是别人的",这样一来,"当个人的欲望就是善恶的尺度时,人们便处于单纯的自然状态(即战争状态)",因而"在自然状态中的人也即处在战争状态中的人",自然状态"无非就是所有人相互为敌的战争"。

其实,不少学者都将霍布斯讲的"自然状态"理解为一个关系概念。我这里引用一段被李猛在《自然社会》一书中引用过的康德的一段论述:

> **霍布斯**的命题人的自然状态是一切人反对一切人的战争,除了应当说成是战争状态之外,没有任何别的错误。因为尽管人们不承认,在不受外在的公法统治的人们之间,任何时候都是现实的敌对在支配。然而,人们的这一状态,作为法权状态(status lundicus),是一种人们在其中,并通过它来获得和维持权利的关系,在这种关系中,每一个人自己都成为他相对于别人而拥有权利的那种东西的法官。然而对于这一权利,他却无法从他人那里获得安全感,而他也不给予别人以安全,而是每一方只能依靠他自己的力量。这是一种战争状态。在它里面,每一个人都必须对每一个人一刻也不停地做好战备。②

康德在这里讲得很清楚,"自然状态"指的是一种法权状态,一种人们在其中

---

① 我的这种理解源自已故的牛津大学教授 G.A.科恩的一个讲稿,参见 *Lectures on the history of moral and political philosophy*/G.A.Cohen;edited by Jonathan Wolff,2014 by Princeton University Press,p.65。

② 李猛:《自然社会——自然法与现代道德世界的形成》,生活·读书·新知三联书店2015 年版,第139—140 页。

并通过它来获得和维持权利的关系,"在这种关系中,每一个人自己都成为他相对于别人而拥有权利的那种东西的法官"。我的理解与康德的不同就在于,康德强调这种关系体现为每一个人都对"那种东西"拥有"权利",没人能有超越他人的权利,我则强调这种关系体现为每一个人对"其他人"都不拥有"权威",都不能强迫其他人做任何事情。

<h1 style="text-align:center">二</h1>

在把"自然状态"理解为"自然人性的基本状况"之后,李猛进而对霍布斯为什么认为"自然状态是战争状态"提出了自己的理解:霍布斯对这一问题提供了两个具有内在关联,但性质完全不同的论证,一是基于自然平等的人性冲突的"自然激情论证",二是基于无限自由的法权矛盾的"自然权利论证"。在我看来,李猛的这些理解也不能成立。不过,本文将只对他讲的"自然激情论证"提出质疑,这既是因为本文的篇幅所限,也是因为"自然权利论证"只是从"自然激情论证"引申出来的,用李猛自己的话来讲就是,"霍布斯有关自然状态的自然法权论证,是自然激情论证的继续和发展。"①如果"自然激情论证"不能成立,那"自然权利论证"自然也不能成立。

仔细读一下李猛的相关论述可以看出,他所谓的"自然激情论证"实际上由这样几个部分构成:(1)人的由体力、经验、理性和激情构成的"自然能力"是平等的,但这种平等不是一般意义上的平等,而是人面对死亡的自然平等;(2)面对死亡的自然平等为人性带来焦虑与不安,这使得人的自我保存的自然冲动发展成为与他人比较、力图超过他人的激情,即"追求超出他人的荣誉,以求赢得对他人的支配"②;(3)人的这种激情必然导致"人类的普遍分歧

---

① 李猛:《自然社会——自然法与现代道德世界的形成》,生活·读书·新知三联书店2015年版,第142页。
② 李猛:《自然社会——自然法与现代道德世界的形成》,生活·读书·新知三联书店2015年版,第65页。

与彼此的相互恐惧"①,因而是导致自然状态是战争状态的主要原因。

然而,李猛知道,他所说的"自然激情论证"会遇到一个难以逾越障碍,这就是它与霍布斯本人在《利维坦》中讲的造成自然状态是战争状态的三种原因存在明显的不一致,因为霍布斯讲得很清楚:

> 在人类的天性中我们便发现:有三种造成争斗的主要原因存在。第一是竞争,第二是猜疑,第三是荣誉。第一种原因使人为了求利、第二种原因使人为了求安全、第三种原因则使人为了求名誉而进行侵犯。②

众所周知,对于自然状态为什么是战争状态,霍布斯虽然在《法的原理》《论公民》《利维坦》中都有不少论述,但讲得最明确、最充分,且被后世学者公认为最具权威的,就是上面引用的这段话。从这段话来看,李猛所说的"激情",即霍布斯在这里讲的"荣誉",至多是造成自然状态是战争状态的一种原因,而且是排在第三位的原因。为了克服这一障碍,李猛给出了如下的说明:

> 《法的原理》对自然状态的论证,从面对死亡的自然平等出发,**出于虚荣、比较和竞争**,因为无法确定谁的力量更突出,导致大多数人,本来会满足于平等,最终却陷入了战争状态。这一论证将**人的自然激情的差异放在首位,因此,虚荣的激情成为引发自然平等与比较之间冲突的直接原因**,而大多数人本来可以接受自然平等的处境,只是始于虚荣者的威胁或挑衅,经过误会与猜疑,才会导致战争状态。③(着重标示是我加的)

《论公民》明确指出,自然平等只是引发人们之间恐惧的部分原因,必须结合"相互伤害的意志",才能最终得出自然状态是战争状态的结论。《论公民》列举了三条原因,导致人与人之间产生相互伤害的意志——虚荣,才智上的分歧以及许多人想要同一东西的欲望。这三条原

---

① 李猛:《自然社会——自然法与现代道德世界的形成》,生活·读书·新知三联书店2015年版,第122页。

② [英]霍布斯:《利维坦》,黎复思、黎延弼译,商务印书馆1985年版,第94页。

③ 李猛:《自然社会——自然法与现代道德世界的形成》,生活·读书·新知三联书店2015年版,第123页。

因与《法的原理》的主张并没有根本的不同，……但值得注意的是，霍布斯现在将排在最后的第三个原因视为产生加害意志"最常见的原因"。①（着重标示是我加的）

《利维坦》对自然状态的激情论证，最引人注目的一点是颠倒了《法的原理》与《论公民》中提到的自然状态下导致人与人敌意的那些主要原因的顺序。霍布斯将《法的原理》中排在最后、视为补充性的原因"对同一事物的欲望"，改为导致战争状态的第一原因。这一变动，伴随《利维坦》对自然平等前提在论述上的深化，系统性地改变了霍布斯对战争状态的人性论证的整体结构。现在，**人在自然状态下对自身权力的理性竞争成为战争状态名副其实的"最常见原因"，而出于虚荣的错误估价引发的猜忌退入幕后，成为激发敌意的补充性原因。**……这一改动的一个间接结果，是将人性中的性情差异（虚荣与适度的区分）当作导致普遍敌意的补充原因，而自然能力的平等产生的希望平等，以及作为其必然结果的欲望竞争在霍布斯笔下，成为战争状态的主要而直接的原因。欲望竞争之所以会引发纷争和敌意，在霍布斯这里，并不像在后来的康德那里，源于资源的有限性或稀缺导致个体在主观选择上的不相容，这种利益竞争从来不是霍布斯关心的焦点。**在《利维坦》中，希望平等导致的欲望竞争，根本的目的仍然指向对人的支配。**这种对人的支配的增长被看作是自然状态中自我保存的必然结果。因此，这个意义上，**欲望的竞争其实仍然是人与人之间在权力或力量上的比较和对抗。**……**《利维坦》对激情论证结构的修订，将自然平等导致的内在冲突更加明确地纳入到激情的构成机制中，并由此逐步推导出战争状态的结论。**通过这一修订，人性在自然能力上的平等，转变为自然激情在平等下的理性矛盾，而不再仅仅是不同人群在统治与服从方面的气质差异。②（着重标示是我加的）

从第一个说明来看，李猛认为，在《法的原理》中，霍布斯对自然状态何以

---

① 李猛：《自然社会——自然法与现代道德世界的形成》，生活·读书·新知三联书店2015年版，第124页。

② 李猛：《自然社会——自然法与现代道德世界的形成》，生活·读书·新知三联书店2015年版，第126—129页。

是战争状态的论证把"人的自然激情的差异放在首位",把"虚荣的激情"作为导致的自然状态是战争状态的主要原因。从第二个说明来看,李猛认为,在《论公民》中,霍布斯列举的导致自然状态是战争状态的三个原因,即虚荣,才智上的分歧以及许多人想要同一东西的欲望,与《法的原理》的主张并没有根本的不同,尽管他把排在最后的第三个原因视为产生加害意志"最常见的原因"。从第三个说明来看,李猛认为,在《利维坦》中,霍布斯虽然颠倒了《法的原理》与《论公民》中提到的导致自然状态是战争状态那些主要原因的顺序,将《法的原理》中排在最后、视为补充性的原因"对同一事物的欲望",改为导致战争状态的第一原因,但"欲望竞争"的根本的目的仍然指向对人的支配,仍然是人与人之间在权力或力量上的比较和对抗,因而,说到底仍是"追求超出他人的荣誉,以求赢得对他人的支配"自然激情的体现。所以,霍布斯在《利维坦》中讲的造成自然状态是战争状态的三种原因,只是对激情论证结构的修订,只是将自然平等导致的内在冲突更加明确地纳入到激情的构成机制中。

李猛的上述说明有多处与霍布斯本人的论述明显不一致,受本文篇幅限制,我这里不再一一指出,而只就他把霍布斯在《利维坦》中讲的导致自然状态是战争状态的三种原因——竞争、猜疑和荣誉都说成是"自然激情论证",谈谈他的这种理解为什么不能成立。

我们先来看看霍布斯讲的"竞争"。霍布斯认为,造成自然状态是战争状态的第一种原因是"竞争"。对此,他是这样论述的:

> 由这种能力上的平等出发,产生达到目的的希望的平等。因此,任何两个人如果想取得同一东西而又不能同时享用时,彼此就会成为仇敌;他们的目的主要是自我保全,有时则只是为了自己的欢乐;在达到这一目的的过程中,彼此都力图摧毁或征服对方。①

从这段话及其上下文来看,霍布斯的论述包含这样几层意思:第一,人在身心两方面能力上的平等,使得任何人都认为,就获取某一东西而言,他与其

————————

① 李猛:《自然社会——自然法与现代道德世界的形成》,生活·读书·新知三联书店2015年版,第93页。

他人拥有同样的机会,因而会"产生达到目的的希望的平等";第二,希望的平等之所以会导致竞争,是因为"两个人如果想取得同一东西而又不能同时享用",而"不能同时享用"是因为资源的稀缺;第三,"同一东西"主要是指"自我保全"的必需品,即那些人们必须取得否则就会危及其生存的东西;第四,人是自私的,因为他们竞争的目的是"自我"保全以及"自己"的快乐;第五,竞争使人为了"求利"而进行侵犯,使人们彼此成为仇敌,彼此都力图摧毁或征服对方。

李猛对霍布斯讲的"竞争"则做了这样的理解:第一,就"竞争"的对象而言,霍布斯讲的"竞争"不是两个人对都必须获取的"同一东西",即某种与"自我保全"直接相关的资源的竞争,而是"欲望"的竞争,即"人与人之间在权力或力量上的比较和对抗";第二,就"竞争"的目的而言,霍布斯讲的"竞争"不是为了"自我保全"和"自己的欢乐",而是为了获得"对人的支配";第三,就"竞争"的外部条件而言,霍布斯讲的竞争与资源的稀缺无关,因为这种利益竞争从来不是霍布斯关心的焦点。由于李猛的第一、第二点理解与霍布斯本人的论述显然相悖,我这里无须再做进一步的分析和说明。对于他的第三点理解,我这里愿引用罗尔斯的一段论述作为反驳他的论据:"霍布斯相信,这种稀缺性导致了人们之间的竞争。如果我们要等到其他人都拿走他们所需的东西后再拿我们所需的东西,那么,就没有任何东西留下来给我们拿了。因此,在自然状态中,我们要随时主动出击以捍卫自己的权益。"①我认为,罗尔斯的说法是可信的,因为道理很简单,如果自然资源是丰富的,可以满足每一个人的"希望",那"竞争"又怎么会发生呢?

简言之,霍布斯讲的"竞争"根本不是李猛所说的"人与人之间在权力或力量上的比较和对抗",因此,他将其说成是"自然激情论证"是不能成立的。

我们接着看看霍布斯讲的"猜疑"。在讲完"竞争"后霍布斯紧接着说:

这样就出现一种情形,当侵犯者所引为畏惧的只是另一人单枪匹马

① [美]罗尔斯:《政治哲学史讲义》,杨通进、李丽丽译,中国社会科学出版社2011年版,第44页。

的力量时,如果有一个人培植、建立或具有一个方便的地位,其他人就可能会准备好联合力量前来,不但要剥夺他的劳动成果,而且要剥夺他的生命或自由。而侵犯者本人也面临着来自别人的同样的危险。由于人们这样互相疑惧①,于是自保之道最合理的就是先发制人,也就是用武力或机诈来控制一切他所能控制的人,直到他看到没有其他力量足以危害他为止。②

从这段话及其上下文来看,"猜疑"的出现与竞争直接相关,因为在竞争中人们彼此都力图摧毁或征服对方,于是就出现了侵犯他人和被人侵犯的可能性,而且"侵犯者本人也面临着来自别人的同样的危险",因此,"猜疑"指的是人们猜疑别人会侵犯自己,会危及自己的安全;"猜疑"使得人们为了保全已获得的东西而采取最合理的先发制人的做法,"也就是用武力或机诈来控制一切他所能控制的人",这样一来,猜疑就成了造成自然状态是战争状态的第二种原因。在霍布斯看来,"猜疑"不同于"竞争","猜疑"不是为了获取新的东西,而是为了保全已获得的东西,用他的话来讲就是,"在第一种情形下(即竞争),人们使用暴力去奴役他人及其妻子儿女与牲畜。在第二种情形下则是为了保全这一切"。③

那么,李猛又是如何理解霍布斯所讲的"猜疑"呢?他在其涉及《利维坦》的那部分论述中对"猜疑"只字未提,而只在涉及《法的原理》的那部分论述中讲了这样一段话:

> 霍布斯指出,人的自然激情中有许多做法会彼此冒犯,特别是语言和其他导致轻视或仇恨的符号。因为每个人都倾向于高估自己,而对他人行动,举止、表情和语言这些符号的认识,很大程度与对他人力量的承认有关,这些语言或符号因此很容易被视为彼此力量较量的一部分从而在根本上成为力量比较的符号。而人的经验所积累的"明智"不过就是对

---

① 霍布斯这里讲的"疑惧",也就是他讲的"猜疑"。在《利维坦》的英文版原文中,中译本中出现的"疑惧"和"猜疑"是一个词,即 diffidence。"疑惧"出现在中文版第 93 页,"猜疑"出现在第 94 页,它们中间只隔着一段话。

② 〔英〕霍布斯:《利维坦》,黎复思、黎延弼译,商务印书馆 1985 年版,第 93 页。

③ 〔英〕霍布斯:《利维坦》,黎复思、黎延弼译,商务印书馆 1985 年版,第 94 页。

这些符号进行猜测,从而分辨自我与他人之间在力量上的差异。在人凭借暴力最终决定谁占了上风之前,人的任何语言举止,都不可避免地成为比较的符号,使人与人之间无法摆脱轻视与仇恨的猜疑。①

在我看来,李猛讲的"猜疑"与霍布斯讲的"猜疑"至少存在三个方面的不同:第一,霍布斯讲的"猜疑"与竞争的存在直接相关,李猛则认为"猜疑"与竞争无关,因为它是源于人的自然激情中彼此冒犯做法,特别是"语言和其他导致轻视或仇恨的符号";第二,霍布斯讲的"猜疑",指的是因为竞争的存在而猜疑别人会侵犯自己,从而危及自己的安全,李猛则将"猜疑"说成是对那些被视为力量比较的符号的猜测,即分辨自我与他人之间在力量上的差异;第三,霍布斯讲的"猜疑"将导致人们为了自保而采取先发制人的做法,李猛则说"猜疑"体现为因为每个人都倾向于高估自己而在人与人之间形成的无法摆脱的轻视与仇恨。

简言之,霍布斯讲的"猜疑"也与李猛说的"人与人之间在权力或力量上的比较和对抗"无关,因此,他将其说成是"自然激情论证"也不能成立。

我们最后来看看霍布斯讲的"荣誉"。对于荣誉为什么也是造成自然状态成为战争状态的一种原因,霍布斯是这样论述的:

> 在没有权力可以使大家全都慑服的地方,人们相处时就不会有快乐存在;相反地他们还会有很大的忧伤。因为每一个人都希望共处的人对自己的估价和自己对自己的估价相同。每当他遇到轻视或估价过低的迹象时,自然就会敢于力图尽自己的胆量(在没有共同权力使大家平安相处的地方,这就足以使彼此互相摧毁)加害于人,强使轻视者作更高的估价,并且以诛一儆百的方式从其他人方面得到同样的结果。②

从这段话及其上下文来看,"荣誉"指的是在没有可以使大家全都慑服的权力的地方,即不存在国家的地方,每一个人都希望共处的人对自己的估价和自己对自己的估价相同,而不能有任何的轻视或低估。进而言之,荣誉是对权力的热衷,即通过高估自己去追求尚不存在的统治他人的权力。一

---

① 李猛:《自然社会——自然法与现代道德世界的形成》,生活·读书·新知三联书店2015年版,第122页。

② [英]霍布斯:《利维坦》,黎复思、黎延弼译,商务印书馆1985年版,第93—94页。

个人的荣誉一旦受到其他人轻视,这个人就会加害于轻视者,强使轻视者作更高的估价,而这必然引发他们之间的战争,因此,荣誉是造成自然状态是战争状态的第三种原因。与基于利益考虑的竞争和基于安全考虑的猜疑不同,荣誉只是基于对权力的考虑。当然,权力并非与利益和安全无关,而且一旦获得可使人们的利益和安全得到进一步的保障,但为荣誉而争斗毕竟不同于为利益和安全而争斗,用霍布斯自己的的话来讲就是,"在第三种情形下,则是由于一些鸡毛蒜皮的小事,如一言一笑、一点意见上的分歧,以及任何其他直接对他们本人的藐视。或是间接对他们的亲友、民族、职业或名誉的藐视。"①

对于霍布斯所讲的"荣誉",李猛在其专门论述"自然激情论证"的那一部分几乎没有提及,而只讲了这样一这段话:

> 但在《法的原理》其他地方有关荣誉和权力的论述中,我们又发现,霍布斯同时主张,人追求超过他人的努力,是人性根深蒂固的特点,甚至人性的理性决定,而并不仅仅局限在某些人的气质差异上。②

不过,在讲到《论公民》对《法的原理》的激情论证的修正时,李猛说,"《论公民》列举了三条原因,导致人与人之间产生相互伤害的意志——虚荣,才智上的分歧以及许多人想要同一东西的欲望"。在讲到《利维坦》对《法的原理》和《论公民》的激情论证的修正时,他又说,"《利维坦》对自然状态的激情论证,最引人注目的一点是颠倒了《法的原理》与《论公民》中提到的自然状态下导致人与人敌意的那些主要原因的顺序"。由于霍布斯在《利维坦》中讲的造成自然状态是战争状态的三个原因是"竞争、猜疑和荣誉",由此可以推断,李猛讲的"虚荣"(vainly glorious),实际上指的是霍布斯讲的"荣誉"(honour)。而对什么是"虚荣",李猛给出了这样的说明:

> 霍布斯认为,人在自然性情上的根本差异,来自对自然平等的不同态度。虽然从理性的角度看,人应该承认平等,而不应要求比平等更多的。但只有"适度"的人才承认这种自然平等。有些人拒绝承认人的

---

① [英]霍布斯:《利维坦》,黎复思、黎延弼译,商务印书馆1985年版,第94页。
② 李猛:《自然社会——自然法与现代道德世界的形成》,生活·读书·新知三联书店2015年版,第125页。

自然平等,他们不仅在力量平等时,甚至在自己处于弱势时,也希望获得超过同伴的优越地位,这些人被称为虚荣的人。这样看来,虚荣的人,或者说人性中的虚荣激情,就成了破坏自然平等,导致战争状态的主要原因。①

李猛讲的"虚荣"显然不同于霍布斯讲的"荣誉"。第一,霍布斯讲的"荣誉",指的是在没有权力可以使大家全都慑服的地方,"每一个人"都希望共处的人对自己的估价和自己对自己的估价相同,李猛讲的"虚荣",指的则是由于对自然平等持有不同态度,"有些人"拒绝承认人的自然平等,他们不仅在力量平等时,甚至在自己处于弱势时,也希望获得超过同伴的优越地位;第二,霍布斯认为,一个人的荣誉一旦受到其他人轻视,这个人就会加害于轻视者,强使轻视者作更高的估价,而这必然引发他们之间的战争,李猛则认为,自然状态作为战争状态,与其说是因为人的自然激情中存在虚荣,毋宁说是,虚荣彰显了人性在自然平等与超过他人方面存在着不可克服的冲突;第三,霍布斯认为,"荣誉"是造成自然状态是战争状态的排在第三位的原因,李猛则把"虚荣"说成是导致自然状态是战争状态的主要原因。

简言之,且不说李猛将霍布斯讲的"荣誉"理解为"虚荣"是否正确,即使认可他讲的"虚荣"就是霍布斯讲的"荣誉",那他将"虚荣"说成是"自然激情论证"也有问题,因为"自然激情论证"讲的是"追求超出他人的荣誉,以求赢得对他人的支配"的激情是导致自然状态是战争状态的主要原因,而在霍布斯那里,"荣誉"是排在"竞争""猜疑"之后的造成自然状态是战争状态的第三位的原因。

作为一个知名的学者,我相信李猛必定认真研读了霍布斯的相关著作,那他对霍布斯讲的"自然状态"和"自然状态为什么是战争状态"的理解为什么会与霍布斯本人的论述明显相悖?在我看来,其中一个原因是他深受施特劳斯的影响,并且不加分析地接受了施特劳斯在《霍布斯的政治哲学》一书中的许多观点,例如,"霍布斯断言,每一个人针对每一个人的战争状态,必然发源

---

① 李猛:《自然社会——自然法与现代道德世界的形成》,生活·读书·新知三联书店2015年版,第120—121页。

于人类本性",①"人的自然欲望就是虚荣自负"②,"每个人都放纵自己虚荣自负,势必导致'每一个人针对每一个人的战争'"③。由于我最近刚刚发表了一篇题为"质疑施特劳斯《霍布斯的政治哲学》中的三个见解"的文章④,我这里就不对施特劳斯的观点做进一步的评价了。

---

① 施特劳斯:《霍布斯的政治哲学》,申彤译,译林出版社 2012 年版,第 14 页。
② 施特劳斯:《霍布斯的政治哲学》,申彤译,译林出版社 2012 年版,第 15 页。
③ 施特劳斯:《霍布斯的政治哲学》,申彤译,译林出版社 2012 年版,第 26 页。
④ 此文发表在《中国人民大学学报》2019 年第 6 期。

二十八、政治哲学、马克思政治哲学与唯物史观

——与吴晓明教授商榷①

近日看到复旦大学吴晓明教授在《马克思主义与现实》2020 年第 1 期发表了一篇题为《论马克思政治哲学的唯物史观基础》的文章,由于文章对当前我国从事马克思政治哲学研究的学者提出了批评,而我本人对这些学者的研究一直也很关注,所以立即引起了我的兴趣。吴晓明在文中提出,随着时代课题的展开和当代政治哲学议题的介入,我国从事马克思主义哲学研究的学者对马克思政治哲学的研究兴趣也空前高涨,并初步地产生出一些值得关注的研究方案与成果。然而,这类研究往往致力于探讨马克思关于"自由""正义""平等""公平"等观点,集中考察马克思关于个人与社会、社会与国家等的关系问题,并试图使研究能够与当代政治哲学的某些议题相契合以形成理论上的对话,这使得"唯物史观在政治哲学中的运用往往遭到严重阻碍,并因而使马克思政治哲学的诸多要义陷入重重晦暗之中。"②为了扭转这种情况,他在文中对马克思政治哲学及其基础唯物史观做了尽其所能的论证。在我看来,吴晓明捍卫唯物史观的初衷无可非议,开展学术批评的做法更值得提倡,但他在文中提出的许多批评和论证却令人质疑,因为它们都是基于他本人对为政治哲学、何为马克思政治哲学和何为唯物史观的理解,而他的理解都是难以成立的。为了推进我国马克思主义哲学研究和政治哲学的研究,本文将就吴晓

---

① 本文发表在《社会科学辑刊》2020 年第 4 期。
② 吴晓明:《论马克思政治哲学的唯物史观基础》,《马克思主义与现实》2020 年第 1 期,第 47 页。

明对这三个概念的理解谈一些不同看法。

一

吴晓明这篇文章的主旨,是批评当前我国做马克思政治哲学研究的学者往往致力于对马克思关于"自由""正义""平等""公平"等观点的探讨,并试图使研究能够与当代政治哲学的某些议题相契合以形成理论上的对话。这样说来,他在文中就应首先表明政治哲学在这些学者的研究中是指什么? 当代政治哲学又是指什么? 然而,令人不解的是,他在文章第一部分的开头却先讲了这样一段话:

> 在德国哲学语境中,政治哲学属于国家哲学和法哲学(或一般而言的法哲学)。在马克思看来,由于德国的国家哲学和法哲学是"唯一与正式的当代现实保持在同等水平[al pari]上的德国历史",又由于这种哲学在黑格尔那里得到了"最系统、最丰富和最终的表述",所以,迄今为止德国政治意识和法意识的"最主要、最普遍、上升为科学的表现正是思辨的法哲学本身"。①

这段话的第一句告诉我们,他讲的政治哲学,指的是在德国语境中,说的再具体一点,是在德国古典哲学语境中出现的属于国家哲学和法哲学的政治哲学;第二句话告诉我们,在马克思看来,由于德国的国家哲学和法哲学"与正式的当代现实保持在同等水平"和这种哲学在黑格尔那里得到了"最系统、最丰富和最终的表述",因此,思辨的法哲学是当时德国政治意识和法意识的"最主要、最普遍、上升为科学的表现"。由于吴晓明在文中的其他地方再没对何为政治哲学做出说明,这段话就成了我们理解他讲的政治哲学的唯一依据。通读一下吴晓明的文章我们可以发现,他后来对我国做马克思政治哲学研究的学者提出的批评,和对基于唯物史观的马克思政治哲学的论证,都是以

---

① 吴晓明:《论马克思政治哲学的唯物史观基础》,《马克思主义与现实》2020 年第 1 期,第 47—48 页。

在这里界定的政治哲学概念为出发点的。

在我看来,吴晓明对政治哲学概念的界定——"在德国哲学语境中,政治哲学属于国家哲学和法哲学"存在诸多问题,因而难以成立。

首先,他的界定本身含糊不清。吴晓明说,在德国哲学语境中,政治哲学属于国家哲学和法哲学,那政治哲学概念本身的含义是什么?对此,他在文中始终不做任何说明。与此相关,政治哲学从属的,或者说,包含政治哲学于其中的国家哲学和法哲学指的又是什么?对此,他在文中只讲了这样一句话:在马克思看来,这种哲学在黑格尔那里得到了"最系统、最丰富和最终的表述"。这句话指的是马克思对"德国的国家哲学和法哲学"的看法?还是吴晓明自己的看法?从这句话出现的语境来看,吴晓明无疑是同意马克思的看法的,因而可以说这也是他自己的看法,但这会引出另一个问题:马克思讲的德国的国家哲学和法哲学,是将黑格尔之前的德国古典哲学家,如康德、费希特等人的国家哲学和法哲学也包含在内的,因为被吴晓明引用的马克思那句话的原文讲得很清楚——"德国的国家哲学和法哲学在黑格尔的著作中得到了最系统、最丰富和最终的表述"①;吴晓明讲的德国语境中的国家哲学和法哲学却不包含黑格尔之前那些德国古典哲学家的国家哲学和法哲学,因为他讲的国家哲学和法哲学是包含政治哲学于其中的,而政治哲学,按照他在后面的论述,只是在黑格尔的哲学中才具有基础,以下是他的一段相关论述:

> 然而,长期以来,社会—历史现实却还完全未曾出现在哲学理论的总体视域中,因而也从未真正构成政治哲学的理论基础。通达这一现实的道路不仅极为艰难,而且直到今天依然可以说是人迹罕至的。这种情形可以从下述事实中得到证明:直到康德和费希特的哲学,我们还根本观察不到社会—历史现实在理论理性和实践理性的领域中起什么作用,或者毋宁更准确地说,这样一种现实的概念还根本未曾构成;……我们由此会立即意识到,社会—历史现实的概念,首先与黑格尔哲学相联系:在黑格尔之前,这一现实的概念还有待构成;而在黑格尔那里,这个对整个哲学

---

① 《马克思恩格斯选集》第 1 卷,人民出版社 2012 年版,第 9 页。

来说——从而对政治哲学来说——具有决定性意义的现实概念,是以思辨的、绝对观念论的方式被建构起来的。①

从这段论述来看,吴晓明认为,对政治哲学具有决定性意义的社会—历史现实概念只是在黑格尔哲学中才出现,因此,他讲的德国语境中包含政治哲学于其中的国家哲学和法哲学,实际上指的只是黑格尔的国家哲学和法哲学。由此说来,吴晓明界定的含糊不清,就不仅体现他不讲政治哲学概念本身的含义是什么,而且还体现在他对政治哲学从属的国家哲学和法哲学的说法也模棱两可。

其次,他的界定与他后面说法前后矛盾。按照吴晓明的界定,政治哲学属于国家哲学和法哲学(或一般而言的法哲学),这样说来,一般而言的法哲学是一个属概念,政治哲学是一个种概念,它们之间的关系是前者包含后者。然而,吴晓明在其文章的第三部分又对它们之间的关系给出与这一界定不同的两种说法。第一种说法出现在这样一句话中:"如果说,可以被简要地概括为社会—历史之现实的观点构成黑格尔政治哲学、法哲学等等(总之,客观精神领域)的划时代贡献的话……"②从这句话来看,政治哲学与法哲学是构成黑格尔整个哲学体系的两个不同组成部分,它们之间的关系不是从属关系,而是并列的关系。第二种说法出现在"虽然我们这里重点讨论的是政治哲学(或用当时的德国术语来讲是国家哲学和法哲学)……"③这句话中。从这句话来看,政治哲学是国家哲学和法哲学的同义语,政治哲学就是国家哲学和法哲学,它们之间的关系既不是从属关系,也不是并列关系,而是同一关系。这两种说法同他前边的界定显然无法统一起来。

第三,他的界定缺少依据。吴晓明说,在德国哲学语境中,政治哲学属于国家哲学和法哲学,这意味着,"政治哲学"概念在德国古典哲学中已经出现,并被那时的学者视为从属于国家哲学和法哲学的种概念。然而,据我所知,德

---

① 吴晓明:《论马克思政治哲学的唯物史观基础》,《马克思主义与现实》2020 年第 1 期,第 52 页。

② 吴晓明:《论马克思政治哲学的唯物史观基础》,《马克思主义与现实》2020 年第 1 期,第 55 页。

③ 吴晓明:《论马克思政治哲学的唯物史观基础》,《马克思主义与现实》2020 年第 1 期,第 57 页。

国古典哲学的代表人物,无论是康德、费希特、谢林,还是黑尔格,都没有使用过的政治哲学概念(politische Philosophie),更不用说从属于国家哲学和法哲学的政治哲学概念了,这就引出一个问题:如果吴晓明这里讲的政治哲学概念在当时德国哲学语境中就没出现过,那他的界定,即政治哲学从属国家哲学和法哲学的依据是什么?进而言之,他讲的政治哲学概念是从哪里来的?对于这个问题,吴晓明在文中也没做任何说明。当然,我们知道,无论是在西方学界还是在中国学界都有不少冠名"政治哲学"的论著,但这些论著的作者所讲的"政治哲学",指的都不是吴晓明所说的在德国哲学语境中出现的属于国家哲学和法哲学的政治哲学,而是在他们各自国家的哲学语境中出现的政治哲学。以在中国出版的两本由英美学者编写的政治哲学教科书为例。耶鲁大学史蒂芬·B.斯密什编写的《政治哲学》①是基于美国政治哲学家施特劳斯在20世纪50年代提出的政治哲学概念,伦敦大学学院乔纳森·沃尔夫编写的《政治哲学导论》②则是基于英国政治哲学家罗尔斯在20世纪70年代讲的政治哲学概念,因而,在前者中罗尔斯都不在政治哲学家之列,在后者中施特劳斯都没被提及。那吴晓明这里讲的政治哲学概念来自何处?在我看来,尽管他对这一问题不做任何说明,但他讲的政治哲学概念肯定与他在文中使用的"当代政治哲学"概念直接相关,因为他写这篇文章是要批评我国做马克思政治哲学的学者试图使他们的研究能够与"当代政治哲学"的某些议题相契合以形成理论上的对话,而且他在文中多次使用"当代政治哲学""今天政治哲学",以"正义""自由""公平"等观念的装备构造的"政治哲学"这样概念,由此可以推断,他讲的政治哲学指的只能是"当代政治哲学",否则,他写这篇文章就是无的放矢。如果是这样,那他对政治哲学概念的界定就是毫无根据的,因为"当代政治哲学"的含义无论是什么,它指的都不会是在德国哲学语境中出现的从属国家哲学和法哲学的政治哲学。

第四,他的界定过于武断。从吴晓明的政治哲学在德国哲学语境中属于国家哲学和法哲学的界定我们可以推断,除了德国哲学语境以外,政治哲学概

---

① [美]斯密什:《政治哲学》,贺晴川译,北京联合出版公司2015年版。
② 《政治哲学导论》,王涛、赵荣华、陈任博译,吉林出版集团有限责任公司2009年版。

念也可以出现在其他国家的哲学语境中,因而可以具有不同于德国哲学语境中的含义。我们的推断实际上也是在西方政治哲学史中不断出现的真实情况。例如,根据列奥·施特劳斯、约瑟夫·克罗波西主编的《政治哲学史》的撰稿人之一卡恩斯·劳德的考证,早在古希腊,"亚里士多德曾使用'政治哲学'这一术语,他对这一术语的使用在某种意义上暗示政治哲学有别于他在现存的伦理学和政治学著作中所从事的那种探讨。"①再如,根据北京大学韩水法的考证,18—19 世纪英国哲学家"鲍桑葵在其《关于国家的哲学理论》里面就不仅已经使用了政治哲学这个概念,而且将它与国家哲学、社会哲学等概念同等使用"。② 在当代西方哲学界,政治哲学更是一个为众多学者使用并被赋予不同含义的概念。施特劳斯在 1959 年出版的论文集《什么是政治哲学》中把政治哲学说成是探求"关于好生活或好社会的知识"③。罗尔斯在其《政治哲学史讲义》(2007 年出版)一书中则认为政治哲学研究的是"涉及政治正义和共同善的问题"④。在当今中国哲学界情况也是这样。清华大学万俊人教授认为,"按照苏格拉底、柏拉图和亚里士多德的经典诠释,政治哲学是政治学的理论基础,它是一门关乎公民国家社会治理的正当合法性根据或基本政治原理(原则)的智慧之学";⑤南京大学顾肃指出,"政治哲学与政治学有共通之处,皆以社会政治为其研究对象,但两者的侧重点不同。政治哲学更偏重于作为人文学科的哲学,即理论化的、哲学化的思想探索和论证,尤其是自罗尔斯以来,政治哲学的规范性价值的特征很明显。"⑥吉林大学姚大志提出,"政治哲学所关心的独特问题包括三个方面:政治价值、政治制度和政治理想。"⑦这里需要指出,从当代国内外学者的相关论述来看,无论他们对何为政治哲学的理解存在多大分歧,他们中的绝大部分人都把它看作一个学科,都认

---

① 列奥·施特劳斯、约瑟夫·克罗波西主编,《政治哲学史》,李洪润等译,法律出版社 2009 年版,第 110 页。
② 段忠桥主编:《何为政治哲学》,中国社会科学出版社 2018 年版,第 132 页。
③ [美]施特劳斯:《什么是政治哲学》,李世祥等译,华夏出版社 2011 年版,第 2 页。
④ 参见[美]罗尔斯:《政治哲学史讲义》,杨通进、李丽丽、林航译,中国社会科学出版社 2011 年版,第 5 页。
⑤ 段忠桥主编:《何为政治哲学》,中国社会科学出版社 2018 年版,第 68 页。
⑥ 段忠桥主编:《何为政治哲学》,中国社会科学出版社 2018 年版,第 77 页。
⑦ 段忠桥主编:《何为政治哲学》,中国社会科学出版社 2018 年版,第 179—180 页。

为政治哲学所说的"政治"指的是以国家为代表的政治制度,政治哲学所说的"哲学"指的是从规范性角度进行的探讨,简言之,都把政治哲学视为一门试图确立国家应做什么的规则或理想标准的规范性学科。然而,吴晓明对上述情况却视而不见。尽管他的界定在逻辑上并不排除在其他国家哲学语境中出现的政治哲学,但他在文中不但对此只字不提,而且还讲了这样一段话:"长久以来,以'正义''自由''公平'等观念的装备来构造政治哲学,来开展出对现存世界之激进(或不那么激进)批判的代表人物不计其数。他们可以是卢梭和'百科全书派',是康德和费希特,也可以是法国的空想主义者和蒲鲁东,是柏林的"自由人"和德国"真正的"社会主义者,还可以是哈贝马斯和罗尔斯——但唯独不是马克思。"①在这段话中出现的"政治哲学",无疑指的是他讲的在德国语境中出现的属于国家哲学和法哲学的政治哲学。这段话表明,在吴晓明看来,从18世纪的卢梭、"百科全书派"、康德和费希特,到19世纪的法国的空想主义者和蒲鲁东、柏林的'自由人'和德国'真正的'社会主义者,再到20—21世纪的哈贝马斯、罗尔斯,这些人都是在以正义、自由、公平等观念来构造这种政治哲学,而非别的政治哲学,而这意味着,从18世纪至今,政治哲学只有他讲的这一家,别无分号。这种理解显然过于武断,且不说别人,仅就吴晓明讲的卢梭和罗尔斯而言,我们能说他们是以"正义""自由""平等"等观念的装备来构造那种在德国哲学语境中出现的属于国家哲学和法哲学的政治哲学吗?

第五,他的界定是自说自话。吴晓明写这篇文章是要批评我国做马克思政治哲学研究的学者,但他的批评却只是基于他自己对政治哲学概念的界定,这就引出一个问题,被他批评的学者所讲的政治哲学与他界定的政治哲学是一回事吗?据我所知,根本不是一回事。吴晓明在文中虽然没有点名被批评者,也没有提及他们的相关文献,而是让他们自己对号,但根据他在批评中讲的那些话,如"致力于对马克思关于'自由''正义''平等''公平'等观点的探讨","试图使研究能够与当代政治哲学的某些议题相契合以形成理论上的对

① 吴晓明:《论马克思政治哲学的唯物史观基础》,《马克思主义与现实》2020年第1期,第49页。

话",我可以断定,被他批评的人至少包括南开大学的王新生教授和武汉大学的李佃来教授。他们二人讲的政治哲学是吴晓明界定的那种政治哲学吗?先看王新生的观点。王新生认为,"在现代学科划分的意义上,作为规范性理论的政治哲学不同于作为科学的政治学或(更为一般地说)认知理论的地方就在于,它试图从根本上洞察规范的政治概念,寻求接受或拒绝特定政治制度的合理根据,而不是对政治事物或政治活动进行经验性的分析和认知意义上的科学解释。概而言之,作为科学的政治学或认知理论寻求'是',而作为规范性理论的政治哲学寻求'应是'。'是'的问题基于理性认知,而'应是'的问题则建基于价值判断。"①王新生讲的政治哲学与吴晓明界定的政治哲学显然不是一回事。再看李佃来的观点。李佃来指出,"在当下的学术谈论中,政治哲学虽然是一个语义含混甚至引发歧义的概念,但一般而论,正如政治哲学史大家列奥·施特劳斯所言,它是哲学的一个重要分支,同时又涵盖政治学的内容,是对根本性政治问题的哲学思考。在这个意义上,政治哲学包含了对重要政治现象的善恶评价,对政治价值的理性省思以及对政治理想的热切求证。尤为重要的是,政治哲学要为政治活动提供理念的支撑,它要论证'一个社会为什么要建立和实行这样的而不是别的政治制度,一个国家和政府为什么要制定和实施这样的而不是别的政策和政治措施,一个人或一个群体为什么会采取这样的而不是别的政治行为'。因此,凡是关乎阶级、国家、权力、权利之行为导向以及自由、民主、平等、正义之价值导向的问题,都应当是政治哲学予以关涉的。"②李佃来讲的政治哲学与吴晓明讲界定政治哲学显然也不是一回事。吴晓明在写这篇文章之前没读过他们的相关论著吗?我相信一定读过,但他在文中对别人讲的政治哲学却视而不见,而只从自己界定的政治哲学出发去批评别人讲的政治哲学,这种自说自话的政治哲学概念能成立吗?

---

① 王新生:《马克思政治哲学研究》,科学出版社 2018 年版,第 94 页。
② 李佃来:《政治哲学:西方马克思主义研究的新路径》,《求是学刊》2006 年第 5 期,第 35 页。

　　我这里还要简要谈谈我对何为政治哲学的看法①。我也认为,政治哲学是一门试图确立国家应做什么的规则或理想标准的规范性学科。由于政治哲学的起源和发展不是在我国而是在西方,因此,我国学者对何为政治哲学的理解无不受到西方流行的政治哲学的影响,尤其是列奥·施特劳斯讲的古典政治哲学和约翰·罗尔斯讲的现代政治哲学的影响。施特劳斯认为当代西方社会存在的重大现实问题是因现代性而引发的"文明的危机",这种危机源自现代政治哲学对古典政治哲学的反叛,因此,他力主复兴以追求善为宗旨的"古典政治哲学";罗尔斯则认为当代西方社会面临的主要问题是如何保障公民的基本权利与自由,因此,他倡导的现代政治哲学试图提出并论证规定政府应如何运作的准则。如果仅从纯学术的意义上讲,对于何为政治哲学,人们基于各自的理由可以有不同的理解,然而,当人们探讨作为一个学科的政治哲学在当今中国的建构时,他们对何为政治哲学的理解,无疑含有他们理解的政治哲学是当今中国应当建构的政治哲学的意思。任何一种政治哲学的出现和流行都与其创立者所理解的所在社会面临的重大现实问题密切相关,那当今中国社会面临的重大现实问题是什么? 可以说,正因为人们对这个问题持有不同看法,一些人认为在中国建构政治哲学应追随施特劳斯,而另一些人认为应追随罗尔斯。在我看来,与现今世界所有现代国家一样,当今中国社会也面临着如何保障公民的基本权利与自由的问题,尽管这些问题因我国国情的不同而具有特殊性,这一点不但可以从我国广大人民群众的普遍呼声得到证明,而且还可从党和国家将"民主、自由、平等"列入社会主义核心价值观得到佐证。因此就政治哲学在我国的建构而言,我们不应追随施特劳斯而应追随罗尔斯。当然,追随罗尔斯只是就其讲的政治哲学的问题框架而言,而不是说我们在民主、自由与平等的问题上都应赞同罗尔斯的观点,相反,我们应从当今中国社会面临的重大现实问题的特殊性出发,对这些问题给出基于我们自己的创新性的回答。

---

　　① 我在《四川大学学报》2015 年第 4 期发表的一篇题为《古典的政治哲学与现代的政治哲学》的论文中对我的看法有更为详细的说明。

二

为了使他的批评更有针对性,吴晓明在文中强调,"对于执马克思之名的政治哲学研究来说,首要之事在于深入社会—历史现实,通过这种深入来展现其思想路线和理论任务,从而积极地阐明马克思政治哲学之本己①而深刻的当代意义"。② 那他讲的马克思政治哲学是指什么? 与对的政治哲学概念的界定一样,他对这一问题也不做明确回答,而只在文章的各个部分给出一些含糊不清的说法。下面是文中唯一一段直接谈到马克思政治哲学概念的论述:

> 马克思政治哲学的决定性根基不是观念世界之任何一部或全部,而是社会—历史的现实。因此,这种政治哲学的根本任务就是深入社会—历史的现实,在此基础上揭示这一现实在政治、法律或观念形态上的种种表现,并从而把握其本质。如果说,马克思的政治哲学无可置疑地立足于唯物史观的基础上,那么,这无非意味着:这种政治哲学整个地立足于社会—历史的现实之上。③

这段话虽然讲了马克思政治哲学的决定性根基是什么,马克思政治哲学的根本任务是什么,马克思政治哲学立足的基础什么,但却不告诉我们马克思政治哲学概念本身的含义是什么。在我看来,无论是就这段论述而言,还是就吴晓明在文中的其他相关说法而言,他提出的马克思政治哲学概念都难

---

① "本己"(Ereignis)是海德格尔的一个用语,国内学者对这一概念的含义及译法存在不同的意见。我不理解吴晓明在这里为什么使用这一概念,如果"本己"指的就是我们通常所说的"本身"或"自身",那"本己"这一海德格尔的用语似乎就没有必要,如果"本己"指的是被海德格尔赋予特定含义的概念,那吴晓明就应对他讲的马克思政治哲学的"本己意义"做出说明,但他只是使用了这一概念而没做任何说明。在这里,我是把吴晓明讲的"本己"当作"本身"来理解的。

② 吴晓明:《论马克思政治哲学的唯物史观基础》,《马克思主义与现实》2020 年第 1 期,第 47 页。

③ 吴晓明:《论马克思政治哲学的唯物史观基础》,《马克思主义与现实》2020 年第 1 期,第 52 页。

以成立。

首先,他提出的马克思政治哲学概念与他对政治哲学概念的界定在逻辑上自相矛盾。从形式逻辑上讲,政治哲学是属概念,马克思政治哲学概念是种概念,它们之间的关系是前者包括后者,就像哲学包括马克思主义哲学一样。然而,根据吴晓明的界定,他讲的政治哲学概念却不能包括马克思政治哲学。前边表明,吴晓明将政治哲学概念界定为在德国古典哲学语境中出现的属于国家哲学和法哲学的政治哲学,这样一来,他提出的马克思政治哲学概念就存在两个的问题:第一,马克思政治哲学无论怎样讲都不是在德国古典哲学中出现的,因为德国古典哲学到费尔巴哈就终结了,而马克思政治哲学无疑在费尔巴哈之后才能出现;第二,即使我们对吴晓明讲的"德国哲学语境"做最宽泛的理解,将其扩展到当今的德国哲学,那马克思政治哲学无论怎样讲也不可能属于在黑格尔那里得到了"最系统、最丰富和最终的表述"的国家哲学和法哲学。所以,依据吴晓明对政治哲学概念的界定,他提出的马克思政治哲学概念至少在逻辑上难以成立。

其次,他提出的马克思政治哲学概念也缺少依据。吴晓明是依据什么提出马克思政治哲学概念的? 对此他不作任何说明,而只讲了这样一句话,即"以马克思的名字命名的学说——当然包括政治哲学"。① 这句话能作为他提出马克思政治哲学概念的依据吗? 众所周知,马克思在其论著中从未提出和使用过政治哲学概念,因而,更不会用这一概念来指称他的任何学说。如果马克思本人没有将他的任何学说命名为政治哲学,那吴晓明的这句话就存在"谁"以马克思的名字命名他的学说和被这样命名的学说是否"包括"政治哲学的问题。据我所知,恩格斯在《路德维希·费尔巴哈和德国古典哲学的终结》中曾讲过为什么要以马克思的名字命名他们共同创立的理论:"我不能否认,我和马克思共同工作 40 年,在这以前和这个时期,我在一定程度上独立地参加了这一理论的创立,特别是对这一理论的阐发。但是,绝大部分基本指导思想(特别是在经济和历史领域内),尤其是对这些指导思想的最后的明确的

---

① 吴晓明:《论马克思政治哲学的唯物史观基础》,《马克思主义与现实》2020 年第 1 期,第 48 页。

表述,都是属于马克思的。我所提供的,马克思没有我也能够做到,至多有几个专门的领域除外。至于马克思所做到的,我却做不到。马克思比我们大家都站得高些,看得远些,观察得多些和快些。马克思是天才,我们至多是能手。没有马克思,我们的理论远不会是现在这个样子。所以,这个理论用他的名字命名是理所当然的。"①恩格斯讲的用马克思的名字命名的理论绝对不包括政治哲学,因为恩格斯也从未提出和使用过政治哲学概念。在马克思恩格斯逝世后,他们的后继者以及一些研究马克思主义的学者,曾把马克思对一些问题的论述,如关于资本主义剥削的论述、关于无产阶级革命的论述,关于未来共产主义的论述,命名为马克思的剩余价值学说、马克思的无产阶级革命学说、马克思的共产主义学说,但在被他们命名的马克思的各种学说中也绝无马克思政治哲学。当然,我讲这些并不是说吴晓明本人不能提出以马克思的名字命名的政治哲学,但他在提出马克思政治哲学这一概念时应首先表明它的含义,并要进而给出他提出这一概念的理由和依据。遗憾的是,吴晓明对这些却只字不提,这样说来,他提出的马克思政治哲学概念还能成立吗?

第三,他提出的马克思政治哲学概念,是对马克思唯物史观的曲解。吴晓明在文中多次把马克思政治哲学说成是"立足于唯物史观基础之上的政治哲学"②,并多次使用"唯物史观以及立足其上的政治哲学"③这样的表述,这就引出一个问题:马克思政治哲学与唯物史观之间是一种什么样关系? 前边指出,吴晓明对于马克思政治哲学指什么没有给出明确的说明,不过,仔细读一下他文中一些将马克思政治哲学与唯物史观联系起来的论述,我们还是可以发现他是怎样理解它们之间的关系的。以下是他的两段相关论述:

> 马克思的政治哲学将法的关系和国家的形式不仅追究到生产方式的

① 《马克思恩格斯选集》第4卷,人民出版社1995年版,第242页。

② 吴晓明:《论马克思政治哲学的唯物史观基础》,《马克思主义与现实》2020年第1期,第49页。

③ 吴晓明:《论马克思政治哲学的唯物史观基础》,《马克思主义与现实》2020年第1期,第58页。

结构,而且追究到生产方式之历史性变动的结构。正是在历史性这个要点上,唯物史观的立场表明:人们在发展和改变自己的物质生产和物质交往的这个现实的同时,改变着自己的思维和思维的产物,也改变着他们处身其中的法的关系和国家的形式。①

> 对于唯物史观来说,从而对于马克思的政治哲学来说,那构成法、政治、国家、道德等等之基础的唯一的现实,就是社会现实。②

第一段论述表明,马克思的政治哲学涉及的是法的关系和国家形式与生产方式的关系,唯物史观涉及的是人们的物质生产和物质交往与自己的思维和思维的产物以及他们处身其中的法的关系和国家的形式的关系,这样说来,马克思政治哲学就只是唯物史观的一个组成部分,即涉及法的关系和国家形式的那一部分。第二段话表明,唯物史观与马克思政治哲学讲的都是"构成法、政治、国家、道德等之基础的唯一的现实,就是社会现实",但唯物史观,按照他在第一段论述中的说法,还包括人们的思维和思维的产物是随着他们的物质生产和物质交往的改变而改变的这部分内容,因此,马克思政治哲学也只是唯物史观中涉及法、政治、国家、道德等等之基础的那一部分。如果依据这两段论述,那吴晓明把马克思政治哲学说成是"立足于唯物史观基础之上的政治哲学"就不能成立,因为这一说法意味着马克思的政治哲学,即唯物史观中涉及法的关系和国家形式的那一部分,是在唯物史观之外的,而依据那两段论述,马克思政治哲学是在唯物史观之中的,包含在唯物史观之中的马克思政治哲学怎么还能立足于唯物史观基础之上呢? 吴晓明的说法不但与他自己的论述相矛盾,而且也与马克思和恩格斯的相关论述相悖。下面的他们的两段论述:

> 人们在自己生活的社会生产中发生一定的、必然的、不以他们的意志为转移的关系,即同他们的物质生产力的一定发展阶段相适合的生产关系。这些生产关系的总和构成社会的经济结构,即有法律的和政治的上

---

① 吴晓明:《论马克思政治哲学的唯物史观基础》,《马克思主义与现实》2020年第1期,第59页。

② 吴晓明:《论马克思政治哲学的唯物史观基础》,《马克思主义与现实》2020年第1期,第61页。

层建筑竖立其上并有一定的社会意识形式与之相适应的现实基础。物质生活的生产方式制约着整个社会生活、政治生活和精神生活的过程。不是人们的意识决定人们的存在,相反,是人们的社会存在决定人们的意识。①

正像达尔文发现有机界的发展规律一样,马克思发现了人类历史的发展规律,即历来为繁芜丛杂的意识形态所掩盖着的一个简单事实:人们首先必须吃、喝、住、穿,然后才能从事政治、科学、艺术、宗教等等;所以,直接的物质的生活资料的生产,从而一个民族或一个时代的一定的经济发展阶段,便构成基础,人们的国家设施、法的观点、艺术以至宗教观念,就是从这个基础上发展起来的,因而,也必须由这个基础来解释,而不是像过去那样做得相反。②

第一段话出自马克思的《政治经济学批判〈序言〉》,第二段话出自恩格斯《在马克思墓前的讲话》,它们都是关于唯物史观的经典表述。第一段话中出现的"法律的和政治的上层建筑竖立其上"和"物质生活的生产方式制约着……政治生活",和第二段话中的出现的"国家设施、法的观点……是从这个基础上发展起来的",表明国家和法的理论是作为一个整体的唯物史观的不可或缺的重要组成部分,因而说它是以唯物史观为基础不但在逻辑上讲不通的,而且也违背马克思恩格斯的原意。在我看来,吴晓明的"立足于唯物史观基础之上的政治哲学"和"唯物史观以及立足其上的政治哲学"的说法,无非是先把国家和法的理论从唯物史观中剥离出去,将它说成是马克思政治哲学,然后又说这种政治哲学是立足于唯物史观之上的。马克思恩格斯能认可把唯物史观中的国家和法的理论称为政治哲学吗? 能认可将这一理论从唯物史观中剥离出去吗? 能认可缺少国家和法的理论的唯物史观是唯物史观吗? 显然不能! 因此,吴晓明的说法不但是对马克思恩格斯讲的唯物史观中国家和法的理论的曲解,而且也是对唯物史观本身的曲解。

第四,他提出的马克思政治哲学概念也是自说自话。尽管吴晓明不对他

---

① 《马克思恩格斯选集》第 2 卷,人民出版社 2012 年版,第 2 页。
② 《马克思恩格斯选集》第 3 卷,人民出版社 2012 年版,第 1002 页。

讲的马克思政治哲学概念的含义做明确说明,但从他的相关论述来看,他讲的马克思政治哲学概念实际上涉及的只是法的关系和国家形式与生产方式(或他所谓"社会—历史现实")的关系。那被他批评的学者讲的马克思政治哲学与他提出的马克思政治哲学是一回事吗? 让我们还是以王新生和李佃来为例,看看他们讲的马克思政治哲学是指什么。王新生认为,马克思政治哲学理论定位的问题密切关联于对唯物史观的理解,"唯物史观并不单纯是关于社会历史事实的描述性理论,……不能将唯物史观理解为只是以认知的方式考察问题的认知理论,而应当把他看作同时包含以规范性方式考察问题的历史观和方法论,……唯物史观是一种考察社会理论的总的方法论,在这一总的方法论下,认知性考察方式和规范性考察方式在其中是内在统一的。马克思政治哲学就是在这一意义上有其独立存在价值的,它的规范性进路使它能够揭示在认知性进路上无法很好说明的问题。"[1]李佃来认为,"历史唯物主义不仅是一种指导人们如何理解历史的认识论,同时也是一种具有强烈规范性意蕴的政治哲学理论"[2],"历史唯物主义并非是排拒规范性的事实性学说,而是与作为规范性理论的政治哲学有一种相激互融的关系"[3],"政治哲学与历史唯物主义在马克思那里乃是不可分解的一体之两面。"[4]不难看出,尽管王新生和李佃来对何为马克思政治哲学的理解并不完全相同,但他们都认为马克思的政治哲学是一种规范性理论,由于唯物史观既是认知性的又是规范性的,因而,马克思的政治哲学是唯物史观中的规范性进路,是唯物史观的一个重要方面。吴晓明提出的马克思政治哲学与王新生和李佃来讲的马克思的政治哲学显然不是一回事。对于他们二人观点吴晓明能不了解吗? 显然了解。但对他别人讲的马克思政治哲学却视而不见,仅以自己理解的马克思政治哲学概念去批评别人讲的马克思的政治哲学,这种自说自话的马克思政治哲学概念又

① 王新生:《马克思政治哲学研究》,科学出版社 2018 年版,第 61—62 页。
② 李佃来:《马克思主义政治哲学研究中的三个理论问题》,《光明日报》2016 年 8 月 3 日,第 014 版。
③ 《关于历史唯物主义与正义兼容的三重辩护》,《华东师范大学学报》2013 年第 6 期,第 68 页。
④ 《中国化范式与重写马克思主义政治哲学学术史》,《河北学刊》2014 年第 3 期,第 6—7 页。

怎能成立呢?

我对马克思政治哲学的看法与王新生和李佃来不同:第一,在我看来,马克思和恩格斯创立的唯物史观是一种实证性的科学理论,一种从人的物质生产这一经验事实出发,通过对社会结构和历史发展的考察以揭示人类社会发展一般规律的理论,因此,唯物史观并不包含他们讲的与规范性政治哲学相关的内容;①第二,我认为,由于马克思以及恩格斯从未出提出和使用过政治哲学概念,更无专门论述政治哲学问题的文章或著作,因此,人们所谓的"马克思的政治哲学"实际上并不存在;第三,马克思以及恩格斯在他们的一些著作中的确从规范意义上论述过公平、平等、正义等问题,尽管不多,但这些论述对于我们理解当代西方政治哲学中的一些问题,对于认识当前中国面临的一些现实问题,例如分配正义问题,具有重要的指导意义,②因此,探讨马克思以及恩格斯的这些论述应是建构当代中国政治哲学的一个重要内容。正是基于这些看法,我虽然早在十多年前就开始从马克思主义哲学研究转向政治哲学研究,并发表了数十篇相关论文,但从未提出和使用过马克思政治哲学概念,更没有论及与马克思政治哲学相关问题。就此而言,我还不在吴晓明批评的我国做马克思政治哲学研究的学者之列。

三

吴晓明认为,"尽管唯物史观作为马克思政治理论的基础这一点几乎是众所周知的,但由于现代性意识形态及其主导的知识样式(知性知识)所形成的强势遮蔽,唯物史观在政治哲学中的运用往往遭到严重阻碍,并因而使马克思政治哲学的诸多要义陷入重重晦暗之中。"③为此,他在文中用了很大篇幅

---

① 段忠桥:《历史唯物主义与马克思的正义观念》,《哲学研究》2015 年第 7 期。
② 故此,我写过一篇题为《当前中国的"贫富差距"为什么是不正义的? ——基于马克思〈哥达纲领批判〉的相关论述》的论文,发表在《中国人民大学学报》2013 年第 1 期。
③ 吴晓明:《论马克思政治哲学的唯物史观基础》,《马克思主义与现实》2020 年第 1 期,第47 页。

对被他视为马克思政治哲学基础的唯物史观做了煞费苦心的说明。唯物史观对于我国从事马克思主义哲学研究的学者来讲不是一个陌生的概念，那吴晓明对它为什么还要下如此大的工夫呢？在我看来，这是因为他要重申对它的一种形而上学本体论的解释。① 下面是他的两段相关论述：

> 唯物史观在这里又意味着什么呢？它意味着同一般意识形态（及其哲学后盾）的批判性脱离，它意味着全面而彻底地解除思想、意识、观念等等对于现实世界的支配权和统治地位，它还意味着从现实世界本身——从人们的现实生活、现实关系——出发来揭示和把握各种意识形态的本质。由于这一哲学上巨大变革的内容大多是人们耳熟能详的，所以这里只需简明地提示若干要点就够了。对于马克思来说，问题首先在于并且最终也在于哲学的本体论（ontology，或译存在论）基础，而这一基础上的革命性变革通过下述命题被明确地道说出来："意识[dasBewuβtsein]在任何时候都只能是被意识到了的存在[das bewuβte Sein]，而人们的存在就是他们的现实生活过程。"如果说，黑格尔哲学乃是现代形而上学的完成（现代形而上学自笛卡儿以来就是以"意识"或"我思"的基本建制来制定方向的），并因此构成现代性意识形态的哲学支柱，那么，除非这一哲学在本体论上被决定性地颠覆，否则，意识形态的各种幻觉就不可能烟消云散，唯物史观的学说也不可能有自己的立足之地。②

> 如果说，意识形态相信现实世界是观念世界的产物，那么，与之相反，唯物史观的基本立场则表明：观念世界是现实世界的产物，是由现实世界本身的内容来支配和决定的。但是，唯物史观并不仅仅滞留于这个简单

---

① 我这里说"重申"，是因为这种解释早在 20 世纪 80 年代中国哲学界围绕实践唯物主义的那场大讨论中就有人提出。我在 2008—2010 年曾就这一问题与俞吾金教授展开过争论。参见我发表在《马克思主义与现实》2008 年第 6 期的《质疑俞吾金教授关于"实践唯物主义"的两个说法》、发表在《学术月刊》2010 年第 2 期的《历史唯物主义："哲学"还是"真正的实证科学"——答俞吾金教授》，和俞吾金发表在《学术月刊》2009 年第 10 期的《历史唯物主义是哲学而不是实证科学——兼答段忠桥教授》。

② 吴晓明：《论马克思政治哲学的唯物史观基础》，《马克思主义与现实》2020 年第 1 期，第 48 页。

的原理上,它只有在理论的总体上将观念世界的本质性——从而将表面上看来是由观念世界支配并驱动的人类活动或人类事务的本质性——导回社会—历史现实中,才可能将其原理贯彻到底,才可能为由之而得到开启的整个"历史科学"奠定基础。马克思政治哲学的决定性根基不是观念世界之任何一部或全部,而是社会—历史的现实。因此,这种政治哲学的根本任务就是深入社会—历史的现实,在此基础上揭示这一现实在政治、法律或观念形态上的种种表现,并从而把握其本质。如果说,马克思的政治哲学无可置疑地立足于唯物史观的基础上,那么,这无非意味着:这种政治哲学整个地立足于社会—历史的现实之上。①

这两段论述表明,在吴晓明看来,唯物史观的提出是马克思在哲学本体论上的革命,因此,人们对唯物史观的理解就不能仅仅停留在"观念世界是现实世界的产物,是由现实世界本身的内容来支配和决定的"这一简单原理上,而必须进而认识到唯物史观在理论的总体上将观念世界的本质性导回"社会—历史现实",即马克思所说的"市民社会"或物质的生活关系中,否则唯物史观就不可能有自己的立足之地。简言之,必须将唯物史观理解为"社会—历史现实"本体论。

我认为,吴晓明将唯物史观说成是一种形而上学本体论哲学是不能成立,因为这与马克思和恩格斯本人对唯物史观的阐释明显相悖。对于何为唯物史观的理解必须基于其创立者马克思和恩格斯本人的相关论述,这是一个毋庸置疑的前提,否则人们关于这个问题的争论就不但失去可靠的根据,而且也变得毫无意义。从吴晓明在文中的相关论述来看,他把唯物史观理解为"社会—历史现实"本体论的依据,只是马克思和恩格斯在《德意志意识形态》讲的一段话:"意识[dasBewuβtsein]在任何时候都只能是被意识到了的存在[das bewuβte Sein],而人们的存在就是他们的现实生活过程。"②且不说吴晓明将这段话作为其理解的依据能否成立,仅凭这一段话就能断言唯物史观是一种哲学本体论吗?显然不能。众所周知,马克思和恩格斯对何为唯物史观

① 吴晓明:《论马克思政治哲学的唯物史观基础》,《马克思主义与现实》2020 年第 1 期,第 52 页。

② 《马克思恩格斯选集》第 1 卷,人民出版社 1995 年版,第 72 页。

（历史唯物主义）做过大量论述,其中最为集中也最为经典的论述是在《德意志意识形态》、《政治经济学批判〈序言〉》和《资本论》第一卷之中。

从马克思和恩格斯在《德意志意识形态》中的相关论述来看,他们认为唯物史观①不是哲学②而是"真正的实证科学"。他们指出,"在思辨终止的地方,在现实生活面前,正是描述人们实践活动和实际发展过程的真正的实证科学开始的地方。关于意识的空话将终止,它们一定会被真正的知识所代替。对现实的描述会使独立的哲学失去生存环境,能够取而代之的充其量不过是从对人类历史发展的考察中抽象出来的最一般的结果的概括。这些抽象本身离开了现实的历史就没有任何价值。它们只能对整理历史资料提供某些方便,指出历史资料的各个层次的顺序。但是这些抽象与哲学不同,它们绝不提供可以适用于各个历史时代的药方或公式。"③这里说的"在思辨终止的地方",指的是以思辨的形而上学为特征的德国哲学终止的地方;这里说的"描述人们实践活动和实际发展过程的真正的实证科学开始的地方",指的就是唯物史观开始的地方;这里说的"我们用来与意识形态相对照的抽象",指的就是唯物史观。与"独立存在的哲学"即德国哲学不同,唯物史观是描述人们

---

① 马克思恩格斯在《德意志意识形态》中还没有使用"唯物史观"这一概念,而只使用了"这种历史观"这样的用语。当然,"这种历史观"无疑指的是唯物史观,这已是我国马克思主义哲学界的共识。

② 这里说的哲学指的是以黑格尔哲学为代表、以思辨的形而上学为特征的德国哲学。马克思和恩格斯在不同时期对"哲学"持有不同的看法。不过,在《德意志意识形态》及以后的著作中,马克思和恩格斯大多是把"哲学"等同于以黑格尔哲学为代表的思辨的唯心主义哲学,并且是从贬义上使用它的。例如,他们在《德意志意识形态》中调侃地说,"哲学和对现实世界的研究这两者的关系就像手淫和性爱的关系一样"(《马克思恩格斯全集》第 3 卷,人民出版社 1960 年版,第 263 页)。恩格斯在《反杜林论》指出,"就哲学被看作是凌驾于其他一切科学之上的特殊学科来说,黑格尔体系是哲学的最后的最完善的形式。全部哲学都随着这个体系没落了。但是留下的是辩证的思维方式以及关于自然的、历史的和精神的世界是一个无止境地运动着和转变着的、处在生成和消逝的不断过程中的世界的观点。现在不再向哲学,而是向一切科学提出这样的要求:在自己的特殊领域内揭示这个不断的转变过程的运动规律"(《马克思恩格斯选集》第 3 卷,人民出版社 1995 年版,第 362 页)。马克思和恩格斯对哲学概念的这些用法至少从一个侧面表明,他们不认为他们创立的唯物史观是"哲学"。至于我们现在能否把唯物史观视为哲学,这取决于我们对哲学概念本身的界定。我在发表于《史学理论研究》1998 年第 1 期的题为《历史唯物主义是马克思主义的历史哲学》文章中曾提出,可以把唯物史观视为马克思主义的历史哲学。

③ 《马克思恩格斯选集》第 1 卷,人民出版社 2012 年版,第 153 页。

实践活动和实际发展过程的真正的实证科学,它"充其量不过是从对人类历史发展的考察中抽象出来的一般的结果的概括",它"只能对整理历史资料提供某些方便",而绝不像哲学那样"提供可以适用于各个历史时代的药方或公式"。

为了表明唯物史观是"真正的实证科学",马克思和恩格斯还多次谈到唯物史观是从经验事实出发的这一特征。他们指出,唯物史观的出发点是从事实际活动的人,而从事实际活动的人也就是"处在现实的、可以通过经验观察到的、在一定条件下进行的发展过程中的人。"①他们还指出,唯物史观的前提是"一些现实的个人,是他们的活动和他们的物质生活条件,包括他们已有的和由他们自己的活动创造出来的物质生活条件。因此,这些前提可以用纯粹经验的方法来确认。全部人类历史的第一个前提无疑是有生命的个人的存在,因此,第一个需要确认的事实就是这些个人的肉体组织以及由此产生的个人对其他自然的关系"。不但唯物史观出发点和前提是可以用纯粹经验的方法来确认的,唯物史观的研究对象,也应当根据经验来揭示,为此他们说道,"……以一定的方式进行生产活动的一定的个人,发生一定的社会关系和政治关系。经验的观察在任何情况下都应当根据经验来揭示社会结构和政治结构同生产的联系,而不应当带有任何神秘和思辨的色彩。"②

马克思和恩格斯将唯物史观视为"真正的实证科学"还可以从他们对唯物史观内容的论述得到证明。从他们的相关论述来看,唯物史观的主要内容由社会结构和社会发展理论构成。关于社会结构理论,马克思恩格斯指出:"这种历史观就在于:从直接生活的物质生产出发阐述现实的生产过程,把同这种生产方式相联系的、它所产生的交往形式即各个不同阶段上的市民社会理解为整个历史的基础,从市民社会作为国家的活动描述市民社会,同时从市民社会出发阐明意识的所有各种不同理论的产物和形式,如宗教、哲学、道德等等,并且追溯它们产生的过程。"③关于历史发展理论,他们说道,"这种观点表明,历史不是作为'产生于精神的精神'消融在'自我意识'中而告终的,而

---

① 《马克思恩格斯选集》第 1 卷,人民出版社 1995 年版,第 153 页。
② 《马克思恩格斯选集》第 1 卷,人民出版社 1995 年版,第 71 页。
③ 《马克思恩格斯选集》第 1 卷,人民出版社 1995 年版,第 92 页。

是历史的每一阶段都遇到一定的物质结果,一定的生产力总和,人对自然以及个人之间历史地形成的关系,都遇到前一代传给后一代的大量生产力、资金和环境,尽管一方面这些生产力、资金和环境为新的一代所改变,但另一方面,它们也预先规定新的一代本身的生活条件,使它得到一定的发展和具有特殊的性质。"①"这些不同的条件,起初是自主活动的条件,后来却变成了它的桎梏,它们在整个历史发展过程中构成一个有联系的交往形式的序列,交往形式的联系就在于:已经成为桎梏的旧交往形式被适用于比较发达的生产力,因而也适应于进步的个人自主活动方式的新交往形式所代替。新的交往形式又会成为桎梏,然后又为别的交往形式所代替。由于这些条件在历史发展的每一阶段都是与同一时期的生产力的发展相适应的,所以它们的历史同时也是发展着的、由每一个新的一代承受下来的生产力的历史,从而也是个人本身力量发展的历史。"②由此出发,他们还大致描述了人类历史由前资本主义向资本主义再向共产主义发展的历程,并揭示了这三大阶段各自的主要特征。从马克思恩格斯的这些论述来看,唯物史观的内容是对各种经验事实的"抽象",这愈发体现了它的"真正的实证科学"特征。

从马克思在《政治经济学批判〈序言〉》中对唯物史观的经典表述来看,唯物史观也明显具有"真正的实证科学"特征。下面是这段表述:

> 人们在自己生活的社会生产中发生一定的、必然的、不以他们的意志为转移的关系,即同他们的物质生产力的一定发展阶段相适合的生产关系。这些生产关系的总和构成社会的经济结构,即有法律的和政治的上层建筑竖立其上并有一定的社会意识形式与之相适应的现实基础。物质生活的生产方式制约着整个社会生活、政治生活和精神生活的过程。不是人们的意识决定人们的存在,相反,是人们的社会存在决定人们的意识。社会的物质生产力发展到一定阶段,便同它们一直在其中运动的现存生产关系或财产关系(这只是生产关系的法律用语)发生矛盾。于是这些关系便由生产力的发展形式变成生产力的桎梏。那时社会革命的时

---

① 《马克思恩格斯选集》第1卷,人民出版社1995年版,第92页。
② 《马克思恩格斯选集》第1卷,人民出版社1995年版,第123—124页。

代就到来了。随着经济基础的变更，全部庞大的上层建筑也或慢或快地发生变革。在考察这些变革时，必须时刻把下面两者区别开来：一种是生产的经济条件方面所发生的物质的、可以用自然科学的精确性指明的变革，一种是人们借以意识到这个冲突并力求把它克服的那些法律的、政治的、宗教的、艺术的或哲学的，简言之，意识形态的形式。我们判断一个人不能以他对自己的看法为依据，同样，我们判断这样一个变革时代也不能以它的意识为依据；相反，这个意识必须从物质生活的矛盾中，从社会生产力和生产关系之间的现存冲突中去解释。无论哪一个社会形态，在它所能容纳的全部生产力发挥出来以前，是决不会灭亡的；而新的更高的生产关系，在它的物质存在条件在旧社会的胎胞里成熟以前，是决不会出现的。所以人类始终只提出自己能够解决的任务，因为只要仔细考察就可以发现，任务本身，只有在解决它的物质条件已经存在或者至少是在生成过程中的时候，才会产生。大体说来，亚细亚的、古代的、封建的和现代资产阶级的生产方式可以看作是经济的社会形态演进的几个时代。①

马克思这里讲的指导他的研究工作的"总的结果"，也就是由他和恩格斯创立的唯物史观。这段论述表明，唯物史观的研究对象，是生产力、生产关系（经济基础）和上层建筑的相互关系和矛盾运动，进而言之，是通过社会结构的变革和社会发展阶段的演变所体现的人类社会发展的一般规律。而马克思强调的在考察社会变革时必须时刻把握的区别，即"一种是生产的经济条件方面所发生的物质的、可以用自然科学的精确性指明的变革，一种是人们借以意识到这个冲突并力求把它们克服的那些法律的、政治的、宗教的、艺术的或哲学的，简言之，意识形态的形式"，则更明确地肯定了唯物史观的实证科学的特征。

在《资本论》第一卷"第二版跋"中，马克思再次肯定了唯物史观是一种实证性的科学。在谈到《卡尔·马克思的政治经济学批判的观点》一文的作者伊·伊·考夫曼时马克思说，这位作者"从我的《政治经济学批判》序言（1859年柏林出版第4—7页，在那里我说明了我的方法的唯物主义基础）中摘引了

① 《马克思恩格斯选集》第2卷，人民出版社1995年版，第32—33页。

一段话后说：

在马克思看来，只有一件事情是重要的，那就是发现他所研究的那些现象的规律。而且他认为重要的，不仅是在这些现象具有完成形式和处于一定时期内可见到的联系中的时候支配着它们的那个规律。在他看来，除此而外，最重要的是这些现象变化的规律，即它们由一种形式过渡到另一种形式，由一种联系秩序过渡到另一种联系秩序的规律。他一发现了这个规律，就详细地来考察这个规律在社会生活中表现出来的各种后果……所以马克思竭力去做的只是一件事：通过准确的科学研究来证明社会关系的一定秩序的必然性，同时尽可能完善地指出那些作为他的出发点和根据的事实。为了这个目的，只要证明现有秩序的必然性，同时证明这种秩序不可避免地要过渡到另一种秩序的必然性就完全够了，而不管人们相信或不相信，意识到或没有意识到这种过渡。马克思把社会运动看做受一定规律支配的自然历史过程，这些规律不仅不以人的意志、意识和意图为转移，反而决定人的意志、意识和意图……既然意识要素在文化史上只起着这种从属作用，那么不言而喻，以文化本身为对象的批判，比任何事情更不能以意识的某种形式或某种结果为依据。这就是说，作为这种批判的出发点的不能是观念，而只能是外部的现象。批判将不是把事实和观念比较对照，而是把一种事实同另一种事实比较对照。对这种批判唯一重要的是，对两种事实进行尽量准确的研究，使之真正形成相互不同的发展阶段，但尤其重要的是，对各种秩序的序列、对这些发展阶段所表现出来的顺序和联系研究清楚……马克思给自己提出的目的是，从这个观点出发去研究和说明资本主义经济制度，这样，他只不过是极其科学地表述了任何对经济生活进行准确的研究必须具有的目的……这种研究的科学价值在于阐明了支配着一定社会机体的产生、生存、发展和死亡以及为另一更高的机体所代替的特殊规律。马克思的这本书确实具有这种价值。

这位作者先生把他称为我的实际方法的东西描述得这样恰当，并且在考察我个人对这种方法的运用时又抱着这样的好感，那他所描述的不正是辩证方法吗？"从马克思对考夫曼这段话的高度肯定我们可以看出，马克思不但明确认可他的唯物史观的"辩证方法",而且还明确肯定了他的唯物史观所具有的实证科学的基本特征:"通过准确的科学研究来证明一定的社会关系秩序的必然性,同时尽可能完善地指出那些作为他的出发点和根据的事实";"把社会运动看作受一定规律支配的自然历史过程,这些规律不仅不以人的意志、意识和意图为转移,反而决定人的意志、意识和意图";"批判将不是把事实和观念比较对照,而是把一种事实同另一种事实比较对照";"这种研究的科学价值在于阐明了支配着一定社会机体的产生、生存、发展和死亡以及为另一更高的机体所代替的特殊规律"。

以上表明,从马克思恩格斯本人的相关论述来看,唯物史观无疑被他们视为一种实证性的科学理论。吴晓明仅以《德意志意识形态》中的一段话为依据,就断言唯物史观是本体论哲学,这不但表明他的论断实在缺少根据,而且还表明他对这段话的理解是错误的。

总之,吴晓明对何为政治哲学、何为马克思政治哲学和何为唯物史观理解都是不能成立的,因而,他对当前我国做马克思主义政治哲学研究的学者提出的批评也难以成立。当然,我对吴晓明的理解提出商榷并不意味着我赞成王新生、李佃来关于马克思的政治哲学的看法,而且我在文中已表明了我与他们的分歧。

特约编辑:王　广
责任编辑:赵圣涛
封面设计:胡欣欣
责任校对:吕　飞

图书在版编目(CIP)数据

从历史唯物主义到政治哲学/段忠桥 著. —北京:人民出版社,2020.9
ISBN 978－7－01－022235－6

Ⅰ.①从…　Ⅱ.①段…　Ⅲ.①历史唯物主义-研究 ②马克思主义-政治哲学-
研究　Ⅳ.①B03 ②A811.64

中国版本图书馆 CIP 数据核字(2020)第 107898 号

从历史唯物主义到政治哲学

CONG LISHI WEIWUZHUYI DAO ZHENGZHI ZHEXUE

段忠桥　著

人民出版社 出版发行
(100706　北京市东城区隆福寺街 99 号)

北京汇林印务有限公司印刷　新华书店经销

2020 年 9 月第 1 版　2020 年 9 月北京第 1 次印刷
开本:710 毫米×1000 毫米 1/16　印张:30.25
字数:500 千字

ISBN 978－7－01－022235－6　定价:99.00 元

邮购地址 100706　北京市东城区隆福寺街 99 号
人民东方图书销售中心　电话 (010)65250042　65289539